图书在版编目（CIP）数据

创新力社会 /（挪）特维德著；王佩译. -- 北京：
中信出版社，2017.1
书名原文：THE CREATIVE SOCIETY
ISBN 978-7-5086-6372-2

I. ①创… II. ①特… ②王… III. ①创造能力－影
响－经济发展－研究 V. ①F061.3

中国版本图书馆CIP数据核字（2016）第139745号

创新力社会

著　　者：[挪威] 拉斯 · 特维德
译　　者：王　佩
出版发行：中信出版集团股份有限公司
（北京市朝阳区惠新东街甲4号富盛大厦2座　邮编　100029）
承 印 者：北京画中画印刷有限公司

开　　本：787mm×1092mm　1/16　　印　　张：25　　字　　数：358千字
版　　次：2017年1月第1版　　印　　次：2017年1月第1次印刷
京权图字：01-2015-8259　　广告经营许可证：京朝工商广字第8087号
书　　号：ISBN 978-7-5086-6372-2
定　　价：75.00元

THE CREATIVE SOCIETY

目 录

第四部分　否定论的兴起

第五部分　社会沉疾

第六部分　理性的天敌

第七部分　拯救创新力

THE CREATIVE SOCIETY

前 言

从太空鸟瞰人类的创新力

“哇！那个孤零零的小行星就是我们居住的地方！”这是宇航员在地球外层空间首次回望地球时发出的感叹。我们不妨先听听曾乘坐阿波罗 14 号宇宙飞船登月的艾伦·谢泼德（Alan Shepard）是怎么说的：

> 如果有人在飞行前问我：“你在月球上看到地球时会忘乎所以，失去控制吗？”我肯定会说：“不会，怎么可能。”但当我真正地站在月球上，第一次回头看到地球时，不禁痛哭失声。

月球距离地球 384 000 公里，因此从月球上看，地球是一个“蓝色星球”。但如果宇航员在距离地面 200~300 公里的高空绕地飞行，他们就能分辨出山峦、冰川、沙漠、主要湖泊等不同地貌。

但即使在这个高度，依然很难发现人类文明的任何迹象。“看地球的景色非常美丽，但是我并没有看到我们的长城。”中国首位宇航员杨利伟在2003年曾这样说过。的确，他若不是深知地球的情况，可能还会认为这个美丽的行星上无人居住。

不过，这只是从阳光照射的光亮一侧观察地球时看到的景象。从没有光照的黑暗一侧，就能明显地观察到人类文明的迹象，黑暗当中闪烁着的人造光芒好似满天繁星，照亮了这个星球。他知道，这些都是电力网络、玻璃、照明灯光等人类文明发出的光亮。换句话说，也是人类创新力的有力展现。

如果一艘来自外星的宇宙飞船从此经过，飞船上的乘客看到这样的夜景，会做何感想？他们可能首先也会“哇”地叫出声来，然后可能其中有人判断：“这里一定生活着某种智能生物！”有人可能回应：“他们和我们一样发现了通向文明的钥匙！”飞船上的乘客可能也会造访月球，发现人类在上面留下的脚印和小国旗，可能还会吃惊地发现一个高尔夫球杆和两个高尔夫球（我们后面会提到），他们的结论是智能生物肯定到过月球。

得出初步结论之后，他们可能会将注意力转回夜晚的地球，发现地球上的光亮大都集中在河流和海岸附近，而其他大部分区域还是漆黑一片。“是因为这些漆黑一片的地方不宜居住吗？”他们也许会产生疑问，“还是因为文明尚未传播到这些地方？”

地球人对此自然心知肚明。漆黑一片的地区有些确实无法居住，但另外一些其实早已人满为患。比如在非洲的很多地方，晚上几乎没有任何光亮，从太空基本无所察觉，但在这里居住的人口已超过10亿。

非洲国家博茨瓦纳共和国的经济增长速度数十年来在全球一直名列前茅。如果白天从人造卫星上看，这个国家并不显得特别富庶，但1980~2010年的30年间，该国的人均购买力增长了8倍，现在该国的富庶程度已是中国的两倍。到了夜晚，从卫星图像上可以看到，该国首都哈博罗内闪耀的光芒在整个非洲大陆独领风骚：它已经超越了中国！

这样的成就令人钦佩，同时也有些让人不解：作为其邻国，津巴布韦2010年人均国内生产总值（GDP）约为400美元——还不到博茨瓦纳的1/30。更为奇怪的是，津巴布韦在1980年时与博茨瓦纳的平均收入差距还并不大。但在1980年以后，津巴布韦人的生活水平几乎下降了一半，而博茨瓦纳的经济却取得了成功。到了 2009 年，津巴布韦的通货膨胀率高达 489 000 000 000%，迫使其不得不放弃使用本国货币，改用美元。随着经济的恶化，该国的平均预期寿命也从 1980 年的 65 岁降至 2010 年 34 岁，该国政府在 2013 年 1 月排除万难发放工资之后宣布，政府仅剩 217 美元。

不是 217 亿美元，而是 217 美元。

博茨瓦纳和津巴布韦这两个邻国截然相反的发展经历，可谓是一个极端的例子，但这种情况并不罕见。例如，以色列 2010 年的人均收入比叙利亚高 6 倍（当然，这是在后者陷入内战以前的数据），比约旦或埃及高出大约 5 倍。美国人的收入要比他们的近邻墨西哥高 3 倍，而中国香港人的平均收入要比中国内地同胞高出大约 6 倍。

的确如此，许多国家虽为邻国，但经济发展形势迥然不同，这里还有一个颇为奇怪的故事：在 1900 年，阿根廷超过瑞典成为全球排名第 12 的富裕国家，在随后的 50 多年里，阿根廷的经济也一直与德国不分伯仲。

事实就是这样。

但是到了 2013 年，阿根廷的排名直线下滑，其购买力已降至全球第 73 位，最终竟被博茨瓦纳超越！

感觉奇怪吗？更有甚者：1922 年，英国统治着全球超过 1/5 的土地，其统治的人口和经济更是远远超过本土的规模，英国本土面积仅占其统治土地面积的 0.2%，而英国的人口仅占其统治人口数量的 1%。但是 50 年后，大英帝国已经荡然无存，英国的通货膨胀率高达 20% 以上，其最高税率和资本利得税率也分别高达 83% 和 98%，该国不得不依靠向国际货币基金组织（IMF）申请紧急贷款以避免破产。为什么会这样？

国际上介绍穷国如何取得成功、走向富裕的著作可谓浩如烟海，比如美国著名政治经济学家弗朗西斯·福山（Francis Fukuyama）曾经阐述国家如何才能复制“丹麦模式”，他认为丹麦是成功构建国家机构的典范。

毫无疑问，如何成功是一个引人关注的话题，但是如果仔细想想历史上曾出现连续破产和混乱的“阿根廷之路”，应该也会非常有趣。西方科学家对于穷国如何发展经济，走向繁荣已做过无数研究，但他们对于富国如何衰败没落很少关注。或许他们也应该对此加以重视，因为正如我们即将在下文中看到的，不少国家最终还是走上了这条没落之路。此类研究相对缺乏的现象说明，很多西方人并不相信经济衰退会发生在自己身上。

但这种可能是绝对存在的。试想：人类历史上曾经出现过大约200个庞大的帝国，现在这些帝国无一例外都已烟消云散！究竟是什么原因导致了诸如印加、阿兹特克、巴比伦、莫卧儿、奥斯曼等帝国的灭亡？古埃及文明曾一度是世界最发达的文明，但随后也消失得无影无踪，有人认为，埃及在后来的1 000多年里都处于停滞不前，甚至下滑倒退的状态。伊拉克的巴格达市曾经是知识的殿堂，当时世界上最大的图书馆便坐落在此，与埃及名城亚历山大和西班牙南部科尔多瓦的图书馆并称世界三大图书馆，但这三家图书馆后来均被人为烧毁殆尽。古代雅典文明的光辉曾经闪耀全世界，但无论是当今的希腊还是其首都雅典均已无法同日而语。

除此以外，还有更多实例值得思考：1 000年前的中国，经济繁荣，人民生活富裕，远超北欧。当中国人在诗社和画坊里享受艺术时，丹麦人还在刀耕火种。然而，中国经济随后开始衰落，到了1980年，其生活水平已下降到与索马里不相上下，而丹麦已经成为弗朗西斯·福山眼中先进国家的典范。

这是什么原因造成的呢？

本书的主要观点：古往今来，众多帝国和文明的兴衰起伏，都与创新力息息相关，能够充分激发创新力，国家就会繁荣强大，如果阻碍创新力的产生（很多都有此倾向），国家就会腐化灭亡。与诸多学者意见相左的是，国家兴衰成败的原因很难通过比较土地是否肥沃、动植物是否多样、矿物质是否丰富等资源状况来解释清楚，一些资源相对匮乏的国家（如日本、新加坡和瑞士）反而在长期发展过程中取得了傲人的成绩。

气候差异无法成为国家在财富状况和人力发展水平上产生不同的原因。虽然气候炎热的非洲中部总体发展水平与北部和南非相比有些落后，但仍有许多与之相反的例子。此外，马来西亚、中国台湾地区、哥斯达黎加和夏威夷等气候炎热的国家和地区经济发展也相当可观，气候炎热潮湿的中国香港地区和新加坡在经济上也都取得了爆炸性增长。在古代，世界上最繁荣的文明大多诞生于温带或热带地区，当时中东地区的生活水平要远高于北欧——这都是在发现石油之前。

为什么工业革命诞生于潮湿多风的苏格兰，而不是气候温和、土地肥沃的法国呢？如果气候是决定因素，那怎么解释澳大利亚在原住民统治时期和英国统治下的巨大差异呢？此外，15 世纪的阿兹特克人曾比北美印第安人更富有。1 000 年前非洲的生活水平要高于欧洲，或者至少也在同一水平。

今天，很多生活在较冷地区的人民依然一贫如洗。比如在阿尔巴尼亚、土库曼斯坦、乌克兰和白俄罗斯的部分地区，很多人贫困潦倒，生活艰难。

当然，可能还有第三种解释：人的因素。这个话题在学术界一直是一个“烫手的山芋”，因为不少业余学者提出经济状况不同是由智力差异造成的，他们认为一些种族在智力上超过了其他种族——其实就是种族主义理论。然而，我们在本书第 11 章将会看到，事实的“因果”关系和上述理论正好相反：社会文明促进人类智力发展的程度远高于人类智力促进社会文明进步的程度。

综上所述，问题的答案既不是气候状况，也不是矿产资源、土壤质量、有益动植物数量，更不是种族优劣。诸如中国、英国等国的经济为何能一度领先世界，后来由盛转衰，而后又绝地反弹？资源和环境因素对此无法做出解释。自然环境决定论同样无法解释为何一些资源丰富、位置优越的国家却一贫如洗。此外也无法解释阿根廷的兴衰。

科学家贾里德·戴蒙德（Jared Diamond）给出的解释存在缺陷，后来他又提出了更有趣的补充：欧亚大陆（欧洲和亚洲的陆地合在一起）是一块东西走向的超大陆地，人们在被称为“新月沃土”[①]的广袤土地上繁衍生息，横贯东西的气候条件也

① 新月沃土：西亚、北非地区两河流域及附近一连串肥沃的土地，由于在地图上好像一弯新月，故得此名。——译者注

大致相同。而在美洲的情况就大不一样，由于美洲大陆是南北走向，不但由南到北气候多样，而且在美洲中部还隔着狭窄的海峡。毫无疑问，这些因素在 4 000 年前肯定会对经济发展产生影响，但是该理论还是无法解释为何在今天的“新月沃土”里，如阿尔巴尼亚、阿富汗和德国等不同国家在经济发展上依旧天差地别，而在美洲，也有如玻利维亚和加拿大这样发展状况截然不同的国家。

本书中，我们会看到只有一个地理因素与国家的长期发展有关：具备航行条件的海岸线和河流水道。本书会对此做仔细研究，但请注意，这个因素之所以重要并不在于其蕴含渔业资源，或能够提供饮用水源和灌溉用水。水上通道的重要作用在于其促进了贸易往来和人员流动。换句话说，由于水上通道的存在，竞争环境下自愿双赢的交易活动成为可能。新加坡虽然三面环海，却并未依靠渔业养殖或捕捞发展本国经济，时至今日，该国的鱼肉和饮用水均依靠进口。新加坡经济腾飞的原因是依靠贸易和思想的对外交流，而该国拥有的水上通道在这方面提供了便利。因此，它的成功依靠的是相互交流，而不是自然资源：这就是创新力。

创新力是最终取得成功的关键因素，但是如何才能获得创新力呢？我们将在后面的章节里谈到，在一个充满活力的系统当中，具备几个关键因素之后，创新力就会自发产生——只要充满活力，这个系统可以是某种自然生态、某个商业领域，也可以是整个人类文明，或其他任何东西。一旦拥有，系统就会发生神奇的变化，取得自然而然且富有创造的发展，无须制定其他发展规划。我们能亲眼见到这个自我完善、自我发展的过程，逐渐改变自然生态、商业领域，甚至人类文明，长此以往，结果必会令人惊艳。

本书第一部分将讲述创新力自发产生的一些基本原则。第 1 章初步介绍，第 2 章详细阐述，到第 3 章结尾就会清晰明确。我们会用这些原则作为参照系介绍后面的内容。

在本书当中，我们会看到几百年前西方国家如何开启了一趟轰轰烈烈的创新之旅，由此带来了一系列极具创造性的连锁反应，大幅提高人们的生活水平。而整个过程并没有人为制定的详细规划，相反，曾出现不少领导人试图扼杀社会正在孕育的创新力，但这些企图都以失败告终，个中缘由，本书也会介绍。

本书的论据之一是，创新力（以及它所带来的变化）对于国家和社会来说并非锦上添花，而是不可或缺。停滞不前的社会终将走向灭亡，原因之一就是因为社会文化在萧条停滞中逐渐衰落。

创新力是孕育灿烂文明的关键所在，本书第二部分将对此做出详细研究，分析西方文明为何能在创新力上超越其他文明。

本书第三部分关于人类文明——尤其是西方文明带来的深远影响之一：所谓文明的进程。之后，我们会谈到目前颇受关注的另一个话题，静态社会产生的原因：缺乏创新机遇、资金过度集中，资源面临枯竭以及环境问题等。

随后的第五部分和第六部分主要研究西方社会当前面临的诸多问题，如债务危机、结构性失业、非理性主义、反技术偏见等。简而言之，我们会发现不少西方国家已经走上了危机四伏的“阿根廷之路”。

本书在最后一部分提出一些具体建议，希望能够帮助西方社会——乃至所有社会脱胎换骨，重新充满活力和创新力。我当然也希望读者能够各抒己见，以此为契机，提出更好的想法。

这是一个荡气回肠的故事，我们自然要从头讲起：从类人猿和史前人类用异乎寻常的进化方式获得创新力开始。在此过程中，我们会找到人类文明的起源，为何夜晚的地球只有部分地区闪烁着光亮（月球上的高尔夫球具是怎么回事）。正如乘坐宇宙飞船经过地球的外星人所见，我们人类的确找到了通向文明的钥匙，但现在我们要做的是搞清此乃何物。

THE CREATIVE SOCIETY

第一部分

创新力如何发展

落叶森林，珊瑚礁，蚁丘，蝴蝶，群鸟，蜂鸟，大象。

大自然拥有无限的创新力！然而，正如博物学家查尔斯·达尔文（Charles Darwin）所说，此类奇迹通过物竞天择、自然选择，加上随机变化，就会自然出现。而这种看似简单的组合就能够形成创新力。

达尔文所言不假，但是他的解释并未揭示优胜者的力量源自何方。在这一部分，我们将探寻推动创新力自发产生，并取得成功的动力源，还会看到创新力如何创造文明。我们也将认识到创新力对于人类文明、文化和生活所产生的（令人惊讶又充满魅力的）诸多影响。在此过程中，我们会接触到文明的核心。

第1章　创新力出现之时

试想你的母亲，假设她此时此刻正站在距你两步远的地方。

现在再想想你的祖母，假设此时她距你稍远，站在离你母亲两步远的地方。现在是你们三人站在这里，如果再加上你祖母的母亲——你的曾祖母，站在距祖母两步远的地方。

算上你本人，这里就是4个人站成了一排，由于人类演化过程中的平均世代时间是25年，因此从统计学角度讲，你和这三位女性一起就代表了100年的演化过程。

以此类推，如果加上再往前4代的母亲，我们现在就能推算到大约200年前。用此方法，继续推算，想象一下，如果大约第210~240代母亲也都加入进来，你可能会惊奇地发现，即便你是白种人，她们的皮肤也都是黑色的，如果由此上溯到第1 700代母亲，你会发现即便自己是亚洲人或因纽特人，但她们的模样应该都是标准的非洲人，而且事实上，这些妇女当时的确生活在非洲。

如果上溯到第8 000代母亲，她们的大脑会显得比当代人略小，而且身体上毛发更多。再往前推算，你会发现，这些妇女不仅体型更小，而且外表接近猿类。再追溯到第20万~30万代时，你的先祖就完全像猿类一样，个头矮小，浑身毛发，紧握双拳，四肢行走。他们就是现代人类和黑猩猩的共同祖先，一些科学家们也将他们称作“黑猩猩和人类最近公共祖先”（CHLCA）。

现代人类大约99%的遗传物质与黑猩猩是相同的，你肯定想知道是什么将我们与黑猩猩明显区分开，答案就在于那1%的不同，这里有一些特殊情况需要向你解释。第一点就是包括史前人类在内的古人类，已经在地球上生活了相当长的时间。

平均而言，哺乳动物在地球上生存了大约300万~400万年，但如果我们从“黑猩猩和人类最近公共祖先”开始计算，人类也已生存了500万~800万年。

第二点是我们大脑的进化速度非常快，地球上其他几百万种生物当中没有一种能够望其项背。

这究竟是什么原因呢？第一个关键因素是史前人类仅是生活在气候反复无常的非洲大陆，那里既会出现潮湿的丛林地带，又会出现干燥的热带草原。由于生存环境的不断变化，类人猿种群的数量也会随之发生改变，在生存状况较差的草原地区，他们的种群就会变小，成为孤立的几个小群。这种情况出现时，同系繁殖、近亲交配就会增加，从而引发基因突变。然而，随着生存环境的改善，种群的数量开始增加并与其他种群的联系扩大，带来的结果就是“基因之战”——优胜劣汰。

这种从单个孤立的小群到扩大联系的种群之间的变化，被证明是有利于发展的。正如美国自然历史博物馆的古人类学家伊恩·塔特索尔（Ian Tattersall）所言：“一个种群，不管是在文化方面还是在基因方面，若想实现实质性的创新，都需要在数量上精减。数量庞大的种群往往受制于巨大的遗传惯性，很难有效地朝某个方向推进。而数量较少、相对孤立的种群正好与之相反。”

换言之，创新本身往往出现在小范围里，但是若想将其推而广之，这些小群组需要不断地与其他群组沟通交流。这一点已经在我们的祖先史前人类身上得到了印证，塔特索尔详细解释道：“当生存环境再次得到改善时，这些饱经风雨的种群就会在数量上增加，并且与其他种群建立联系。在物种形成的过程中，相互竞争和自然选择也会随之出现。”先前相对独立、互无交集的种群开始共同生活、繁衍生息，并将自己经历的基因突变传给后代，这些突变往往会带来灾难性的后果，但有时也会有所裨益。

此外，与这种不断循环变化的气候相叠加的一种趋势是向气候相对凉爽的地区迁徙，即逐渐远离雨林地区，转向草原较多的地区。黑猩猩和人类最近公共祖先有一部分留在了雨林地区，剩余的都迁徙到了广袤的开阔地区生活；另外一种可能的解释是他们并未移动，而是雨林地区的位置随着气候的变化发生了改变。

生活在开阔地区的黑猩猩和人类最近公共祖先逐渐开始摆脱依靠四肢行走，穿梭于树丛之中的生活方式，转而依靠双脚直立行走，随之而来的基因变化也在他们的身体形态上得到体现。但是，在开阔地区生活往往会成为其他大型捕食动物的目标，对于雄性而言，依靠单枪匹马保护自己成群的妻妾变得越发困难，因此雄性开始仅仅保护唯一属于自己的雌性和她的孩子。这种现象在困难时期显得更为突出，因为这个时候，所有雌性为寻找食物，会分散在范围非常广阔的区域（这就是雌性空间假说）。

当一个雄性仅与一个雌性生活在一起时，我们将其称为对偶结合状态，在哺乳动物当中，对偶结合出现的概率仅为10%。这种情况相对罕见的原因是其可能存在的局限性所致，但与此同时，对偶结合能够有效刺激并拉近双方的感情，为建立社会联系、促进相互合作创造良好的基础。

在此期间，还会出现一些其他情况：由于对偶结合的存在，每个孩子对自己父亲的身份都会了如指掌，他自然也会对自己家庭成员的情况一清二楚。我们还以黑猩猩的例子帮助大家理解这一点的重要性，与人类不同的是，黑猩猩之间不存在对偶结合的情况，但与原始人类相似，黑猩猩也是以部落的形式生活在一起的，而且也采取“从夫居”的婚姻居住形式，即雄性始终居住在自己的部落里，雌性搬迁至临近部落居住。另外与人类相似的一点是，黑猩猩部落之间也经常发生战争，并对其他部落成员进行无情的杀戮。然而，人类由于具有对偶结合状态，能够逐渐发现其他部落的成员与自己的关系，他们可能是自己的姐妹或子孙，这就有可能避免部落之间心狠手辣地相互杀戮。虽然对偶结合并不能完全阻止部落之间发生战争，但的确能够降低侵害程度，促进相互合作。我们在人类历史当中，就可以看到许多与此相关的例子，欧洲诸国的国王们为避免相互之间发生战争，都愿意让他们的孩子与邻国王室的孩子通婚。

我们在进一步详细讨论相互合作之前，需要先了解一个被称为社会空间的概念。这个概念由三个层面组成，最里面一层我们称为家庭，在家庭成员之间，相互帮助是全力以赴、不计回报的；第二个层面是我们的知己好友，以及生活中相同部落/文化背景下，与我们有社会关系的人们，我们会帮助这些人，但是通常也会期待对方有所回报。这两个层面合在一起，就构成了我们的社会关系网。

第三个层面就是除以上两层以外的其他任何个人，这些人可能与我们素昧平生，不会产生任何交集，或许他们可能还会对我们带有敌意。但只有再加上这个层面之后，我们的社会空间才算完整。与黑猩猩不同，我们的先祖在对偶结合状态下，已经明白一些本应属于他们最内层社会空间的成员，此时可能正与其他人生活在本被认为是最外层的社会空间之中。因此，这一部分人群就变成了他们社会空间的中间层，这也就意味着他们的社会关系网络扩大了。

能够与你合作的这种“其他人”的数量越多，你乐于合作、善于合作的素质带来的优势就越明显，而且现在我们通过简单测试就能够清楚地发现，在相互合作方面，人类婴儿展现出来的欲望要远高于黑猩猩幼崽。

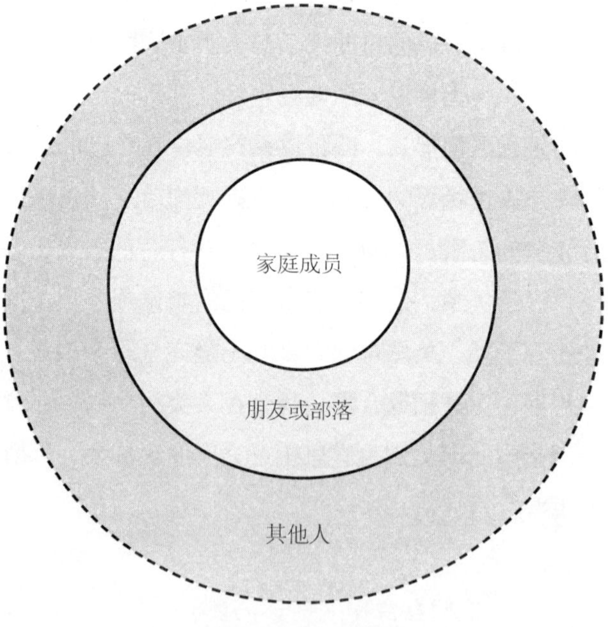

图 1–1　社会空间

能够超越内层空间与更多的人建立联系的人更容易取得成功。

还出现过一些其他情况。鉴于我们的祖先是从树上生活逐渐下到地面生活的，他们拥有的是双手而非双脚，而且由于在树上生活时不但需要用手抓牢树枝，还要采摘水果等食物，他们的双手变得异常灵活。史前人类在迁徙到开阔地区生活之后，开始主要使用双腿直立行走，这意味着他们能够腾出双手做其他工作，而这给他们带来了诸多便利和机遇，尤其是在人类逐渐进化到拇指能与其他四指垂直相对时。依靠这种结构，史前人类大约在260万年前开始对石头进行简单的切割，他们还能够用树枝充当武器。这种现象也刺激了所谓的基因—文化协同进化，即最能有效地使用工具的个体具有最高的生存概率，而这也就意味着手和脑之间也存在着协同进化。

总而言之，人类长久以来能够繁衍生息，并且在身体上，尤其是大脑上快速进化的原因由以下四大因素构成：第一，族群个体数量减少以及长期相互独立导致遗传漂变；第二，族群重组扩大、数量增加后带来相互竞争；第三，对偶结合出现后人际间感情加深，社会关系网络扩大；第四，得益于DNA（脱氧核糖核酸）的可兼容性，它们在长期分离之后依然可以繁衍。

这里还有一些事情值得思考：根据人类学家和其他学者们的说法，人类（抑或被称为智人）已经在这个星球上生存了20万年——在此之前，我们被称为史前人类。根据他们的说法，在这个过程当中，我们的大脑的体积并未发生多大的变化——而且石器时代人类的大脑比现代人类还要略大一些，人类大脑的体积从当时的1 500立方厘米逐渐演化为1 350立方厘米。此外，大约5 000年前，我们的祖先开始发展人类文明。

是不是感觉有些匪夷所思？为什么这些大脑体积更大的人类在将近20万年的时间内连一辆自行车也没有发明出来？是什么东西在5 000年前开始推动他们从穴居野处、茹毛饮血到驾驶喷气式飞机、观看卫星电视？产生人类文明的关键是什么？

显而易见，正如我们刚才所言，关键不在大脑。

而且也非取决于体力是否强壮。人类的体格并非在大约5 000年前突然变得强壮，其实应该说跟人类的体力毫无关系，因为人类与生俱来就是一个相对脆弱的物种，5 000年前如此，直到现在也未改变。与海参、海月水母和长脚盲蛛一样，人类也无法依靠尖牙利爪维持生存。从生物学的角度来看，我们是毫无防护能力的。而且我们也不会飞行，即便我们能飞，十有八九也会患上感冒，因为我们娇嫩敏感的皮肤表面没有任何毛皮、鳞片或者羽毛充当保护层。此外，我们在陆地上的奔跑速度，以及水中的游泳技术也没有任何优势，还有最为重要的一点，人类女性繁衍下一代不但需要较长的时间，而且在此期间需要依赖他人帮助，这更为我们的生存制造了困难。

更为直白地讲，虽然不能说我们弱不禁风、一无是处，但也是窝窝囊囊、勉强维持，因为我们本身的条件和状况与那些注定要被自然界淘汰消亡的物种有诸多相似之处，如体型较大易被发现、速度较慢难以逃脱等。从这个角度考虑，难怪我们的先祖无时无刻不在面临灭顶之灾（这一点，我们很快就会看到）。事实上，他们在那个时代被生吞活剥，沦为其他大型动物的腹中美食的情况屡见不鲜。

为了能够更好地了解人类与其他动物相比在体力上的劣势，我们先从我们远古的祖先匠人说起。这些古猿人作为一个种群生活在非洲大陆，在距今大约 140 万年的时候，他们分成了两个亚种群，分别被称为先驱人和直立人。后者迁徙到亚洲大陆，又经过很长一段时间后（大约在距今 3 万~7 万年前），这个种群开始走向没落，直到最后残存的一小部分，生活在位于印度尼西亚弗洛勒斯岛的飞地上。这个种群被称作弗洛勒斯人，成年后的身高大约刚过 1 米，他们在大约 12 000~17 000 年前完全消亡，距今也不算太久。在这期间，还可能存在其他亚种群也尝试过离开非洲大陆，但目前我们还没有发现这方面的证据。例如，我们在西伯利亚发现了一块有 4 万年历史的指骨化石，从中提取的变异 DNA 证明还存在一个被称为丹尼索瓦人的亚种群。

我们对于丹尼索瓦人消失于何地尚不得而知，印度尼西亚弗洛勒斯岛上弗洛勒斯人的昙花一现也让我们感到沮丧。不过，与此同时，我们生活在非洲大陆上的先祖们仍在继续繁衍生息，并且大约在 130 万年前，他们中的一部分迁徙到了欧洲大陆，但是这群外迁移民在大约 7 万年后也灭绝了。

虽然这次尝试又以失败告终，但好在我们的史前人类先祖依然在非洲大陆维持生存，其中一些也再次经历了远途迁徙，抵达亚洲，但与先前的几次尝试如出一辙，他们都没能在亚洲生存下去。

但是，另外一批抵达了气候寒冷、环境恶劣的欧洲，他们在那里成功地度过了几个冰川期后，进化成为身体更为强壮、大脑体积更大的亚种群，称为尼安德特人，简称为“尼人”。

这是一个颇具繁衍希望的种群。如果当时有先进的外星生物降临地球的话，他们可能会毫不迟疑地认定这就是人类发展的未来。

在此期间，生活在非洲大陆的史前人类各个种群都在繁衍生息、稳步前行，他们的平均大脑容量也在增加——这些古猿人正逐渐摆脱猿的特征，变得与人更加接近。由于先前提到的基因—文化协同进化和手脑协同进化，他们的大脑体积增加了至少两倍。

令人振奋的结果也随之而来。大约在40万~150万年前，我们的祖先开始做出一些有别于其他所有动物的事情：他们学会了通过控制火源来取暖做饭。这极大地减轻了他们的肠胃消化食物的负担，并且可以利用这些额外的能量完成其他工作，比如用来维持我们体积变大的大脑的运转，大脑是控制包括消化系统在内的全身中枢。维持大脑运转并不容易，因为大脑通常要消耗人体大约20%的能量，但是在基因—文化协同进化的帮助下，这成为现实。

除此之外，大约在70万年前，一位天才发明了石斧，大约在50万年前，出现了一个由毛皮制成的帐篷。随之而来，大约40万年前出现了木扦。这些发明的出现的确让人感到不可思议，因为当时的人类还尚处于古猿人时代。还要提醒大家注意的是，他们用了超过30万年的时间才完成了这3项发明。在此之后，他们的创新力才进入加速度。

- 公元前250000年：细石切割
- 公元前230000年：葬礼
- 公元前200000年：刀子和绳子

这是在大约5万年间出现的另外3项发明——虽然发现速度并不算特别快，

但已经有所加快。在此过程中，我们祖先在基因上也发生了巨大变化，如前文所述，从大约20万年前开始，他们与今天的我们在外形上已经非常接近，因此我们将他们称为智人。与此同时，我们（对，现在可以用“我们”来表示了）的创新力也在不断提升，虽然还没有达到势不可当的程度，但我们可以发现速度已经在不断提升。

- 公元前100000年：锯齿刀刃并驯养野狼
- 公元前90000年：骨头制针
- 公元前70000年：艺术和服饰

我们现在讨论的这3项发明出现的时间前后相差不过3万年。而且我们首次发现了后一项发明（服饰）建立在先前发明基础上的情况：通过使用刀具将毛皮切碎，然后使用针和绳将其重新加工，制成服饰。

我们正节奏平稳地游走在历史的长河中，但现在可能不得不打断一下，向大家介绍一个新的概念：创新设计空间。

这个概念与如何产生创新息息相关：创新就是用全新的方式将现有条件重新组合。无论是我们充满创新力的祖先智人，还是苹果创始人史蒂夫·乔布斯（Steve Jobs）都曾用简单明了的语言对创新进行了诠释：

> 创新其实就是将事物联系起来。每当你问起创新人士，他们如何取得这样的成就时，他们都会感到非常内疚，因为他们真的没做什么，他们只是曾经看到过一些东西。

这是一个能够呈现超指数增长的过程。举例来说，如果我们手中仅有甲和乙两种产品，我们就只可能有3种不同的组合方式。但是，如果我们能将手中的产品数量加至4种（甲、乙、丙、丁），那么我们可能拥有的组合方式就从3种上升至14种。因此，如果手中创新积木的数量呈线性增长，我们就能够得到超指数增长的组合方案。我们将这种存储理念以备组合的方式称为“创新设计空间”，而在“创新设计空间”当中重新形成组合方案的过程始于大约7万年前，人类第一次认识到将三种已知事物（刀、针和绳）组合在一起，能够形成一种全新的事物（衣服）。

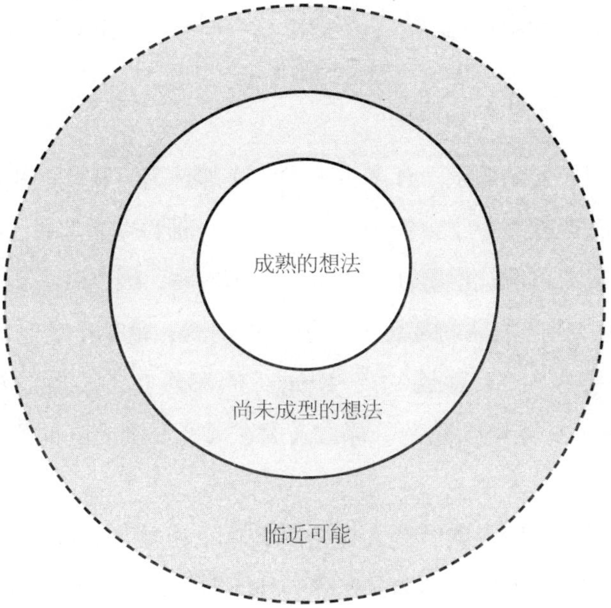

图 1–2　创新设计空间

很多创新就是将原有的想法重新进行排列组合，所以我们原有的想法越多，在最为接近的可能当中发现新事物的概率也就越大。

图 1–2 中最内层的圆圈代表业已存在的成熟技术和理念，这类技术和理念已经触顶，很难再取得进一步的发展（比如刀具、斧头和绳子），我们在这些领域看到的变化仅是时尚潮流的改变，而刀具的技术含量并没有出现多大的提升，我们所做的只是在艺术表现上呈现一些新意。

中间的圆圈代表了技术领域正在发展、尚未成型的想法和理念，这些想法和理念相对较新（比如汽车和飞机）。在这个圈里，你通常可以看到很多围绕核心理念、处于研发阶段的应用方案，类似微缩版的创新设计空间。举例来说，智能手机堪称一项相对成熟的核心技术，而以智能手机为平台，应用软件的发展更可谓是日新月异。

美国生物学家兼复杂系统专家斯图尔特·豪夫曼（Stuart Hauffman）将最外层圆圈称为“临近可能”。在这个圈里，我们在理论上可以将其内部两个圆圈涵盖的已知元素进行重新排列组合，只是目前为止这种组合尚未完成。后面我们还会详细谈到这些，而且还会引入一些颇具创意的电脑技术和令人震撼的生物科技。

再回到我们祖先的话题上。许多古人类学家都认为，我们的祖先是在大约5万年前（时间前后有些偏差）学会使用语言的，起初他们可能是通过敲击的声音进行沟通交流，而且很有可能这就是他们语言的全部内容，因为我们了解到，当今在非洲一些仍处于封闭状态的原始部落里，敲击声仍然在他们的语言当中起着核心作用。其中有一个被称为“！昆族”（！ Kung）的部落（“！”在这里表示敲击的声音），他们的生活方式能够为我们了解古人类在离开非洲大陆前的生活状况提供一些启示。

具体来说是这样：！昆族虽然人口密度较低，但他们食物当中的30%~40%是肉类，其余皆为蔬菜。无论他们选择在哪个地区居住，都会很快将当地资源消耗殆尽，因此他们只能四处漂泊。由于部落里每个人都一无所有，所以大家在物质上完全平等，共同分享狩猎所得，然后将屈指可数的家当都装在毛皮口袋里。部落里的妇女在生完小孩后，一般都会离开自己的配偶，如果生出的孩子有问题，母亲就会把孩子杀死。妇女通常都喜欢将自己的孩子背在背上，在第一个孩子学会走路之前，他们一般不会生育下一个孩子。根据古人类学家的计算，每个！昆族妇女在孩子学会独立行走之前，都会背着孩子平均行走约8 000公里的路程。举个例子能够更容易理解这段距离的长度，从英吉利海峡的法国一侧到西班牙南部的距离大约3 000公里，也就是说你要背着孩子行走一个来回还要多一些。

另外一点，！昆族人从不进行贸易往来，直到他们接触到文明社会的人类之后才有所改变。这是一个非常重要的特点，我们在后面的章节里还会详细说明。

我们对远古人类生存状况的了解大致如此：人口总数相当稀少，部落之间罕有联络，偶尔会有些许沟通；生活状态原始，生存条件恶劣，没有个人财产，全靠集体分享，经常徒步远行，不养残弱后代，没有贸易往来。虽然生活原始、环境恶劣，但是他们依然存活下来了。

不过，他们也仅仅是侥幸存活下来。基因遗传分析得出的结论显示，在大约 7 万年以前，人类经历了一场几近灭绝的危机，当时地球上幸存的人口大约有 2 000~20 000，甚至有科学家断言，当时幸存下来的人口数量已经跌至 5 000 人，这个数量在当今社会肯定会被列为濒危物种。有人怀疑，导致这次人口数量锐减的原因是苏门答腊岛火山的一次大规模爆发，火山爆发带来的火山灰遮天蔽日，数年不散，致使气味骤降，但也有人认为这次人口数量骤降是由于疫病或者战争的大规模爆发引起的。

但是，人类不但生存了下来，而且恢复了活力，继续自己创新的脚步。在大约 1 万年间，出现了两项新的发明——速度已经比以前大幅提高。

- 公元前 60000 年：草药
- 公元前 50000 年：小舟、长笛、骨矛

他们的生活方式大约在这个时期（5 万年前）出现了重大改变，他们对已故同伴遗体的处理方式与现在的！昆族人已经颇为接近，古人类学家对这个改变非常看重，因为有了这一点，他们从此就可以称得上是“现代”人了。

我们的故事现在又到了峰回路转的时候，因为几千年后发生的事情又让研究古人类历史的科学家感到一头雾水。事情发生在大约距今 42 000 年以前，一小批智人沿着先人曾经多次尝试但均告失败的路线，再一次尝试离开非洲大陆。根据科学家们已经取得的广泛共识，这是当时唯一成功的一次尝试。DNA 分析的结果显示，这支大约有 150 人的队伍在成功离开非洲大陆之后，就四散奔命了。

在穿越阿拉伯海之后，他们继续缓慢前行，踏上去往印度的迁徙之路，到达印度之后，其中一部分人转向去了欧洲。整个迁徙的过程跨越了几个世代，相当漫长，他们迁徙的脚步也极其缓慢，平均每年迁徙不过 1.5~2 千米，每一代人也只迁徙大约 10~30 千米。到达欧洲后，他们成为这个大陆的新移民，古人类学家和考古学家确信，这些新移民在这个阶段的总数不过几千人，他们组成了新的部落，每个

部落大约有 20~30 名成员，部落之间保持着较为松散的联系。

他们为什么会向欧洲迁徙？当时的欧洲正处于冰期，就连阿尔卑斯山也还被埋藏于冰川之下，有些地方的冰层甚至厚达千米。此外，斯堪的纳维亚半岛和英伦三岛的大部分地区当时也被冰层覆盖，当时位于其南部的欧洲大陆与现在的北极地区相似，还处于荒原状态。整个欧洲的植被稀疏矮小，类似于现在的冰岛和北西伯利亚的情况，那时的欧洲可不是人人趋之若鹜的世外桃源。

还有一个问题，这些智人群体迁徙的方向是我们先前提到的尼安德特人的领地。这是一条看似相当危险的道路，因为尼安德特人肌肉发达、身体强壮。根据目前发现的古人类骨骼化石判断，尼安德特人的体格要比智人强壮。而且，在这些骨骼化石上还发现了类似牛圈骑手遭受的撞击伤的痕迹（换句话说，这种伤痕一般出现在人与大型动物或与敌人搏斗之后）。

除此之外，尼安德特人的身体结构也非常适合欧洲的生活。他们身材相对矮小，体型结实强壮，这种身体结构让他们比身材相对修长的智人能更好地保持身体的温度。在这个时期，智人的肤色还是全身黝黑，而尼安德特人则是白肤红发，这种特征有助于他们的身体通过阳光合成维生素D，吸收钙质。他们远早于智人学会了使用衣物，并且已经在欧洲成功地度过了 4 次冰期。

尼安德特人也并非头脑简单：他们的大脑比智人的大脑体积大，也能像智人一样制作包括石制的矛尖在内的多种工具。此外，在他们曾经居住的洞穴中还发现了类似口哨的东西，由此推断他们也演奏音乐，而且我们知道他们已经有了将逝去同伴埋葬的习俗。

智人就是这样在慢慢接近这些强壮的尼安德特人，作为人属动物的两个不同亚种，他们之间将不可避免地进行一场战争，而谁是战争的赢家似乎早已成定局：那就是强大的尼安德特人。

这是一场具有历史意义的权力之争。智人初来乍到，而尼安德特人当时已经在欧洲生活了大约 30 万~40 万年，坐拥主场之利，以逸待劳。当这两个种群在欧洲狭路相逢时，尼安德特人已经实际存在了大约 50 万~60 万年，而智人的历史只有 20 万年。

考古学的诸多证据显示在这两个种群之间的确爆发过战争。比如，我们在发掘出来的尼安德特人头盖骨上能够看到，上面有被工具切割的痕迹，这种痕迹与智人切割鹿肉留下的痕迹完全一致，考古发现舌头也曾被割下，据推测可能被当作食物吃掉。根据史料判断，早期智人生活在目前以色列所在的位置，在8万年前，尼安德特人向东迁徙，试图征服他们（除非智人是自行消亡），双方爆发了战争，尼安德特人占得先机，并取得了第一回合的胜利。为何情况不同呢？

这个问题长期以来一直困扰着科学家们：迄今最早的欧洲智人骨骼化石是在罗马尼亚发现的，距今有3.4万~3.6万年。在那段时间之后，很快，在大约3万年前，尼安德特人就消亡殆尽了。一些科学家声称尼安德特人并未彻底灭绝，原因在于现代非非洲人（欧洲人）身上仍平均拥有大约3%的尼安德特人基因，由此可见，通

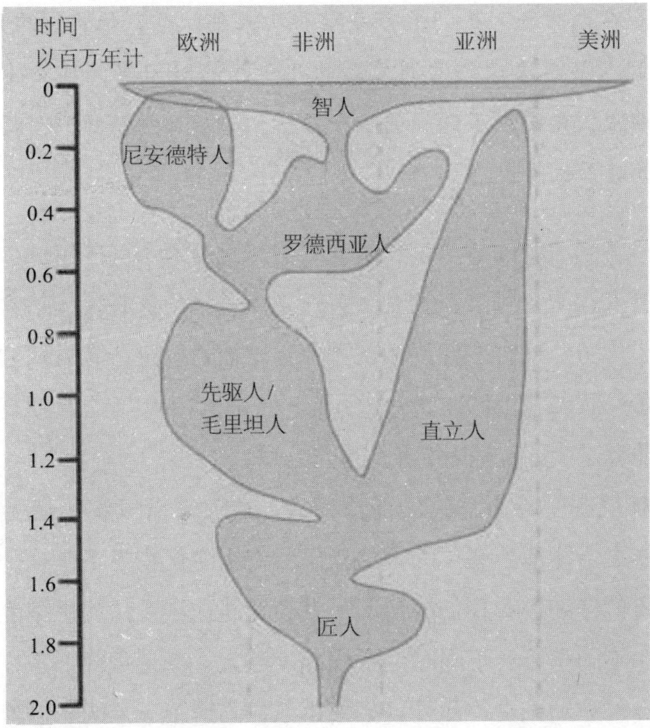

图1–3　智人及其祖先在200万年当中的迁徙过程

由图可见，早期人类离开非洲的过程异常艰辛。

过强奸或自愿产生的异种交配也是存在的。但我们必须清楚，在这些共有的基因物质当中，大部分或者全部都是由我们的共同祖先自主决定的，而非依靠异种交配。尼安德特人占尽先机，并且几乎完全统治了该地区，那么为什么现代欧洲人 97% 的遗传基因不是来自尼安德特人呢？

简而言之，情况大致如下：

1. 尼安德特人在欧洲生活了 30 万~40 万年，经历了 4 次冰期。

2. 他们对于自己的生存环境非常适应，身体强壮、大脑发达，大脑体积超过智人。

3. 智人在大约 8 万年前来到欧洲，但随即消失——很可能是在中东地区被尼安德特人打败。

4. 智人在大约 3.4 万~3.6 万年前再次来到欧洲，他们这次站稳了脚跟。

5. 在智人第二次来到欧洲之后的几千年的时间里，尼安德特人的生存空间被逐步缩减，先是到了欧洲的一个角落，随后又被挤压到了西班牙的一个角落，直至最后彻底消亡。

长期以来，不同流派的科学家和研究人员对此有着不同的解读。一些学者认为智人和尼安德特人这两个种群在智力上存在重大差异，这种差异给大脑体积相对较小的智人带来了优势。这种差异具体在哪儿也曾被讨论过，有人认为是控制语言能力的 Foxp2（叉头框 P2 基因）的特殊变异。但是，2009 年的最新 DNA 分析显示，尼安德特人也拥有这个关键基因的相同变异。

另一种解释尼安德特人消失的理论认为，智人来自气候变化无常的非洲，他们相比尼安德特人更能适应变化的天气。虽然气候变化在当下是一个相当时尚的话题，但是如果我们仔细看看我们的情况，就会发现这种说法近乎荒谬，因为在当时的欧洲，气候在不同季节、不同时期变化幅度巨大，毫无规律可言，与炎热气候相比，冰川气候更加波动无常。此外，如果生活在高达 1 千米的冰墙附近，熬过严冬确实相当不易。然而，正是尼安德特人和其祖先在这种环境下生存了 30 万~40 万年，而非智人。

如果你像尼安德特人一样，起初拥有了整个欧洲大陆，但最后由于异族入侵不得不生活在大陆边缘一片面积狭小的天然堡垒之中，那么你面对的挑战就不是资源匮乏或者疾病的威胁，而是如何逃避强大敌人的攻击——这里的强大敌人就是智人。但问题是，智人是如何变得强大起来的呢？

我们需要一些外界的帮助，下面我介绍三位享誉世界的生物学家：理查德·道金斯（Richard Dawkins），罗伯特·赖特（Robert Wright）和马特·里德利（Matt Ridley）。

在这三位学者当中，最为知名的是道金斯教授，他于1966年毕业于牛津大学，获得动物学博士学位，随后在牛津大学留校做过讲师，后来受聘为教授。1974年，他出版了《自私的基因》①一书。在书中他谈到了一个奇怪的现象：我们的主观直觉认为人类是通过“将自身的DNA传递给后代”来生存繁衍的。道金斯认为，这种说法虽然看似正确，但只是纸上谈兵，设想一下：如果我们育有子孙，那么即便我们离开人世，我们的基因依然通过我们的子孙存于人间。我们的DNA颇有先见之明，在我们死去之前，它们就已经成功将自己复制在了我们的后代身上。我们的子孙后代也固有离开人世的一天，但在这一天到来之前，我们的基因也已完成又一次自我复制。从这个角度来看，我们的基因是在利用我们。

因此，道金斯将其称为“自私的”基因。不过，他在《自私的基因》一书中也多次对这种说法表达歉意，因为基因本身并不具有任何感情色彩，更不用说自私。但是，我们确实可以将其称为自动复制机，它们就像病毒一样，不断进行自身复制。就这样，它们根据自然选择的法则，找到了一条完成自身复制的途径——的确是在利用我们的身体来达到它们自身的目的。

这种说法虽然听起来有些牵强，却能解释人们宁愿牺牲自己，也要保护自己的孩子或家人这种现象。因为在此过程中，人们也在保护他们的DNA。当然，我们绝对不会这样看待自身的这种行为，我们将其看作为保护我们所爱的人而舍去自己的

① 《自私的基因》中文版已由中信出版社于2012年8月出版。——编者注

生命。而这样一来，基因成了最后的赢家，因为爱是在对偶结合出现之后，DNA为保证自身复制耍的花招。

道金斯的这本书颠覆了许多生物学家的思维方式，因此在出版之后，立即大受欢迎。但是非常可笑的是，在《自私的基因》的结尾部分，可能是突然想起，道金斯用一小章节指出人类思想和行为当中也会出现类似这种情况。根据希腊语单词“mneme”（记忆），他写道，在我们生活中会有无数细小的想法和行为特点，像基因一样，这些想法和行为特点不断进行自我复制，它们能够超越任何个体乃至任何文明，继续存在下去。道金斯将其称为“模因”（memes），模因与基因一样，也是自私的自动复制机，利用人类作为传递自己的载体。

模因涵盖了我们日常生活中的观念、行为和语言，我们通常都认为不言而喻的，却涵盖了我们行为习惯和文化风格元素。与基因的缓慢节奏恰恰相反，一个模因能在几天或数周之内就渗透进入整个社区，更为有趣的是，我们对于身边存在的这些为数众多的模因却一无所知。例如：一些儿童无须过多的解释，就能够掌握语法，这就是一套模因起作用的表现。共同的模因还能在我们的社会生活中起到黏合剂的作用，帮助我们更好地与他人交流互动。

很多有趣的例子能够说明模因如何存在并延续几个世纪，甚至上千年，直至其起源完全被人们淡忘。比如西班牙人就有在餐馆和酒吧的天花板上悬挂烟熏火腿的习俗，但你在法国或意大利就不会看到类似的习俗。这种模因也就从那时起开始演化发展，直至今日，西班牙人仍保留着这种模因，他们仍然将火腿悬挂在酒吧和餐馆的天花板上，即使大多数人已经不知道这背后的原因。由此可见，肉体虽已消失，但模因依然存在。

以上是关于模因的简单介绍。现在，向大家介绍另一位哲学生物学家：罗伯特·赖特教授。他早年毕业于普林斯顿大学社会生物学系，后来撰写了多部著作，涵盖博弈论、宗教学和人类心智等领域，受到广泛好评。他于2000年出版的著作《非零和时代》[①]被《财富》杂志列为迄今为止75部最重要的商业著作之一（尽管该书

---

① 《非零和时代》中文版已由中信出版社于2014年1月出版。——编者注

并不是商业书籍）。他在该书中提出，生物进化和文化发展的主要驱动力源于合作。

是合作吗？难道我们都忘记了人类发展所遵循的逻辑是达尔文提出的适者生存理论，即残酷的丛林法则吗？这与合作听起来不是驴唇不对马嘴吗？我们没有忘记，赖特的理论也并非与适者生存理论相悖，而是对其进行了升华，他提出，生物进化从一开始就得益于我们称为“非零和”、“零和”或者“双赢”的相互作用。在随机情况下，诸如分子颗粒、细胞器官、细胞单元或者生物个体等生物组成要素一旦发现新的合作机会，它们通过复制获得持久生存能力的概率就会大大增加。

这又将我们带回上文讲到的社会空间和创新设计空间，因为重组与合作可以说是一回事。换句话说，最优秀的合作伙伴曾经也是最强劲的竞争对手。人类的身体就是行走的创新设计空间，拥有巨大的合作潜力。细想人类的身体，我们既可以将其视为由各个相互依存的细胞构成的大都市，也可以把它看作由各类分子组成的军事联盟。人体的生存依靠各类细菌，离开了它们我们将无法存活下去。此外，人体内还有超过10亿种不同类型的免疫细胞。正常情况下，每种免疫细胞在人体内的数量都不大，但是如果人体受到外来攻击，免疫细胞就会通过细胞与酶之间颇为复杂的合作关系，迅速成倍地增加自身数量，从而达到保护整个细胞“大都市”免受外来侵害的目的（也就是自私的基因）。

因此，合作才是关键，而且显而易见，合作的范畴可以超越单一个体。试想：两个穴居原始人，一个名叫弗雷德·弗林斯通，另一个名叫弗兰克·菲舍尔曼，弗雷德善于制作石斧，而弗兰克善于编制渔网。所以现在，弗雷德和弗兰克之间可以用石斧交换渔网。我们将这种行为称为非零和交易（各有所得）或双赢交易（双方都高兴）。但是，实际情况可能不只如此，因为双方在进行以物易物的过程中，也完成了信息和思维的交换。弗兰克回到自己的洞穴后，很可能会因为受到弗雷德的启发，开始制作自己的第一把石斧，弗雷德回到洞穴后的想法也一样。因此换句话说，以物易物作为一种自愿双赢的交易行为是不可重复的，但是随之产生的思维或模因交换则是另外一种双赢交易，而且可以无限重复。

设想：周六早晨，当我们还在熟睡时，在街道拐角处的面包店里，面包师已经开始烤面包了，而且他是在努力做出最好的面包，否则客户就会选择其他面包店。

两个小时以后，当我们来到面包店买面包时，他微笑着将面包放在柜台上，我们说声“谢谢”，付钱给他，他也说声“谢谢”作为回应。

参与上述交易的双方互不相识，更不是亲朋好友。这就意味着我们进行的交易具有4种特点：第一，超越个人关系；第二，出于自愿；第三，双赢交易；第四，在竞争环境下。

下面就是我们要谈的重点：能够自愿与陌生人相互交易是人类最伟大的创举，其重要意义远远大于使用火种或者发明车轮。原因在于贸易是一个我们可称为元理念的概念，它能够给我们带来更多更好的想法和理念。此外，由于贸易能够超越朋友和家人的小圈子，同时又是完全出于自愿的（每个人都有选择与他人交易或不与他人交易的自由），因此如果没有特定的阻力，贸易能够以极其惊人的速度产生变异，成为强劲的创新力引擎。原因如下：

- 当你在“某个市场”当中，与你社交网络内层以外的陌生人进行交易时，如果你的产品质量或服务态度出现问题，他们对你不会有任何怜悯和宽恕，你不得不在十分苛刻的条件下与他人进行竞争。
- 当存在竞争时，人们就会努力得到最优厚的条件或者给出最具竞争力的报价。这就驱使他们努力思考，精挑细选，提高要求。
- 在社交网络促进更多贸易往来的同时，贸易往来也会扩大社会空间。

不难看出这会产生何种结果。这会带来更大的影响，推动产品质量和服务水准进一步提高。

贸易的出现源于人们对于金钱、地位、安全、乐趣等的渴望，渴望的具体内容对于我们当前的讨论无关紧要，重要的是当我们在激烈的竞争环境下，自愿开展双赢交易时，就会出现创新。

我们再换一个角度思考问题，想想如果没有贸易往来，人类的生活会是什么样子。在原始社会，人类生存主要依靠的是数量有限的自然资源，人们仅被鼓励与亲朋好友之间进行有输有赢的交易（的确，有输有赢）。部落内部成员之间会互相帮助，但是他们与其他部落之间往往会发生激烈的战争，因为没有血缘和亲属关系，部落之间会争抢食物、战利品、领土甚至女人。他们不会与自己社会群体核心以外的人进行合作。

在远古时代，几乎每个人的生活状况皆如此。但是，在贸易出现之后，你就能够通过帮助别人获得好处，即使是对其一无所知的陌生人。你合作的范围越广，获得的好处越多。如果你能发现某种尚未得到满足的需求，并成为第一个满足这种需求的人，你获得的好处可能更多。

人们的观念由此发生了改变，从先前开展有输有赢的交易，转向寻求双赢交易，尤其是向创新型双赢交易的方向转变。人们开始不断扩大自己的社交圈子，以获得更多的合作机会，随之而来的是思想和理念的交流不断深化，创新设计空间不断扩大。

这样一来，我们就掌握了通向文明的钥匙。仔细想想这把钥匙，我们几乎可以肯定，如果其他星球上也存在智慧生命开创的文明，这把钥匙必定也是他们文明的开端。贸易是一把通向文明的万能钥匙。

有一个人早在生物学家罗伯特 · 赖特出生前几百年，就已经认识到了贸易的重要意义，他就是哲学家、经济学家亚当 · 斯密（Adam Smith），他在1776年出版的著作《国富论》中，首次阐述了自愿双赢的交易如何推动文明的发展，他还将其与奴隶制进行了实际对比，认为奴隶制不仅不公平，而且不经济。他说：“……我相信，最终自由人的工作成本比奴隶的工作成本还要低”。此外，他认为虽然开拓新殖民地具有一定意义，但是对于该地长期实行集中控制确实毫无意义，因为这种做法只会限制当地人的自由。他还将其与古希腊在意大利和其他地区的殖民地进行比较，来自希腊城邦的殖民者将每个殖民地视为“被解放的孩子，并假意声称对其没有实施任何行政或司法管辖”。不对，人民应该自己管理自己，能够自由、自愿地做事。正如亚当 · 斯密的经典名言所说：

我们的晚餐并非来自屠宰商、酿酒师或者面包师的恩惠，而是源于他们对自身利益的关切。

我们再次回到上文中提到的面包师，但请注意：我们并不要求合作伙伴之间都拥有共同的意识形态。良好的社会发展模式就是能够让社会有效地运转，就像工程师维护发动机一样，无须任何感情色彩。而在竞争环境下，自愿双赢的交易方式就是有效的社会发展模式。

我们在与自己社交网络以外的人进行合作的过程中，很可能会遇到一些自己并不喜欢的人，但是我们的原则依然不变。穴居原始人弗雷德·弗林斯通和弗兰克·菲舍尔曼虽然愚蠢、自私，但他们依然能够根据双方的共同利益，通过贸易开展合作，双方的合作能够给对方带来全新的理念，推动专业化分工，进一步调动工作积极性。

如果合作双方彼此之间没有任何好感，是否会感到羞愧？恰恰相反，那才是最好的状态，因为如果将友情与合作混为一谈，我们最终的结果必定是产生裙带关系和部落文化，限制了相互竞争、自由选择以及创新力的发挥。

细想你就会发现，这是一个极具吸引力的概念。如果一个法国人买到一款中国制造的产品，他自然不会认识产品的制造者，当然，产品的制造者也不会认识他，但是他们之间的确产生了合作关系。在经济全球化的背景下，几乎每个人都在为别人工作，人人为我，我为人人，这正是全球贸易的诱人之处（同时，也从侧面证明自给自足的理念缺乏吸引力）。

还有一点非常重要，就是要认清贸易当中的合作关系与自然生态之中广泛存在的共生关系是截然不同的。比如，蜜蜂为花朵施肥是为了换取花蜜，鲨鱼身边颇为“英勇”的小鱼为其清洁牙齿是为了获取食物。虽然自然界的共生现象较为普遍，但是这些现象相对固定，绝对不会出现两种动物在野外偶遇之后，自发进行谈判，讨论如何对各自持有的物品进行交换的情况。当然更不会出现同样两种动物在完成第一次交易后，再次进行谈判，讨论交换其他物品这种复杂多变的情况。

而人类现在的交流互动可谓形式多种多样，内容丰富多彩。我们首先回到罗伯特·赖特的两个核心观点其中之一：进化是一场有众多玩家参与的宏大游戏，最后的赢家十有八九都是最善于促成合作的一方，即促成双赢交易（亚当·斯密也持有相同观点）。据此，他提出了第二个核心观点：既然最终占得上风的是最能促成双赢交易的文化或文明，那么人类的发展趋势就应该是走向双赢，远离零和，而这也就是赖特著作的副标题“人类命运的逻辑”的含义：进一步促进双赢贸易才是人类符合发展规律的前进道路（这里暂且不提亚当·斯密）。但是，许多文明都会在发展的某个阶段与这一趋势背道而驰，迟早有一天，他们会发现自己会和其他崇尚中央集权、主张强制交易、害怕分散权力、鄙视自主行为的国度一道，被扔进历史的垃圾桶里。

现在让我们回到智人（人类）为何能够击败尼安德特人这个问题上来，这里我们需要介绍第三位超级生物学家：马特·里德利博士。与道金斯一样，他也在牛津大学获得了动物学博士学位，后来作为科学编辑，在《经济学人》杂志工作多年，并著有多部有关遗传学和社会学的著作。

里德利在2010年出版了《理性乐观派》一书，他在书中指出，智人与尼安德特人的关键区别不是生存环境或遗传基因的差异，而是他们之间模因的不同。那么，模因的不同如何导致这种差异的存在？我们又如何才能追根溯源，找到几万年前穴居人类的模因呢？

里德利的答案非常简单：经过对尼安德特人居住地发掘出土的物品进行勘察，人们发现这些物品无一例外地出自临近地区。例如，如果考古学家发现了石斧，那么在石斧的发掘地点附近总能找到制作石斧所使用的原料石。但是，在欧洲智人的居住地，情况恰恰相反，考古学家发掘的物品显而易见都来自远方，这些物品的来源只可能是通过与陌生人进行交换。

在贸易出现之前，智人和尼安德特人通常都将陌生人视为自身安全的威胁，他们的反应往往是杀死对方或被对方杀死——换句话说，就是你死我活的零和游戏。但是，这种状况在他们认识到了交换贸易的概念之后发生了改变，他们不再想方设法地将石斧插入对方的头颅，而是寻求机会用石斧换取15个美丽的贝壳。

所以，正如里德利所言，这很可能就是问题的答案：当智人和尼安德特人在大约2.4万~3.6万年前发生冲突时，前者已经开始进行贸易活动，而后者还没有。正如我们先前看到的，没有任何证据显示智人在非洲生活期间开展过贸易活动，此前几次尝试离开非洲的也都是尚未进行过贸易活动的部落。但当后来智人再次与尼安德特人发生冲突时，这场冲突已经变成了贸易者与非贸易者之间的斗争。

贸易活动的开展对于智人之间建立和平友好的相互联系起到了有效的促进作用，也使他们之间思想、模因和信息的交流成为可能。这种交流互动在战争中体现在更大规模的军队集结和更为有效的协同合作，因此能够一次次击败依靠小股力量单打独斗的尼安德特人。此外，由于贸易活动的存在，智人之间自相残杀造成的损耗要比尼安德特人少得多。

综上所述，我们的祖先最终取得胜利依靠的法宝不是基因，而是模因。真正起到作用的关键因素不是外界的环境，也不是占有的资源，而是对待贸易的不同方法。

那么，智人从事的是什么贸易呢？早期欧洲贸易的交易对象是燧石（打火石）和贝壳，后来又有了盐、琥珀、锌、铜、金、银、皮草、翡翠斧、纺织品、油、宝石、酒、陶器、经过训练的马匹、海象牙、奴隶、丝绸、玻璃等。

这一点极具吸引力，也让我们认识到贸易能够让人勤奋。许多科学家都曾著书立说，声称增加空闲时间能够让人腾出时间，为高效文化创造条件。这也有可能，但是正如我们将在本书中反复看到的，对于大多数人而言，如果没有明确的动机，那么只能无所事事。人类学家罗伯特·卡内罗（Robert Carneiro）通过对生活在巴西丛林中的伊库罗部落的观察，发现当地人每天只需花上几个小时，采集一些水果，就能满足生活所需，他们的食物明显供过于求。那么，他们利用剩余的时间做了一些什么呢？

无所作为，他们只是饱食终日、醉生梦死。但是，当欧洲人拿着令人眼花缭乱的新奇玩意儿出现在他们面前，向他们交换木薯（当地特产的根茎类蔬菜）时，该部落的木薯产量随即急剧飙升。正是贸易给人们带来了动力，激励他们更加努力地工作，贸易为创新提供了永不枯竭的源泉。因此，科学家有时也将其称为“变革驱动者”。

任何事物的发展都需要依靠变革驱动者的帮助。大自然通过氧化反应、病毒感染、外界辐射、阳光照射、宇宙射线等各种手段，驱动人类基因发生变异，虽然这些大多都是负面的影响，但偶尔也会出现正面的情况。而当竞争出现，并与这些变革驱动者相结合后，人类就开始从原始的简单DNA链一步步进化为到今天这样高度复杂、高度智慧的生物。

与自然进化一样，人与人之间出于自愿的双赢交易，也是在长期积累的过程中逐渐产生效果。当英国人首次横渡大西洋，开始北美殖民化时，他们乘坐的船只使用的是诺曼人、北日耳曼人和维京人早期造船技术，他们的航海知识来自天文观测、希腊人发明的字母系统和阿拉伯人的代数知识，他们使用的大炮、火药和指南针是中国人的发明，他们的地图利用德国技术印刷，而他们的计数方法源自印度。如果他们之间此前没有开展过密切的国际贸易往来，英国人永远不会有能力将如此众多的伟大创新和先进技术有机结合，自然也永远不会有能力在北美开辟殖民地。

如今，贸易已经成为一个极具影响的理念，其效果在夜空中能够更清晰地显现。在双边和国际贸易最为普遍的地方，夜晚的灯光也最璀璨。最明显的例子莫过于宇航员在夜间飞过朝鲜半岛上空时看到的景象，他们发现在朝鲜，除了首都和个别地方有些许灯光之外，其他地方的夜晚都是漆黑一片，而朝鲜的近邻韩国在夜间却是灯火通明。尽管这两个国家的民族构成相同，人口密度和资源储量极其相似，甚至1945年以前，它们还是同一个国家，但是当前经济上的巨大差距仅从夜晚灯光强度的不同就可以瞥见一斑。

而且这种差距还在不断扩大。一项研究显示，1970~1999年韩国夜间照明亮度增加了72%，而朝鲜在同一时期却减少（没错，是减少）了7.4 %。美国前总统吉米·卡特（Jimmy Corter）在2011年访问朝鲜后，报道称朝鲜约有1/3的儿童营养不良，政府将全国每日人均口粮减半，只有700卡路里的热量，而威胁健康的临界线就是每天仅摄入500~800卡路里的热量。在西方国家，一般建议女性每天摄入2 000卡路里的热量，男性则每天摄入2 500卡路里。

这里的两个邻国拥有共同的历史、相同的气候和自然资源，以及世界上最相似的种族结构，然而经过三代发展之后，其中一个国家的富庶程度已经是另外一个国家的20倍。

当然，我们永远不能板上钉钉地说，智人战胜尼安德特人只是因为前者开展了贸易活动。根据近代历史，我们至少可以确定一点：在竞争环境下自觉自愿地相互合作是创新力、社会文明和经济繁荣的源泉。推进并改善此类合作的理念能够引领我们前进，阻碍此类合作的想法只能带来经济停滞、下滑，甚至最终崩溃。正如里德利所言，放眼全球，凡是开展自由贸易的国家或地区，即便没有得到邻国的有效回应，它们在经济上也总能立于不败之地。自由贸易的坚定拥护者总是能够脱颖而出——中国香港、中国台湾地区、新加坡、韩国、毛里求斯、博茨瓦纳和智利就是活生生的例子。

第 2 章　驯服生命

大自然孕育生命，力量无穷。在数十亿年的时间里，它创造的生命数不胜数，这些生命复杂多样、各具特色，超乎常人想象，有时甚至会让人产生疑问，诸如孔雀和树懒等生物如何能够在残酷的生存竞争中谋得一席之地？但在对这些特例进行了更为深入的研究之后，就会发现个中缘由。腊肠犬或称“达克斯猎犬”（如图 2–1 所示）是一种非常可爱的动物，它的身高仅是普通狗的 1/2，身长却比普通狗多出 1/4，再配上 4 条短短的腿，这种身材只能用滑稽可笑来形容。但问题是大自然为何

图 2–1　达克斯猎犬

这种动物如何能够与狐狸和狼分庭抗礼？

选择了它们？背后又有何种原因？

这个问题的答案能够揭示人类文明所带来的匪夷所思的影响力，我们在后面将会谈及，因为它涉及模因对基因产生的作用，所以首先我们必须简要了解基因的工作原理以及科学家如何对其开展研究。我们从头开始：生物体内除红细胞外，所有细胞的DNA链上都存有我们的遗传密码。生物遗传密码由以下4种不同碱基组合编写而成：腺嘌呤、胸腺嘧啶、胞嘧啶和鸟嘌呤，其中每两种碱基配对存在，人类基因组当中共有约32亿个这样的碱基对。如果将人类看作烹饪全书里的一道秘方的话，那么这些碱基对就是书中的字母，准确地说，这道秘方讲的是如何生成蛋白质，而蛋白质就是构成人体的基本模块。

这本烹饪全书由大约20 600个章节组成，我们将这些章节称为基因，这里每个基因都有特定的化学功能（个别甚至会集多个功能于一身），所有基因总和在一起就是我们所说的基因组，由此可见，基因组和DNA在某种意义上其实是同一回事，只是前者多指遗传密码（软件），而后者多指分子颗粒（硬件）。

地球上大多数生物的DNA链都极其相似。例如，人类大约99%的DNA与黑猩猩完全相同，此外，我们有大约50%的DNA与香蕉一模一样。虽然使用不同的计算方式结果可能会略有出入，但差异非常细微。

1990~2003年，人类首次成功对自身DNA链进行测序/解码（绘制基因组序列图）。该项目初期规模极其浩大，涉及的科学家和实验技术人员成千上万，尤其开始阶段更是举步维艰，取得成果看似遥遥无期，根据1990年当时的技术水平，完成该项目预计需花费3 000亿美元，还需要几代人的不懈努力。但在2003年项目接近尾声时，情况已大有改观，当年花费了大约3亿美元，进度也大大加快。最终，该项目在历时13年、耗资30亿美元后顺利完成。从此以后，对DNA链进行解码的时间和成本大幅降低，有力推动了人类对生命历史的进一步认识和生物化学技术的重大突破。

研究人类基因进化历程和来源的方法多种多样，最常见的有两种方法：一种是研究所谓Y染色体的DNA，另一种是研究人类线粒体的DNA。Y染色体可见于雄性哺乳动物体内，其DNA绝对无法与雌性动物的DNA 混合，只能由亲代中的雄性直接复制传递给子代中的雄性。

研究线粒体的DNA也大有益处。线粒体虽然是存在于人体细胞当中的细胞器，但是拥有自己的DNA，而且只能通过女性卵细胞复制传递。有趣的是，大多数专家已经认定，线粒体的前身就是细菌，而现在线粒体与人类细胞共同存在——这也就是罗伯特·赖特所说的终极共生。

利用Y染色体DNA传男不传女、线粒体DNA传女不传男的特性，我们得到了研究遗传历史的可靠工具。比如上一章中我们说过，研究人员发现大约在7万年前，人类的数量下降到仅有2 000~20 000人，这一结论就是科学家在研究Y染色体和线粒体基因突变产生的变异性状之后得到的。

这里我们说到了基因突变这个话题。所有物种的遗传基因都处在不断发展变化之中，造成基因突变的原因可能是氧化反应这样的变革驱动者，但更多证据表明病毒感染起到了极其重要的作用。与细菌不同，病毒喜欢寄生在动植物的细胞内，一些病毒还习惯于与宿主细胞的DNA进行序列交换，由此产生的一些基因碎片，甚至较大的碎片，就得以传递给其他物种。例如，有证据显示，蛇的DNA序列曾被复制到沙鼠身上。病毒首先将蛇感染，随后又感染了沙鼠，这样一来就能将一串DNA分子链从一种动物带到另一种动物的身上。

人类DNA拥有的32亿个碱基对是在44亿年的漫长过程中形成的（从第一个单细胞生物算起，一直到今天的人类）。这就意味着平均每隔17个月就增加一个新的碱基对。

绝大多数基因突变是十分有害的，一般一个正常成年人会携带大约10个有害突变——既有新近出现的，又有祖上遗传的，它们或多或少都有一些问题。每个孩子平均会携带100个新发突变，其中只有2~3个会真正产生影响。这虽然是一个问题，但长远来看，正是这些为数不多、难得一见的良性突变能够通过自然选择传给后世。如罗伯特·赖特所言，良性突变多能促成原子、分子、细胞器、细胞、器官、个体以及物种之间的结合。

书接前文，重新回到大自然为何选择了腊肠犬（达克斯猎犬）这个话题上来。

这难道也是物竞天择、适者生存的结果吗？

的确如此，腊肠犬之所以能够生存下来，完全得益于它与人类的合作，由于这种合作的存在，腊肠犬的种群变得颇为强大，据统计在美国注册的腊肠犬共有约10万只，而灰狼仅有9 000只（所幸在加拿大还存活有多一些的灰狼）。

这是一个非常有趣的现象，因为作为灰狼的直属后裔，腊肠犬在理论上是能够和灰狼交配繁殖的（技术上存在一定困难）。不仅如此，灰狼还可以称得上是目前所有犬类的祖先。迄今发现最早的犬类遗迹是2010年在南西伯利亚出土的距今约33 000年的犬类化石，随后的2011年，在捷克境内又发现了一具距今26 000~27 000年的犬类骨架。这具骨架化石引起诸多关注，原因是这只狗在被主人埋葬时，嘴里还叼着一根猛犸象的骨头，从这一点我们就能判断出这只狗的喜好。此外，我们还在法国肖维洞发现了约26 000年前小孩和狗一起行走留下的脚印。至于腊肠犬，古埃及就有对其前身的详细描述。

这些证据表明，人类和犬类共同生活的时间已经超过3万年。但这种共同生活最初是如何开始的呢？毫无疑问，是险恶的生存状况所致。在狼的面前，人类显而易见处于弱势。在这种终极零和交易中，狼群追踪人类，将脱离群体的个体一一猎杀，或者趁人群睡觉时发动攻击，这些在远古时代都很常见，我们不必细究狼群猎杀人类的方法。

但是后来，人与狼之间的关系肯定发生了某种改变。有一种说法是人们捡到被遗弃的狼的幼崽，与其共同生活，最终产生感情。但更有说服力的解释是，狼群发现如果生活在人类聚居区附近，即便双方不发生冲突，也能够轻而易举地获得人类的残羹剩饭填饱肚子，这也解释了狼群为何生活在人类聚居区附近。人类可能也发现，狼群不仅能够驱离老鼠，还能帮助人类抵御敌对部落，甚至其他狼群的攻击。正如那句老话所说，敌人的敌人就是朋友。

最终，你死我活的零和交易（狼为填饱肚子猎杀人类）最终让位给皆大欢喜的双赢交易（狼为人类站岗放哨，人类给狼剩饭充饥）。虽然我们还不能将这两者的关系称为贸易，但是他们之间的确是自愿合作关系，也正是由于这种合作的存在，狼的基因也发生了遗传选择，更能适应这种合作关系的种群在此过程中逐渐学会了吠叫，以警告或驱离入侵者（狼是不会吠叫的）。

为证实犬类确实是由野生动物进化而来，苏联科学家德米特里·别利亚耶夫（Dmitry Belyayev）于1959年开始对银狐进行人工驯化试验，他选出较为温顺的银狐种群进行繁殖驯养，希望培养出能与人类共处的种群。经过40年的不懈努力，在人工繁殖到第35代银狐之后，他发现这些动物已经能够像家犬一样友好待人。但是，驯化也产生了副作用，这些银狐的外貌发生了改变：人工驯养的狐狸相对而言肤色较浅、头部更圆、大脑较小，耳朵也更加柔软。此外，这些狐狸在成年之后还会继续摇动尾巴，这种动作在野生狐狸当中非常罕见。可以说，别利亚耶夫仅用40年时间，就将野生狐狸成功地驯化为类似家犬的动物。

德米特里·别利亚耶夫还曾将此类试验应用于老鼠，也得出了类似结论。在对同一种群的老鼠进行了长达60代的人工驯养后，他创造出了两种具有完全不同个性的老鼠。当人类接近这两种老鼠时，其中一种会在笼子里尖声大叫、暴跳如雷，另一种则与之完全相反，它们在笼子里安安静静，甚至会隔着栏杆伸出头来，让人抚摸。

犬类大都善于理解人类发出的信号，而野狼和狐狸大都不具备这种能力，它们都不习惯接受指令。正是犬类的这些特质，使它们通过与人长期共生和人类主动驯养，逐渐被人类驯化：犬类实际就是经过基因改良的狼，因此即便已经成年，它们依然是小狗，已经完全被人类驯化。

与此同时，其他变化也开始显现：动物的种类越发多样。截至目前，从原先的灰狼进化而来的犬类已有约160种，这种现象印证了一个基本原则：多样性会在自愿双赢的交易之中自发产生。合作关系对于参与的各方都会提出更高的要求，这会不断扩展我们的创新设计空间，扩大我们的社交网络，带来更多机遇与可能。狼从人类曾经的宿敌，变成了人类看家护院的帮手和时时陪伴的宠物，甚至是野外狩猎时的伙伴。今天，我们能够人工培育出各种犬类，从牧羊犬，猎狐犬、猎鸟犬，到能够满足看家护院、照看小孩、体型袖珍、面相可爱、举止优雅、动感十足、充满野性，甚至装傻充愣等需求，应有尽有。而正是由于这种多样性的存在，与狗相关的周边产业也获得了长足发展，从项圈到狗粮，从狗屋到专用沐浴乳，不胜枚举，甚至还有专门为灵缇犬修建的赛道（可惜人类缺乏耐心，没给动作缓慢的腊肠犬也修一条赛道）。

自然界更是如此，自从第一个细胞出现以来，动植物的物种数量突飞猛进，已经取得显著增长。其中原因之一就是我们称为特征替代的现象，即几个较为接近的物种如果生活在同一地域，相互之间的差异会变得更为显著，正是这种现象促进了物种的形成。

这验证了罗伯特·赖特“竞争下的合作”能够产生多样性的理论，而多样性又能够扩大创新设计空间和社会空间，这些空间的扩大又为建立新的合作机会创造了可能。地球上能够出现成千上万个物种（病毒和细菌除外），原因就在于生物之间多种多样的合作模式，而且这些合作模式的数量和种类还在随着参与者数量的不断变化而急剧增加。在这种现象的推动下，人类社会无须集中规划就能产生无限的创新力。

为什么植物要煞费苦心地开出娇艳欲滴、芳香四溢的花朵，里面还蕴藏着甘甜的花蜜？为什么植物结出味道鲜美的水果后，却弃之于地，任其腐烂？花朵或果实的存在有何意义？

这当然都可以被视为市场营销行为。植物通过花朵、果实吸引蜜蜂、蝴蝶以及其他以瓜果为食的动物，这样一来，它们自私的基因就能播向四方。植物的DNA具有极强的适合能力，能够轻而易举地与其他物种合作，比如我们看到这些鲜花，它们大都兼顾了蝴蝶和蜜蜂的多重需求，就像犬类迎合人类的需求一样。

这也解释了小狗、小猫为什么都长得活泼可爱、讨人喜欢，因为它们必须依靠其父母或者人类的关爱才能生存。另一方面，鱼类等动物从出生开始就独立生活，通常它们幼时的样子就是成年时代的小号翻版，因为长相可爱对于它们毫无用处，快速敏捷才是生存之道。因此，它们大都拥有速度优势。

所有的物种都是在相互不断驯化的过程中进化发展的，人类驯化的物种数量要远超狼等其他动物。为了让妇女、儿童免受长途跋涉之苦，并能有效地存储食物，人类经过几千年的不断努力，从居无定所的游牧生活逐渐转化为安居乐业的农耕生活，农业由此产生。

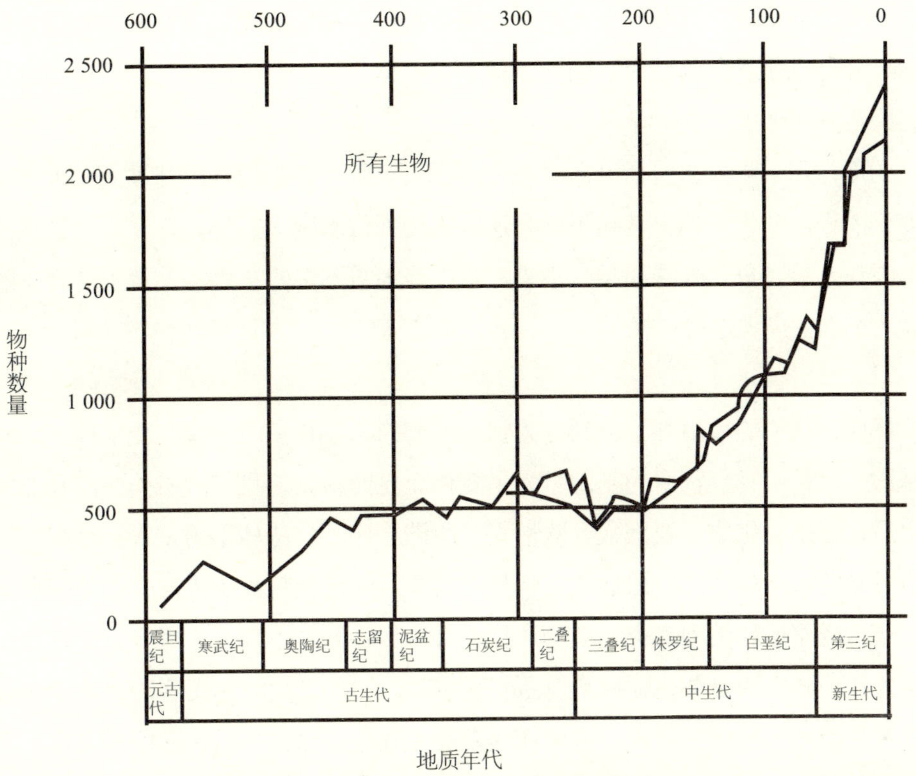

图 2–2　不同地质年代动植物种群数量

显而易见，种群数量呈明显上升趋势，原因就在于合体产生了多样性。

农业的出现带来了生物基因的一系列改变。人们在采集植物和种子并将其带回家的过程中，只有那些牢固附着在植物上的种子才能安然抵达，其他种子大多散落途中。为了适应这种难以预料的情况，植物的基因也逐渐发生改变，植物与其种子之间的连接逐渐变得更加牢靠，避免了种子被风吹走以致人类无法采集的情况。同时一些植物种子的个头也开始变得越来越大。

随着时间的推移，农作物也在悄然地改变自己，迎合人类，这个过程与狼变狗的过程极其相似。比如，现代的玉米是由一种名叫大刍草的野生草类进化而来。虽然现在依然能在野外找到这种草，但经过多年进化，我们已经根本无法将其与玉米联系在一起。现代香蕉也是人类培育出的自身无法繁殖的植物。小麦是在三种不同草种杂交后的产物，其体内还有外源染色体片段和基因突变，这些都是接受X射线辐射，并接触化学品的结果。因此就像香蕉一样，你绝对不会在纯自然环境看到小麦，因为它在那里无法生存。

同理，几千年来，包括家禽家畜在内，人类所有食物的基因都被人类改变，这种变化的程度让人震惊，其结果就是这些生物都像腊肠犬一样，离开人类就无法生存。现在，只有鱼、野味和某些坚果、浆果等为数不多的食物能称得上是真正的原生态（和农业出现以前一样）。

然而，我们的故事并不会到此为止。我们的思维和模因不仅改变了周围动植物的基因，而且给我们自身的基因带来了变化。显而易见，我们的祖先在离开非洲大陆之后，分别进化成了亚洲人、欧洲人、澳洲原住民、丛林印第安人、因纽特人等外表各异的不同种族。种族通常是指具有某些共同遗传特征的人群，而美国科学家贾里德·戴蒙德和美国人类学会均声称这种遗传特征并不存在。假设它们存在，我们会发现不同种族是如何适应自身所在环境的。比如，生活在山区的人体内血液细胞的数量更多、肺活量更大，生活在热带的人肤色较深，生活在寒冷地区容易冻伤的人鼻子较短。

人类在学会用火做饭之后，胃和消化道系统逐渐变小，骨骼开始变细，同时人类的下颚也开始收缩，这就是我们现在要拔掉智齿的原因。此外，随着人类发明了弓箭、长矛等武器，人类在狩猎过程中无须再贴近猎物，因此他们的肌肉也开始变小，以此节省能量。人类在与动物共同生活之后经常被动物携带的疾病感染，这也刺激了人类基因不断进化，以产生更强的抵抗力。

虽然农业的出现切实给人类带来了大量好处，但产生的一些负面影响也显而易见。第一，农作物当中蛋白质的含量要少于狩猎所得的肉类，而且植物蛋白缺少肉类富含的搭配合理、营养丰富的氨基酸；第二，农民的食物种类相对单一，造成维生素和矿物质缺乏，最终导致牙齿腐烂。带来的后果就是第一代农民的健康状况比上一辈人要差。

肉类摄入量下降会造成人体维生素D的缺乏。人类获取维生素D的方式说来有

图 2–3　转基因玉米

最左边是大刍草，最右边是经过千年进化后产生的玉米，中间是两者的混合物。由图可见，人类对大刍草的基因产生了巨大的影响。

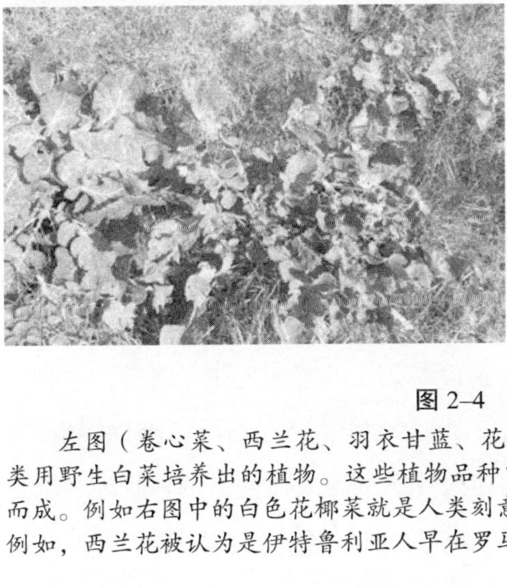

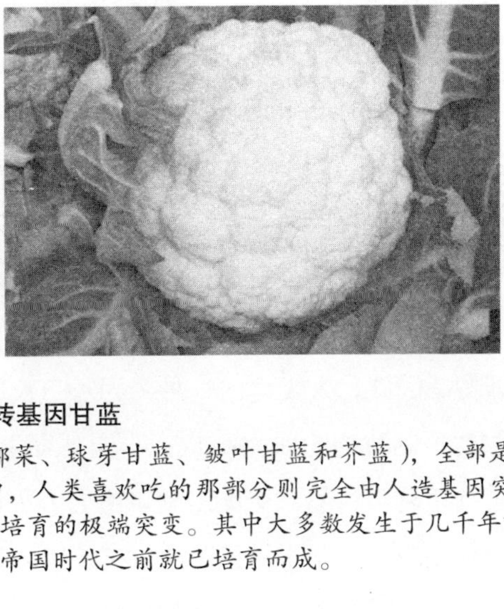

图 2–4　转基因甘蓝

左图（卷心菜、西兰花、羽衣甘蓝、花椰菜、球芽甘蓝、皱叶甘蓝和芥蓝），全部是人类用野生白菜培养出的植物。这些植物品种中，人类喜欢吃的那部分则完全由人造基因突变而成。例如右图中的白色花椰菜就是人类刻意培育的极端突变。其中大多数发生于几千年前。例如，西兰花被认为是伊特鲁利亚人早在罗马帝国时代之前就已培育而成。

点儿奇怪，较为正常的方式是部分从食物中获取，其余部分通过晒太阳获得。如果你生活在北方，既没有摄入足够的肉类，又无法获得足够的阳光，你可能就会缺乏维生素D。因此，人类基因开始对此进行弥补，方法就是让北方人的肤色和发色变得较浅，以便能够获得更多的阳光照射。研究显示，北欧人直到 5 300~6 000 年前肤色还都是深色的，但从那以后，经过几代基因突变，整个北欧人群的皮肤都变成浅色了。

农耕文化给人类带来的另外一个关键变化是消化牛奶的能力。正常情况下，包括人类在内的所有哺乳动物在成年后消化乳糖（牛奶中所含的一种糖）的功能就会消失。但是，大约在 8 000 年前，人类开始饲养奶牛，当时的初衷可能为食用牛肉、使用牛皮，后来也用牛拉货，在此过程中有人产生了食用牛奶的想法。经过大约 80 代以后，人类基因产生了一次变异，逐渐开始能够消化牛奶中的乳糖。

消化牛奶的能力给人类带来了一个良性循环，由于牛奶的营养要比牛肉营养的 5 倍还多，因此人们开始有选择地繁殖产奶量大的奶牛，这样人类就能够获得更多的牛奶。

请注意，人类这时开发利用牛奶的做法只是被视为开发一种资源。但是，由于这种做法有效地刺激了人际交往，因此变得意义非凡：如果你拥有奶牛，能够提供奶源，那么同等条件下你能养育的人口就会更多，人口数量的增加不仅能够提高军事能力，而且能够促进贸易和劳动分工的进一步改善。就这样，奶牛与人类的合作刺激了人类之间的相互合作，并激发了人类的创新能力。这让我们又回到了罗伯特·赖特的合作理论。

过渡到农业社会之后，人类的工作方式也发生了改变。追逐野生动物的奔跑能力变得毫无意义，取而代之的是能够长时间在田间劳作，以及建造石头围栏和房屋的能力。因此，人类体内一种名为ACTN3（速度基因）的基因发生了改变，这种基因主要控制我们的肌肉结构。肌肉纤维主要有两大功能：一是给肌肉提供爆发力，如短跑运动员；另一个就是提供耐力，如马拉松赛选手。人体内这两种肌肉类型是组合存在的，但显而易见在进入农业社会后，人类的耐力有了更大的发展空间。

除了基因的改变，农业的出现可能还影响到了我们思维的方式。通过一个简单的游戏就可以证明这一点：

> 你会得到一笔钱，但前提是必须与人分享。于是，你必须决定以何种比例去分这笔钱。如果对方拒绝你的方案，那么交易失败，你们两人都一无所获。

该游戏的结果经常被人类学家用于判断各个人群对于主动合作的意愿。但在印度尼西亚和南美的一些部落社会，游戏的结果变得相当有趣。在实验当中，人类学家根据与外界开展贸易的程度（即市场整合情况）将部落进行分类。一些部落的贸易量大，而另一些则很小。因此，人类学家引入了这个游戏，给出的金额相当于当地人两天的收入，足以激起受试者的兴趣。

结果非常有趣：对外贸易量最小的部落里的人表现得更为自私。生活在南美的马奇根加部落印第安人是最闭塞的人群之一，在当地的实验中，首个受试者给对方金钱的比例是 26%，而最常见的比例仅为 15%，而且这样低的比例仅有一次被对方拒绝了。由此可见，首个受试者只是较为自私，而第二个人已将其视为正常。

除了通过市场整合的方式对部落进行分类以外，人类学家还制作了量表，用以显示部落之间劳动分工程度的不同与实验结果的关系，结果显而易见，日常生活中最依赖合作的人给出的分配比例最优厚。这就是人类进化发展过程中一个非常明显的现象：文明和贸易能够促进人类相互尊重。这个过程中起作用的不仅是基因，还有模因。

这对我们是否有能力建立有效运行的国家制度具有极其重要的意义。经济学家保罗·扎克（Paul Zak）发现，在一个社会当中，人们的相互信任程度每增加 15%，这个社会的年人均国内生产总值就会增长 1%。相互之间的高度信任让人与人之间的自愿交易变得更为轻松，如果人们都习惯于自愿交易，整个社会的普遍信任程度就又会增加。

当有人向我们表示明确的信任时，我们体内会分泌一种名为催产素的物质，在这种物质的作用下，我们会对这些人产生信心，并向对方报以信任。研究显示，当人无法分泌催产素这种物质时，会产生对抗社会、极度自恋、不计后果、以自我为中心等行为表现。社会的发展需要人与人之间的相互信任，因此随着人类文明的发展，人类基因分泌催产素的能力也在增强，人类由此受到的影响也在加深。

在狩猎社会，食物来源只有两个渠道：要么依靠捕猎大型动物，要么依靠袭击邻近部落。最具攻击性的人能得到的食物最多，也更容易获得女性的青睐。这种情况下产生的倾向于攻击性强、勇敢无畏的选择压力，则被当今心理学家称为对抗社会的病态行为（精神病人）。比如一项研究显示，生活在亚马孙流域、极度好战的雅诺马马部落印第安人当中，总体而言杀过人的男性要比没杀过人的男性拥有更多子嗣：

表 2–1　杀过人的男性与没杀过人的男性平均拥有子嗣数量对比

年龄	杀过人的男性平均拥有的子嗣	没杀过人的男性平均拥有的子嗣
20~24	1.00	0.18
25~30	1.57	0.86
31~40	2.83	2.02
41 以上	6.99	4.19

值得一提的是，负责该研究的人类学家拿破仑·查古纳（Napoleon Chargnon）最初为寻找一个性格温和、富于感情的部落。在第一次与该部落人相遇后，他这样描述自己所受的震撼：

> 我看到十几个身材魁梧的男子正弯弓搭箭，瞄准我们，他们一个个相貌丑陋、全身赤裸、汗流浃背！不少人的牙齿和嘴唇之间还残留着大块的绿色烟叶，鼻孔里留出长长的暗绿色黏液，一丝丝地挂在下巴上或糊在胸前，令人恶心。随后，我又发现十几条饥肠辘辘的恶狗将我围住，不停地狂吠，好像我就是它们的一顿美食。我只能无助地站在原地，可怜巴巴地握紧笔记本。周围的污秽和植物腐烂的恶臭熏得我几乎呕吐晕倒。

查古纳发现，约有 40% 的雅诺马马部落印第安人至少参与过一次谋杀。他还试图收集他们的姓名信息，以便勾画出该部落的家族图谱，但后来被另一个部落告知，当地人谎话连篇，因此他所收集的皆是虚假信息，这些名字大都是“铛铛”“鹰屎”“浑蛋”“放屁”等。

残暴和粗鲁已被深深植入原始狩猎社会的模因与基因之中，但人类在向农业社会过渡的过程中，对成功的定义和标准都发生了改变。他们不得不开始学习如何对未来进行规划，学会克制欲望，耐心等待自己的劳动成果。为了适应日趋复杂的社会结构和社会模式，他们必须具备与他人交流互动的能力。这意味着易于和平相处、善于与人合作的基因会给人类带来诸多好处，而顽固不化、攻击性强则成为前进的绊脚石。胆小怕事、不修边幅、对陌生人出言不逊或污言秽语肯定也不会带来什么好处。这样一来，人类就完成了所谓“自我驯化”。就像我们驯养动植物一样，我们自己同时也在文化方面和基因方面得到了进化。让我们用对人脑研究的两大发现来结束本章。正如我们所知，我们的祖先在从猿人到智人的进化过程中，大脑体积逐渐开始变大，但随后又有所减小，减小的幅度大致相当于网球的大小。同样的情况在你驯养狐狸或狼变成狗的过程中也会出现。造成这种情况的原因可能是野生动物需要自己解决所有问题，而被驯养的动物只需依靠主人寻找答案。由此可见，在完成自我驯化、学会与他人合作共处之后，人无须太聪明也能活得愉快。

另一个重大发现是人类头骨的变化。人类在发明石斧之后，头骨逐渐开始变厚，说明在你死我活的零和斗争中头骨经常受到伤害。但在大约40 000年前，随着贸易范围的不断扩大，除澳大利亚和南美个别地区的原住民以外，分布于世界各地的不同人群的头骨都开始变薄，随之而来的是创新力和不同文明的繁荣发展，因为人们开始通过贸易了解对方的想法，而不是使用斧头砸烂对方的头骨。

从本章可以得出这样的结论，如果想要推动社会创新力的发展，必须有力促进竞争中的自愿双赢交易。如果能做到这一点，人们的奇思妙想就会思如泉涌，良性发展的社会生态就会逐步形成。人们还会不知不觉地提高开展建设性合作的能力，即完成自我驯化，这非常重要。我们在下一章中就会看到，仅仅拥有竞争中的合作还不足以保证拥有强劲的创新力和发展步伐。

第3章　发展的原动力

我们目前为止有何发现？首先是明白了资源与贸易的不同作用，种群的智力不同或自然资源（诸如气候、土壤、矿产、动植物种群等）储量的差异对于社会发展进步并不起决定作用。相反，扩大社交网络、激发创新力才是社会发展进步的原动力。

早期人类社会的主要特点是“攫取资源”，早期人类社会制度在建立之初，其存在的基础就是攫取资源。然而，久而久之，在一些社会实现了贸易和资源两者相结合，随着社会发展逐渐向贸易倾斜，它们需要建立更具包容性的制度。有人逐渐掌握了农业技术，可能擅长种植土豆，而另一些人学会了通过贸易得到土豆，正如瑞典经济学家约翰·努尔贝里（Johann Norberg）所说：“贸易就像一台神奇的机器，能够将土豆变成计算机，或者将你手头的任何东西变成你梦寐以求的东西。这样的机器谁不想拥有？”在农民通过土壤和水种植土豆的时候，商人通过人际交流和思维互动扩大了创新设计空间，这就是产生创新力、推动社会繁荣的源泉，同时这还能刺激人类完成自我驯化。

通过前面的章节，我们知道人类创新力的爆发源于贸易的出现。贸易超越了普通的人际关系，推动人际交往合作扩大到整个社会空间，而不仅限于我们的个人社交网络。通过贸易产生了奇思妙想，出现了各类产品，推动创新设计空间的不断扩大。创新设计空间扩大之后，之前的发明创造得到重新排列组合，带来全新的可能，以此类推，无穷无尽，成为一个自我循环。

同时，另一个自我循环也已开始。随着自愿双赢交易的深入开展，人与人之间的相互信任和合作精神进一步加强。虽然这毫无疑问是一种文化现象，但也不可排除具有遗传因素。不管怎样，我们在成功完成自我驯化之后，开展相互合作的能力得到提升，促进了产品和交易的多样性，扩大了创新设计空间，在意识到这种做法带来的好处之后，人们开始建立更大的创新设计空间。

之前我们还提到，亚当·斯密在1776年曾经说过，在追求个人利益与贸易相结合之后，一切发展才成为可能。达尔文在83年后出版的《物种起源》一书，实际上是从自然界的角度对该理论进行重新诠释。自然界的生物与商界的商人一样自私自利，因此只有强者才能够得到市场份额。

如先前章节所述，道金斯提出了全新的观点，解释基因和模因如何通过相当自私的方式在不同载体之中传递，他的解释成为上述两种理论的补充。赖特指出，无论自然界，还是人类社会，只有提高合作能力才能走向成功。必须提到的是，自私的基因、自私的模因以及自私的面包师等自私元素在自然界和人类文明两大系统中普遍存在，并且这两大系统的进化发展都遵循着一些相同的规则。自私元素虽然声名狼藉，却能带来卓著的成果。

赖特还指出，合作网络是一切繁荣发展的根本所在。人体细胞个体本身就是细胞器组成的生态系统，而细胞器就是生态系统当中的一个合作方，人体也可以被看作细胞和细菌合作形成的生态系统。通过早期的农耕文化，人类将自己驯养种植的动植物融入自己的生态系统。通过模因和规则的作用，人类文明将不同部落和文化联系起来，组成更大的生态系统。现在，国家之间的自由贸易协议、国际机场以及互联网的广泛使用进一步扩大了这个系统，这就是创新设计空间对于人类潜移默化的影响。

以上大致就是前两个章节叙述的内容，我们现在以此为据，制定基本规则：

人类文明的繁荣发展需要依靠人类自主产生的创新力，而这种创新力只有在系统同时拥有以下五大要素时才能产生：

1. 个体单元；

2. 变革驱动者；

3. 有效网络；

4. 共同记忆；

5. 竞争。

我们先从个体单元开始：

1. **个体单元**。个体单元最善于产生奇思妙想，在一个网络当中，单元的个体越小、数量越多，越容易产生创新力。

自然界的基因突变往往出现在微小的个体单元当中—— DNA链条上极为细小的变化，通常仅涉及单个原子。猿人能够迅速进化成人也是因为他们作为个体单元长期分散，后来又重新联系在一起。

在人类社会，发展变化通常最初源于某个人头脑中闪过的一丝灵感，这种灵感的产生通常是受人启发，但只会出现在单个人身上。尽管人类发展都是通过合作实现的，但真正做到“思想统一”基本是不可能的。

作为群居动物，人类个体之间倾向于相互适应，因此，一旦集体做出决定，他们就对创新望而却步。尤其大型企业或机构当中，人们更愿意规避风险——逆流而上有风险，随波逐流更安全。因此，若想最大限度地提升创新力，最好的办法就是化整为零，分成独立小组或个体单元。

下面我们需要的是：

2. **变革驱动者**。发展进步需要自发变化，即使这种变化极具负面影响。

远古人类由于气候变化频繁而加速进化，这种气候变化不断表现为短时间内天气反复无常，而且还形成了气候更加干燥、地貌更加开阔的发展趋势。因此，气候就可以被称为变革驱动者。

在与世隔绝的部落社会或者审查森严、处处受限的国家里，变革驱动者寥寥无几，结果就是发展停滞，甚至社会崩溃。与此相反，城市化的开放社会崇尚自由贸易，鼓励外出旅行、人员流动，接受媒体监督，倡导科研和社交，各种创新思维在这里蓬勃发展，而主要途径就是重新排列组合。

现在，我们拥有的是许多微小的个体单元，它们期待变革、勇于创新。但还需要它们之间自愿进行双赢交易，这就要：

> 3. **有效网络**。个体单元必须联系起来才能实现交流互通，彼此的联系越紧密，进步的速度越快，取得的成果越明显。互联网就比孤零零的单个系统更加便捷高效，同理，自由贸易区内的国家比自给自足的国家或地区在经济上更为成功。自然界的生物同样也通过不同性别和生态系统联系起来。

贸易领域的网络效应更是令人神往。我们先看一个纯算术的例子，假设在石器时代的某个地区共有 100 个部族，每个部族有 25 人，各个部族互不往来，那么该地任何一个居民都只会与本部族其他 24 人往来。现在假设在引入贸易往来之后，每个部族当中都会有 1~2 个人与其他部族成员相识，这意味着社会当中每人都会与其他 2 499 人建立间接联系，而不仅是原先的 24 人！

由此，社会空间的利用大幅扩展，产生的变化被数学家称为“移相”，被社会学家称为“社区”，被生物学家或网络经济学家称为“生态系统”。对于Facebook（脸谱网）创始人马克·扎克伯格（Mark Zucherberg）来说，这则意味着无限商机。

网络的形成能够促进商品、服务和理念的相互交换和互动，也能促进人员往来。由于能够与更多的人交流互动，接触到的产品和理念也相应增加，这样一来，每个人的创新设计空间都会得到急速扩张。但是，人们一旦开始交流，就需要拥有贮藏价值、交换信息的途径。

> 4. **共同记忆**。我们需要一套标准代码“写入”，并且记住成功的经验，而且这种代码必须能让网络内各个成员相互分享，共同使用。虽然一些数据具有实效性，比如土豆的价格可能每天都在变化，但是只要拥有代码，顺利记入相关信息，成功的经验就能得到复制，且受到奖励。在实际生活中，蛋白质间的化学反应充当了临时代码的角色，而永久代码则是 DNA，它通过不断复制、奖励成功案例。人类依靠文明世界的各种制度，确保共同记忆系统得到尊重。

长期从事贸易的人大多擅长编制此类代码。哥伦比亚大学心理学家彼得·戈登（Peter Gordon）试图通过与亚马孙地区原住民皮拉罕人开展的一系列实验找到答案。在其中一个实验里，他在自己与一个皮拉罕人之间的地上画出一条线，并要求他们像他一样，将相同数量的物体放在自己一侧，皮拉罕人完成得相当不错，放上了三个物体，而且只要戈登允许，他还能继续进行。但是，当戈登让皮拉罕人将物体放到与他的物体呈直角的位置时，只有30%~60%的皮拉罕人能够做到，而且他们只能数到4~8，没人能够正确地数到9。

但是，优秀的商人往往善于编制代码，他们的共同记忆里涵盖了房产契约、专利版权、文学作品、注册商标、会计系统、计量单位等，但是所有这些只有在得到网络内所有成员认可之后才会产生价值。

货币是最重要的通用语言之一。史前时代，货币是不存在的，但随着人类贸易活动的开展，货币迅速发展：琥珀、贝壳、骆驼，黄金等几乎都曾在原始贸易活动中充当过货币。

货币经常被描述为“记账单位、贮藏手段和交易媒介”，还提供了至关重要的信息技术，告诉我们自愿双赢交易的价值。双赢？是的。但所赢价值需要货币这种通用代码来给出直观明了的答案：2只骆驼、20个贝壳、100万美元。任何人都可以将自己为他人的付出随意放大或缩小，但在市场环境下，我们可以通过他人为这种付出支付的钱数进行相对合理的估算（当然也有例外）。

现在，我们拥有了个体单元、变革驱动者，形成了网络和共同记忆，由此构成了自组织系统，该系统能够不断地进行检验，自主将成功案例记入存储系统，还能像自然界的DNA一样，不断复制、奖励。看似万事俱备，只欠东风。

但必须注意，生物界、商界乃至社会自身出现的突变大都趋向负面。人类社会的自然趋势是日益腐朽、官僚，变得懒惰、自私，停滞不前，最终走向失败。原始部落与世隔绝，近亲繁殖，自然难逃厄运。同样，垄断市场的私营企业、政府部门以及宗教、慈善机构也是如此，本书第五部分将对其原因进行深入研究。

解决上述问题的途径就是达尔文提出的竞争压力，比如在商业社会和自然生态当中出现的竞争。由此可见，我们的自组织创新系统还需要有第五个要素：

5. **竞争。**竞争能够阻止负面趋势的迅速蔓延，促进正能量广泛传播。社会如果没有竞争压力，最终（或很快）会走向衰落，因为其内部改变大多趋于负面。

以上列出的是系统当中产生自主创新力需要具备的 5 个要素。将这些要素结合起来就会出现奇迹：我们的社交网络得到扩展，合作范围遍布整个社会空间，同时我们的创新设计空间呈指数式扩张。

启动这一进程的人不会想到他们的所作所为将产生的深远影响。数万年前，当贸易出现在少数人之间时，他们根本不会想到自己为人类开启了通向太空、遨游宇宙之路，他们也不会明白自己开启了一场天翻地覆的变革。

指数式增长的过程极具欺骗性。IT（信息技术）精英圈内流行的一个故事，就充分说明了指数增长的巨大规模。故事讲的是中国古代一位艺术家为皇帝表演的事，皇帝非常欣赏这位艺术家的表演，因此就问他想要什么赏赐作为回报。“大米。”艺术家回答，“棋盘有 64 个方格，先在第一个方格上放一粒米，然后在每个方格上放的米粒数量都是之前方格的 2 倍。”

皇帝高兴地答应了，他觉得这根本要不了多少大米。于是手下人开始计数：2，4，8，16，32，64……可是，当他们算到第 15 个方格时，就开始有点儿担心，因为仅在这里就需要放 32 768 粒大米，到了棋盘中心的第 32 个方格，就要放高达 4 294 967 296 粒大米，看到这种情况，皇帝下令将艺术家斩首。他们永远不能满足艺术家的要求，因为这需要的大米相当于一座比珠穆朗玛峰还高的米山。这就是指数的工作原理。

我们对于人类具体何时开始贸易活动无从知晓，但可以判断，当时他们的创新设计空间里最多不过 15 种东西，包括可控制的火源、石斧、皮制帐篷、木扦、加工的石头、刀具、骨针、绳索、锯齿刃、驯养的野狼，加工的服装、草药、小船、长笛与骨矛。可见创新的基础极其薄弱，但通过贸易往来，信息及产品交换，他们逐渐踏上了指数式增长之路，实现了多样化。当时仅有的 15 种发明创新当中，不少也是对先前发明的重组所得。比如从船、帐篷和衣服上面都能找到先前发明的元素，同时，我们还可以看到，只要充分利用他们手中现有的发明，弓箭、船帆以及捕鱼设备等更为复杂的发明创新也在向他们招手。

他们前方的道路充满希望，但是我们不禁要问：既然智人已经存在了 20 万年，而且贸易活动出现于 4 万年前（甚至 1 000 万~2 000 万年前），为什么智人文明在 5 000 年前才开始?

答案存在于我们刚讲过的棋盘的故事里，想知道原因，就要先思考生命的历史。在出现了首个能够自我复制的 DNA［及其姊妹分子 RNA（核糖核酸）］之后，出现了细菌。我们现在看来这是一个相对原始的过程，一个细菌里存在有大约 1 .5 亿个结构有序的原子，能够在 15 分钟内完成自我复制，也就是每秒复制约 17 000 个相同结构的原子。

元理念和元技术范例

- 贸易
- 邮政服务
- 自由贸易协定
- 逻辑与科学方法
- 电子计算机
- 印刷媒体
- 音符音律
- 私营企业和私人财产
- 以科学为教育的基础
- 保护专利、版权和商标权
- 电子邮件
- 银行、风险资本和私募股权
- 电子媒体广播
- 互联网
- 众包（动员大众的力量解决创新遇到的挑战）

这也就解释了大自然为何在几十亿年的时间里都未取得重大进步。自从拥有了个体单元、变革驱动者、有效网络、共同记忆和竞争这五大炙手可热的要素，其发展变化开始加速，创新设计空间也开始呈指数式扩张。

同理，人类在石器时代默默无闻地度过了 120 000 年之后，用 35 000 年时间创造了早期文明，但随后仅用了 5 000 年就进入工业革命，又用了 300 年就来到太空时代，以此速度，50 年后进入生物技术时代也就不足为奇了。

中国古代的故事仅是假定对棋盘上每个方格里的米粒增加一倍，但在现实中，增长速度还会出现周期性波动，其原因是人类在形成全新的元理念（上文提到的能够从中获取新理念的基础理念）或元技术（能够获取其他技术的基础技术）之后带来的移相现象。毫无疑问，贸易是人类最重要的元理念，但此后又出现了诸如邮政服务和互联网等其他元理念，数不胜数。

那么，这个过程会有一天产生饱和吗？例如，随着现代社交媒体的应用，我们可以和成百上千万人取得联系，但是一天毕竟只有 24 个小时，我们终究将到达极限，会这样吗？

当然会，但是拥有创新力五大要素的系统能够通过其自组织能力另辟蹊径：具有创新力的系统遵循同一个规则培育全新系统，无限循环下去。比如，基因形成蛋白质，产生生命，生命形成有机体，创造生态系统，生态系统创造智能生物，智能生物创造贸易，贸易创造文化，文化创造文明，文明又创造人工智能，接下来出现的可能就是机器人社区，以及能够在网上自主交流互动的计算机。

其中的原理令人赞叹：远古时代，氨基酸相互联系，形成一体之后，获得自我复制能力，随后——开启了永不停歇的进化历程，带来了细菌、恐龙、兰花，以及人类。后来，石器时代的两个居民开始进行贸易活动，由此带来罗马帝国、泰坦尼克号以及平克·弗洛伊德（Pink Floyd）的出现。再后来，有人发明了晶体管，我们就逐渐拥有了智能手机、卫星电视和无人驾驶飞机。另外有人发明了互联网，我们就能够上网，使用脸谱网、谷歌和视频网站 YouTube。

根据上述简单的基本原则，人类社会产生了各类复杂精密的创新，体现出自组织系统在进化过程中的创新力，让人惊叹，但是如果我们不能完全弄清楚这种现象，我们就无法理解人类文明拥有的潜力和存在的问题，创新设计空间是我们依靠的主要资源，需要呵护滋养，使其不断扩展。但创新设计空间不是自然资源，不是矿石，也不是植物，而是我们进行创新交流的动力，能为人类带来财富，因此我们需要深刻领会其运作原理。

还有两个问题需要考虑：第一，我们的直觉通常是系统结构越简单，就越有活力，某些情况下的确如此，但是一般来说，结构复杂的自组织系统拥有的活力远远超过简单的系统。原因在于系统的多样性越强、分散性越好，越能有效地运用不同的组合方式和备份方案，提供更多的选择，更快适应变化。其创新设计空间自然会随之扩大，进化速度也会加快。这就是为什么互联网极具活力的原因。我们的直觉还认为自给自足是最安全的，而事实恰恰相反。

还有一个问题：我们将货币视为一种信息技术手段，用于衡量相关试验的价值，并奖励试验者。这样一来，如果有人迸发奇思妙想，其他人必定纷纷效仿，那么收益应该归谁？答案取决于收益的两种不同形式，即经济学家所说的“熊彼特利润”或“炼金术士谬误”。

何为“熊彼特利润”？举个例子，制药公司通过研发新型产品并获取专利，得到利润（请注意，专利是共同记忆系统的一种体现）。但是，专利一旦到期，各路仿冒品牌就会蜂拥而至。众所周知，仿冒产品的利润薄如纸片。即刻开始，该发明的主要用途就变成了造福社会大众，而非服务原创发明人了。

而“炼金术士谬误”是指中世纪的炼金术士如果真能点铅成金，就会出现类似这样的事情：黄金价格迅速下跌，炼金术士的财富瞬间蒸发。

我们再问一遍：究竟是谁？得到了什么？ 根据熊彼特/炼金术士二分法，收益到底应该如何分配？耶鲁大学经济学家威廉·诺德豪斯（William Nordhaus）的研究结果显示，企业家一般能够获得其产品附加价值的4%，其余96%均由社会共享。当然，这些只是平均数字，有的发明者能得到超过4%的利润，当然也有人得不到4%，甚至一无所得。比如发明印刷机的约翰内斯·谷登堡（Johannes Gutenberg），他改变了历史，造福人类，自己却穷困潦倒，落得破产的下场。

说到货币，其价值到底从何而来？在人类创新设计空间较为狭小时，价值主要来源于新的想法。比如在石器时代，如果有人灵机一动，想到将手中的骨矛与绳子组合起来，做成弓和箭，可能只要几个小时，不费太大力气就能做出雏形。但是，随着我们的技术变得越发复杂，从产生想法到变成现实之间的时间间隔也在不断增加。托马斯·爱迪生（Thomas Edison）在为自己发明的灯泡申请专利之前，曾经测试过 1 600 种不同的材料，包括椰子纤维、钓鱼用的钓丝，甚至朋友的胡子，还写下了超过 40 000 页的测试说明。难怪他后来感慨："天才就是 1% 的灵感加 99% 的汗水。"随着创新设计空间不断扩展，如何将想法转化为现实变得比拥有想法更为重要，成为影响前进步伐的关键因素。

以上就是自组织产生创新力的核心原则，我们还需要了解几个后面章节会用到的基本概念。人类与生俱来就拥有基因和各种本能，这就决定了人类的一些特点：

• 行为模式

行为模式并非人类独有，人工驯养的犬类也会具有行为模式。但是，人与人之间能够相互学习、传播知识，这是动物无法比拟的。而人类在相互学习的过程中就出现了：

• 模因

为人父母的大都明白，要想让孩子完全适应社会，做到游刃有余，模因的作用不可或缺。如果一群人拥有相同的模因，我们就说他们拥有共同的：

• 文化

模因是编织文化的纱线。然而，由于权力结构也在不断进化，传统的核心单位是：

• 部落

部落是人类根据遗传或宗教从属关系，组成的直接接触的社会网络。与猿类一样，人类部落也是从夫居的生活方式（男人在原部落，女人迁来居住）。

部落社会虽然稳定，但是缺乏创新，如果部落国家内部存在多个部落，就需要一个残暴的独裁者压制各方，保持稳定，否则就会出现麻烦。部落在新老领袖交替时期也经常陷入暴力冲突，除非继任者能够迅速上位。此外，部落内部近亲繁殖情况突出。文明社会出现的部落文化通常被称为裙带关系，这也说明部落社会就是任人唯亲的社会。

最近 2 000 多年人类历史主要发展的就是弱化部落结构，并将其替换为：

- **文明**

蜂巢和蚁冢皆非文明。我们对文明的定义是通过制定规则和规定自觉建立的正式制度。蜂窝或蚁冢的基础是行为模式和模因，而非文化或文明。

当今被历史学家广泛认可的八大文明是：西方文明、东正教文明、伊斯兰文明、儒家文明、印度教文明、佛教文明、非洲非伊斯兰地区文明以及拉美印第安文明。但在现实当中，许多地区都是将西方文明与当地文明相结合。

西方文明的本质来源于西欧，但今天已包含了西欧国家、美国、加拿大、澳大利亚和新西兰，甚至以色列、东欧国家，以及拉丁美洲拥有众多欧洲移民、文化极亲西方的地区，如巴西、阿根廷、乌拉圭、智利、波多黎各和哥斯达黎加。这些国家的文化大都能与西方文明兼容并蓄，其国民与西方人也能在模因和文化上做到共享共通。

还需注意的是，形成文明的过程实际就是将民众从忠诚于部落转变为忠诚于国家的艰辛过程。例如，如果政客、警察、税务员甚至法官都仅仅服务于各自的部落，那么这个文明就无法正常运转。

文明要求民众之间具有高度的相互信任，要求民众诚实可靠，制度体系强而有力，部落主义降至最低，否则就会土崩瓦解。

文明这个概念不仅闪耀着古代哲学的迷人光环，而且具有奇妙广博、发人深思的精神内涵。哲学家约翰 · 洛克（John Locke）就是例证，他的著作在 17 世纪出版以后产生了一系列的轰动效应。例如，他在 1689 年就强调过对个体的重视，认为每个人与生俱来都应该拥有自由做出选择的权利。国家应该尊重并保护个人的自由、平等和权利，还应该制定完善的法律制度，保障人民的自由权利不受犯罪行为的侵害。他相信，完善的法律制度不但不会限制自由，反而会增加自由。此外，他还认为所有国家都应该实行宗教信仰自由政策，不可违背人民的意愿，将某种信仰强加于人，因为这是对个人权利的侵犯。

早在 1642~1651 年，英国民众还在进行你死我活的残酷斗争，在内战中备受煎熬。在战争的最后一年，哲学家托马斯 · 霍布斯（Thomas Hobbes）根据《圣经》传说当中的海怪利维坦发表了同名巨著《利维坦》。他在书中提出，由于民众之间经常出现矛盾，继而引发相互斗争带来的伤害，国家（利维坦）需要保护民众免受伤害，利维坦在必要时会使用暴力手段，阻止民众之间的斗争，保障安全。民众将不得不放弃自己的部分自由权利，通过“社会契约”与国家达成妥协，社会契约是达成妥协的前提。否则，就会出现霍布斯所说的“一切人对抗一切人”的战争，如果社会变成这样，“工业无从说起，发展前途未卜”，他认为，最终结果就是生活变得“孤独贫穷、肮脏野蛮，并且相当短暂”。

这样的结果自然不会让人满意，不过问题还在于我们究竟需要哪种类型的利维坦？中国人将传统的类型称为王，意思是“国王”或“君主”。的确，每个社会出现的首个利维坦几乎都是这种强人，他们也被人类学家称为“大人物”。

但是，在小型部落当中，由于受制于固有的局限性，大人物如果不能做到游刃有余，其结局通常是遭到驱逐或杀害。随着部落规模不断扩大，他们更显得力不从心，因此被迫招募亲信代理。这样一来，社会结构就发生了变化，因为亲信代理要求分享大人物的特权，用以换取他们的忠诚和保护。这就成为贵族政府，乃至国家的基石。

早期的国家就是大人物及其亲信代理搜刮掠夺普通民众的体系，丝毫不令人向往。换句话说，利维坦就是今天的贪官污吏，强盗制度。

然而，1748 年出现了一部题为“论法的精神”的巨著，该书作者的名字颇为花哨：Charles Louis de Secondat，Baron de La Brede et de Montesquieu，今天我们将其简称为孟德斯鸠，顺便提一句，他在该书首次出版时，因害怕报复使用的是化名。该书的重要意义在于提出了对国家机构权力的分解，互相制衡，防止滥用权力的理论。

将约翰 · 洛克、托马斯 · 霍布斯和孟德斯鸠三人的思想整合起来，我们就会初步掌握创新文明的基本要素，主要包括：第一，个人权利，如言论自由、法律面前人人平等；第二，社会契约，即公民遵守法律、依法纳税的义务和政府执法的权利；第三，权力分解。有趣的是，这三个要素还可以被归纳为促进双赢理念和分解事务这两个过程。

首先，制定规则，促进双赢交易，限制或禁止一输一赢或双输交易。虽然部落社会亦如此，但在文明世界，这些规则正式生效后适用于整个社会，无论规则来自哪个部族，都以书面形式记录下来并公布于众。

其次，将不同职能和各类特性分解，避免出现部落主义、裙带关系、社会不公、权力滥用等情况的出现，因为这些都会阻碍创新设计空间的扩展。我们知道，贸易作为非个性化的典范，超越了感情、家庭和友谊的局限，范围更广。而创新文明需要分解的事物更多。在先进的文明当中，司法、立法和行政是相互分离的，新闻媒体、教堂教会和中央银行也独立于政府之外。私人关系与法律地位相互分开。权利与个体的性别、性取向、宗教信仰和种族毫无关系；董事会由董事和股东分别控制；审计与会计各自独立；食品质量控制与食品生产相互分开。如此细分下去，就会出现极为细小的个体单元和更为灿烂的文明世界。这样的目的在于创造一个良性生态系统，其间所有实体各司其职、各尽其责，其发展方向可以预测，其权力受到普遍尊重，并将权力滥用的可能性降到最低。

各类文明虽然严肃庄重，但能勇于接受新鲜事物，开放水平比文化更胜一筹。德国人可以搬到迪拜居住，并在不同文明中生活得游刃有余，阿联酋人也可以搬到德国，轻而易举地融入德国文明。但是如果要让这个德国人使用阿联酋文化和思维方式，或要求生活在德国的阿联酋人使用德国文化和思维方式，就会面临着巨大的挑战。

人们若想掌握一种文化或将思维方式转入全新的文化，必须付出极大的努力。他们将被迫改变孩提时代学到的诸多模因，这几乎是不可能完成的任务——因为这些模因早已被深深植入我们的大脑。即使西方文化当中从一个亚文化转到另一个亚文化，同样需要极大的付出，甚至有可能根本无法做到。

由于文明社会将法律和规则书写下来，公之于众，人们就能坐享他人知识和模因带来的成果，并取其精华，传入其他社会，而无须煞费精力地事必躬亲。日本、中国和韩国就是例证，这些国家引进并应用了西方文明的成果，都取得了巨大的成功，同时还保留着自己的文化。

如果西方文明在其发源地分崩离析，最终还会被其他拥有兼容并蓄文化的文明吸收采纳。鉴于模因与基因毫无关联，因此随着西方文明在欧洲部分地区开始瓦解，理论上讲 50 年后将会在中国重新崛起，再创辉煌。这是大势所趋，而非人为预测。

我们在下定义的过程中可能有点儿偏离主题，接下来让我们继续完成自己的任务：

- 国际组织
- 帝国和超国家组织，如联合国或各大宗教

当一种强大的文明管理并控制其他弱小的文明时，我们就称其为帝国。如前所述，千百年来各个帝国你方唱罢我登场，但是现在这种局面已经基本结束。正如亚当·斯密所言，自愿双赢交易比强制集权更为经济。随着帝国的不断扩张，其边际收益反而减少。帝国元首要求扩张是为满足他们的权力和虚荣，但对于帝国的公民，这种扩张往往弊大于利。如前文所述，亚当·斯密对此已有明确的观点。18 世纪时的英国在全球扩张，建立了大英帝国，而他认为应做到英国人常说的“统辖海洋”，贸易制胜，因为这才是财富的源泉。

卜面，我们对目前涵盖的所有内容做一个总结：

- 系统当中一旦具备了个体单元、变革驱动者、有效网络、共同记忆和竞争这五大要素，创新就会自发出现。
- 随之形成创新设计空间，并呈指数式扩张。
- 创新设计空间推动人们不断扩大社交网络，在整个社会空间中寻找新的合作伙伴。
- 一个创新型社会（或大自然等创新型系统）会自发扩大自身多样性，从而不断地孕育新的创新型系统，循环往复。
- 创新文明的过程就是：第一，确立规则，保护并促进双赢；第二，分解职能，

消除部落主义、裙带关系、社会不公和权力滥用。

- 取得长期成功的文明社会并不一定资源丰富，但一定善于扩展创新设计空间。换言之，它们主要依靠理念滋养社会。
- 由于“炼金术士谬误”的存在，源于个体单元的理念都会与整个社会相互分享，而后者一般能够获得约96%的收益。
- 随着创新设计空间的不断扩展，将想法和理念转化为现实的过程变得越发复杂，如何将想法转化为现实变得比拥有想法更为重要，成为影响前进步伐的关键因素。
- 以创新理念为基础的社会需要政府对知识产权和经济财产提供保护，以确保双赢交易顺利展开。
- 以自愿双赢交易为基础的文明社会能够创造出诚实可任、富有创新性的文化，我们的基因也会因此得到改善，变得“更优秀”。
- 自然界和人类社会自发出现的改变大多是消极负面的，如果没有竞争压力，包括自然界和人类社会在内的所有系统都会因为近亲繁殖而腐朽消亡。

大致如此，我们可以从以下几个方面理清思路。第一，我们应该放弃攫取资源的想法，集中精力，关注如何促进自愿交易。第二，警惕中央集权的潜在危险——小而分散的系统比大而集中的系统更具创新力。第三，重视文化。灿烂的文明为创造优秀文化提供了动力，文明和文化也应做到和谐共处，相互融合。第四，创新体系能够带来各个领域的多样性。科幻电影和小说当中经常使用的主题就是我们在未来被垄断媒体的独裁者或者巨型计算机所统治，这绝不会是创新型社会的发展轨迹。第五，为了确保试验成果得到有效保存，一定做好奖励和复制，这才是创新力的源泉。

带着这些想法，我们将来到本书的第二部分，看看早期文明是如何发展的，西方是如何强大起来并占据主导地位的。我们还将了解不同文化和不同文明之间如何产生相互作用。

THE CREATIVE SOCIETY

第二部分

创新力的兴衰

直至1 000年前，西方各国还在世界赤贫国家之列。但是，随着它们的创新力萌芽，从1450年开始，其创新力几近爆炸。在之后的250年间，西方各国在军事、经济、文化和科技领域取得了无人能及的全球统治地位。

这种创新经历了怎样的历程?

其他问题也接踵而至：这些惊世骇俗的创新力为何到中世纪才出现，而没有出现在罗马时期或者更早的时候?为什么出现在西欧，而不是东欧、中东、中国或其他地方?创新力最后又为何消失?

第 4 章　早期文明社会

我们现在来到了中国的陕西省。

1974 年的春天，一场旷日持久的干旱正困扰着当地居民。3 月底的一天，有兄弟六人来到城外的树下商量如何抗旱，老大杨培彦指着一块地，认为这是一个打井取水的好地方。

第二天早上，兄弟六人带着铁锹又来到这里，准备先挖出一个 4 米见方的坑。一切正常，直到中午时分，他们挖到大约 1 米深，土层变得异常坚硬，"可能是以前的土灶台"，其中一人说。这是他们希望得到的结果，因为这样就能很快将其打穿，进而继续往下挖就会比较容易。

他们汗流浃背地干了两天才将坚硬的土层打穿，这层硬"土层"约深 30 厘米——远超过一般的土灶台。但打穿之后，不出所料，挖掘工作变得相当轻松，但随后又发现此洞太深，必须借助梯子才能下去。

又挖了大约一周以后，兄弟六人发现了一些陶俑碎片。这在他们看来不足为奇，因为当地原先曾有过一个焚烧炉。然而，3 月 29 日，其中一人挖到一块陶器，个头比以往挖到的都大。但他并没有在意，而是直接将其扔掉，过了几分钟，另一个人说："我挖到了一个罐子，个头很大！"于是大家都过来，七手八脚地开始将罐子擦拭干净，然而令他们大失所望的是，他们擦干净之后才发现这实际是个陶俑人物躯干。他们失望地将这个陶俑躯干扔进篮子，从洞里拉了上来。

过了一会儿，有人挖到陶俑头部，随后不断有新发现，陶俑胳膊、双腿，又有陶俑头部，青铜材质的箭镞等。他们将这些发现都从洞里拉出之后，随意扔在地上，然后继续寻找水源。

与此同时，村里的孩子们也都跑来围观，他们有些拿起石块去砸挖出来的陶俑，有些顺手带几个陶俑回家玩，还有人用陶俑躯干做了一个稻草人，青铜箭镞也被人捡走，当作金属废料卖给了当地回收站。

若不是三天以后，附近城里的水利灌溉专家路过这里，查看水井开凿的进展（依然没有挖出一滴水），这个故事可能就到此结束了。但是，这位水利专家注意到了村民挖出的陶俑残片，并在返回的路上将此事报告给当地文化馆主管文物工作的赵康民。

一个月后的4月28日，赵康民骑着自行车来到现场，看到散落一地的陶俑残片，他立即明白这些出土的东西绝非一般物件。尽管如此，对于是否将此事告诉别人，他还是犹豫再三。因为在当时（正处于“文化大革命”期间）让古代的东西重见天日非常危险，甚至会被打成反革命，有性命之忧，这已有前车之鉴。他决定先去收购站买回此前村民送去的箭镞，然后将散落的陶俑碎片粘在一起，放置并展出于他工作的文化馆。

接下来的两个月，事情毫无进展，直到一个叫蔺安稳的记者来到文化馆参观。他看到这些新上的展品，顿时提起了兴趣，并凭借他丰富的历史知识断定：“不得了，这是国宝呀。”他想，“这很可能出自早期中华文明。”

他是对的，这些陶俑是2 000多年前的文明所创造的，大约在公元前200年，当时中华文明在很多领域甚至比1974年六个兄弟掘井取水时还要先进。

为什么1974年的中国很多方面还不如2 000年以前先进？换句更为通俗的话说：为何有的文明能够蒸蒸日上，而另一些却是江河日下，甚至土崩瓦解呢？在前面的章节中，我们已经了解了创新力产生和发展的基本条件，那么这些条件为什么在文明发展的过程中还会产生波动呢？

我们从头说起。在距今大约5 000年前，已有多种文化并存于世界。人们虽然分属不同社会，但也会相互开展贸易，不过各个社会还都处于部落阶段，尚未形成真正的文明。值得注意的是，虽然文明最终形成于4个不同的地域，并得到发展，但这 4 个地域有一个共同的特点：靠近可治理的水源。四大不同文明都有同一个特点，应该不是巧合。每个人的童年都有在水边嬉戏的记忆，非常有趣。推而广之，人类兴修水利，“驯服”河流，为我所用，意义更是非同一般。

首先，我们来到位于幼发拉底河和底格里斯河的两河流域三角洲，即现在的伊拉克。当时这里的居民被称为苏美尔人，由于常年遭受洪水定期泛滥的困扰（否则会非常富饶），他们从大约公元前 4800 年开始采取措施治水（这个过程颇为有趣）：他们修建了水坝、地下储水池和排水系统。随后，从大约公元前 3300 年开始，他们发挥创新力，建成了世界上第一个城邦，或许称其为“城镇”更为合适。

位于尼罗河畔的埃及（始于公元前约 3200 年）、印度河流域的印度（大约同样始于公元前 3200 年），以及位于黄河、长江流域的中国（大约始于公元前 2000 年）也都经历了同样的发展过程，即首先兴修水利，“驯服”河流，然后发展城镇。这个过程后来在美洲也得到复制。如此先后顺序，究其原因，也很简单。早期人类离开非洲，一路走来，穿过亚洲大陆，直抵西伯利亚，跨海到达阿拉斯加，然后沿美国西海岸南下（根据最新基因研究成果），来到智利南部火地岛，随后向美洲东北和东南部内陆地区迁移。这些人在长达几千年的迁移过程中，完全依靠攫取资源维持生存。由于始终处于移动状态，他们无法从事农业劳动。由于周围除了自己渺无人烟，他们的社会空间非常有限。因此，北美原住民开始自我驯化、出现社会交往、拥有固定居住地，以及从事农业劳动的时间都要晚于欧亚大陆，南美则更晚。

欧亚大陆的居民在兴修水利、建设城镇之后，开始进行农业生产。我们对于农业生产开始的具体时间不得而知，但出现的过程不难想象：猎人们在一次外出狩猎过程中捕获了一大批山羊，他们随后发现如果将山羊全都杀掉，自己根本无法一次吃完所有羊肉，就只能眼睁睁看着剩下的羊肉腐烂。所以他们决定留一些活羊，圈养起来供以后食用。不久，圈养的活羊生出羊羔，猎人们恍然大悟，明白了养羊就能保证食物供给源源不断！

还有另外一种情况：男人外出打猎的同时，妇女和儿童也要出去采集水果、坚果和草料。他们当中有人发现，如果能在住处附近播撒这些果实的种子，并悉心栽培，就能坐享其成，免受长途跋涉之苦。

这些理念和做法大都显而易见，因此仅仅历时几千年，农业就在中东地区、墨西哥、安第斯山脉地区、中国、巴西雨林、新几内亚以及非洲等全世界不同地区独立发展起来，而且农业劳动在大部分地区一旦开始实施，就会得到广为传播。早期农民由于不懂作物轮作，导致土地迅速荒芜。此外，由于作物栽培方式单一，导致病虫害肆虐。鉴于上述两个原因，当时的人们不得不经常迁徙，成为游牧农民，当然在迁徙过程中，他们也将农业劳动方式传授给其他人。

农业生产出现之后，人们可以更集中地生活在一起，为整合军事力量创造了条件。此外，人口集中刺激了贸易的发展，使得社会分工也更加专业化，促进技术水平得到提高。由于无须再举家四处迁徙，人们便可以集中精力创造更多的财富，因此大家为了拥有更多的财富会更加努力工作，可能还因为富豪能够赢得美女的芳心，从而刺激了人们努力奋斗，改善基因。

社会发展也随之取得进步，比如苏美尔人大兴土木，开展城市规划，改善居住空间，他们还发展文字和简单的计数系统，用于有效开展贸易，构建分配体系。他们的发展约在公元前 2900 年达到巅峰，最大的城市乌鲁克占地 6 平方千米，四周有城墙保护，城内居住了 5 万~8 万人，这样的规模在当时的世界无人能及，成为名副其实的世界中心。

然而不久，苏美尔人的乌鲁克文明就被中国人超越，尤其值得一提的是生于公元前 260 年、死于公元前 210 年的秦始皇①。秦始皇的父亲统治着战国七雄之一的秦国，而这七个国家正是现代中国的雏形。公元前 246 年，尚且年幼的秦始皇在父亲死后登基，成为秦国的统治者。他随后通过发动一系列战争，统一了六国，在距今 2 200 年前建立了大一统的帝国。

中国在秦始皇统一六国之前虽饱经战乱，但在公元前 770 年（距今 2 800 多年）也出现了各种思想流派争芳斗艳，欣欣向荣的“百家争鸣”局面。这一过程就像一个能将不同流派、不同理念兼容并蓄的“大熔炉”，极大地促进了创新力

① 秦始皇实际生于公元前 259 年。——译者注

的发展和创新的出现。然而，秦始皇于公元前213年下令将所有典籍焚毁，三年后又下令坑杀460位儒家学者。同时，他极力推崇法家哲学，要求人们严格遵守法律。

这些法律条文当中明确规定，每个人都必须参与公共建设项目，秦始皇就是依靠这种法律约束才成功地修建了迄今为止世界最大的建筑工程——长城。此外，他还修建了四通八达的道路，用以连接幅员辽阔的帝国。公元前214年，也就是距离秦始皇驾崩还有4年时，他下令修建了36千米长的灵渠，将两条河流连在一起，这条人工运河建成之后，人们无须下船，在水上就能纵贯中国2 000千米的陆地。至今灵渠依然在发挥作用。

秦始皇还修建了个人陵寝，希望死后继续指挥庞大的军队，继续拥有奇珍异宝。历史学家司马迁生于公元前145年（即秦始皇死后65年），根据司马迁的记载，秦始皇征调了70万名劳工来修建自己的陵墓。司马迁的记载还提到这座庞大的墓穴当中还有100条水银填充的河流，象征中国各地的河流，以及为数众多的宫殿和楼宇模型。据说陵墓房顶上还装饰着象征天体的珠宝，并安装了机关埋伏（像《夺宝奇兵》电影当中所演的一样），能够自动将入侵者射杀。

司马迁的记录是我们目前掌握的关于秦始皇陵的唯一可靠信息。

我们现在重新回到中国陕西省，继续讲述杨家六兄弟和他们打井失败的故事。之前讲到新华社记者蔺安稳来到当地文化馆，发现馆藏的铜制箭镞和和陶俑历史悠久，意义重大。

1974年6月24日，蔺安稳将此事报给中央政府，中央政府随即派出考古学家来到陶俑出土的井口，发现里面的陶瓷和箭镞数量惊人。经过进一步的发掘，逐渐对此处遗迹有了较为完整的认识。他们认定，这里是秦朝陵寝，里面埋葬有4万件铜制品，约6 000件步兵俑、130辆战车、520件战马俑和150件骑兵俑，而且这些兵马俑大都按照真人比例烧制而成。

据估计，整个地下建筑群面积超过2万平方米，大部分遗迹仍有待挖掘。陵墓当中尚未开发的还有一块较为明显的坟丘，这里是整个陵墓的制高点，皇帝的遗体可能就埋在此处。

秦始皇统治下的中国不仅创造了灿烂文明，而且堪称帝国。正如前文所述，帝国可以被定义为一种文明统治另一种文明的社会。虽然从理论上讲，某个社会是否能被称为帝国取决于是否符合定义，但人类历史上得到公认的帝国总数约为 200 个。表 4–1 已将一些最为重要的帝国列出。

表 4–1　人类历史上公认的重要帝国

国名	起止时间	享国时间（年）	极盛时期版图面积（百万平方千米）	峰值人口占世界人口比例（%）
埃及帝国	公元前 1570~公元前 1070 年	500	1	4
波斯帝国	公元前 550~公元前 330 年	220	8	44
中华帝国	公元前 221~1912 年	2 133	14.7	37
罗马帝国	公元前 27~1453 年（西罗马帝国于 476 年灭亡）	1 480	6.5	36
拜占庭（东罗马）帝国	330~1453 年	1 123	1.35	5
倭马亚王朝	622~750 年	128	13	30
蒙古帝国	1206~1260 年	54	33	26
奥斯曼帝国	1299~1922 年	623	5.2	7
葡萄牙帝国	1415~1999 年	584	10.4	1
西班牙帝国	1492~1975 年	483	20	12
大英帝国	1583~1997 年	414	33.7	23
莫卧儿帝国	1526~1857 年	331	4.6	29
沙俄帝国	1721~1917 年	196	23.7	10

上表依照时间顺序排出了世界史上曾出现过的主要帝国，这些国家的享国时间、版图面积、人口数量等数据均已写明。所以，这些帝国以及其他近 200 个小帝国均已不复存在。

而值得注意的是，这些帝国无一例外都烟消云散，这一点不得不引人深思。凭借无可比拟的技术和精细的劳动分工，埃及帝国曾在很长一段时间里都是世界最先进的文明。埃及帝国第三王朝（公元前 2737~公元前 2717 年）法老左塞在位期间建立了高效的官僚体系，并将切割整块石材的方法在建筑领域推广。他死后被埋葬在高达 62 米的金字塔当中，该金字塔迄今仍屹立不倒。左塞之后的法老大力推进国际贸易，并建成了史上最大的金字塔，也保留至今。

虽然古老的埃及帝国统治了 500 年，同时埃及文明作为先进文明之一也延续了约 2 000 年，但只有延续了 2 133 年从未间断的中华文明才称得上世界上最悠久的文明。中国也是当时世界人口比例最大的两个帝国之一（另一个是罗马帝国）——占世界总人口的 37%。

中国古代创造了辉煌灿烂的文明。在秦始皇驾崩 1 200 年后，杭州成为南宋的都城，这座城市超越了先前的乌鲁克、雅典、亚历山大和巴格达，荣膺全世界最发达城市称号，直到 1279 年南宋灭亡。

当时杭州的大街上，餐馆、酒店、剧院鳞次栉比，园林茶楼幽雅别致、灯火辉煌，里面摆放精美瓷器，名家书法和绘画作品。城市的夜生活更是丰富多彩，有技术娴熟的木偶艺人，惊心动魄的吞剑表演，剧院里表演的有戏剧、杂技、音乐、评书，甚至耍蛇等。此外，还有诸如美食、艺术品、古董、音乐、骑马和诗歌等不同主题的俱乐部，供人们相互交流。而这一切都发生在距今大约 800 年前。与灿烂文化相匹配的是当时中国人研发出的一系列新技术，例如当时出现了世界最早的纸币、第一代印刷机器，以及火药、火柴、牙刷和指南针等。此外，当时的人们对生物学、植物学、动物学、地质学、矿物学、天文学、医学、考古学、数学、制图学、光学等都进行了研究，还推动了养老院、公立医院及墓地等社会事业的发展，此外，南宋也拥有效率很高的邮政服务系统，对于公共设施的建设和维护很有心得，业已十分庞大的道路交通网络得到进一步发展，神州大地纵横交错的河流和海岸线上还出现了千帆竞渡局面，当然还包括不少水上食肆。

由于中华文明的成功发展，人口也得以迅速增加。据估算，在 15 世纪时中国的人口已达 1 亿~1.3 亿，相比而言，同时期的欧洲仅有 5 000 万~5 500 万人口。凭借着人口规模和创新力，中国人承担了当时欧洲人不可能完成的任务。举个例子，我们都知道克里斯托弗 · 哥伦布（Christopher Columbus）于 1492 年发现美洲大陆的故事，他的船队共包括 87 名船员和 3 艘长度分别为 18 米、17 米和 15 米的轮船。

确实很了不起，我们后面会重温这个故事。而这里，我们要讲的是中国人郑和，他在 1405~1433 年曾带领由 300 艘海船和 3 万名船员组成的庞大船队七下西洋，远赴非洲东海岸、沙特阿拉伯和印度尼西亚等地区。目前的记录显示，郑和的海船每艘长约 150 米，拥有 9 个桅杆，船队返航时带回了金银珠宝、铜器丝绸、奇珍异兽等作为献给皇帝的礼物。相比之下，郑和下西洋比哥伦布的远航早了大约半个世纪。

事实上，在基督诞生前好几百年，中国社会就已经拥有了数量庞大的中产阶级和富人，他们搜罗各类奇珍异宝，在家欣赏把玩，包括精美的陶瓷（至今我们仍之称为“china”，英文与“中国”一词同音）、黄金珠宝、书法绘画、银器象牙以及享誉海内外的明代花瓶等，这些都是他们收藏的对象，而且还有专家为这些艺术品收藏家出谋划策。中国人的造船技术当时也远远领先于欧洲的哥伦布时期，而且他们的远海船只都配备了防水密封舱室。

中国人还在 1403~1408 年编撰了一部汇聚各家典籍于一身的百科全书[①]。为完成这部旷世巨著，皇帝选拔了 2 000 多位专家学者，纵览 8 000 多部典籍，从中梳理抄录信息。这部巨著完成时共有约 23 000 卷，成为当时世界上最大的百科全书，并且独享这一殊荣 600 年，直到 2007 年才被在线百科全书维基百科（Wikipedia）超越，但从没有人将维基百科打印出来看。

虽然中国古人知识渊博，技术先进，但他们显然对一件事一无所知。他们那时不知道在世界的另一边屹立着一个同样创造了灿烂文明，且拥有相当数量人口的帝国：罗马帝国。罗马帝国的出现比中国晚了几百年，当然颇为奇怪的是，罗马人对于中华文明也一无所知——这两个帝国巅峰时期的人口合在一起几乎占全世界的 3/4，却相互没有交集，让人甚感诧异。

与中国一样，罗马帝国也创造了灿烂的文化，而且它的社会构建模式被包括当

① 即《永乐大典》。——译者注

今大多数西方国家在内的国家所沿用，这种模式最早起源于希腊。

古希腊实际上并不是一个国家，而是许多使用共同语言和文化的独立小国。古希腊人也从未将自己的文明称为“希腊”(Greece)，而是自称为“古希腊”(Hellenic)，当今希腊的名字“Greece”一词是后来由罗马人创造的。公元前 700~公元前 350 年，这一地区满足了产生自发创新力的所有标准：个体单元、变革驱动者、有效网络、共同记忆和竞争。

我们先从个体单元说起。古希腊文明由多达 1 000 个独立小国或所谓“城邦”组成，这些小国大部分位于现代的希腊，个别位于地中海的希腊人聚居地。雅典在巅峰时期约居住有 40 万居民和奴隶，位于意大利西西里岛的希腊城邦锡拉库扎拥有 20 万居民 / 奴隶，斯巴达也住有 15 万居民，不过大多数城邦的居民人数都约 5 000~10 000，自治村落的人口甚至更少。

由此可见，古希腊文明处于极度分散的状态，同时还受到诸多变革驱动因素的影响，因为古希腊城邦之间，以及城邦与海外古希腊人聚居地之间都会通过对外贸易建立关系。

这样一来就形成了网络：希腊周围岛屿密布，海岸线绵延曲折，而且海况平稳，多良港，这种地理环境造就了古希腊人悠久的海洋文化，而海洋文化也极大促进了网络的形成。具体表现就是以某个大国为核心，诸多小国和城邦组成松散的军事联盟，最具代表性的是以雅典为首，由 150~173 个城邦组成的提洛同盟，另外还有斯巴达同盟和维奥蒂亚同盟等。虽然这些联盟结构较为松散，成员也不固定，大都临时拼凑，但是他们的存在的确促进了成员国之间的相互沟通与联系。

尽管分散为诸多小国/城邦，但是由于使用共同的语言文字和度量衡，信仰共同的宗教，古希腊人能够很容易联系在一起。

最后，竞争文化已经深入古希腊人的血液，包括商业竞争、各类文化体育比赛(奥林匹克运动会源于希腊)，以及城邦之间的战争。

古希腊人通过建立类似的城邦，将希腊文明更广泛地传播到北非、黑海沿岸地区、西班牙、法国、科西嘉岛、撒丁岛和意大利南部地区。

虽然新石器时代的小型社会当中也曾经出现过较为原始的民主制度，但是学界广泛认可的观点是，人类历史上最早的文明民主制度诞生于古希腊城邦之中。雅典由于在公元前 453 年就已经大范围推广了民主制度，从而独占鳌头，并涌现出许多伟大的科学家、历史学家和哲学家，如亚里士多德（Aristotle）、柏拉图（Plato）、苏格拉底（Socrates）、欧里庇德斯（Euripides）、希罗多德（Herodotus）等，至今仍备受敬仰。

雅典通过航运贸易积累了大量财富，并吸引了周边地区心怀抱负、充满创意的人才前来寻找机会。巅峰时期的古代雅典象征着自由民主、创新力、个人主义和享乐，到处充满了活力。但是，所有这些都不属于妇女，奴隶的情况自然更糟。

古代雅典以拥有一批观点鲜明的哲学家而闻名于世，他们用简单朴素的原理解释了自然界的各类复杂现象。比如，有的雅典哲学家认为自然界所有物质均由不同种类的水组成（谬之千里），也有人认为自然界的物质是由土壤、火、空气和水组成（不尽如人意），还有人指出自然界是由一种叫作原子的东西组成（完全正确）。

古希腊人对于艺术的热情推动了艺术在雅典蓬勃发展。不久，古希腊人就逐渐掌握了打造复杂精美的瓷器、建筑、绘画和雕塑的能力。古希腊雕塑的创造灵感最早来自埃及，古希腊人经过长期摸索，根据巨大的埃及雕像，创作出了更为逼真，更富表现力的人物雕塑。他们将自己的作品称为“technología”，这个词是由表示技巧或工艺的“technē”和表示“文字”或“理念”的“logos”结合而成。今天，我们将其称为技术，实际上我们忽略了这其实是一门艺术。

古希腊人，尤其是雅典人，还提出了大量前无古人的政治理念，英语里的“politics”（政治）一词就来源于希腊语“politicos”。希腊语“isegoria”意为公开演讲，“parrhesai”意为言论自由，“demokratia”意为民主，“eleuteria”意为自由。由此可见，雅典将自己的三艘主要军舰分别命名为民主、自由和言论自由并非巧合。

为追求这些理念，他们会毅然拿起武器，投入战场奋力杀敌。人们也会想当然地认为这些各自为政的城邦最大的劣势就是无法抵御外敌大规模的入侵，但事实并非如此，公元前499年~公元前449年，强大的波斯军队多次进攻希腊，战争在公元前490~公元前480年进入白热化阶段，波斯人调集当时世界上规模最大的海陆联军，由波斯国王薛西斯（Xerxes）统一指挥。战争另一方是由雅典、斯巴达、科林斯、卡尔基斯和埃伊纳等古希腊城邦临时拼凑的联军，规模与波斯大军不可同日而语。

虽然古希腊人缺兵少船，指挥官们还经常会因意见不一而争得面红耳赤（历史学家希罗多德将其称为“口水战”），但是一到实战，古希腊人能屡次将波斯人击败。比如在公元前480年的萨拉米斯战役中，希腊海军击沉了约200艘波斯战船，歼灭了至少4万波斯军队，而希腊方面仅损失了40艘战船和几千名士兵。而在公元前480年的温泉关之战中，300名视死如归的斯巴达勇士在5 000~20 000名古希腊志愿军的支持下，成功扼守关隘，阻挡了7万~30万波斯大军一周时间。在公元前490年的马拉松之战中，大约1万名古希腊士兵击溃了人数是其两倍还多的波斯军队。波斯国王薛西斯虽然控制着7 000万人口，拥有面积超过希腊20倍的国土，却在征服200万古希腊人的过程中屡战屡败，最终损失了25万人。

尽管希腊人崇尚民主和自由，并将其视为主流理念，但雅典还是在公元前404年被与主流理念相悖的斯巴达人征服。斯巴达是一个提倡禁欲、崇尚法纪的专制社会，所有男性公民都要作为国家的全职士兵服兵役，同时法律禁止斯巴达公民开展贸易活动或者掌握工艺技能，也不允许拥有金银等个人财产。现在，类似的生活方式就被称为“斯巴达”式生活。斯巴达居民大多都是奴隶，与妇女共同从事体力劳动。这个国家从未出现任何哲学家、历史学家、作家或者建筑师。

极富创新力的古希腊城邦时代从公元前700年开始至公元前359年结束，延续了大约350年，最后被古希腊北部的马其顿国王菲利普二世（Phillip II of Macedonia）在统一各个城邦的战争中终结。在战争期间，菲利普二世曾派人给斯巴达人送信，一种说法是他在信中表示“如果我赢得这场战争，你们就永远做奴隶”，另一种说法是他在信中说“如果我的军队打到你们国家，我将烧毁你们的农田，屠杀你们的百姓，摧毁你们的城市”。不管哪种说法是真实的，斯巴达人都只用了一个词做出了军事史上最酷的回答："如果。"

菲利普二世决定避开斯巴达，但是最终征服了其他所有古希腊城邦，并将其置于同一的联邦体制下，凭借这个基础，他的儿子亚历山大大帝（Alexander the Great）调动军队首先征服了波斯，进而征服了巴基斯坦、叙利亚、埃及等国，他控制的国土面积一度达到520万平方千米。但是，随着他的英年早逝，他的帝国也土崩瓦解，罗得、提洛、克里特、希俄斯等古希腊城邦重新崛起，成为金融重镇，但是充满创新力的希腊城邦时代已一去不复返。

如果说古希腊文明的特色是拥有成百上千的城邦小国，那么罗马本身就是从一个小国发展起来的。罗马建立于伊特拉斯坎时代，成立之初不过是亚平宁半岛上的众多小国之一，与其他小国一样，罗马也是一个由专制君主强权统治的国家，君主由当地议会选出，终身执政。然而，大约在公元前509~公元前510年，出现了一场叛乱，一批城市贵族将在位君主废黜，并成立了一个新型政府，由族长和普通公民共同分享权力。

公元前494年，罗马卷入了一场战争，但是平民军队拒绝参战，除非重新修订法律法规，赋予所有自由人平等权利。他们希望以此确立自身地位，无须继续依附强权。换句话说，他们的要求就是我们今天所说的宪政国家。贵族起初对此严词拒绝，双方矛盾对立多年，最后贵族做出让步，同意派遣三名代表到古希腊城市里学习民主实践经验。我们迄今也无法确定他们去的这些城市是在希腊还是在意大利南部的古希腊人聚集地，但是后者的可能性更大，因为那不勒斯距离罗马只需三两天的路程，而且那不勒斯的原名尼奥波利斯在希腊语里就是新城的意思。

对于罗马人而言，雅典才是灵感的源泉，斯巴达则不是。很多罗马人说拉丁语的同时也会说希腊语，尤其在罗马上流社会，他们或将孩子送到雅典或意大利南部学习希腊语，或者雇用希腊奴隶教授孩子们希腊语。因此很多罗马人都知道政治、公开演讲、言论自由、民主和自由等希腊政治理念，对于希腊人享有的自由也略知一二。

罗马对雅典模式的消化吸收非常成功，在100多年以后的公元前275年，罗马通过一系列的军事行动和政治结盟，统一了亚平宁半岛的大部分地区，在随后的300年中，罗马继续着自己的扩张战争，公元117年，罗马帝国的领土面积达到巅峰，横跨整个北非海岸、英国的一部分、伊朗和伊拉克等地区。

虽然领土扩张告一段落，但是罗马文化和文明持续蓬勃发展。在国王安东尼·庇护（Antonius Pius）（公元138~161年）统治的黄金时代，帝国首都建成了超过25座公共图书馆供人们借阅图书，阅读成为罗马人的重要爱好，尽管所有图书均是手写而成，价格昂贵，但是很多家庭都会珍藏图书。这一时期，罗马的许多房屋装饰也充满艺术气息，地板上镶嵌精美的工艺，墙壁上饰有壁画，许多家庭甚至用上了自来水。

和中国人一样，罗马人也开始纵情享乐，关注并欣赏生活中的美好事物。例如，随着大量酿制葡萄酒，他们开始记录最好的年份，并做出评价，如公元前121年以后的酒就被视为佳酿。罗马社会的管理水平也远高于周边国家，比如其邮政系统能够以平均每天65千米的速度递送信件和包裹。

我们在欣赏罗马政治制度的同时，也不得不赞叹其在艺术和建筑领域取得的成就。发掘出土的罗马庞贝古城就能让参观者叹为观止，这是一座于公元79年被火山灰和浮石掩埋的村庄，我们今天能够看到的正是受灾的原景重现，这里的餐厅和比萨店数不胜数，公共桑拿浴室里建了双层墙壁，确保蒸汽不会流失，保证里面的温度，浴室的天花板上不但饰有精美的绘画和雕塑，还专门设计了沟槽，防止冷凝水珠滴到浴客身上。生活如此美好！

但是在这浮华背后，一些深层次的问题也开始积累。首先就是自公元前49年起，在经历了500年的希腊式民主之后，帝国政府开始出现专制的苗头。若想在罗马出人头地，要么战功赫赫，要么能言善辩，语言表达清晰优雅。形式变得比实际经验更为重要。

更大的问题是，虽然征服了广阔的领土，但饿殍遍地，无法对帝国的发展带来任何帮助——唯一能够提供稳定经济支持的就是埃及。此外，就像斯巴达社会一样，人们将越来越多的实际工作交给奴隶完成，而这种模式无法刺激创新，因为一旦你远离生产一线，整日在别墅坐享其成，就很难产生新的思路来改善管理。

军队的成分也变得越来越非罗马化，例如在图拉真（Trajan）和哈德良（Hadrian）两位皇帝（分别于公元98~117年和公元117~138年在位）统治时期，罗马军队里只有不到1%的军人是罗马人。

在这几位皇帝的统治下，帝国的领土面积和文化发展均达到顶峰，但与此同时，财政状况也开始恶化，直到最后濒临破产。图拉真皇帝在发现税收无法征集足够的资金后，便开始实施强迫劳动，而他的继任者哈德良皇帝则扩大了秘密警察组织，雇用大批内部间谍，还强化了政府机构，用以征收赋税，并对不予配合的公民施以高压。

历史学家彼得·布朗（Peter Brown）在他的著作《古代晚期世界》当中不但描述了文化和艺术在罗马帝国后期蓬勃发展的景象，同时写出来人们对于征税人数量超过纳税人数量的讽刺和抱怨。例如，政府推出了一个相当于现代增值税的税种，但实践中征收成本非常高，要求必须有一名政府官员在商业贸易全程在场。

形势继续恶化。4世纪初，政府要求所有行业都必须加入所谓的委员会，即强制性行业协会。为保证从业人员无法逃避税收，政府要求他们必须签署契约，不得更换当前职业和居住地点，而且他们的子孙后代也必须从事同样的职业。与此同时，政府强迫农民到被称为大庄园的农业公社里工作，不得离开，这些农民被称为隶农，他们的状况在某些方面甚至还不如奴隶，因为奴隶毕竟能够进行买卖，如果幸运还能重获自由，而隶农只能在原地劳作。政府又在公园380年出台了新的法律，禁止年轻人与本阶级和行业以外的人员通婚。为了防止年轻人逃税，他们的手臂上还被烙上标识，标明其所属社会阶级。显而易见，国家现在已经不再对双赢交易进行任何保护，而是与之背道而驰，走上一条帝国政府与人民大众之间的零和之路。

经济危机的加重不仅体现在赋税增加、对人民的管控加强和对人口流动的严格限制上，对农民和工匠的迫害导致市场出现短缺，为控制价格飞涨，避免出现通货膨胀，通常政府的做法就是引入死刑。然而，通货膨胀还是悄然而至，由于政府逐步将流通的银币里银的含量从约95%减少至不到5%，没过多久，这些“银币”就变得一文不值，作为税费，就连政府自己都不愿接受。老百姓不得不通过强迫劳动，或者纯度较高的贵金属进行实物支付。

即使这样也无法填补漏洞，于是军队开始在其所到之处恣意征税，对于沿途的农民来说，遇到这样一支抢掠的军队简直就是噩梦。

农民的劳动占据罗马帝国国内生产总值约90%，但是受（定期）增加的税赋影响最大的就是他们。最终，苛捐杂税迫使越来越多的农民离开农田，搬到城市，远离税收官员，接近自己缴纳税金所用之处。这样一来，土地逐渐开始荒芜，从而刺激了税费继续增加，进而增加了征税的成本——这样的恶性循环带来的结果就是粮食产量急剧下降。在瓦伦斯（Valens）皇帝在位的公元364~378年，虽然政府严格限制人口流动，但是一些省份1/2或1/3的土地都被农民遗弃。国家为减少逃税现象，不管土地是否有人耕种，都强迫农村缴纳土地税。

整个国家经济由此开始逐渐瓦解。由于缺少有效的货币，人们开始进行自给自足的小农经济和易货贸易。农民起义和暴动日益普遍，面对外敌野蛮人的入侵，农民不再反抗，反而与其联手。略有胆识的农民逃离罗马，加入北方的日耳曼部落也已不再是什么新闻。

史上分析罗马帝国的衰落最具权威的著作莫过于史诗巨著《罗马帝国衰亡史》，这部巨著共分6册，由爱德华·吉本（Edward Gibbon）于1776~1789年创作而成，吉本在撰写这部多达4 000页的巨著过程当中，还充分利用了同一时期的原始资料。

简而言之，吉本认为罗马帝国的衰落不仅是因为过度征税，还因为其原有的灿烂文化、价值观、优秀品质和传统美德均已退化堕落。罗马人对各个领域（包括军事）实践工作都极少亲身参与，而是将所有的工作都留给奴隶。他们自认为是天之骄子，沉迷于阳春白雪，生活奢侈腐化。无论在经济上还是军事上，他们都既无意愿也无能力捍卫自己的帝国。

吉本对罗马帝国的灭亡还提出了另外一种解释。他认为，罗马初期的成功主要来源于学习雅典的富有逻辑和理性的思考，但到了帝国的后期开始衰落，罗马人逐渐背离了逻辑和理性的文化。逻辑和理性哲学从公元1世纪开始出现于罗马犬儒学派当中。犬儒主义最早起源于希腊哲学，字面意思是生活方式像狗一样或“狗一样的人”。犬儒主义者拒绝拥有物质财富，既不贪恋性和权力，也不爱慕虚荣，他们崇尚简单的生活，没有任何个人财产。他们穿着破衣烂衫，过着乞丐一样的生活。

此外吉本认为，对于帝国的衰亡，罗马禁卫军应负很大责任。罗马禁卫军最初由皇帝奥古斯都（Augustus）创立，作用是充当皇帝的私人保镖。在其创立之初的 200 年间，禁卫军发挥了稳定时局的积极作用，适时废黜了一些行为疯癫、无法胜任的昏君。这种人在罗马帝国不在少数，例如，卡利古拉（Caligula）曾在他的皇宫里开设妓院，强奸妇女，并向她们的丈夫详细介绍经过，他以乱伦著称，还曾将自己喜爱的马任命为祭司（并声称这匹马能够成为执政官）；埃拉伽巴路斯（Elagabalus）曾浓妆艳抹，穿着异性服装出席政府会议，还曾试图阉割自己；尼禄（Nero）谋杀了自己的母亲，并将妻子意外打死，还没收参议员的财产，用以为自己建造庞大的黄金别墅。

对于这些昏君，禁卫军的通常做法是将其杀掉，例如他们就曾砍下埃拉伽巴路斯的脑袋，将其身体扔进台伯河。但是久而久之，禁卫军扭曲了自己最初的使命，变成一群追求一己私利的武装寄生虫。

最有可能导致罗马帝国覆灭的原因

- 虽然领土广阔，但是缺乏经济效益
- 从民主走向独裁的过程将人们的责任感和忠诚度抹杀殆尽
- 奴隶缺乏忠诚，更没有任何创新的动力
- 过度征税迫使农民放弃土地，对社会越发不满
- 大搞封建迷信、犬儒主义，玩世不恭，文化冷漠盛行
- 银币含银量遭到稀释抑制贸易发展，导致实物交易和自给自足重新崛起
- 禁卫军腐化堕落，仅为一己私利服务

祸不单行，罗马财政分配上的失误也给国家带来重大损失，国家花费大量积蓄购买的土地却相当贫瘠，不但未能提高生产，反而加剧了土地兼并。罗马最后

还变得越发难以接受社会多样性和持不同政见者的存在。例如罗马皇帝狄奥多西（Theodosius）曾于公元391年将位于埃及的亚历山大图书馆付之一炬，两年后的公元393年，他声称奥运会是异教活动，有违法律，宣布废止，这种状态从此延续了1 503年（直至1896年才恢复）。

由此可见，罗马帝国大厦将倾，无可挽回。公元406年，罗马人得到了令人震惊的消息，日耳曼人已经越过莱茵河，进入罗马领土。仅仅4年之后，日耳曼人沿亚平宁半岛长驱直入，未遇有效抵抗后攻入首都，并大肆洗劫。

在日耳曼人离开15年后，罗马被迫放弃了在英国的土地，很快也失去了在西班牙和法国的土地，随后又失去了北非。又过了50年，罗马帝国彻底解体，而这时罗马城的人口已经减少了3/4。

西罗马帝国从巅峰时期的大一统到土崩瓦解只用了71年。东罗马帝国作为拜占庭帝国得以幸存，直到1453年被奥斯曼帝国的穆斯林彻底消灭。值得一提的是，拜占庭实际是一个希腊村庄的名字，位于今天的土耳其，在成为东罗马帝国的首都之后，改名为君士坦丁堡，现在它的名字叫伊斯坦布尔。

早期伟大文明的兴衰起伏值得我们深思，这样的经历不仅在罗马帝国出现，它在人类历史上每个帝国都曾出现。如今，很少有人还会提及美索不达米亚、克里特、古代中国或者迦南文明，然而这些伟大的文明都曾创造过辉煌。

但从这里，除了得出各个文明、不同帝国无一例外都是从内部土崩瓦解的结论外，别无新意。如果你读的是关于罗马帝国兴衰的简史，你还可能会认为罗马帝国的灭亡是因为野蛮人的进犯。的确，罗马帝国是在遭到野蛮人攻击后灭亡的，但如果认为这是它灭亡的主因就有断章取义之嫌了。因为我们看到罗马帝国在受到攻击之前，就已经从内部开始腐化瓦解了。入侵者的军队规模并不庞大，远远少于罗马人的数量，如征服北非的汪达尔人最多不过8万人，而占领意大利、瑞士以及克罗地亚的奥托哥特人只约占当地人口的5%，是绝对的少数。

在罗马帝国早期，也总有野蛮人在边界骚扰，但是当时的罗马能够毫不费力地将其驱散，进而成功将其同化。原因之一就是当时国力强盛、人民富庶，能够吸引到大批野蛮人自愿来到罗马，参军为其效命。实际上，早期为罗马帝国开疆拓土的就是这些被同化的野蛮人。罗马帝国早期的成功就得益于其无与伦比的吸引力，能够调动大家为罗马帝国效力。

然而在帝国后期，情况发生了变化。由于严格限制人口流动，加上各类苛捐杂税的剥削，罗马帝国再也无法吸引人才。军队由于无力向士兵发放军饷，无法吸收青年前来参军，为国效命。最后的结果就是即便日耳曼人不进攻西罗马帝国，也会有别人进攻，帝国的灭亡只是时间问题。

由此可见，罗马的悲剧是“自杀”所致，更具讽刺意味是，罗马人最初的灵感来自雅典，但久而久之，他们的社会发展走到了雅典的对立面，也就是斯巴达一边。我们在本书的第五部分还会谈到，罗马的悲剧在人类历史上屡见不鲜，而且诸多类似元素在当今的欧洲和美国都已出现，只是程度尚轻而已。

罗马帝国初期在确保国内稳定后，开放边界、促进贸易、鼓励移民、兴建道路港口、统一标准、建立庞大的邮政服务系统等，这种扩张显而易见都是创新力的结果。我们可以与现代欧洲进行比较，欧盟在成立之初，也开放边界，鼓励促进资本、人员、货物和服务流动，旨在刺激创新力。但罗马帝国后期出现的问题对于当今社会也具有借鉴意义：国家机关各自为政，高额税赋导致逃税和生产力下降，对人口流动的种种限制，以及缺乏理性思维和对文化的冷漠等。对此，本书第五部分和第六部分还会进行深入探讨。

但在那之前，我们在下一章中将深入了解罗马帝国的衰落给西欧带来的不可小觑的积极意义。

第5章　欧洲再次崛起

提起“中世纪”，大家会想到什么？黑暗的宗教激进主义？残酷的迫害、无情的杀戮、无休止的战争，还有瘟疫和霍乱？的确如此，中世纪是一个人民无法愉快生活的时代。但是，从某种意义上讲，中世纪也是一个极具特色的时代，我们下面就了解一下其中原因。

还要从西罗马帝国的灭亡开始说起，从那之后，欧洲大陆开始返璞归真，回到从前，进入了一个相对更简单、更原始的文明时期，或者说是文明倒退。

必须指出，野蛮人虽然推翻了罗马帝国，但无意破坏罗马的灿烂文化和先进技术，他们的初衷只是想融入其中。比如，日耳曼勇士阿拉里克（Alaric）的军队曾于公元410年在罗马城大肆洗劫，而他纵容军队洗劫的原因是自己不能在罗马军队中担任将领，因而感到非常郁闷。

实际上，罗马帝国早期与周边部落发生的冲突大多是由于周边部落居民不能进入罗马帝国而引起的。即使在罗马帝国内部逐渐腐化堕落、公民对政府越发不满的情况下，在这些外人看来，罗马帝国依然是他们的向往之地。尤其出乎罗马人预料的是，在西罗马帝国最终灭亡、日耳曼人越过边界纷至沓来之后，日耳曼人几乎从未对当地居民掠夺奸淫，大肆奴役。恰恰相反，他们大多会安顿下来，与原罗马帝国的居民和平相处，共同生活。他们甚至还推举出一位罗马皇帝（没错，是罗马人）作为他们的领袖，但是因为他们既不愿缴纳赋税，也不愿听命于人，而且手中还有武器，皇帝就成了“光杆司令”，有名无实。公元476年，幻想罗马帝国在全新管理体制下复兴的大梦最终破灭，原西罗马帝国遗留下来的组织机构只剩下天主教会。

这就是中世纪极具特色的原因：由于一系列阴差阳错导致的机缘巧合，西欧在这一时期刚好满足了产生创新力的所有条件：拥有诸多个体单元、变革驱动者、有效网络、共同记忆和竞争。例如，当时欧洲个体单元数量极多，一度曾经出现近 5 000 个不同的小国，虽然国家之间会有合并的情况出现，但是这种多个小国各自为政的状态在西欧延续了几个世纪——和古希腊创新力大爆发的时候完全相同。

罗马时代西欧已经建成了四通八达的道路和星罗棋布的港口，再加上地理上的便利，当地人早已形成了崇尚航海的光荣传统，此时的欧洲轻而易举地形成了较为有效的网络体系。还有一个不容忽视的重要原因，从上古时代起一直到中世纪，欧洲大陆一直都丛林密布，而在这些丛林当中，不仅有狼和熊等野兽出没，而且强盗猖獗。由此可见，沿河流和海洋进行贸易活动相对容易，罗马帝国的版图也是随着河流和海洋向外扩张的。海洋的重要价值并不在于蕴藏的渔业资源，而在于其能够促进贸易往来。事实的确如此，当时跨越地中海运输的成本要比短短几千米的陆路运输还要低。

由于众多不同的文化和民族在一起不断相互融合，当时的西欧业已出现诸多变革驱动者。通过沿用罗马时期的书面语言（拉丁语）、度量衡（如以双耳瓶作为测量工具）和历法等，罗马帝国时代的共同记忆得到传承。在尤里乌斯·恺撒（Julius Caesar）采用的儒略历中，7 月和 8 月就分别源于恺撒和罗马第一位皇帝奥古斯塔斯（Augustus）的名字（与 1582 年出现的公历仅有略微不同）。罗马帝国法律的基本理念也被后世沿用。除此以外，由于天主教会的神职人员孜孜不倦地抄录古罗马和古希腊经典，这些经典著作不但得以保存，而且通过共同使用的拉丁语，传播四方。

最后，欧洲诸多小国以及企业、教会、地主、贵族等各个权力中心之间还存在着激烈的竞争。

下面，我们着重研究航海的重要意义。正如希腊早期成功的关键是蜿蜒曲折的海岸线和数不胜数的岛屿，河流对于西欧国家也至关重要，其原因在于：欧洲绝大部分雨水都落在阿尔卑斯山，然后从那里流入大海，其间穿过欧洲大陆的莱茵河、塞纳河、罗纳河、易北河、卢瓦尔河和波河在内的诸多河流，多雨的英国也有一条大河，名叫泰晤士河。这些河流对于商人极具吸引力，主要原因如下：

- 水流缓慢平稳，少有瀑布和漩涡，利于航行。
- 直通海洋，连接世界。
- 水量充足，全年不断，适于航运，南欧的水源主要来自夏季山上融化的冰雪，泰晤士河的水源来自英格兰丰富的降雨。
- 受墨西哥湾暖流影响，这些河水常年不冻（中世纪时期的泰晤士河是一个例外）。

除了河流便于航运之外，西欧在北海和地中海沿岸还拥有诸多天然良港，进一步促进了航海文化的形成。

放眼世界，西欧在航运方面拥有的地理优势确实让其他国家望尘莫及。虽然非洲的陆地面积远远超过欧洲，但相比而言，非洲不但海岸线较短，而且天然良港的数量也少。此外，非洲许多河流夏季经常干涸断流，这些河流在临近出海口几公里处还经常出现瀑布和漩涡。不仅如此，非洲大陆通向地中海的道路还被撒哈拉沙漠隔绝。由此可见，非洲人若想开展国际贸易，要比欧洲人克服更多的困难。必须提到的是，史上仅有的非洲文明出现在尼罗河流域，而尼罗河恰是非洲大陆最具通航能力的河流。正如前文所述，在历史上，生活在这条天然贸易线路附近的埃及人曾长期过着富庶的生活。

西欧人不仅拥有便利的水路交通，还懂得如何使用这些资源，尤其值得一提的是维京人，他们是最早将足迹遍布欧洲大小河流和周边海洋的人。至于维京人的前身——北欧斯堪的纳维亚人究竟何时开始海外扩张，现已无据可考，但斯堪的纳维亚青铜时代（公元前3200~公元前600年）遗留下来的瑞典石刻上记录了至少1.5万次出海目的，而在丹麦发现的400余件青铜饰品上刻有约800幅舰船图像。在挪威，人们发现制作于公元前1500年的塔姆石雕板上也刻有维京船只，要知道这种石雕来自3 500年前，比罗马帝国的建立要早1 500年，比后来的维京时代要早2 500年。

图 5–1　3 500 年前的塔姆石雕板

上面已经有了船只细节的详细描绘，斯堪的纳维亚人的航海传统显然历史悠久。

虽然斯堪的纳维亚人长期活跃于水上，但是直到公元 800 年（左右），他们才真正开始海上扩张。公元 790~800 年，丹麦维京人开始袭击法国北部海岸，并在公元 845 年沿塞纳河逆流而上，进攻巴黎。瑞典维京人也顺着俄罗斯和乌克兰的河流逆流而上，并集中了约 200 艘战船于公元 860 年试图攻击拜占庭帝国首都君士坦丁堡（现伊斯坦布尔）。他们在城郊大肆劫掠，虽未能攻破君士坦丁堡高大坚固的城墙，但对当地政府产生了巨大震慑，拜占庭帝国随后就与他们签署了贸易协定，并挑选精壮维京战士进入帝国卫队。据史料记载，直到 10 世纪晚期，拜占庭皇帝都是由斯堪的纳维亚人组成的“瓦兰吉卫队”保卫，这些卫士通常使用巨斧，彪悍异常，以酗酒而闻名。

从劫掠财物到华丽转身专注贸易，从零和到双赢，真可谓战略调整的典范。在与君士坦丁堡达成和约后，维京人开始从西伯利亚购买毛皮，转手卖给拜占庭人，换取贵金属和其他商品，为此他们还在水路沿线建立贸易中转站，而位于乌克兰的基辅市就是其中最大的一个。这些中转站的作用极其重要，因为从瑞典到君士坦丁堡往返水上距离有 6 000 千米，而且中间经常需要拖拽船只穿过河流之间的陆地。

维京人对欧洲产生了深远影响，“俄罗斯”（Russia）的名字可能就是源自芬兰语或爱沙尼亚语当中对于瑞典的称呼“Ruotsi”或“Rootsi”，而据说这两个词又都源于“roðsmenn”或“roðskarlar”，意为“桨手”。

关于维京人的传奇故事很多，最具价值的是写于 13~14 世纪的冰岛传奇故事，内容详细，准确合理。另外一个主要信息来源是完成于 9 世纪的盎格鲁–撒克逊编年史，记录了当时一些事件的详细经过。其中一个图画故事描述了丹麦维京国王哈施泰因（Hastein）南征的经历。公元 859~862 年，哈施泰因和瑞典国王比约恩 · 艾恩赛德（Björn Ironside）率领 62 艘战船首先在西班牙北部海岸与阿斯图里亚斯人狭路相逢，战斗失利后又在西班牙南部海岸遇到了穆斯林，同样铩羽而归，但是他们成功洗劫了西班牙南部港口阿尔赫西拉斯，后又分别突袭了北非、巴利阿里群岛（包括马略卡岛、伊维萨岛和梅诺卡岛）和法国南部。从那里调转船头，北上法国，袭击了鲁西荣、纳博讷、尼姆、阿尔勒和瓦朗斯等地，接着又到了意大利的比萨、卢纳，甚至是拜占庭帝国。返航过程中，他们在非洲购买了奴隶，但经过直布罗陀海峡时，遭到了伊斯兰舰队的重创，仅有 20 多艘船只逃脱，他们回家之前在爱尔兰将奴隶出售。

由此可见，他们的足迹遍布欧洲。大约在哈施泰因南征返航 8 年之后（公元 870 年），挪威维京人进入冰岛并开始定居。40 多年后的公元 911 年，丹麦维京人（很可能与挪威人一起）迫使法国国王查理向他们割让了法国北部海岸，后来这里根据这些“北方人”命名为诺曼底。在相关谈判过程中，法国国王坚持要求维京首领罗洛（Rollo）亲吻国王的脚，遭到拒绝后，国王同意由罗洛手下代行此礼，但罗洛的手下并未弯腰屈身去亲吻国王的脚，而是将国王的脚搬起，结果国王仰面朝天摔倒，引得众人哄堂大笑。

公元 980 年，挪威人开始从冰岛向格陵兰岛迁移。公元 985 年，约 400~700 名挪威人分别乘坐 26 艘船从冰岛向格陵兰岛进发，由于在途中遭遇大风，船只被吹离航线，他们意外地发现了美洲大陆。15 年后，熟悉这个故事的维京人从格陵兰岛出发，横渡大西洋，在加拿大纽芬兰岛的兰塞奥兹牧草原建立临时定居点（直到

1960 年这个定居点才被发现）。他们能够远涉重洋，得益于拥有轻便快捷的船只，如果海况良好，不到两周就能从挪威到达格陵兰岛。

与此同时，诺曼人也开始在北非、中东和意大利南部和西西里岛定居，并前往耶路撒冷朝圣。公元 999 年，一批诺曼人从耶路撒冷朝圣返回，在经停西西里岛期间，还帮助当地领导人赶走了非洲入侵者。

当然，乘坐敞篷船航行在北极圈以北的海面，即便只有两周也会冷得刺骨。如果知道这些船只吃水深度只有 50~130 厘米，上文提到被风吹离航线，意外到达美洲的 26 艘船当中，14 艘葬身海底，就不难想象维京人的海上征程是多么危险。雪上加霜的是，维京人几乎没有任何航海图。下面就是挪威人霍克斯博克（Hauksbók）向其他海员介绍前往格陵兰岛的经验：

> 从挪威的 Hernam 径直向西，直奔格陵兰岛的 Hvarf。航行过程中，南面是设得兰群岛，但只有天气晴朗时才能看到，北面是法罗群岛，连绵的群山当中就是大海，你还能看到冰岛，也在北边。

太好了，我们出发吧！不过即使天气晴朗，你在路上也只能看到设得兰群岛，根本看不到冰岛的影子，只是过了冰岛之后会有所察觉，因为从冰岛飞过来的鸟儿会出现在你右侧的天空中。必须再次强调，所有这些都要在天气晴朗的条件下才能看到。如果遭遇恶劣天气，船只可能因为大风偏离航线几千千米，幸运者发现了新大陆，不幸的则葬身鱼腹。

虽然维京人堪称欧洲最具冒险精神的人群（在当时世界上也是首屈一指），但在欧洲，善于航海的可不只维京人。近千年来，地中海沿岸的众多文明都以热衷航海而著称，例如闪族腓尼基人，公元前 1550 ~公元前 300 年一直在地中海自由航行，活跃于地中海几个世纪的希腊人就更不用说了。

在中世纪早期的西欧，还没有人意识到一场创新力的大爆发正在自己身边悄然酝酿，也没有任何迹象显示当时有人预示到一场爆炸式的创新即将来临。

但在一系列转型引起的连锁反应的推动下，这场大爆发如期而至。首先就是从

13 世纪末到 17 世纪初的文艺复兴，顾名思义，这是对早期艺术、政治、人文、个人以及创新力等各方面理念的重新发掘，对源于罗马时代，或早前古希腊城邦时代价值观的重新思考。文艺复兴始于意大利的佛罗伦萨，部分源于意大利人对罗马时代辉煌的怀念，同时还由于奥斯曼帝国占领希腊之后，大量希腊移民的到来。

托马斯·阿奎那（Thomas Aquinas）生于 1225 年，卒于 1274 年，神学家，是文艺复兴时期的关键人物之一。虽然《旧约全书》宣称是亚当和夏娃吃了知识之树的果实，但阿奎那认为人类无须神灵指引，自身拥有探索发现新事物的天赋，并应该加以利用。

文艺复兴时期，欧洲翻译并出版了大量柏拉图和亚里士多德等人的经典书籍。亚里士多德倡导经验主义，推崇通过系统的实验检测假设是否合理。这些书中提出了逻辑思想、民主概念、多元主义、政治和伦理问题大讨论等观点，将人们吸引得如痴如醉，同时人们还广泛赞同古希腊的观点，认为仍有许多问题尚未找到答案，每个人都应像苏格拉底一样不断发现问题，提出问题。

今天，我们可能很难想象古人对于世界是多么无知。拿破仑战争期间（中世纪结束之后），发生在英国海滨小镇哈特尔浦的一件奇闻逸事就很能说明问题。当地人发现了一艘搁浅的法国船只，船上唯一幸存的是一只身穿法国制服的宠物猴，由于当地英国人既没见过猴子，也没见过法国人，因此他们断定，这只猴子就是法国人。随后，草草地进行了审判，由于被告无法为自己辩护，最后这只猴子被作为间谍处以绞刑。

文艺复兴之前，大众（尤其深居简出之人）了解世界的主要渠道就是宗教典籍、道听途说和迷信。整个社会如一潭死水，人们基本接触不到任何新想法或新技术，对于其他社会的不同生活方式也知之甚少，更不具备自主思考、提出问题、推动变革的能力。最接近于科学的不过是一些现象的观察记录，并且没有附带任何解释说明，因此严格来讲，那些记录也算不上科学。由于当时所谓知识尚未形成任何理论，实验大多也是无果而终，最常见的实验就是炼金术，不厌其烦地试图从铅、尿液或其他东西里炼出黄金。

而文艺复兴打碎了束缚人们思想自由的禁锢，推动了欧洲第二次重要转型：宗教改革。宗教改革主要出现在 1517~1648 年，人们奋起反抗天主教教会机构的压迫和对财富的剥削（教会机构通常将财产用于修建奢侈豪华的宫殿）。这些财富主要来自希望寻求教会宽恕的“罪人”。比如，你可以通过购买赎罪券，换取你和你的家人死后不会进入炼狱，或者提前离开炼狱。

由于《圣经》上根本没有关于教会征税和出售赎罪券的内容，因此教会竭尽全力阻止普通人读《圣经》。他们的方法非常简单：《圣经》是用拉丁语写成，只有认识拉丁语的上层精英和神职人员才能读懂。

任何宗教神职人员如若禁不住诱惑，都会使出这种伎俩：“你的生命受到威胁，我可以救你，但你必须服从我所代表的神的安排。”换句话说就是：“服从我的安排。”这不但会造成权力滥用，使整个教会机构仅服务于一己之私，同时还会招致腐败。然而，这些乱象均已出现，比如一些人通过买卖圣职，确保自己终身享有荣华富贵。神职人员在位期间大肆敛财，还想传给子孙后代，因此教皇格里高利七世（Pope Gregory Ⅶ）下令所有神职人员必须单身。到了 7 世纪末，教廷已经占有法国可耕地面积的 1/3，英国 1086 年的记录显示教会实际已经获得全部可耕地面积的 1/4。越来越多的迹象表明，教会正在重复罗马帝国的历史——起初相当弱小，充满理想，广受欢迎，但随着逐渐壮大，开始横征暴敛，要求百姓节衣缩食，他们却花天酒地。

城市化进程也刺激人们奋起反抗教会。人们迁徙到城市之后，亲眼见到教会是何等富丽堂皇，神职人员如何挥霍他们的血汗钱，自然就会议论纷纷。

另一个促进宗教改革的因素是人们的思想越发独立，逐渐拥有了自己的想法。欧洲人开始否定神职人员的作用，认为自己也能对宗教教义进行很好的诠释，新教由此产生。该运动提出“取消居间”宗教，绕过中间人。新教最早出现于中欧和北欧，但由于拒绝服从教会的最高权威，它很快就分为多个分支。因此,人们不得不从诸多分支当中做出选择，这个过程与欧洲从罗马帝国的中央集权蜕变为中世纪城邦的各自为政殊途同归，中欧和北欧的教会随即也分散为多个分支。

新教徒的观点可以大致归纳如下：“我们信仰天主教，但不需要你的教会机构，我们要用自己能够读懂的语言阅读《圣经》。”当然，新教在信仰方面也与天主教有一些差别，天主教认为受苦受难和一味屈从能够换来上帝的爱，多数新教徒并不认可，他们认为应该做出一些实际有用的贡献。工作不再被视为只适合奴隶，而是成为信徒的一种义务，用以彰显自己对上帝的爱。

久而久之，天主教会意识到宗教改革已经势不可挡，于是发起了反宗教改革运动，主要包括提高神职人员的知识和道德素养，加强布道的水平和能力，修缮教堂，并决定更新日历，原先的日历由于忽视了闰年的存在，已经与时令节气不符，有时甚至相差多达 10 天。

哥白尼（Nicolaus Copernicus）就是受命承担这项任务的天文学家之一。1543 年，他出版了著名的《天体运行论》，指出了天体围绕太阳旋转，引领了后续一系列伟大的科学突破。科学方法逐渐得到大多数人的认可，教会不得不做出让步。

解析科学方法

科学方法的本质是对真理公正无私的追求。理想状态下大致需要以下几步：

- 对问题下定义。
- 对相关现象的原因形成合乎情理、符合逻辑的假设。
- 对研究假设的真（证实）伪（证伪）的方法进行定义。
- 对探索分析的领域做出定义。
- 通过测量或者统计分析等方法来搜集信息。
- 对数据以及相关派生结论进行分析，判断其是否能证明假设的真伪。
- 对今后调查研究可能会用到的假设进行介绍，并对其他基于你的研究成果所得出的结果进行评价。
- 通过学术界广泛认可的媒体公开发表研究成果和分析方法（即数据和计算过程），寻求同行匿名对你的成果进行评审（同行评审）。
- 公开发表的研究成果应保证第三方能够掌握所有相关信息，保证他们能够重复进行上述实验和研究。

• 做好准备，直面批评。

如果其他科学家不能重复得出上述试验结论，就可以将上述结论否定。但如果他们能够重复得出上述实验结论，并且无法证明假设的错误，就可以判定这是目前最好的答案。

此时，创新力也开始真正得到蓬勃发展。这一时期，牛耕逐渐被马耕所取代，同时引入了重型铁犁和作物轮作技术，大幅提高了农业生产力。农场生产利润也大大增加，人们纷纷开始有组织地去林造田、修理渠道、引水灌溉，以进一步提高生产力。这样一来，解放的劳动人口进入城市，帮助城市推进创新，复式记账法、新型信贷手段、有限责任公司、商法、股票交易等新事物都在这个时期出现。与此同时，农民为销售剩余粮食，开始进入开放的市场，在这里，他们只有提高产品质量和竞争力才能应对压力。

奴隶已逐渐被个体经营的农民所取代，农民更加重视自己投资和劳动带来的回报，因此大力提高生产力。1086 年，英格兰政府在对当时全国所有村庄、大小城镇、农田牧场进行详细的调查和登记后，编制出版了《末日审判书》[1]，成为中世纪幸存下来的最具价值的档案材料。根据此书调查结果，英格兰人口数量很小，估计仅有 125 万~200 万，但如果我们仔细研究书中的记录，我们就会发现这个结果是在参考了至少 5 624 个水磨坊后得出的，而据估计在 1300 年这个数字已增长到 10 000~13 000 。

不同理念相互组合激发出灵感，人们依靠灵感开拓全新领域，带动各类技术如雨后春笋般蓬勃发展。当然，重新利用原有技术也非常重要，机械钟表在欧洲的普及已经证明欧洲拥有众多经验丰富的技术人员，为后来工业革命的机械设备大发展奠定了基础。

---

① 《末日审判书》，其正式名称应是《土地赋税调查书》。——译者注

1000~1450 年，欧洲人陆续发明了独轮手推车、四轮马车、船舵、纸、纺车、磁罗盘、玻璃器皿和玻璃吹制品等。很多罗马时代需要动用成千上万奴隶的繁重工作，现在都被脚踏起重机、固定港口起重机、水上起重机和旋臂起重机代替。此外，还有如葡萄酒酒榨和衣服纽扣等较为实用的发明。对于病人来说，值得庆幸的是，医生的设备不再只是钢锯加鸦片，现在有了解剖学图谱。

美丽新世界！富人的家里有了钢琴、喷泉、地热采暖和精美油画作为点缀，顶级房间修有扇形肋拱的天花板和配有烟囱的壁炉。船只也变得更为庞大坚固，船只的动力从依靠人力划桨到更为经济的大型帆船，不同类型船只执行不同任务，例如执行长途海上运输任务会用大船。

更为显著的是众多军事领域上的创新。例如，马镫、马刺和马鞍的使用能让经验丰富的骑手和战马合二为一，为骑兵战奠定了基础——在当时极具威慑力。此外，还出现了十字弩、长弓，抛石机、火药、枪支，甚至早期机枪的雏形。

有了这些创新发明，15 世纪中期的欧洲在科技和经济领域无限超越罗马帝国，尽管依然无人察觉，但欧洲的确正在踏入人类历史上自赶走尼安德特人以来，最令人震撼的发展阶段——一场不仅将改变欧洲，而且将改变整个地球的重大变革。

下一章，我们会看到，在两大潜在对手——中国和伊斯兰世界还像先前的罗马人一样，深陷文化泥潭不能自拔之时，西方文明如何爆炸式发展。

第6章　伟大的腾飞

1450年以前，欧洲所有的书本都是依靠手写完成的，一个修道士和抄写员往往要花费超过一年的时间完成一本书。对于一本巨著，他们通常每5页收取1费罗林，大约相当于今天的1 500美元，这意味着一本书就需要花费10万美元，甚至更多。

然而，随着1450年德国发明家兼出版商约翰内斯·谷登堡发明了印刷机，这一切都发生了改变。虽然他未能从中牟利（如前文所述，他此时已经破产），但他的发明最终获得巨大的成功，并且迅速在世界各地被复制模仿（行动中的炼金术士谬误）。比如，里波利印刷厂在1483年能够印刷至少1 025本柏拉图的《对话录》，这在33年前可能相当于至少1 000个人全年的工作量，并且会耗费1亿美元（按当前货币价值）。

1500年，也就是谷登堡发明印刷机后的第50年，整个欧洲有不少于220台图书印刷机，总共印刷了800万本书，从专业书籍到流行口袋书应有尽有。

对于任何一个现代人来说，我们一生中不断地从新书籍中学习理论获取信息是一件司空见惯的事，但是在过去的社会，人们普遍秉承的思想是世界上只有一个好的思想体系，所有人都不能违抗。然而，随着廉价书籍的发展，新的思想像野火一样四处蔓延。

除了中国和朝鲜（在谷登堡之前就发明了印刷机），世界其他任何地方都没有成规模、有人气的图书市场。欧洲印刷市场的独特之处在于：首先，它出现于文艺复兴时期，人们更加容易接受自由的思想；其次，图书市场竞争激烈，图书印刷商只有不断设法出版最新刊物才能发展壮大。另一方面，中国当时是一个中央集权国家，印刷机构大量印刷国家强制要求的书籍。

欧洲人对图书的狂热是启蒙运动的驱动力。启蒙运动的基本概念主张科学，系统怀疑，理性、世界大同主义和个人主义应该取代迷信、非理性、神学教条、僵化刻板和群体思维。这场运动的一部分是由前文所述哥白尼 1543 年的著作所引发的，但矛盾的是，哥白尼的这项工作是受平日非常保守的天主教会委托。

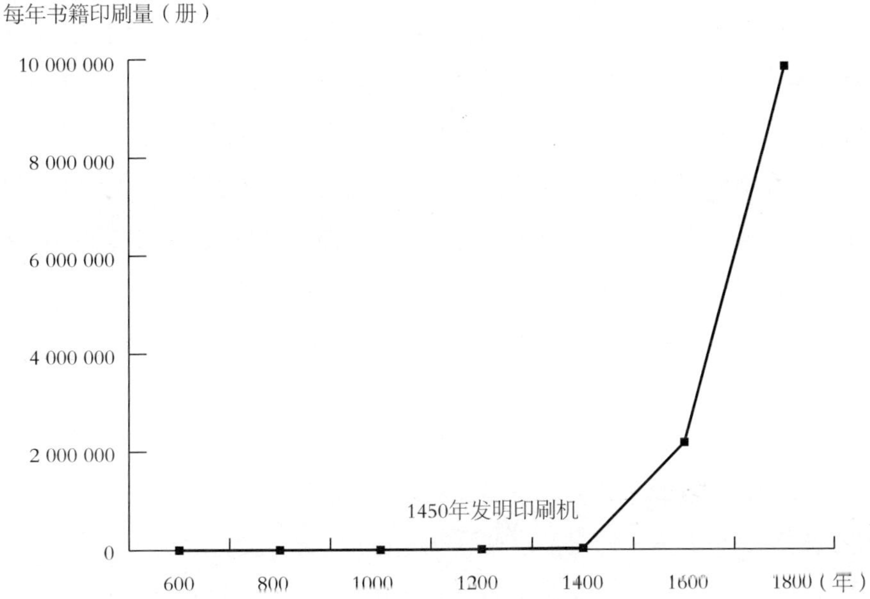

图 6–1　600~1800 年欧洲书籍制作情况

从手工抄录升级到印刷后出现的巨大变化显而易见。

虽然启蒙运动主要在意大利北部和法国萌芽，但是很快就普及到整个大洲乃至美国。这段时期主要的思想家包括我们熟知的孟德斯鸠（三权分立）、约翰·洛克（个人自由、平等和保护私有财产）、托马斯·霍布斯（社会契约论）、亚当·斯密（自由贸易）和爱德华·吉本（《罗马帝国衰亡史》的作者）。然而，还有其他人，包括法国人皮埃尔·培尔（Pierre Bayle）、伏尔泰（Voltaire）、狄德罗（Denis Diderot）、杜尔哥（Anne-Robert-Turgot）、勒内·笛卡儿（René Descartes）和孔多塞（Nicolas de Condorcet）；荷兰人巴吕赫·斯宾诺莎（Baruch Spinoza）；德国人巴龙·霍尔巴赫（Baron d'Holbach）、伊曼努尔·康德（Immanuel Kant）和约翰·哥特弗雷德·赫尔德（Johann Gottfried Von Herder）；英国人弗朗西斯·培根（Francis Bacon）、弗朗西斯·哈奇森（Francis Hutcheson）、戴维·休姆（David Hume）和艾萨克·牛顿（Isaac Newton）；美国人本杰明·富兰克林（Benjamin Franklin）。这些思想家得到了大批地下时事评论人和印刷出版企业的支持，大量被禁畅销书得以流通，瑞士的纳沙泰尔印刷公司就是其中之一，并发挥了关键作用。

除了让人们变得更加开放、理性、崇尚个人主义以外，启蒙运动还用慧心巧思取代了宿命论。启蒙运动之前，当经历事故、损失和悲剧，比如痛失战争或死于感染的儿童，人们往往解释为这是上帝对他们造成的罪孽的惩罚，这一点毋庸置疑。然而，启蒙运动使他们更倾向于这样提问：例如我们的战略意义出了什么问题？这些疾病是由什么原因导致的？将来我们如何阻止此类问题的发生？人类发明疫苗时，遭到了很多宗教激进主义者的反驳，他们称这是对上帝的干扰。但是，大多数人认为尽管我们不应该质疑上帝的方式，但值得注意的一点是，上帝似乎更乐意帮助那些自强不息的人。

启蒙运动还有其他的贡献，因为它提供了寻求真理的系统方法，我们可以通过简单的测试确认正确的一方解决争端，从而树立起和平缔造者的形象。

启蒙运动有一个最重要的元素：它是乐观的。大部分支持者认为人类真正拥有使世界更美好的眼界，他们中的很多人设想出更好的未来。例如，上文提到的启蒙思想家孔多塞在1785年预测，科技会带给人类无止境的进步。他还预见到新世界会从欧洲衍生出来，然后通过其他地区对欧洲技术的引进取得巨大的成功。他说，奴隶制会被废除，人类会获得避孕技术和更多的自由时间。此外，本杰明·富兰克林预测农业生产力将飙升。

启蒙运动得到越来越多的科学家的支持，他们在众多书中描述了世界是如何运作的，以及人们应该如何看待它。其中包括解剖学家安德雷亚斯·维萨里（Andreas Vesalius）发表的《人体的构造》，描述人体解剖学——解构的其中一步以及研究它们的组成部分。还有开普勒（Kepler），他将天文学脱离迷信的占星家；伽利略，他曾解释为什么地球不是宇宙的中心（以及为什么天空不像很多人想象的那样是一个有洞的黑球）；牛顿，他提出了重力和运动定律，并且发现光由我们现在称为光子的粒子组成。

文艺复兴早期得以复苏的思想（自由、法治、科学、逻辑和宗教宽容），现在又得到进一步推动。同样，民主思想也得到了更多的支持。早期对于民主的解释是，向国家纳税的人应在财政分配问题上拥有发言权。这意味着，实际上只有男性地主才有投票权。后来出现争论，情况得到改变，不管是不是地主，只要上过战场，都应该拥有投票权。这听起来很公平，但也有人不同意，因为当时具有决定性的军事技术是骑兵冲锋，执行者往往是骑士，他们要么具有影响力，要么是富裕的地主或地主的儿子。然而，在威力强大的枪炮发明之后，步兵变得比以前重要，因此他们对民主的需求也更为强烈。最后，随着法治更为普遍，人们在被要求遵守法律的同时，也开始要求在法律的制定过程中发出声音。

随着知识、民主和宽容更为深入的结合，人们越来越普遍地在沙龙、辩论俱乐部和咖啡厅讨论人生的意义、社会状况或最新科技。也正是在这一时期，科学家们开始发表公开演讲，例如物理和化学部分会吸引来自不同年龄段的数百名听众出席（是的，这是在电视被发明之前）。这个时代也出现了作家和诗人，如歌德（Goethe）、席勒（Schiller），以及音乐家巴赫（Bach）、海顿（Haydn）和莫扎特（Mozart），他们开始唤醒人的情感，而像弗朗西斯·培根这样的社会评论家和哲学家改变着人们的世界观。培根认为，人们应该像古希腊人那样系统地利用观察和控制实验来了解世界。

当然，随着人们为古老问题寻找最佳答案的强烈欲望，人们又开始提出新的问题，其中之一就是世界的另一边是什么样子？

问得好。1492 年 8 月 3 日，克里斯托弗·哥伦布从直布罗陀港口和葡萄牙之间的一个西班牙小港口始航去寻求答案。他的使命是绕地球找到去往亚洲更短的海上贸易路线。

哥伦布很早就有驶往亚洲的想法。几个世纪以来，欧洲特意从亚洲进口丝绸、香料和瓷器。这些通过所谓的丝绸之路运输，由各种马、驴、骆驼和船相结合费力地转移至此。当这些货物最终到达欧洲市场，成本会大大增加。比这更糟糕的是，奥斯曼帝国征服东罗马帝国（拜占庭）之后，丝绸之路基本已被隔断。因此，哥伦布敏锐的嗅觉告诉自己，如果可以向西航行另外开辟一条路线，将会出现巨大的商机。

这就是动力，而且征服远东的想法早已萌生。例如，1241~1247 年，普兰诺·卡尔平尼（Giovanni de Plano Carpini）横跨大陆前往蒙古国，让人震惊的是他竟能成功返回。后来俄罗斯人雅罗斯拉夫（Yaroslav）、亚历山大（Alexander）和安德烈·弗拉基米尔（Andrey Vladimir）亦如此。法国人安德·龙如美（André de Longjumeau）和比利时人卢布鲁克（Belgian William）也曾前往中国。但是最著名的探险家是马可·波罗，他于 1264~1295 年航行来到亚洲，访问了中国及其他地方。

哥伦布的探险并不圆满，他损失了 3 艘船，但他还是在 1493 年成功返航，并宣称发现通往亚洲的海上航线。

事实上并非如此，因为他发现的是美洲，可是当时无人知道真相，而且无论如何这次发现都令人振奋。这个故事如野火燎原一样传遍整个欧洲，西班牙王室第一个抓住了时机：6 个月之后的 1493 年 9 月 24 日，哥伦布再一次踏上发现新大陆的行程。这一次有不少于 17 艘船和 1 200 名船员。

文明国家扬帆起航，寻找新大陆的时代最早始于中国，确切地说开始于 1405~1433 年郑和下西洋之后，但由于人为原因，中国人未能发现新大陆。取而代之的是，哥伦布的探险开启了地理大发现的时代。

这是一个风起云涌的时代。1497 年，也就是哥伦布开始第二次远航后的第 4 年，英国国王亨利七世雇用意大利人乔瓦尼·卡博托（Giovanni Caboto）去探索一条通往亚洲的北部航线，只配备 1 艘船和 18 名船员。之后，他返回英国并成功地报告说他跨过北冰洋到达了亚洲北部。实际上这也是不准确的，因为他发现的地区，可能不是加拿大东部的纽芬兰，就是北美的缅因州。

这已经转变为一场竞赛，同年葡萄牙人瓦斯科·达·伽马（Vasco da Gama）乘坐长达 27 米的大船，在另外 3 艘船的陪伴下，起航探寻通往亚洲的另一航线，但这次是绕道非洲南端。他于 1498 年 5 月成功登陆印度。

这些人的主要动机是追寻财富，结果也很理想。比如，达·伽马的船队返航时带回的货物价值是往返航程开支的60倍。（这就是现代所谓的风险投资的行话，60倍的回报率和3 000%的内部收益率，然而2倍的回报率和20%的内部收益率就已经很好了。）

钱！钱！钱！

英国人在早期殖民阶段落后了，但是他们也爱钱。1508年，他们派遣探险队去往北美。他们来到哈得孙河，并穿越加拿大北部西北航道的大部分地区。三年后的1511年，葡萄牙人费尔南·佩雷兹·德·安德拉德（Fernão Pires de Andrade）占领了马来西亚的马六甲市，之后前往中国，将葡萄牙国旗插在了中国香港。

创造现代西方世界的十大步骤

1. 文艺复兴（约1200~1600年），推动了艺术表现，提倡自由、理性、法治、宗教宽容、人文主义、经验主义以及创新力。

2. 启蒙运动（约1450~1800年），将科学理想、怀疑论、理性、世界主义和个人主义作为社会基本价值观。

3. 大航海时代（约1500~1800年），主要是欧洲人的探索发现之旅，并最终将世界大片地区占为殖民地。

4. 宗教改革（约1520~1650年），崇尚个人主义的北方民族拒绝天主教教会的制度化，并用一种强调个人主义和政教分离的宗教替换，同时强调个人成就高于集体服从。

5. 科学革命（约1540年至今），以可测试的确切知识取代了神秘主义，并为工业革命和民族团结奠定基础。

6. 工业革命（约1750~1850年），技术发展带来了规模化生产，由此出现财富暴增以及大规模的城市化，推动了全球贸易和文化繁荣。

7. 女权运动（约1840~1930年），女性获得了受教育权和政治权利，大大增加了人类整体的创新力。

8.信息革命（约1997年至今），随着互联网的普及，任何人只要上网，就能获得几倍数量级的信息。

9.生物技术革命（约2000年至今），随着DNA测序的出现，DNA最优部分中的生命密码开始得到解读。

10.众包革命（约2000年至今）无须实名、无须证照的人群通过互联网开展合作，完成大量创新性任务（无须执照，即你无须依附于任何单位，也无须拥有特定教育背景或成为某个工会会员等任何正式批准）。

仅仅两年之后的1513年，西班牙探索队攀过哥伦比亚的一座高山，惊奇地发现了另一片广阔的海域，这告诉他们，他们一直以来认为的亚洲其实是一片完全不同的大陆。结果是，他们发现这里有大量黄金白银，6年后的1519年，西班牙侵占了美洲中部和南部的大部分地区。这是一个极端的故事，我们之后会再提及。

时光飞逝，越来越多的西欧国家加入了此次侵略。1602年，荷兰开始侵占斯里兰卡、印度部分区域和印度尼西亚、中国台湾地区、南非、南美洲东海岸部分地区，并将非洲东海岸和美国划为己有。此时丹麦、德国和比利时也建立了殖民地。

这些探险和侵略活动带来了大量的新商品，其中茶和咖啡扮演着重要的角色。从上古有记录开始直至中世纪末，西欧人大都酗酒无度，比如记录显示15世纪，欧洲成年人，不论男女，平均每天大约喝啤酒4.5升。平均来说，一对夫妻每天喝9升。然而，随着茶和咖啡的引入，人们开始清醒了起来，能够更有建设性地讨论政治问题和科学问题。

18世纪初期，工业开始发生转变，炼钢技术得到了改进，纺织业飞梭（1733年）、布里奇沃特运河（1761年）、珍妮纺织机（1761年）和蒸汽机（1769年）也都相继出现。这是工业时代的开端，开始于苏格兰克莱德河沿岸，之后扩展至整个英国和海外。这场运动加速了城市化进程，并生产出大量产品，通过全球贸易给欧洲人带来巨额财富。

工业革命引发了妇女解放运动，为妇女争得平等的合同权、婚姻权、抚养权、投票权和财产权。之后，爆发了信息革命、生物技术革命和众包革命，这些我们会在后文详细介绍。

如果认真思考一下西欧从 1450 年至今的发展经历，就会觉得匪夷所思，而西欧在 1450~1500 年的发展更是令人瞠目。短短几十年间，人们突然在众多从未涉足的领域发现了无数机会，可供人们发掘、探索，发展、繁荣，由此带来了对知识的追求如饥似渴和所谓“书本暴食症”，同时对于地盘和黄金的争夺也趋于疯狂。

更让人惊异的并非整个欧洲都在奋起开拓，而主要是西欧，这里的人口从罗马帝国灭亡时的 2 000 万增长到 1500 年的 4 500 万。在殖民时代之前，西欧人口仅占全球人口的 10%，土地面积不到全球 2%。如果站在全球角度来看，这里就是少数人栖居于一片狭小的土地上。但是，西欧人走了出去，征服了全球大部分的土地，并获得了 100% 的海洋控制权。

除此以外，还要强调的是在 1000 年，西欧人均国内生产总值与印第安人居住的美洲南部和中部处于同等水平，比日本和非洲（没错，就是非洲）低约 5%，而且（据估计）还比亚洲除日本以外的其他地区低 10%。然而 500 年之后，西欧人从自己这片狭小的土地上崛起，征服了其他大部分地区。

表 6–1　1000 年、1500 年、1913 年（大英帝国的鼎盛时期）世界不同地区的人均国内生产总值估值

人均国内生产总值			
年份	1000 年	1500 年	1913 年
西欧	400	771	1 204
日本	425	500	669
亚洲（除日本以外）	450	572	550
拉丁美洲	400	416	681
东欧以及苏联	400	498	941
非洲	425	414	500

值得注意的是，在 1000 年时，按照人均国内生产总值估值来看，西欧地区要远远低于同期的亚非地区。

这里的一个历史事实可以说明1000年的欧洲是多么落后，阿拉伯穆斯林于公元600年占领了位于北非、叙利亚、巴勒斯坦、葡萄牙和西班牙大部分地区的原基督教控制地区。公元732年，一支穆斯林军队驻扎在距离巴黎仅70千米的地方，当时穆斯林已占领了普罗旺斯的大片土地，并将罗马洗劫一空。他们拥有当时世界上最强大的军队，能够同时入侵欧洲、印度、非洲和中国的部分地区，甚至侵入冰岛俘获奴隶。

如果告诉阿拉伯人，仅仅1 000年后的1913年，欧洲原住民将控制全球85%的土地、80%的人口和85%的经济，他们肯定会笑破肚皮。这却是事实。实际上，西方的人均国内生产总值从1000年到1800年增长了300%，而全世界的国内生产总值仅增长了30%。1500年，欧洲的人均国内生产总值就已经超过了印度和中国，到了1600年，更是高出了50%。西欧国家控制的土地面积在地理大发现时代成倍增长，而这整个过程只用了250年——大约10代人。

西欧人口数量少根本不是问题。可以以葡萄牙为例来说明：1450年，葡萄牙还只是仅有120万人口的小国，占全球人口的0.26%。然而，虽然基础薄弱，但随后葡萄牙人扬帆起航，在海外建立了庞大的帝国，成为世界上最强大的国家，帝国的面积在巅峰时达到1 000万平方千米（超过葡萄牙本土面积的100倍还多），殖民地遍及南美、非洲、中东、印度和远东，一直绵延到日本和澳大利亚北部岛屿。尽管规模庞大，但根据英国历史学家查尔斯·博克瑟（Charles Boxer）估计，直到16世纪末，派驻在这些地区进行管理和控制的葡萄牙人还不到1万。

取得成功的理论基础之一是文艺复兴和启蒙运动，并结合个人主义，这为欧洲军队在世界各个角落取得巨大成就做出了卓越贡献。

一个典型的西方军事指挥官不会仅仅迷信机器的力量，同时一定还具有相当的创新力和理性思想，而且西方士兵会自觉地向指挥官提出建议。就连残酷的西班牙征服者科尔特斯（Hernán Cortés）都曾作为公证员学习了拉丁文，同时他还精通希腊罗马文化和军事史。他的手下也大多掌握工程技术，或者拥有法律经验，能够在异域及时发现不同民族及不同文明的差异。当然，他们也不知道在南美将要面对什么，但每当有新情况出现，比如面对敌众我寡的劣势，他们会自由讨论自己的想法，并通过分析、设计和决断相结合，找到解决问题的方法。

但他们所面对的印第安人则不同，他们被群体主义、迷信思想和僵化刻板束缚了手脚。当印第安人面对西班牙人时，对于对方是神还是半人马，船只是否是漂浮的群山，枪支是否会引发雷鸣等问题，会产生争论。在与西班牙人交战时，阿兹特克皇帝蒙提祖马（Montezuma）还曾派遣巫师，意图蛊惑西班牙人，但无人敢于向皇帝建议改变战术。

对于这个故事会有多种理解方式。有人认为这里有很大的运气成分，例如西欧人拥有枪支纯属幸运。然而，实际上枪支和火药都是中国人发明的，欧洲人只是在此基础上改良。

也有人说他们是幸运地发明了印刷术，但中国人在欧洲之前就已独立发明了活字印刷术。那是因为他们造出的大船吗？不，中国在船舶建造方面已经遥遥领先。科学？是的，波斯人和阿拉伯人至少在12世纪之前在科学方面就有了更深的造诣。

还有一种说法：西欧人有如此成就，是因为他们贪婪邪恶。有时可以说他们确实如此。但正如我们之后看到的，世界上绝大多数人都是这样，他们都是奴隶贩子、强奸犯、杀人犯、虐待狂和战争贩子。

不，关键的区别是西欧人幸运地将个体单元、变革推动者、有效网络、共同记忆和竞争组合起来，因此变得极具创新力。他们拥有创造惊人的创新设计空间的条件，而其他文明不具备。

这里用一个小实验来说明。请人在一张纸上写下改变了世界的十大重要发明，他们会写什么？是飞机、汽车、火车、内燃机？还是广播、电视和互联网？也许是石油和天然气的探索、计算机、卫星和智能手机？遗传工程、火箭和卫星？

有些人可能会写摇滚乐和爵士乐，或者避孕药、麻醉和疫苗。或许是摄影或电力电子设备，或者空调、电灯、制冷、电炉和真空清洁工。

所有这些东西都是西方发明的，而且这个实验可能的结果是，任何人所列举的主要创新大多数都来自西方。这完全不是什么巧合，就像我们在网页上看到的，统计数据表明95%的创新都出自西方，不仅仅是最近几十年，而是贯穿整个历史。

是的，占全球人口10%的西欧人在占全球2%的土地上创造了西方文明。让我们仔细看另外一个很好的、富有创新力的例子——音乐。节点和吉他、钢琴、麦克风、放大器和扬声器、频率合成器实际上都是西方人发明的。从风靡全球的古典、流行到蓝调、爵士乐、摇滚、打击乐和几乎几百种分型也是西方人开发的。直到2014年，世界上最受欢迎的音乐艺术家或团体大多来自西方。西方占据着主导地位，2014年的一项调查显示，西方国家在整个历史中也涉猎了其他方面：

- 50本最畅销书或系列的96%
- 50件最昂贵的艺术绘画或雕塑的100%
- 50部最卖座的电影的100%
- 世界50大奢侈品牌的100%
- 世界50个高级餐厅的82%
- 世界50强大学的88%
- 世界50大生物技术公司的100%

所有这些结果都是全球性的，涉及最昂贵的或最畅销的，它是全球的销售量。这些样本在艺术、时尚、奢侈品和科学以及生物技术上显示了巨大的西方优势，这是任何人都应该在很大程度上认识到的体现创新力的领域。艺术品、古董、汽车收藏和主要国际拍卖行也都是西方的，但它们同样向往最大的艺术利润。改变了全球范围内人们生活的软件公司主要也是西方的，无论是苹果、谷歌、微软、易贝、亚马逊、脸谱网、领英，视频网站YouTube、即时通信软件Skype或推特，其中一些已被其他产品借鉴，但这些想法都来自西方。

同样，西方率先发起了许多人文主义运动，包括红十字会、无国界医生、大赦国际、人权和许多其他组织。这种现象也体现在诺贝尔奖上，西方国家已经占了92%的所有的诺贝尔奖和94%的诺贝尔奖精密科学方面的奖项。当你在脑海中回忆起所有这些成就，无论是艺术、时尚、奢侈品、科学、技术还是人文事业，西方可能都占到了第二次世界大战以来世界总体创新力的95%。但这不是一个系统衡量它的方法，还有其他的方法吗？

有，但是它们显示了同样的结果。由著名的创新专家理查德·佛罗里达（Richard Florida）领导的马丁财产研究所可能是世界领先的创造财富和创新力的研究所。这一机构经常推出所谓的全球创新力指数。2011 年，一项结果显示，20 个最有创新力的国家中有 17 个都是西方国家。其他非常流行的两项指标分别是：来自波士顿咨询集团的国际创新指数和来自康奈尔大学英士国际商学院和世界知识财产组织的全球创新指数。这两项也包含世界 20 大最具创新性的 17 个西方国家。另外三个国家或地区包括中国香港和新加坡——非西方发达国家，但都是先前受西方影响的英国殖民地。

然而，上述引用的所有数字都是最近的情况，如果我们将来做进一步研究，这些数字又会是怎样？实际上，我们有一个很好的答案，因为著名的社会科学家查尔斯·默里（Charles Murray）和他的同事们进行了一项大数据分析，研究从有记录开始到 1950 年，人类所有的成就出自哪里，其结果相当惊人。默里的目的是查证历史上有真实姓名考证的人在艺术、科学技术方面的创新，这项创新至少在一半世界领先的现代参考书籍中被引述。

这是一个大项目。事实上，该项目花了 5 年时间，动用 50 人。主要的方法是研读世界各地超过 163 种记载人类成就的现代资源。每一种都认真记录着前面提到的创造性人物。此外，默里使用统计滤波器作为校正因子，经常提及的参考书是出于作者所在国家的书籍，而不是其他的书。

结果表明，直到 1000 年，新发明的数目还是相当低的，之后开始有所回升，但是没有进一步加速。世界各地的创新力短时间内激增，然后逐渐消失或停止。虽然人类知识和能力在 1300 年前总体略有增加，但也出现过较长的停滞期，几乎没有任何创新和成就。但是，大约从 1450 年开始，西欧的创新力激增，随后发生在西欧人聚居的地方。

这并不意味着欧洲人一直占主导地位，因为我们可以看到，西方人在很长一段时间处于经济落后状态。但是，由于绝大多数的全球创新发生于 1450 年之后，所以是西方人发明了我们可以想到的所有创新发明。结果是，根据默里的研究，公元

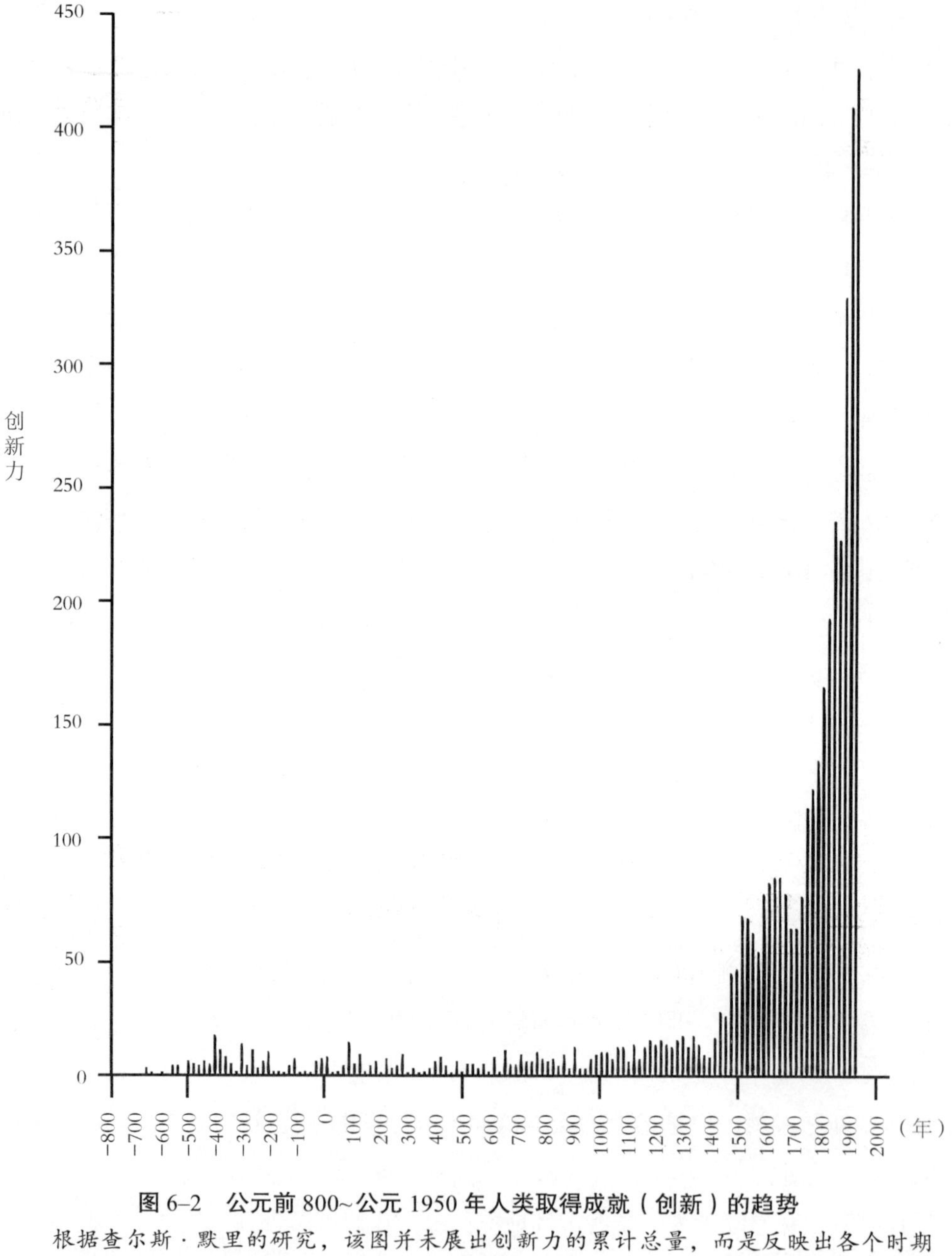

图 6–2 公元前 800~公元 1950 年人类取得成就（创新）的趋势

根据查尔斯·默里的研究，该图并未展出创新力的累计总量，而是反映出各个时期的创新数量。可以看到直到公元 1000 年都没有出现明显的整体增长，但这也掩盖了当时西欧地区创新力产出的上升，而其他地区生产力下降的事实。大约 1450 年后，整体创新力产出呈现激增的趋势，但仍全部集中在西方。

前 800~公元 1950 年，西方人在全球总创造性中占了 97%。这确实令人很震惊。

因此，对于为什么西方开始主宰世界，我们有了自己的解释，并且我们应该教给在校学生。西方有一套独特的进行发明创造所需的条件，这种创新力推动了其他事物：机构、工作方法、技术、艺术，以及一切。

现在我们已经研究了西方创新力的早期驱动力，而这些也解释了西欧的创新力爆发是如何主导全球的，以及为什么创新力发生于某个地方。然而，仍然存在一些问题：

- 西欧创新爆发最为重要的驱动力是什么：河流、港口、文化因素，权力下放还是其他？
- 创新力停止于先前很有活力的社会的典型原因？
- 为什么中国和伊斯兰国家，最初领先，随后又落后了？
- 为什么英国的殖民地比西班牙和葡萄牙的殖民地还要多？
- 为什么公元前 400~公元 1400 年创新力不是呈指数增长？

我们将在后面的章节回答上述问题。

第 7 章　创新核心的问题

前面一章开始时，我们就介绍了印刷技术在欧洲的发展，还谈到了其对于1450~1500 年创新力腾飞做出的贡献。幸运的是，我们非常清楚第一批印刷机出现在哪里，这能帮助我们确定西欧腾飞的驱动力是什么，及其具体原因。印刷工作大都集中于从意大利北部向北到德国，法国东部和荷兰的一个楔形区域中，还有一批印刷机分布在西班牙。

仔细研究还会发现：印刷设备虽然并非完全沿海岸线分布，但大多数都存在于河流沿岸。书籍少量印刷并不需要用水，由此可见，河流沿岸聚集着最具创新力、思想最先进的人群。中世纪，人们需要水路来发展贸易，但如果生活在海滨，又容易受到军事攻击。

虽然这些地方在 1450~1500 年看似充满创新力，但是查尔斯 · 默里根据研究，提出了一个更系统、更长久的创新力分布图，即他所说的通向成功的“欧洲核心”。该图显示，这个核心只占了西欧面积的 10%，仅占全球陆地面积的 0.2%。由此可知，人类一半的创新力出现在了这块面积仅占全球陆地面积 0.2%、常住人口仅占全球人口 1%的土地上。

上述两张图之间的区别是，标记印刷机的地图只涵盖了 1450~1500 年出现这项特殊发明的地区，而默里的地图则涵盖了一直到 1950 年的所有创新。必须注意的是，虽然两张图显示的发展模式类似，但是西班牙并未被包含在默里的创新核心图当中，西班牙当时也拥有相当数量的印刷机（但是，西班牙在 1478~1834 年宗教法庭时期落后了)。与其相反，位于克莱德河附近的苏格兰地区在1450~1500年并没有印刷机，却在300年后成为创新力的核心，工业革命的发源地。

那么，在推动创新力大爆发的过程中，哪些因素最重要?

通往河流和沿海地区的通道固然重要，但不能简单地将其解释为创新力增长的因素，因为这些因素一直都存在，包括在欧洲落后的时候。罗马的标准和共同记忆也不能成为原因，因为这些因素在罗马帝国创新力萎缩的时候也存在——甚至衰败瓦解的时候依然存在。此外，奥斯曼人和中国人在创新力衰落时期也保留有诸多共同记忆。由此可见，单个元素孤掌难鸣。但另外一个因素可以很好地做出解释：中世纪权力下放。

我们知道，罗马帝国衰落之后，西欧被分化成无数个小国，大多数小国几个世纪以来都实行分散管理，就像原来的希腊一样。我们下面就对这一现象进行研究。

首先，为什么权力下放持续了这么久？原因之一是欧洲大陆拥有多种语言和重重山脉，导致了自然的分裂，在罗马帝国统治时期也存在这种情况。更为重要的原因是，中世纪的欧洲存在两大军事理念，即骑士与城堡，两者相互对立，不分伯仲，形成了一种“力量胶着”的局面，因为城堡显然不能攻击骑士，但骑士占领堡垒也有难度。通常情况下，统治者每年只有权动员周边农民参与40天的军事行动，而这40天尚不足以让城堡里的人弹尽粮绝，乖乖投降。

权力下放的第三个重要原因是，国王因为没有常备军而难以征税，而地方领导人既拥有自己的军队，又控制着防御工事。如前所述，日耳曼部落就非常擅长使用战斗斧。

长期权力下放的第四个原因是，与其他社会中长子继承一切遗产的方式完全不同，日耳曼人死后总会将自己的土地分割留给每个儿子。如果日耳曼人生有两个或更多的儿子，不管是地主土地、男爵领地还是王国的土地，他们都会分割留给这几个儿子。然后，这些儿子通过与邻近地主的女儿结婚，巩固自己的土地，但由于其特殊的继承方式，日耳曼人中间没有出现过大范围土地兼并集中的现象。

而这种情况带来的结果就是（大约在公元1300年尤为明显），西欧被分散成几千个独立的社会，其中包括男爵领地、公国和其他类型的小国，这些国家互相之间存在激烈的竞争。公元962~1806年，各个小国结合在一起，形成了一个非常松散的联盟，称为日耳曼–罗马帝国（也被称为神圣罗马帝国），虽然称为联盟，但基本上是由类似列支敦士登、卢森堡、安道尔和摩纳哥的小国组成的一个极其混乱的自治机构。

在神圣罗马帝国时期，荷兰的体制相比其他小国更为固定，但也高度分散，因此荷兰成为诸如法国和西班牙等集权国家的笑柄。荷兰国民的成分复杂，汇集了犹太人、新教徒、天主教徒和无神论者，但没有国王或中央领导，也没有足够的土地养活本国人口，因此只能依靠贸易。尽管如此，荷兰人却能够富甲一方。至于英格兰，直到1688年“光荣革命”之后才成为现代民主国家，随后才在欧洲大陆出现启蒙运动支持者的“亲英运动”。

有一点非常重要：在这一时期各国权力下放最为明显，从意大利北部、瑞士，再到德国、法国东部和荷兰，包括英格兰在内，在地图上连成一片，而且与我们先前标记的印刷机、查尔斯·默里的创新核心以及现代专利的出现区域完全吻合。我们可以基本确定权力下放就是西欧成为当时最具创新力地区最为重要的原因，后文将会有所涉及。

这样就清楚了，但是如果我们不研究一下盎格鲁–撒克逊人的心路历程，还是无法看到完整的画面。

许多人认为盎格鲁–撒克逊指的就是英国，实际上盎格鲁–撒克逊人是由原来的朱特人、盎格鲁人和撒克逊人组成。朱特人是日德兰半岛中部和北部的丹麦人；盎格鲁人来自石勒苏益格–荷尔斯泰因，历史上曾被日耳曼和丹麦占领，也曾独立；撒克逊人来自德国北部，尤其是下萨克森地区和德国北部沿海地区，石勒苏益格–荷尔斯泰因的西南部。因此，盎格鲁–撒克逊人的本源都是丹麦人和北日耳曼人。我们通过遗传研究就可以知道如今他们后代的分布。

盎格鲁–撒克逊人有两大显著特征：一是之前提到过的极富冒险的航海传统（维京人），同时古代日耳曼部落（包括维京人）并不经常在国内修建坚固的工事；

二是他们的社会已经实现权力下放，实行直接民主。

说到冒险，我们已经看到维京人如何在欧洲河流和海洋当中穿行。他们在海外冒险过程中投入了巨大的热情，与其在保家卫国方面的鲜有投入形成了鲜明对比。典型的维京村落没有防御围墙，只用矮矮的简易木栅栏围绕，原因可能在于几乎无人愿意或敢于攻击他们。更重要的是，这种对外开拓的精神不但反映了他们的特点，而且塑造了他们的性格。他们习惯于将陌生人视为机会，而不是威胁。

至于日耳曼部落，不论是在盎格鲁–撒克逊人进入英国定居之前还是之后，他们都以工作纪律严谨、时间观念强、信守承诺、整洁有序而著称（如今也是如此）。事实上，这些特点在罗马帝国时期就为人所赏识，罗马领导人经常雇用日耳曼人担任保镖。他们在中世纪的欧洲更具传奇色彩。东欧的大地主邀请日耳曼人在他们的土地上建立城镇，日耳曼人可以按照自己的法律自行管理，并使用日耳曼语作为官方语言。例如，在 14 世纪中期的西里西亚（如今波兰和捷克共和国的一部分），有 1 000 多个日耳曼村庄，超过 100 个村庄都使用日耳曼法律。日耳曼人在克罗地亚、罗马尼亚和莫斯科公国也建立了相似的城镇。

东欧许多地主认识到日耳曼人的优势后，给日耳曼居民送钱吸引他们前去定居。在日耳曼人真正到来之后，他们的文化水平的确明显高于当地居民，同时还带来了光学技术、啤酒酿造、采矿、仪器制造和图书印刷等极具价值的技能，因此他们在公共行政部门和军队中往往能占据要职。1700 年，居住在这些飞地上的日耳曼人开始印刷日耳曼语的报纸，如《圣彼得堡报》等。

为什么？为什么日耳曼人会如此高效而可靠？我们可以在一部题为“论日耳曼人的起源、分布地区和风俗习惯”的巨著中找到最佳答案，该书由罗马历史学家塔西佗（Tacitus）于公元 98 年，也就是大概 2 000 年前完成。该书根据罗马人的观察，描述了日耳曼人的生活状况，书中写道，这些人生活在各个小型社区之中，几乎所有事情都通过投票来决定。此外，根据塔西佗的记述，这些人推选首领依据的是其“激励（别人）的能力”，而非“说服（别人）的能力”。

我们不知道塔西佗的这本书在他的时代有多流行，但在 17~18 世纪成为德国和法国的畅销书，并且上文提到过孟德斯鸠也经常引用书中的内容。原因可能是人们能够从中发现：如果赋予人类责任，就会出现负责任的文化。

让我们再回到维京人和他们的祖先，由于他们也以小型社区的形式生活，同时依靠投票做出重大决定，所有拥有土地的男人，和所有拥有土地的丧偶妇女均有投票权。即使他们定居国外，也依然沿用了这种自治的方式（通过地主，而非奴隶），例如他们于公元930年到达冰岛，并在辛格韦德利建立了自己的议会。

我们所了解的盎格鲁–撒克逊人（以及挪威和瑞典维京人）及其祖先的历史可以追溯到大约2 000年前，充分说明他们极具冒险精神，充满个人主义，同时具有生活于小型社区、享受高度自治的传统。此外，他们的信仰鼓励个人表现，强调永不屈服。维京人的瓦尔哈拉之旅并不是要表示谦逊，请求宽恕，而是表示主动，展示勇气。当然任何人都有权探讨怎么做会更好，但显而易见，后者更具经济效益。

还有一件事：当男人出海时（通常整个夏天，有时甚至几年），女人在村里将家中一切都打理好，由此带来了独立的品质和责任感。这种品质在男人常年在家的国家里很少见。

至于现代个人主义，我们可以在今天的地图上觅得端倪，世界价值观调查（World Values Surveys）正在就此问题开展一项大规模的定期测评。就欧洲个人主义的表现情况而言，表现最强烈的通常是在盎格鲁–撒克逊地区，当然在航运便捷的河流周边，尽管居住的并非盎格鲁–撒克逊人，但表现依然颇为强烈。

那么，最后的结论是什么呢？西欧国家的创新力，以及创新核心的驱动力是什么？是罗马帝国遗留下来的标准吗？还是航海文化，宗教价值观，多样性，竞争，个人主义和权力下放？乍一看，这些因素好像都相互关联，但是当我们仔细观察创新力出现的时机和创新核心的位置时，就会发现一个真正的因素脱颖而出：权力下放。当在某时某地真正实现权力下放之后，创新力就会蓬勃发展。因此，如果欧洲中心的大三角没能在几百年来实现权力完全下放，就不会出现后来的创新力大爆发，西方国家最终也不会统治世界。

第8章　创新力是如何消失的?

我们看到，历史上诸如雅典、罗马等民族或国家虽然极具创新力，却在发展过程中戛然而止。原因究竟为何？它们遇到的麻烦各不相同，还是某种固定模式反复出现，阻碍发展？

上述两种情况的答案都是肯定的。是的，它们遇到的问题各不相同，但也有反复出现的固定模式，我们下面就会看到。

上述国家走向衰落这个过程所经历的时间各不相同。生活在12 000年前的佛罗勒斯人从衰落到灭亡的过程极其漫长，而尼安德特人的消亡过程虽然从考古学的角度来看已经相当迅速，但也持续了几千年。

这里还有一个距今较近的例子：在欧洲人于1642年第一次登陆塔斯马尼亚岛的30年后，他们终于发现了当地各个部落的居民，但其生活状况基本与动物相似。例如，尽管岛上的冬季寒冷多雪，但是他们从不生火取暖，因为他们根本不知道如何用火。除了肩上裹着的一些毛皮，这些人甚至都没有衣服，仅依靠在自己身上涂抹一些气味难闻的油脂来御寒。

他们虽然世代居住在海边，却连最为简易的船只也不会制造。虽然水中渔业资源丰富，他们却不会捕鱼，也不会制作细绳、钩子或渔网。可以说，这些人根本不会使用工具——就连澳大利亚原住民或石器时代早期人类用骨头和石头制作的简易工具也不会使用。

显而易见，欧洲人对于当地为何无法出现人类文明，以及当地人为何连最基本的石制工具都不会使用感到非常好奇。然而，考古发掘不但未能解开谜团，反而让他们更为惊讶和困惑。考古发掘越深入，发现的工具越先进。实际上，发掘的早期实物显示，最早从澳大利亚移居塔斯马尼亚的人群懂得航海、捕鱼、使用篝火等知识，但是他们的文化千百年来一直处于衰落状态，到了欧洲人登陆之时，几乎一无所有。

可以肯定的是，塔斯马尼亚的衰落是由于海平面上升导致他们彻底与世隔绝。澳大利亚原住民在与世隔绝之后也经历了类似情况，只不过程度较轻。原住民的文化也逐渐衰落，只不过由于他们所居住的陆地面积更大、人口更多，因此衰落速度较缓、程度较轻。

与塔斯马尼亚人一样，其他与世隔绝的社会也在经历缓慢痛苦的衰落过程，种种迹象表明，如果社会空间缩小到一定程度，衰落就无法避免。奉行与世隔绝，禁止某些人群与外界接触的政策既可能出于宗教原因，也可能出于政治原因，但是最常见的原因是受地理位置所限，根本无法与其他人群接触。例如，越南蒙塔格纳德族人、火地岛印第安人、苏格兰高地人、加那利群岛原住民，以及复活节岛上原住民等都生活在与世隔绝的社会当中，而他们无一例外都在走向衰落。因纽特人是生活在加拿大的欧洲人后裔，他们曾经拥有固定住所，生活在石制房屋之中，出门乘坐狗拉雪橇，他们曾经会驾驶船只，使用鱼叉等工具，在浩瀚的大海捕捉鲸鱼。但是后来，当欧洲人出现在他们面前时，他们已经完全忘记所有这些技能。在欧洲人面前的是一群对于捕捉大型鱼类一无所知，依然居住在雪堆成的原始棚子之中，并且从来不会在固定地点存储食物的原始人群。

缓慢衰落产生的根本原因是完全与世隔绝，但在一些隔绝程度较低、相对开放，但是高度集中的社会中，衰落往往会从内部开始，随后突然遭遇灭顶之灾。当西班牙人抵达南美洲的时候，西班牙征服者埃尔南·科尔蒂斯（Hernán Cortés）仅凭530名士兵便占领了阿兹特克帝国，同时，法兰西斯克·皮泽洛（Francisco Pizarro）也仅依靠168名随从和62匹战马占领了印加。实际上，征服阿兹特克人仅用了不到两年，而征服印加人也不过5年。尽管这两大文明的居民总数达到3 700万人，而西班牙侵略武装力量共计约1 000名士兵。平均来看，每个西班牙人战胜了3.7万个当地的印第安人。当科尔蒂斯征服墨西哥的时候，他仅带领500多名士兵、100 名水手和 16 匹战马，就迅速降伏了约 3 000 万当地居民。平均下来，每个西班牙入侵者负责管理 5 万个当地人。

我们通过研究，已经了解了罗马帝国的衰落——这是一个持续了约 70 年的缓慢的过程，从公元 406 年野蛮人跨越莱茵河，到公元 476 年他们在兵力极度悬殊的情况下仍然成功地占领了罗马。然而，罗马帝国土崩瓦解实际不过短短 15 年。

还有大英帝国，1913 年鼎盛时期，其殖民地覆盖了地球表面的 1/5。但是，那时谁能想象英国在 1975 年时的景象？帝国已经不复存在，英国拥有的是超过 100 万的失业人口，高达 24% 的通货膨胀率和无力偿还的债务。事实上，1976 年，国际货币基金组织不得不以 23 亿英镑的紧急贷款介入英国经济，以防止破产的继续蔓延。

正如上述实例所示，不同文明衰落的速度存在巨大差异。然而，虽然有些例子存在于史前文明（佛罗勒斯人甚至不能被称为人类），但如果我们将注意力集中在文明衰落的原因上，就会更为清楚地发现一些模式重复出现。

卡罗尔·奎格利（Carroll Quigley）教授在这方面有独到的见解，美国前总统比尔·克林顿曾经两次提到他的名字，第一次是在克林顿宣布参加美国总统竞选时，第二次是在就职演说当中。奎格利教授早年曾在哈佛大学、普林斯顿大学和乔治城大学任教，他的研究方向主要就是文明发展的内在推动力，即文明为何能够出现、蓬勃发展、陷入危机，直至最终消失？

奎格利发现，若想产生富有生命力的全新文明，基本要求是要拥有强烈的刺激，同时还要拥有创新和积累资本的独到手段（1975 年英国经济陷入低谷时，收入的边际税率是 83%，而其中 98% 是资本利得税，很好地解释了这一理论）。他同时指出，重要的是，当地民众既不纠结于往日的辉煌，也不过度依赖原先的规则和传统，他们保持着乐观开放的文化。

克林顿在 1992 年美国民主党全国代表大会上做就职演讲时，就明确引述了这一观点（乐观向上），同时他还借用奎格利的理论指出，美国之所以伟大，是因为民众不仅为了美好的未来而努力工作，同时他们还心系未来。

奎格利还对文明在发展过程中必须经历的各个阶段做出解释，将其称为“融合、酝酿、扩张、冲突的时代、普遍的帝国、衰落和入侵”。下面是一个深受奎格利教授观点启发的小模型，但做了些简化（用5步代替了7步），并用了不同的术语：

1. 创新性的融合

↓

2. 扩张

↓ ↑

3. 内部衰落

↓

4. 繁荣

↓

5. 崩溃

新文明通常始于创新性的融合。例如，英国人是由凯尔特人、罗马人、盎格鲁–撒克逊人、犹太人、日耳曼人和诺曼人等人种融合而来。而罗马人将他们的理念与希腊人相融合后便取得了飞速发展。

下一个阶段就是扩张（罗马人和英国人都精于此道）。扩张可以出现在军事领域，也可以出现在经济领域——通过收购获得资产，而非通过野蛮占有。近来，中国人就在这样做。

到目前为止，一切似乎都顺理成章，但随后而来的是不可避免的内部衰落。卡罗尔·奎格利在很大程度上将此归因于他所谓的“过度体制化”，但是正如我们将要在第四部分至第六部分详细讨论的，原因远不止于此。不过，“过度体制化”当然是问题的一个重要组成部分。最善于分析此类机制的是著名经济学家曼瑟·奥尔森（Mancur Olson），他的观点一直以来被多次引用，在其经典著作《国家的兴衰》中，他提出了疑问：日本和德国都在“二战”中严重受挫，为什么二者都能够在战后取得令人惊叹的快速繁荣？

他的回答与奎格利教授的见解不谋而合：文明不可避免地会走向过度体制化，

而战争尽管可怕，却在另一个方面，通过破坏多余的机制实现国家的解放。

奥尔森认为，产生过度体制化的主要原因是存在大量特殊利益和规避竞争的特权。随之而来的是官僚机构的不断扩大，产生了无数委员会及其下属分会，这些机构彼此掣肘，造成效率低下，运行缓慢。事实上，一些长期研究贫穷国家发展状况的经济学家已经发现，过于庞大的官僚机构可能是阻碍经济腾飞的主要原因。例如，一项研究表明，如果你想要在开罗得到购买和登记属于政府财产范围内的建筑物的许可证，要通过 77 道官方程序，其中包括 31 个政府部门和长达 14 年的等待。在秘鲁，经济学家埃尔南多·德·索托（Hernando de Soto）曾经做过一个实验，他尝试依据当地相关法令，在利马郊区开一家小服装店，结果前后共用了 289 天。后来，他尝试办理国有土地的建筑许可证，历时 6 年 11 个月，期间与 52 个不同政府机构进行交涉。

奥尔森的理论指出了另一个导致滞塞的重要现象：成立公共机构最初是为了解决实际问题，但是随着时间的推移，这些机构的首要任务就变成了帮助自己，通过榨取别人来服务自身，换句话说，它们在社会中"吸血"，并阻碍自发双赢交易。与私营公司不同，公共机构似乎能够永远存在。正如美国参议员詹姆斯·F·伯恩斯（James F. Byrnes）曾经说过："地球上最接近永恒不朽的就是政府机构。"

这种滞塞带来的后果就是无意识的"非赢即输"，甚至"双输"交易频率增加。同时，在这个过程中，整个社会文化也会发生改变，越来越多的市民成为"寻租者"，专注于开发现有的财富，而不是寻求创新。

回到奎格利教授的理论，他认为，有时一种文明在发展中如果未曾遇到重大威胁，可能就会进入全盛时期。但是，这个阶段很有迷惑性，因为此时该文明在表面上非常强大，实际上却在僵化。纳粹能够让自己的军队通过巴黎的凯旋门，而在 5 年后他们就被打败了。同样，罗马帝国在公元 96~180 年的"五贤帝"统治时期达到发展顶峰，正是在这一时期帝王们建造了罗马圆形竞技场和万神殿。苏联人造卫星计划在某种程度上说就是共产主义的竞技场，就连许多西方人都认为当时苏联即将超越西方。

繁荣之后往往紧随着崩溃，如果老化的文明与其第二动态阶段的文明发生碰撞，崩溃会发生得更快。如果不是这种情况，它只会缓慢衰落，罗马的衰落很快，而印加、阿兹特克、墨西哥和华沙条约成员国的消亡速度更快。

奎格利观察到的另一个结论是：一种文明最具活力的部分通常是在边远地区（最晚接受其思想的地区）。原因很简单：这些地区通常仍处于超动态第二阶段，他们有着强劲的增长和热情，而那些有着更长文明的地区将会更加滞塞，因此更有可能处于第三阶段或者正演化至第五阶段。

西方文明首先传播到美国、加拿大、澳大利亚和新西兰，近来才在正处于第二阶段的亚洲市场也得到广泛应用。欧洲国家现在主要处在第三阶段（一些南欧国家可以说是在第五阶段，仅仅是靠欧盟的支持才能避免崩溃得以维生），而更强劲的活力出现在刚刚引入许多西方文明元素的新兴市场——中国台湾地区、韩国、智利、波兰，以及 1980 年之后的中国大陆。同样，诸如美国、加拿大和澳大利亚等更为年轻的西方国家现在相比西欧国家更具活力。但是，威胁也同样存在，那些目前尚未意识到所有威胁的国家，在不久的将来也会意识到。这些威胁包括不可避免的衰退、过度制度化和启蒙的敌人，这些正是我们将在第四部分至第六部分谈到的问题。在那之前，我们将在下一章研究为什么只有西欧具有异乎寻常的创新力。因为这个故事既告诉我们创新力在实践中如何产生，也展示了其在现实生活中如何消亡。这一部分将是一个恐怖的故事。

第 9 章　为何西方一枝独秀？

欧洲人用令人瞠目结舌的速度征服了世界多国，不过，令人不解的是，中国和伊斯兰国家不但未能先于欧洲征服世界，甚至就连与欧洲人共同征服世界的机会都没有。理清其中原因非常重要，因为这再次说明，诸如罗马帝国一样的创新力社会也会走上自我毁灭之路。

我们先来看看伊斯兰世界。长期以来，伊斯兰世界一直很成功。穆罕默德去世仅仅 4 年之后的公元 632 年，穆斯林军队攻占了叙利亚，两年后他们占领了耶路撒冷，并于公元 641 年占领了埃及的亚历山大港。到 1715 年，他们已经占领了北非海岸和西班牙的大片土地。这很显然是我们之前提到的文明发展模式的第二阶段（扩张）。这并没有伤害到阿拉伯国家在地中海和印度洋之间的地理位置的优势，通过进入大西洋并控制直布罗陀海峡，这一优势还得到了进一步的发展。因此，从 8 世纪中期直到 1258 年蒙古人占领巴格达，他们经历了长达 500 年的启蒙时期也就不足为奇了。这段时间现在被称为伊斯兰黄金时期（尽管说起来我们现在所知的很多穆斯林聚集区在公元 10 世纪以后才开始出现）。

这一难得的黄金时期对众多伊斯兰国家都产生了很大的影响。如今，人们如果想要了解伊斯兰文明的悠久历史，都可以到西班牙南部的格拉纳达参观富丽堂皇的阿拉伯阿尔汉布拉宫，这里被称为西班牙五大最美建筑之一，与塞维利亚大教堂一样恢宏壮观，是安东尼奥 · 高迪（Antonio Gaudi）和圣地亚哥 · 卡拉特拉瓦（Santiago Calatrava）的最新作品。要知道这一建筑修建于公元 889~1333 年，也就是说在大约 700 年前修建完成。在西班牙历史上，公元 929~1031 年主要是由科尔多瓦哈里发国统治，这段时期西班牙除了修建大量让人叹为观止的建筑景观外，还在科多尔瓦修建了阿尔库图书馆，据估计藏书至少有40万册，超过了整个欧洲的藏书量。那时候的伊斯兰国家也很宽容，当地大多数建筑都是由犹太石匠完成的，他们和平相处。

在伊斯兰启蒙时期，穆斯林翻译了所有著名的希腊哲学著作，公元800年左右，巴格达即使算不上是世界最发达的城市，也是紧随伊斯兰科尔多瓦的世界发达城市之一。那时候，巴格达的市民引入股份制公司、宫殿、医院和学校，受教育人口占的比重很大。也是公元786~809年统治这里的哈里发·哈伦·拉希德（Caliph Harun al-Rashid）设立了智慧之家，之后在9世纪中期逐渐发展成为世界上最大的图书馆和主要的研究机构。

在这段时期，穆斯林在药学、化学、哲学、地理学、航空学、光学和数学领域取得了很多突破。也就是说，穆斯林发明了代数几何的主要内容，他们还是解剖学和药学的先驱力量。外科医师拉齐（al-Razi）不但发现了天花和麻疹，而且可能还是世界首位提出发烧是人体防御机制反应的医生。除此之外，他还撰写了一本23卷的医学百科全书。此外，他还史无前例地系统开展了变量控制实验。

其他伟大的穆斯林思想家还有与亚里士多德齐名的著名“另类思想家”法拉比（al-Farabi）。另外，还有博学家比鲁尼（al-Biruni），他撰写了146篇技术论文，主题广泛，合计13 000页。公元990年，这位极其活跃的绅士对地球的周长做出估算，其数值仅比正确值偏离不到1%，比500年后哥伦布做的估算精确得多。

在这段时间，穆斯林对《古兰经》有两种理解，即它是直接由安拉口述还是先知阐述。公元813~833年，帝国的统治者是阿尔马蒙（Al-Ma' mun）坚持的是先知决定论，并且推行“穆尔太齐赖派”教条，鼓励追求逻辑和科学的思想，400年后托马斯·阿奎纳（Thomas Aquinas）将这一观点引入基督教。

但是随后发生了一件重要的事，改变了这一切。在阿尔马蒙死后，艾什尔里派的反理性观念占据上风，他们的基本观点是：科学和哲学，若不是直接源于宗教教条，就会非常危险，而且会逐渐破坏宗教，毕竟安拉控制一切。11世纪，波斯神学家正安萨里（Al-Ghazali）在其著作《哲学家的矛盾》中写道：

大家习以为常的原因和结果所具有的联系并非必然联系，如缓解口渴和饮水，解决饥饿和进食，燃烧和火，光和太阳的升起……它们具有联系是由于安拉的前令，它们都是由安拉创造的，它们自身并不存在必然性，并非无法分离。

因为所有的事都由安拉控制，所以不存在物理定律，而且艾什尔里派的一些解释进一步将人看成被操控的事物，如这些定律一样。当人们说话时，并不由他们自身控制，而是由安拉控制一切。他们之所以觉得自己有自由的意志，是因为安拉制造了这种错觉，人类本质上是没有自由意志的。如果一个人看上去是好人或者坏人，那是安拉为了达到某种目的而制造的。正如哲学家伊本·哈兹姆·阿尔·安达卢西（Ibn Hazm Al Andalusi）所写的："你本质上没有任何优点，那都是安拉的馈赠而已。"

艾什尔里派的穆斯林也反对艺术。除了一些在婚礼等特殊场合有手鼓伴奏的清唱，音乐是被禁止的。任何绘画作品都是被禁止的，尤其是人物画。

更加值得注意的一点是，这一学派很快就被称为"中间派"，因为他们的观点介于穆尔太齐赖派和汉巴利派之间，后者对人们的能力和自主思想权利有更极端的否定，他们认为人们永远不应该尝试评价好坏，因为人类没有这样的能力，甚至人们应该只读《古兰经》，并在任何情况下都依照该教条行事。

另外，他们严格禁止尝试发现任何自然规律的行为，因为他们认为每一个微小物质的运动都受安拉控制，所以世界上不可能存在这种永远适用的定律，而且安拉不会屈服于任何定律。同样的，任何人为的法律体系都是罪恶的。因此，任何人都不能支持民主的"一人一票"，而正确的思想是"一个安拉，一票否决"，而安拉已经通过《古兰经》，将一切需要的事都告知人类。教育的终极目标是让人们记住《古兰经》的教义，而不是学习亵渎《古兰经》的哲学、科学和独立思考。

汉巴利派主张，一个人唯有全面地遵从《古兰经》，放弃思考任何必然性，才能进入天堂。停止思考，遵守教条，你就会被拯救。神学家艾哈迈德·本·罕百里（Ahmad ibn Hanbal，公元 780~855 年）这样解释："任何讨论先知没有讨论过的事都是错误的。”

公元 885 年，穆斯林出台法律，对抄录哲学书籍者进行严厉惩罚，而且任何支持穆尔太齐赖派的人都会被判处死刑。公元 892 年 4 月至公元 893 年 3 月，所有书店老板都被迫发誓绝不出售有关神学、辩证法和哲学的书籍。1013 年，阿拉伯人销毁了位于科尔多瓦的图书馆。而亚历山大的图书馆也被奥马尔 · 哈里发（Caliph Omar）焚毁，16 年之后，伽色尼王国的苏丹 · 马哈茂德（Sutan Mahmud）烧毁了位于波斯拉伊的图书馆，然而焚书的步伐并未就此停止：1151 年，阿拉乌丁 · 侯赛因（Ala ad-Din Husain）焚毁了位于伽色尼的图书馆，1154 年乌古尔（Oghur）烧毁了内沙布尔的图书馆，1193 年，巴赫提 · 卡尔吉（Bakhti Khilji）将那烂陀的图书馆化为灰烬。硕果仅存的巴格达图书馆也被蒙古人于 1258 年烧毁。

中东的藏书量非常有限，在 14 世纪，阿拉伯的历史学家伊本 · 卡尔敦（Ibn Khaldum）描述了阿拉伯人在 17 世纪占领波斯后将数以万计的书和科学文章作为战利品，萨阿德伊本 · 阿比 · 瓦嘎斯（Sa'd ibn Abi Waggas）将军现在要求哈里发将其发给士兵，却得到了这样的回应：

> 把它们扔到水里吧。如果书中的导引是正确的，那么安拉已经给了我们更好的方向，如果里面的内容是错误的，安拉会保护我们的。

1299~1922 年，信仰伊斯兰教的奥斯曼帝国统治着大部分伊斯兰世界，奥斯曼帝国不仅摒弃各类书籍（《古兰经》除外），还对各类钟表、实验科学、现代哲学和现代经济体系嗤之以鼻。正因如此，穆斯林的进步非常缓慢，他们在导航、仪器制造和科学反面的发展停滞不前，而且也没能成功进行工业革命。

此外，他们没有西方那样的银行体系，部分原因是《古兰经》禁止支付贷款或存款的利息。他们也没有类似西方的法律体系，因为苏丹拥有所有的土地，并且可以随意没收任何一块土地。人们对该缴多少税以及何时缴税一无所知。出于这些原因，拥有财富的穆斯林并不愿意积极投资，而更倾向于隐藏自己的财富，将它们换成珠宝黄金等藏起来随身携带。即使后来奥斯曼人发动战争时，他们也随身携带自己的财宝。1571 年的勒班陀战役后，战胜的西方人惊讶地在其缴获的奥斯曼战舰中发现了大量的财宝。最后，缺乏创新力的奥斯曼人只能靠售卖小商品或强取豪夺赚钱谋生。他们的经济结构变成了榨取式的，当他们无法再战胜西方国家时，其经济体系陷入了结构性衰退。

在对科学哲学的好奇和对积极投资的兴趣被浇灭后，伊斯兰世界仍然在医学和光学等个别领域保留着一种技术创新的传统，但之后也逐渐衰弱了，社会变得极为沉寂。学生能去的唯一学校被称为Madrasses，他们在那里只能学到语法、宗教和伊斯兰法，那里最重要的是死记硬背和服从安排。

他们的问题越来越严重。德国在1450年发明的铅活字印刷术，理论上对打开伊斯兰世界很有帮助，但是1515年奥斯曼帝国的苏丹塞利姆颁布禁令，所有在阿拉伯语区使用印刷机的人都会被判处死刑，禁令范围还包括现在的希腊、地中海沿岸和埃及的一部分地区。

奥斯曼的禁令在1729年取消后，一名叫易卜拉欣·穆特菲利卡的出版人获准印刷书籍，但只能印刷由三位宗教专家和三位法律专家组成的委员会授权的书。1729~1743年，他在重重监督下印刷了17本书，之后他便放弃了这项事业。这里要提到的是，早在穆特菲利卡获得印刷许可之前，另一个名叫萨义德·埃芬迪的人也获得了这样的许可，但他印的书更少。客观来看，到16世纪中期，即200年之前，威尼斯这座小城就已经印出了2万多本书，内容涵盖地图册、哲学、辩论和音乐评论等。

这一时期，欧洲无论在哪一方面所得的成就都是伊斯兰国家遥不可及的。事实上，伊斯兰国家甚至都没有什么可比性，因为奥斯曼帝国的希望一经破灭，再想回到正轨就已经是非常困难的事了。到2002年，人们可以在联合国的《阿拉伯国家人类发展报告》中了解，虽然希腊的文盲人数是阿拉伯的30倍，但是翻译成希腊语的书要比翻译成阿拉伯语的书多5倍。同样的，阿拉伯世界的购物中心内很少能看到书店。实际上，虽然人们都会读书（比如在公共交通工具上）但是阿拉伯国家城市居民平均每年只读4页书，是的，4页而不是4本，基本上等于每人每年只看5分钟的书。与之相对的是美国，平均每人每年读11本书。

2007年，巴基斯坦物理学家佩尔韦兹·胡德霍伊（Pervez Hoodbhoy）在《今日物理》上杂志发表了一篇文章，列出了一组让人吃惊的数据：在穆斯林人口当中，科学家、工程师和技师占的比重不到 1%，尽管伊斯兰国家有 1 800 所大学，但仅有 312 所大学的教职员工在科研期刊上面发表过文章。诺贝尔奖设立 100 多年以来，仅有两位穆斯林科学家获得过诺贝尔科学类奖项（2012 年，胡德霍伊由于其政治观点被伊斯兰堡大学解雇）。

伊拉克前贸易金融和国防部部长阿里·阿拉维（Ali Allawi）在其著作《伊斯兰文明的危机》中提到，伊斯兰国家发表的科学文献仅占全世界的 1.17%，而西班牙的则占 1.48%。因为他发现的这项数值太低，所以他认为如今世界上 15 亿伊斯兰人口所做的科技创新甚至比 8 世纪 3 200 万伊斯兰人做的还要少。

幸运的是，社会是可以改变的，如今的伊斯兰世界已经有了很大的变化，其中的一部分人已经变得开放、现代，但仍有一部分人还是闭塞、古板。那些开放的人大都生活在土耳其、马来西亚和阿拉伯联合酋长国等国家，尤其迪拜在极具人气的穆罕默德·本·拉希德·阿勒马克图姆的领导下快速发展，而阿富汗等国走上了相反的道路。

奥斯曼帝国的总体问题是领导者们在中世纪早期创新力高涨的时期结束后，故意扼杀了创新力发展的条件。基督教中并没有这样的情况，部分原因是因为大多数基督徒都相信人是有自由意志的，另外尤其在阿奎纳之后，他们逐渐认为世界上有自然定律的存在。其中最常见的看法是：自然定律是存在的，并且人们应该学习这些定律。与自然定律相违背的现象后来被称为“奇迹”，因其是极为少见的情况，他们会解释为上帝直接打破了世界的定律或自由意志。

科学在欧洲人口中的地位有多高，从 1727 年牛顿的葬礼就可以看出。他的遗体在威斯敏斯特教堂摆放了 4 天供人瞻仰，随后他的棺材被安放在首相专属教堂，抬棺人则包括当时全英国最著名的 5 个贵族，展现对作家、科学家的尊重。与此同时，可怜的易卜拉欣正在伊斯兰国家苦苦挣扎，努力出版那几本书。

西欧还支持政教分离，即使国家资助教会，双方依然各行其责，而穆斯林则将这两者合二为一，我们可以在现在的伊朗看到这种状态。另外，欧洲对政教分离的追求在多次宗教战争后变得更加强烈，领导者们在这些经历中意识到，他们只有在宗教事务中扮演一个更中立的角色才能帮助他们团结大众。这里必须要提到的是基督教也出现过宗教独裁和类似艾什尔里派的运动，诸如“耶和华见证会”和“千禧年主义”，但都不是主流。人类趋势演化的历程解释了中东为何没能征服世界。由于限制人们的创新力，他们使社会变得死寂，而这一切都是他们刻意而为之的。他们对创新力的扼杀并非意外伤人，而是为了保护他们的既得利益和权力以及宗教权威而进行的蓄意扼制。

那么，中国呢？

正如之前提到的，中国的科技水平领先于欧洲，而且1400年的中国大有掌控天下之势。但中国走向衰落的第一个征兆正是在中国人的一大成就之中：上文提到的，中国人在1405~1433年的大探险，当时有30 000人乘着300艘大船出海。他们出海的目的是什么呢？从结果看，这并不是为了建立商业关系或者发现新的土地，而是单纯地带回各地献给皇帝的礼物而已。

这与当时西方航海的形式完全相反。比如意大利，新船的所有者会将船分给24~64人使用，从而获取利益，这在中世纪是很常见的现象，如果一切顺利，他们就会按照各自的股份得到利润，而船长则通过利润的分配来激励大家工作。这个商业结构在整个欧洲都很普遍，实际上，这和现在的私有财产基金（包括风险基金）都是很相似的。

因此，中国的中央集权要比欧洲更为强化，但是从1424年起，中国的情况急转直下。当时的皇帝明仁宗朱高炽在即位后就立即叫停了新兴的航海事业，并将众多船只付诸一炬。他在9个月后就驾崩了（有人怀疑是被一位船员谋杀的），而他的继承者明宣宗朱瞻基，在1432~1433年批准了最后一次航海计划，目的是接回那些流落在外的中国人。随后不久，他就下令彻底销毁所有海船。1500年，明孝宗朱祐樘签署命令，禁止建造任何超过两个桅杆的船只。到了1525年，相关法令变得更加严苛，任何可以出海的船只都遭到了破坏。1551年，法律明确禁止一切航海活动。1644年，政府更进一步，宣布禁止任何人居住在1 000多公里海岸线附近，以保证无人能够出海。与之相反的是，1750年，意大利的小城威尼斯每年则有800余艘商船往返开展贸易。

所以，中国闭关锁国后，最能激发中国人潜能的便只有国内政府的工作了，而这就要求书生不断地读那些传统的文章书籍。而我们现在所说的“官话”（Mandarin）一词实际上是用来形容中国政府官员的，他们是当时社会的精英，就他们而言，服从、传统、和谐和坚持成了最高理想。

是的，官员就是你想要成为的人，而一个传统守旧的官员就是一个好的官员。为了能有这样的工作，你得通过一个很困难的考试，而这需要相当不凡的记忆力，而不是创新力。而这项考试从公元前124年一直持续到公元1368年，之后进行了小小的改善，而后几乎一直未变，直到1905年。创新力在这一时期完全没有用武之地，正如历史学家托比·赫夫（Toby Huff）指出的：“中国政治机构既不能创新，也无法接受独立的高级学者机构，而正是在这样的机构里学者们可以追求自己感兴趣的东西。”当欧洲人第一次遇到中国人时，他们的极度保守让欧洲人大为震惊。从英国政客乔治·马戛尔尼（George Macartney）的观察中就可见一斑，马戛尔尼曾于1792~1793年力主与中国建立外交关系。他带着600箱来自英王乔治三世的礼物来到中国，希望能够显示诚意，让中国与欧洲开展贸易。英王的礼品包括星象仪、数学工具、地球仪、测量工具、望远镜、化学样品、艺术品以及钟表等。但当他将礼品交到一位地方官员手上之后，却被这位官员的回应惊呆：

> 我们从不看重这些投机取巧的物件，我们也根本不需要你们国家的东西。

如果他说的“我们”指的是“中国人”，那么“从不”则是错的，因为他们曾经很重视创新并且精益与此。问题在于，中国人不是不会创新，几千年来他们已经充分地展示了自己在创新方面的能力，现在的问题是他们不想再去创新了。

他们也不想开展贸易。当时，中国皇帝批准的唯一港口就是广州，而马戛尔尼提出在北京建一个仓库的建议也被驳回了。

任何一个静态的社会早早晚晚都会腐化，中国也已经开始落后了。当马可·波罗于13世纪来到中国时，他被中国巧夺天工的技术和一些半机械化的煤矿所震撼。那时的中国还充满了创新力。但到了19世纪，这些煤矿已经被原始手工的挖掘方式所取代。类似在科技上表现的衰退在很多方面都有发生，文化的衰退也在同时进行。与之同步的是，经济也一直在衰退，曾经几乎是世界上最富有的国家，一度沦为和索马里一样积贫积弱的国家。

当然，中国曾经试图改变衰退的趋势。最后，中国废除了航海禁令，1851 年，中国的船只第一次到达欧洲，但是这时距马可 · 波罗 1266 年抵达中国已经过去 585 年。与此同时，争夺全球领先地位的竞赛已经完全结束，欧洲已经控制美国、澳大利亚、新西兰、印度、非洲和亚洲的大部分地区和洲际之间的很多岛屿，而且掌控了各个大洋的制海权，并对两极地区提出主权要求。

而要完整地了解西方人获得巨大创新力的过程，就一定要探究大英帝国和之前提到的盎格鲁–撒克逊人在这方面发挥的作用。让我们先思考一下这一点：英国没有像其他国家那样的民间服饰。但实际上曾经有过。那时候被称为夹克和领带，而如今世界上的商人、政客、外交官或绅士都穿着英国风的服装使得自己看上去很体面。

1876 年，中国人第一次到达欧洲的.25 年后，英国的维多利亚女王刚刚成为印度女皇，据说在那之后，英国就骄傲地自称日不落帝国，因为它的殖民地遍布世界，从南极到北极。实际上，这个国家那时控制着地球上 1/5 的土地。

大英帝国之后回望自己的光荣历史，1785 年，伦敦有 650 家图书出版或销售公司，有数不清的艺术博览会、剧院和音乐会，备受欢迎。英国还有很多世界领先的思想家、艺术家，如史密斯（Smith）、牛顿和波塞尔（Purcell）。同样的，在殖民方面，英国追上并超越了西班牙和葡萄牙。

但是，为什么英国会成为欧洲的最大殖民国家？为什么那些有大量英国人移民的国家都成为世界上最富有的国家？比如美国、加拿大、澳大利亚和新西兰。为什么欧洲别的殖民国家没有这样的发展呢？或者简言之，为什么西班牙的殖民地比起英国都落后那么多呢？

为了搞明白这一切，我们可以从比较英国在北美和西班牙在拉丁美洲殖民方法的异同开始。不同于小国的创新核心，西班牙在罗马衰亡时，很快就变成了高度集权、独裁的国家，而它们殖民的目的是为君主保护土地，来奖励那些作恶的征服者。这一奖励可以是黄金也可以是白银，但常常是土地和将该地区人民用作奴隶的权利——这样的系统和罗马帝国的晚期状况很相似。

结果与罗马帝国的晚期是一样的。奴隶被派到矿场、农田，地主们则极尽可能地待在别墅里。因为人们没有投票权，他们对国家的状况没有任何责任心，又因为他们没有参与什么实际的活动，所以也没有特别的创新力。

这一切都和英国在北美的殖民情况完全相反。在北美，移民都有工作的机会，尤其对于定居 4 年的农民家庭还提供食物和住所，但是没有薪水，之后他们还有了自己的小块土地和选举权。因此，民主变得有生气，也有了一定的实验依据，不久后几乎所有人都有了自己的土地和工作，基于人们的创意和奉献精神，产量持续大幅增长。一项对于 1820~1845 年的专利研究显示，大部分专利持有者的父母都既没有接受过专业训练也不是土地所有者，40% 的专利申请人只有小学文化水平，甚至更低。

美国的开国元勋通过《独立宣言》将美国的发展模式设定为像雅典模式，而不是斯巴达，这促进了创新力生成。他们对于孟德斯鸠三权分立思想和洛克强调的个人自由、平等和独立等观念有很好的理解，因此对私人财产的保护也做得很好。事实上，洛克对起草俄亥俄州的第一部宪法贡献很大，而这一宪法后来成为美国宪法的主要灵感来源。该宪法大部分由托马斯 · 杰斐逊（Thomas Jefferson）执笔，他主张的不只是私人财产和个人自由，还强调人人生而平等（这里必须说明，除了妇女和奴隶），每个人都享有追求幸福的权利，通过这些原则，宪法暗示了人权的优先性。这种对个人的保护与有些地方现存的约束他人的准则形成了鲜明的对比，比如上帝、国王或者国家。实际上，杰斐逊很担心过度的集权统治，因为这会“使公共管理部门腐败、勒索人民和浪费资源”。而且，即便他将民主写进了宪法，他还是担心民主的后果，因为如他所说：“民主只是大众的规范，51% 的人们会掠夺剩余 49% 人的权利。本杰明 · 富兰克林作为美国奠基者之一，他说，民主是两只狼和一只羊投票选择该吃哪一只羊的政策。”

所以，考虑到个人的优先权（富兰克林在他之前的演讲中接着说：“自由是一只全副武装的具有选举权的羊”），由此我们应该注意到，盎格鲁–撒克逊人和他们早期的殖民地诸如美国、加拿大、南非、澳大利亚、马来西亚和印度等都曾建立了联邦制度，即便这其中的很多国家后来都合并了，它们旨在避免中央集中来维护个人权利。事实上，这一体系唯一的例外是新西兰和英国的一部分。西班牙则与之完全相反，是中央集权制度。

所以，我们要考虑的就是这些：来自斯堪的纳维亚半岛和英国，在现代从来没有受到法西斯或纳粹这样的集权主义影响的盎格鲁–撒克逊人。20 世纪中期，德国、俄国、澳大利亚、保加利亚、希腊、匈牙利、拉脱维亚、立陶宛、波兰、葡萄牙、西班牙和罗马都出现过集权政治，但是所有斯堪的纳维亚半岛国家，和英国、美国、加拿大、澳大利亚、新西兰，都从来没有出现过很强的法西斯主义运动，即使是在经济大萧条最严重的时期。英国国会历史上一共选举了 600 位国会议员，其中只有 6 名是革命社会主义者。个人主义和自由的传统已经根深蒂固。

另一个区别是大科学家达龙 · 阿西莫格鲁（Daron Acemoglu）提出的“包含”和詹姆斯 · 罗宾逊（James Robinson）提出的“榨取”。前者是一位多元主义者，坚信自然规律，合理的权利和个人奖励，而后者是精英主义者，更倾向于通过独裁统治、恐吓、强行征收和税款来获取经济资本。盎格鲁–撒克逊人的国家拥有更多的综合机构，而西班牙殖民国家则拥有相对更多的独立机构，如西班牙臭名昭著的调查机构，1478~1834 年逮捕、审讯、施刑的人数达 15 万，被处死的人数达 3 000~5 000 人，而等待着那些没有被处死的受害者们的就是查抄，根据不完整资料显示，该机构向那些人收取了大量的金钱。这意味着，西班牙的大多数进取的人都因为担心自己的资产被没收而离开了自己的国家。

西班牙政府也用中央集权的统治方式征收了大量之前分散的税款。而贵族家庭因此掌握着主要的资金流，他们也可以集中自己的权力使自己增加吸金力并加强税收。本地集团可能会暂时屈服于竞争，同样也会受制于人们的否决或弃权，这使得他们滥用职权的行为受到一定的限制，而中央政府一旦集中收取税款，这一做法的限制就不复存在了。可能的结果和罗马帝国末期差不多——农民离开自己的土地，导致食物产量不足，最终影响税收。

然而，即使是这样的税收侵略，也没有阻拦国家卷入一场范围大、耗资大的战争，而且在某些情况下，西班牙政府恢复了黄金销售押运，用国债代替了现金。后来的事实证明这些国债毫无价值，因为需要将大量黄金和白银储备送往拉丁美洲，它们分别在1557年、1576年、1607年、1627年、1647年、1652年、1660年和1739年宣告破产。

西班牙在查尔斯二世统治期间（1665~1700年）尤为艰难。查尔斯出身于西班牙贵族家庭，是100多年来近亲结婚的产物，他的下巴太尖以致无法咀嚼食物，他的舌头太大导致说话困难，还常常流口水，他还因愚笨广为人知。在他的领导下，西班牙饱受军事失败、文化衰落和饥荒的困扰，但必须说明，西班牙并未在他统治期间彻底破产，原因则是根本没有任何一个国家愿意借钱给它。

为什么英国和西班牙的发展之路如此大相径庭？某种程度上源于两国本身，且更为奇妙的是：85%的英国人都拥有西班牙血统。

是的，是西班牙人，但那都是陈年旧事了。最新的基因研究显示，如今大部分英国人都是巴斯克人（现在的凯尔特人）的后代，这些人在最后一次冰河世纪后离开西班牙到达英格兰、爱尔兰等国。他们之所以能够迁徙是因为当时海平面比现在低约130米，所以那时的英伦诸岛只是紧邻欧洲大陆的一个半岛而已。这些巴斯克人到达英国后，海平面上升了，即使后来他们造出了船，但也在一定程度上与当时的世界隔绝了。之后，他们在那个岛上与世隔绝地生活着，直到公元43年罗马对他们发起攻击。当时的罗马为管理这个国家煞费苦心，并充满蔑视地记录了当时与当地赤身裸体、满身油彩的部落男女战斗的情景，即皮克特人（皮克特意思是涂满彩绘者）。公元410年左右，罗马人离开英国时带走的并不是巨额财富，而是连续的阴雨和各种麻烦。

对于之后130年发生的事，我们能找到的唯一线索是僧人吉尔达（Gildas）在公元450年左右的记录。根据他的记录，在罗马撤离之后，凯尔特的各个部族之间出现内讧，主要是北方和南方部族的对立战争。南方部落雇用了盎格鲁-撒克逊人组成的雇佣军，但很快这些残忍的雇佣军就反水并直接控制了除了苏格兰、爱尔兰和威尔逊的所有地区。

盎格鲁-撒克逊的朱特人和盎格鲁丹麦族当时主要聚居在肯特地区，而撒克逊人（日耳曼人）则定居到了更加遥远的西南部。实际上，“英格兰”（England）这个词来源于“Agnlorum”、“Angelcynn”和“Engelcynn”，这几个词都是安格利的意思，即罗马人所谓的布里托尼亚诸岛。然而，几乎所有以“赛克斯”（Sex）结尾命名的国家都来源于撒克逊族。比如苏赛克斯，意思是“南方的撒克逊”，“威萨克斯”（现在已经不存在了）的意思是“西方的撒克逊”，“伊萨克斯”指的是“东方的撒克逊”，而“中萨克斯”……你可以自己猜猜看。没有“北方的萨克斯”的原因可能是北方被丹麦族占领了。

我们完全可以确定，吉尔达关于盎格鲁–撒克逊人恐吓欺压凯尔特人的记录准确无误，因为最新的DNA研究显示，英国人的Y染色体有很大部分来自男性盎格鲁–撒克逊人，而他们DNA的线粒体则很大部分来自女性凯尔特人。实际上，2011年牛津大学开展的一项研究表明，半数英国男性的Y染色体有盎格鲁–撒克逊人的遗传成分，而几乎所有居住在丹麦和德国北部男性也如此。由此可见，当时很多盎格鲁–撒克逊的男人都得到了凯尔特女人，这不是欺压，还能是什么呢？

盎格鲁–撒克逊人取得统治地位之初，还发生了多次迁徙和侵略战争。比如公元886年丹麦维京国王高姆在和英国国王阿尔弗雷德的战争中取胜，之后他在盎格鲁–撒克逊地区颁布了丹麦法。1015年，英格兰又一次遭受袭击，丹麦国王卡纽特在占领英格兰后，一直统治到1035年。

1066年，英伦三岛两次被侵略，而且几乎同时来自两个方向，即来自东北部的挪威维京人和来自南方的诺曼人。当时的本地人（即现在的凯尔特人和大部分之前移民过来的盎格鲁–撒克逊人）在斯坦福桥战役中战胜了诺曼人，但是不久便在黑斯廷斯战役中败给了诺曼人。在这之后，诺曼人完全获取了盎格鲁–撒克逊地区的统治权，而他们之后也以此为基地，通过修建大船和鼓励远航推广自己的国际贸易文化。

正是所有这些因素相结合才造就盎格鲁–撒克逊人的聪明才智，是将航海传统、个人主义精神、德国式高效、维京式冒险精神、异教对成功的渴望、传统思维对小型社会的认同和直接民主结合起来。这一切都促使德国社会主义学家马克斯·韦伯（Max Weber）在1905年提出“新教伦理”，韦伯的理论可以简单概括为以下内容：

- 天主教向信徒保证能够进入天堂，前提是信徒必须遵循他们的领导（可能还要交一些税费）。
- 新教则不能为信徒提供类似保障，但是他们不会强制信徒归顺于某家机构，相反的，他们认为信徒通过个人的努力可以获得上帝的眷顾（就像之前提到的通往瓦尔哈拉殿堂之路一样）。
- 他们不会花钱做慈善，因为他们认为这样会显得受益人颇为懦弱，他们也不会为教堂捐款，因为它们根本不需要。所以，他们将资金投入农场、车间和厂矿。

当时，众多到访过美国的作家和思想家都被新教伦理所震撼。他们中的很多人都描写过新教如何蔑视好吃懒做、不能成家立业的人。举个例子，法国人迈克尔·卡瓦勒（Michael Chevalier）在 19 世纪 80 年代到访美国后写道：

> 美国人接受的教育都是要求每个人都有一份工作，农民、艺术家、手工业者、商人、投资者、律师、医生或者管理者等，一个人如果积极向上、聪明机智，他就会有所作为。即使他家境殷实，也无法理解没有专业技术的生活。

他们的个人主义思想非常重要。早在 1384 年马丁·路德（Martin Luther）创立新教时，英国神学家约翰·威克里夫（John Wycliffe）就写道："此《圣经》是为一个民治、民有、民享的政府而出现的。"美国在 1787 年颁布宪法时，写入了下面的语句："民治、民有、民享的政府应该永存于全世界。"

所以，美国重个人轻集体的观念在 400 多年后重新扎根于此，也可以追溯到上文提到的日耳曼人通过小型社区的方式统治了 1 500 多年。

世界上没有几个民族拥有这种经历。最相近的例子是希腊从公元前 700 年一直到公元前 359 年的地方分权统治，在这之后便由亚历山大大帝进行了中央集权统治，之后是罗马帝国，刚开始是给予罗德岛、洛斯、克里特和希阿岛等几个希腊城邦自制权，这种状态持续到了公元前 30 年。之后便由拜占庭帝国统治，接下来是更加死板的奥斯曼帝国，从 1849 年到现在，分别由国王、军队独裁和（仅从 1973

年开始）民主选举的议会领导。希腊的一些方式对民主制度、启蒙运动和西方思想都有很积极的启发，但是我们如今所了解的希腊民主只有两代人的历史，这也说明了很多问题。

现在，我们了解了对西欧发展产生重大影响的创新驱动力（地方分权统治），中国和伊斯兰国家落后的原因（闭关锁国）和英国及其殖民地发展不平衡的原因（冒险精神、个人主义思想和几千年的民主传统）。我们要解决的最后一个问题是：为什么在公元前400~公元1400年创新没有呈指数增长呢？毕竟，我们之前已经发现创新设计空间的自然发展能力是很强的——达到超指数增长，那为什么查尔斯的人类成就曲线图看上去并非如此呢？

答案简单得可怕：一种文明无法长期保持创新状态，是因为创新在其内部遭到扼杀。创新的自然进程是呈指数增长的，但是总有人介入和阻止这样的进程。尽管创新的进程在西欧是加速的，但在中国和伊斯兰国家后退，这也解释了公元前400~公元1400年这段时间内总体发展缓慢的原因。

这是一般模式。在公元前2737~公元前2717年乔塞尔统治古埃及第三王朝期间也曾出现创新高速发展的阶段。而美索不达米亚文明、印加文明、阿兹特克文明和莫卧儿文明的开始阶段也是如此。但是，这些社会之后都没能继续这样的状态。同样的，罗马早期的创新势头也非常好，但后期就遭到扼杀了。事实上，几乎所有的文明一开始都是富有创意的，却只能持续有限的一段时间。

那么，罗马帝国衰落后，西欧的情况又如何呢？西班牙登上了巅峰，但之后被集权和宗教裁判所遏制。佛罗伦萨在15世纪进入黄金时代，尤其是在洛伦佐·德·美第奇（Lorenzo de Medici）领导时期最为繁盛，他的统治时期从1469年持续到了1492年，那时候艺术、哲学、科学和技术尤为发达。而且美第奇家族派人到世界各地复制并购买各类书籍，也正是在他们的统治时期出现了米开朗琪罗、达·芬奇和波提切利（Botticelli）这样的大师。

然而，这段时期仅仅持续了几十年（一代人）。1494年，统治权被吉洛拉谟·萨伏那罗拉（Girolamo Savonarola）掌权后，他立即颁布了一系列禁令，并制定了严格的行为规范，国民必须着装朴素，组织所谓的治安队在大街小巷搜查镜子、化妆品、书等违禁品。音乐和现代文化也遭到了禁止，萨伏那罗拉还命令焚烧书和其他象征虚荣的东西，这就是历史上有名的“虚荣之火”。

同样的，威尼斯的繁盛也在1314年政府开始将对外贸易国有化后戛然而止。此外，从1324年起，他们还开始向从事对外贸易的市民征收高额的税赋。从此，威尼斯再也没有重现往日辉煌。

所以，很多人试图阻止这种状况出现，但是欧洲的关键优势正是这种分散权利结构带来了激烈的竞争，人们在觉得受压迫时可以在不同社会团体之间自由迁移。因为当时的社会团体规模都不大，所以他们之间距离也不是很远。结果就出现不断迁徙的现象，比如当君士坦丁堡和拜占庭帝国在1453年覆灭时，出现了希腊人的大迁徙，主要目的地是意大利。

1993年，美国国家经济研究局完成了对中世纪欧洲各城邦国家的发展及迁徙模式的系统分析，并发现了一些有趣的现象：

> 根据西欧城市在1000~1800年的增长速度发现，君主专制阻碍了商业和工业的发展。平均每个世纪，实行君主专制统治的地区的地方人口要比非君主专制政府统治地区少10万人。专制政权比非专制政权更注重扩大收入，因此会制定更高的税率，相比而言，非专制政权更关心经济的繁荣而不是国家的财政收入。

所以，如果人们可以自主投票，肯定会把票投给自由。如果西方也采用中央集权的统治方式，那么创新可能早就戛然而止了。

THE
CREATIVE
SOCIETY

第三部分

创新力改变人类

人如其食。

观其友知其人。

人靠衣装。

上述谚语说明周围环境因素对人的影响很大。

事实的确如此。哺育我们成长的文化和文明从一开始就赋予我们成千上万种理念和模因，并在毫无意识的情况下深深扎根于我们的头脑之中，经过日后多年的生活也难以改变。正如古人所云：不识庐山真面目，只缘身在此山中。

那么，西方的各种理念和创新力对于西方人本身又产生了何种影响？是让人们变得更加善良，还是更加丑恶？更加平和，还是更加激进？能否创造出更具影响力的文化？又能否改变我们的基因？

第 10 章 人类是如何学会合作的?

埃里卡·西蒙（Erika Simon）和丈夫赫尔穆特（Helmut）艰难地爬上一段陡坡，不停地喘着粗气。他们的目的地是奥地利第六高峰锡米拉温山，这也是该国境内阿尔卑斯山脉奥茨塔尔山的一部分。1991 年的 9 月 18 日，这两位来自德国的徒步旅行者根本不会想到此次旅行竟然会有历史性的发现。

他们到达冰川的边缘，呈现在眼前的是一路延伸到海拔 3 606 米高峰的茫茫冰雪。他们长途跋涉 6 个小时至此，已经劳累至极，但是只要条件允许，他们还是计划当天登顶。所以，他们先在登山靴底部绑上冰爪，以方便在冰上稳健地行走，这才朝着旅途中最后也是最艰难的一段路程行进。

最终，他们成功登顶，并且与在山顶遇到的奥地利夫妇在山间小屋度过了一个夜晚。第二天，两对夫妇继续攀登另一座山峰。没过多久，西蒙夫妇就先行下山了。大约下午 1 点半，他们来到一处满是雪和融冰的凹地，凹地的另一侧有一座天然的巨石屏障。当他们沿着凹地行走时，赫尔穆特发现前方雪地里似乎有垃圾，这让他颇感生气。然而，片刻之后，就听到埃里卡喊道：“看！那是一个人！”那是一具尸体！

赫尔穆特立刻拿出相机就要拍照，但是埃里卡认为拍照对死者不敬，坚决反对。然而，赫尔穆特解释说，死者的亲属有权了解这里究竟发生了什么，这才是他拍照的原因。

但是，为什么在这么高的山上会出现一具尸体呢？在这种地方出现，不是太奇怪了吗？是不是一宗谋杀案？或者是徒步旅行者由于迷路或者天气恶劣被困山中？

他们无法确定发生了什么，来到山下酒店时，他们立即通知了警方。

第二天，一名警察在向导的带领下来到尸体所在处，随后专家们陆续到场。尸体被送往位于因斯布鲁克的法医鉴定所，检察官立即为此案件建档，标记为“未知嫌疑人刑事案件编号 619/91”。

然而，没过多久，多项研究数据证实：死者为男性，死亡时间大约在 5 000 年前。由于尸体出现在奥兹地区，因此将这具男尸命名为“奥兹”。随后，这宗所谓的刑事案件被警方撤销，转由考古学家接手。

初步调查研究显示，该男子的死亡年龄大约在 45 岁，脚踏一双熊皮防水鞋，身着皮制外套、腰带、帽子、裤子。除此之外，他还披着一件稻草斗篷。他没有穿袜子，鞋中有一些草。他身上带着一把燧石刀、一把未制成的长弓、一个插满 14 支箭的箭袋、一把铜斧。令人奇怪的是，他为什么会将一把未制成的长弓带上山？他胃里的东西表明，他的最后一餐是鹿肉，之前还吃过阿尔卑斯山羊肉、一些植物和单粒小麦制成的面包。

最初的评估表明，他在死亡之前健康状况并不太好。他上颚缺少牙齿，不过考虑到当时没有口腔医学，再加上死者的年龄，这一点也不足为奇。进一步的研究结果表明，他的一根肋骨和鼻骨骨折，一根脚趾有轻微冻伤。最后，在他身上发现了两片可能是用来治疗肠道寄生虫病的白桦树叶。

死亡原因是什么？他很可能意外地遭遇了暴风雪，而后死于饥饿和寒冷。基于这种猜测，以刑事案件为由开始调查的 619/91 案件由考古学家画上了句号。

在发现奥兹之后的第五年，牛津大学出版社出版了考古学教授劳伦斯 · H · 克利（Lawrence H. Keeley）的著作《文明前的战争》，为奥兹披上了带有史学色彩的外衣。这本书的内容正如书名所表达的，是关于文明社会出现之前的世界。克利清晰详尽地证明了文明出现之前世界远比预想的残忍，震惊了此前做出各种猜测的外行和科学家们。

是真的吗？浪漫主义运动最早出现在 19 世纪初的德国，它反对启蒙运动、工业革命，拒绝科学、理性地认识自然。长时间以来，西方人（包括考古学家在内）

的普遍看法一直受到浪漫主义运动的影响。

这种浪漫主义实际上是“狂飙突进运动”的改版。18世纪60~80年代，德国人发起“狂飙突进运动”来反对美学、启蒙运动、经验主义（系统地测试和观察自然的概念）和普世主义（认为一些想法具有普遍意义上的价值，不论其出处）。虽然浪漫主义强大的根基位于德国，但是它已经蔓延到整个西方，持续影响人们的思维，例如人们认为过去简单的生活就是和平的。虽然浪漫主义运动本身并不带有宗教性，但是它使用的叙事方式就像《旧约》中的《创世记》。《创世记》描绘的故事是亚当和夏娃一直幸福和谐地生活在伊甸园里，直到他们偷吃了知识树的禁果，被上帝驱逐出去，随后一切都失控了。

现代社会对于早期生活的浪漫主义观点，多数反映在各种迪士尼影片、儿童读物和部分环境运动中。卢梭等哲学家，以及许多近代考古学家，曾煞费苦心地描绘了未经破坏的史前社会文明祥和的景象。例如，1989年，业余人类学家伊丽莎白·马歇尔·汤姆士（Elizabeth Marshall Thomas）出版了《无害的人类》一书。这本书描述了非洲！昆族人（前文提到过，说话时不时带有啧啧声的人）是多么的友好和善，并且一心向往和平。

但实际上他们并非无害。加拿大人类学家理查·李（Richard Borshay Lee）也在研究！昆族。有一天，他与！昆族人部落中4名男子聊天时，曾向其中一人问道：“你杀过多少只长颈鹿和梅花鹿？”接着又问道，“你杀过多少人？”那人立即答道：“我杀了来自诺帝卡的德贝，杀了来自甘姆的那吾和内斯。”第二个人说道：“我从背后刺杀了库舍，但是她没死。”第三个人说：“我刺向了卡那的脚，他活了下来。”最后，他转向第四个！昆族人，那人说自己从未杀过人。当李询问他是否向人射过箭时，他遗憾地解释自己总是失手。

由此看来，这些！昆族人真的是“无害的”吗？

很难说。但这正是很多人想要相信的史前文明生活。1961年，人类学家卡尔·G·海德（Karl G. Heider）第一次访问了位于新几内亚的丹尼部落，之后写了一本书叫作“新几内亚高地的丹尼人：和平战士”。然而，在多次到访这个部落、试图帮助他们重建家族史并寻找死亡原因后，他的观点发生了改变。他个人搜集的数据显示：29%的部落成员是被其他人杀死的，而且大多发生在战争中。相比而言，世界人口的3%~4%死于“二战”，其中包括德国人口的8%~10%和日本人口的4%左右。

尼古拉斯·韦德（Nicholas Wade）在《黎明之前》一书中举出了同样的例子，证明考古学家是多么天真。例如，当考古学家发现一些卵石堆时，他们会认为这是前人随身携带用以烧开水的，而不是抵御弹弓袭击的堡垒。还有一些考古学家在某一地方发现大量武器时，曾认为前人将它们用以装饰，而不是用于战争。实际上，还有许多人声称铜制斧和青铜斧仅仅是一种货币。

亚利桑那州立大学的克里斯蒂·特纳（Christy Turner）发现了许多切割后烧焦的骨头，他怀疑这些骨头是从30多名阿那萨齐印第安人身上砍下来的，是一场食人宴的残骸。然而，许多专家拒绝接受这个事实，并提出可能是房屋坍塌导致了这群人的死亡。自那时以来，在美国西南部以及非洲、拉丁美洲、斐济和新西兰的25处考古遗址陆陆续续地发现了多处同类相食的明显痕迹。

事实上，克利（前文提及《文明前的战争》的作者）对于史前生活一直抱有一种浪漫主义的看法，这与伊丽莎白·汤姆士、卡尔·海德等人的观点一样，但是随着考古挖掘工作的不断深入，一些用以保护居民的大型军事堡垒被发掘出来，他的观点随之慢慢发生了转变。例如，他指出，第一批耶利哥居民建立了强大的防御体系，他们的防护墙至少有4米高，基座至少有1.8米厚。但最令人难以置信的是，他们在没有金属工具帮助的情况下，仅依靠石头碰击石头的方式，在巨石外侧开凿了9米宽、3米深的沟槽。他们如果没有充分的理由，是不可能完成如此繁重的工作的。

克利开始系统地查阅世界各地的考古学报告，尤其是那些史前尸体可能性死因的分析。阅读中的一些发现的确让他大开眼界，例如，有关一处具有12 000年历史的努比亚遗址的研究报告显示，几乎一半的死者是被他人杀死的。相当多的案例中显示，一些部落或整个民族曾遭屠杀，与因纽特人和加拿大印第安人之间的种族清洗或民族仇杀类似。

几份报告揭开了尘封多年的大屠杀场面。在德国的一个山洞里，科学家发现了34块头骨，其中大部分头骨表明死者生前曾遭受过石斧的敲击，之后被人砍下了脑袋。克利还研究了近代西方居民与部落居民之间的会议报告，其中他惊讶地发现，年轻人在杀死至少一个敌人或者其他部落的任意成员之前，是没有资格拥有婚姻的。

此外，在美国科罗拉多州的一个印第安村庄里，防御墙几乎被烧毁殆尽，家中的财物全被毁坏，尸体散落在各个房间的废墟中。一个约有600人的村庄，约有60%的人死于这次袭击。不过，尸体中并未发现年轻的女性，那么她们都去了哪里，在她们身上后来又发生了什么？我们能想象到的未免太过简单。

克利的研究并不仅是以考古学为基础，他还以人类学对当代部落居民的观察为参考。在大多数情况下，他都能从现代研究中找到确切的记载数据，表明在这样的群落中出现了多少起杀戮，以及这些杀戮是如何发生的。最后他得出结论：65%的原始部落在最近一个时期内处于战争状态，而且这种战争的比例高达一年至少一次。克利还发现，平均而言，部落战争的死亡率大约比现代战争高20倍。哈佛大学考古学家史蒂文·勒布朗（Steven LeBlanc）通过独立研究，也得出了相同的数据。

19世纪后期，有人在澳大利亚的阿纳姆地进行了一项长期研究，在大约20年里跟踪当地原住民。当地原住民约有800人，在20年中大约有200人被杀。另一项研究来自当时传教士的观察，他们发现，在巴西和委内瑞拉边界的印第安人当中，平均每三个人中会有一个人死于奴隶战争。

当西方人到达现在的美国时，他们发现当地印第安人经常发动战争和突袭。例如，1847年，为了消灭邻近的奇玛空人部落，我们后来所熟知的西雅图酋长组织了一次突然袭击。西雅图率领他的手下，与盟友部落的大约150名成员一起，隐藏在奇玛空人的村庄外等候时机。当一个奇玛空人家庭毫无防备地从西雅图一行人面前经过时，他的人立即发动了袭击。这些枪声瞬间吸引了许多好奇的奇玛空人跑出房屋，察看外面发生了什么情况。此时，西雅图的手下冲进奇玛空人的村庄，用如同雹子般密集的子弹射杀了大部分人，幸存者则被当作奴隶带走。

这种场面相当残酷。数据显示，北美地区有87%的印第安部落会定期参与战争，许多部落都有长期折磨囚犯、剥头皮、同类相食的传统。

在欧洲，大量古迹发现，死于绞刑、折磨、刺伤或殴打的人数众多。考古学家在英国发现了一具保存完好且有2 000多年历史的尸体，我们将其称为“林多人”。这位“林多人”的头骨上有一个巨大的裂缝，显然是脑部受到重创后留下的痕迹，脊柱破碎，喉咙被人割开。在2009年开始的一项研究中，考古学家在丹麦的阿尔肯恩格发现了上百具2 000年前被人砍成碎片的尸体。

在史前文明社会中，有很大一部分暴力致死案件与袭击案件有关。这些袭击案件的模式就是一个部落溜进另一个部落中，杀死男人，强奸女人，或将剩下的幸存者俘虏为奴隶。这就类似于维京人后来在欧洲的所作所为。通常，他们也会从受害者身上切下头皮、头、生殖器或者身体其他部位作为战利品。还有一种做法也大受欢迎：胜利者将战俘带回部落的家中慢慢折磨，并以此为乐。那么，克利的结论是什么呢？在史前文明时代，人们的平均寿命在20岁左右，平均每三个人中会有一个人是被他人杀死的。这样可靠的数据让我们不禁回想起奥兹案件，关于在他身上发生的一切，我们之前的假设都被推翻：他既不是刚刚去世，也不是意外地死于5 000年前。现在这被还原为一起真正的619/91刑事案件，真正涉及罪犯问题。

2001年，也就是奥兹被发现后的第十年、克利开创性的巨著发表后的第五年，一些考古学家决定利用新开发的DNA分析技术和X射线技术，再次研究奥兹案件。令他们吃惊的是，X射线显示奥兹左肩胛骨的地方卡着一个箭头，很快他们又发现了外套上有与之匹配的洞。奥兹是被射杀的！

他们还检查了他的刀、斧头和在他周围发现的箭头。箭头上的血迹来自两个人，然而刀上的血迹来自第三个人。他们还发现在他的手、手腕、胸部和头部周围发现了新鲜的血迹。他们注意到他在死去之前曾紧紧地握住手中的刀，好像很恐惧。在他的外套中，考古学家发现了更多的血液，全部来自第四个人。2012年，关于他的胃和肠道中食物分析的研究进一步表明，他死在远离家乡的地方。

基于所有观察到的细节，我们可以比较合理的还原奥兹在死亡之前经历了什么，他的最后一天过得并不好：奥兹与数名同伴一起，冒险出去袭击另一个部落。正如箭头和刀上的血迹表明，他已设法杀死或伤害了三个部落成员，他将他宝贵的箭从受害人身上拔出来，以便再次使用。但是，出现了一些意外，在一场激战中，至少有一位同伴受了伤。同时，他的弓被摧毁了，或者是被夺走了。

他们一行人飞奔着撤离，奥兹把受伤的同伴扛在自己的肩头，这也就解释了他肩膀上的血迹的由来。也许，他曾在中途停下来寻找一根新树枝来做一把新的弓，但是还没等他做完，另一场激战就开始了。在激战中，他的肩膀中了一箭，手、手腕、胸部和头部都受了伤。奥兹瘫坐在地上，他的同伴把他的身体翻过来，企图将箭从他的后背取出来，但是箭头折断了，留在了肩膀内。他的同伴们就那样把他抛弃在那里，奥兹就这么独自熬过了几天，身上覆盖了厚厚的雪，直到 1991 年 9 月 18 日，也就是 5 000 年后，他的尸体才被人发现。

我们能从这些古代文献中了解到古代生活的什么情况呢？我们可以先从《旧约》开始看，该书大约写于公元前 1400 年，收录了众多古老的报告和文件，不过都是根据口口相传的内容整理而来。在被上帝赶出伊甸园之后，亚当和夏娃有了属于他们的一对儿子：该隐和亚伯。这使得世界人口增至 4 人。然而，在该隐谋杀了亚伯之后，世界人口只剩下 3 人，全球谋杀率瞬间上涨到 25%（仅低于前文中提到的古代 30% 的平均水平）。

诚然，这是一个很小的统计样本，但它随着故事的发展而增长。例如，亚伯拉罕和他的侄子罗德的故事，他们逃往索多玛，城中的人们整天沉迷于性生活。这样的行为激怒了上帝，他下令将所有的男人、女人和孩童活活烧死。在逃离此地的过程中，罗德的妻子违背了神的指示，忍不住回头看了一眼，立即变成了一根石柱。后来，上帝要求亚伯拉罕把他的儿子带到一座山上，命令他割断儿子的喉咙并烧死他，以此作为献给造物主的祭品。

据神父兼《圣经》历史学家雷蒙德·施瓦格尔（Raymund Schwager）统计，《旧约》中收录了 600 多份报告，都是与各个国家、国王或者个人参与过的暴力活动相关，有些甚至记载了一些类似于我们现代所说的恐怖主义或者反人类主义的犯罪活动。简单来说，《旧约》中记载的就是一场大屠杀。图书馆员马修·怀特（Matthew White）计算过在这场屠杀中的遇难人数，得出的结论是死亡人数超过了 120 万。这一数字甚至没有包含死于犹太王国和以色列战争中的 50 万人。很显然，死于上帝引发的那场洪水中的人也未包含在此数字当中，除去挪亚方舟上的 8 人幸免于难外，上帝用这场洪水消灭了地球上的所有生灵。

这个故事和其他早期的宗教故事反映了以前的人们是怎样看待上帝的：上帝就是最高统治者，需要人民完全的服从，除了尊崇上帝，人们的生活没有其他乐趣可言。历史学教授戴维·弗罗姆金（David Fromkin）写道，早期的苏美尔人、埃及人和希腊人认为他们的神"虚荣、嫉妒、愚蠢、脾气暴躁和不忠"。抛开宗教外衣，古代众神往往也期待他们的信徒将无信仰的人杀死。人们应该敬畏上帝，不断地祈求神的宽恕，不断地做出自我牺牲及其他。

我们应该注意到，在这种背景下，宗教并不总是被视为道德运动。维京人或希腊人的神绝对不是道德家，绝对不会告诉人们要和平——恰恰相反。也许印度的印度教是第一个注重道德的宗教，但是其他许多被今天的追随者们尊崇的道德宗教并没有激发道德意识的教义。在基督教早期的教义中，似乎完全可以接受参与宗教战争、折磨对手致死或屠杀成千上万人的行为。只不过是后来人将其教义变成了爱好和平，这也就是绝大多数当代追随者所认为的基督教。地球上人们的实际生活比后来《旧约》中描述得和平，但差别不大。我们已经讨论过维京人是如何掠夺和杀戮的。蒙古统治者成吉思汗，在 13 世纪的征战和统治过程中说道："最大的乐趣就是射杀你的敌人，让他在你面前，眼睁睁地看着他的城镇化为灰烬，看着那些爱他的人流泪不止，看着我将他的妻子和女儿拥入怀中。"

文化相对主义者可能会觉得这就像现代恐怖电影。不同的是，它不是电影，成吉思汗真的言出必行，战争中的鲜血也不是番茄汁。

那时候，整个世界普遍沉浸在战争中，谋杀、杀戮和酷刑被视作普通的娱乐方式。例如，罗马人独创的武士决斗，武士们在一群欢呼的人群面前决斗至死。在罗马人多次被哥特人打败之后，罗马人捉了许多哥特人的孩子，带往不同的哥特村庄中，当众杀害这些孩子，以此表达罗马人的不满。当恺撒大帝镇压高卢人的反叛时，当时报道称他杀死了大约 1/3 的人口，还奴役了 1/3 的人。罗马皇帝提图斯为了庆祝他兄弟的生日，将 2 500 名犹太人赶到斗兽场中与野生动物搏斗。

在罗马帝国的辉煌历史中，拥有 131 位帝王，有超过 1/3 的帝王在位时被暗杀，剩下的25%在退位后遭受了折磨、杀戮、监禁或被挖出双眼。总体而言，这是一项相当危险的工作，不管在位还是退位后，有58%的帝王被杀死。

如果我们比较一下石器时代或在罗马时代的生活，就会出现欧洲中世纪早期的生活实际上是更加和平的，即使在这个时期中有凶残的维京人和从东方进攻而来的成吉思汗。

在骑士精神的影响下，世界变得更加和平。骑士可能是基督教理想（“你不应杀人”）和北欧战士模因（“你应当杀人”）二者之间最理想的融合。二者妥协的结果是骑士可以杀死教会的敌人，对于其中的佼佼者，如果他愿意的话，会被封为“圣殿骑士”。

然而，我们真的不应该过分夸大骑士的积极作用。我们可以通过阅读有趣的故事了解骑士，11~13世纪流传着关于兰斯洛特骑士的故事，这个故事发生在公元6世纪。讲述了一位骑士向一位美丽的公主做出承诺：作为向她表达敬意的方式，他将强奸他能找到的最美丽的女人。多么甜蜜！另一个骑士告诉他爱慕的女人，他将把在比武中杀死的其他骑士的头颅送给她作为礼物。这可比送花要震撼得多。

关于骑士比武大会，以及各种形式的决斗也有很多故事。如果骑士认为受到了冒犯，唯一的解决方法就是一场决斗。然而，国王们绝不会参加决斗，他们只是负责发号施令。历史的车轮滚滚向前，众所周知，英国国王亨利八世将他的两位妻子斩首。当发现自己的一个妻子凯瑟琳与一个年轻人有染时，亨利八世妒火中烧，下令立即逮捕涉事的年轻人，将其绞死、溺死并肢解。这个年轻人被处以绞刑，但是未等他完全死亡，他的胃就被人切开，然后又被阉割、斩首，最后被肢解。

当亨利的长女玛丽成为女王后，由于她大规模屠杀新教徒，很快被人称为血腥玛丽（现在是由伏特加和番茄汁混合而成的鸡尾酒）。此外，她还将自己同父异母的妹妹伊丽莎白监禁了一年，处决了她们共同的表亲简·格雷小姐。玛丽死后，伊丽莎白登上王位成为伊丽莎白一世，她处决了另一位表亲、苏格兰的玛丽·斯图亚特女王（也被称为苏格兰的玛丽女王）及其父亲。

这些事件相当典型。来自剑桥大学的犯罪学家曼纽尔·艾斯纳（Manuel Eisner）

经过计算发现，大约1/6的欧洲君主丧命于公元600~1800年。相当可怕，但是我们还应当看到，大约1/4的罗马皇帝也死于他人之手，部落领导人也如此。顺便说明的是，在所有这些弑君案例中，1/3的弑君者随后成功承袭了王位，这也就解释了这些事件的动机。

公开处决在过去也深受欢迎。受欢迎的程度之深体现在，16世纪的法国村庄会从邻近的村庄购买犯人，这样他们就可以体验观看处决犯人的乐趣。但这仍比不上罗马人喜爱在舞台上观看大规模屠杀的行为。

多年来，宗教大屠杀一直像宗教一样常见。我们至今所知最残暴的例子之一就是阿兹特克人的历史。14~16世纪，阿兹特克人生活在中美洲地区，他们的乐趣就是从其他部落捉捕人，将他们拖到庙宇中，用削尖的燧石将人活活肢解，取出还在跳动的心脏。

通常，他们在杀死这些人之前总会把他们吊起来，放到火焰上烤，临死前又把他们提起来远离火焰，增加他们的痛苦。在仪式中，这些尸体会一个接一个地从寺庙台阶上被扔下来。仪式要想圆满结束，还要将受害者的头部砍下来，整齐地摆放在城镇中央的架子上，让所有人都能够清晰地看到。1487年，阿兹特克人为了庆祝独立重新建成特诺奇蒂特兰金字塔，骄傲地宣称他们屠杀了80 400名囚犯。不过，考古学家认为，这个数字显然是被夸大了的。与此同时，考古挖掘也表明阿兹特克人以及之前秘鲁的印加人还经常牺牲自己的孩子。

欧洲人也为这些数字做出了大量贡献。1095~1208年，从欧洲席卷到中东地区的宗教圣战运动，导致了大约100万穆斯林和犹太人死亡。在奥斯曼帝国拓展疆土的初期，穆斯林流放了数以百万计的基督徒，杀害了100万~150万亚美尼亚人。1914~1918年，大屠杀达到了高潮。

奴隶制也是无数早期人类社会的一个典型特征。具体地说，奴隶制在非洲社会相当普遍，例如，尼日利亚人俘获奴隶并将其出售给阿拉伯买家。这种情况持续了1 000多年，据法国历史学家、奴隶研究员奥利维耶·彼得–格勒努约（Olivier Petre-Grenouilleau）估计，在7世纪至20世纪20年代之间，阿拉伯人购买了大约1 700万奴隶，其中约有150万奴隶死亡（或被阉割）于穿越撒哈拉沙漠的途中。阿拉伯人也从葡萄牙、西班牙、法国、意大利、爱尔兰和不列颠群岛收购奴隶。当欧洲实力增强以后，荷兰、丹麦、葡萄牙、西班牙等国家也开始做同样的事，贩卖奴隶到南美或非洲。

所有的这一切，是否有一个共同点？为了找到这个答案，我们应该了解一下科学家斯蒂芬·平克（Steven Pinker），他先后在麻省理工学院和哈佛大学担任心理学教授，在学术领域造诣深厚。2011 年，平克出版了《人性中的善良天使：暴力为什么会减少》[①]一书，该书英文版厚达 800 多页，中间穿插了各类图表、表格和附注，汇集了广泛的文献资料，旨在表明：几千年来，人类的暴力倾向已然下降，并且下降得相当明显。平克通过大量数据统计，得出的主要结论之一就是，随着人类文明不断发展进步，对于使用暴力的热情逐渐消退，而且这种现象在不同文化、不同种族、不同类型暴力冲突中都有所反映，并且贯穿于整个历史长河之中。

但是，原因是什么呢？

平克对于暴力倾向下降的一种解释非常简单，很容易被忽略，即在过去的时代，人与人之间是互相排斥的。像奥兹一样，他们通常牙齿很少、体味难闻，而且身上会有霉菌、虱子、跳蚤和蠕虫等。在这种情况下，他们一般不会对朋友或者家人以外的人有过多的同情心。平克在他的书中举了一些例子，具体地说明了中世纪以来的礼仪手册是如何对人们的行为做出规范的：

- 不要用尿或其他污物弄脏楼梯、走廊、壁橱或壁挂。
- 不在女士或者法院的门窗前过分放纵自己。
- 不要在你的椅子上来回滑动，这看起来就像是你想放屁。
- 不要用双手触碰衣服掩盖下的私处。
- 不要对正在小便或大便的人打招呼。
- 放屁时不要发出声响。
- 不要在准备大便时当众脱衣服，或大便完后当众穿衣服。

① 《人性中的善良天使：暴力为什么会减少》中文版已由中信出版社于 2015 年 7 月出版。——编者注

这些当然都是不错的建议。同时，还为我们提供了了解当时人们日常生活的线索。

无聊有可能也是原因之一。除非你是一名士兵或参加了像维京海盗那样的抢劫团伙，否则你也许穷尽一生都未到过你出生地以外几英里，每一天都重复相同的生活。到了晚上，除了最富有的人拥有光亮外，其他的人只能燃起篝火，这就是为什么他们已经厌倦了这样的生活。但那时候没有旅馆，没有旅游业，没有银行兑换货币，一旦他们冒险外出，离开了生活的地盘，很容易误入其他人的地盘，引起暴力冲突。

第三种对于我们祖先的极端暴力行为可能的解释就是，大部分人的生活充满了各种不幸。从出生开始，绝大多数孩子在童年时期夭折。流行病肆虐，经常会带走村庄里半数人的性命。如果孩子们离开家，父母很可能永远无法再见到他们。除此之外，还会有定期的饥荒、战争、疼痛和各种困难。这一切都是如此残酷，暴力和苦难使灵魂变得更加坚强。迷信对此也有影响，1450~1750 年，欧洲和美国地区约有 4 万~6 万名巫师受到指控，随后被当众处以绞刑或火刑。

第五种解释可能是早期宗教的影响。鉴于大多数人生活曾遭遇不幸，早期宗教似乎告诉人们：神灵需要人们定期的牺牲。所以，最好的解决办法就是牺牲他人，来代替牺牲自己。如果一定要有人牺牲的话，最好不是你自己！

烧死寡妇也是很常见的。随着印度沦为英国的殖民地，英国用了很多年想改掉印度当地活烧寡妇的传统。

我们可以想象其他很多种解释，包括所谓的“大屠杀”：通过谋杀来彰显个人的力量。以下是一段关于英国在印度的殖民生活的描述：

> 苏拉特州大亨州长在首个英租界举办了一场盛大的宴会，但是宴会进行到一半时，州长突然勃然大怒，下令将所有跳舞的女孩当场斩首，吓得在场的英国客人目瞪口呆。

也许这个家伙只是疯了，但在尊贵的客人面前虐杀属于自己的附属品在历史上是常用的伎俩，也是权力的终极展示。

最后一个重要的解释大概是，在原始社会中，最暴力的成员往往拥有更多子嗣。正如我们先前提到的巴西的雅诺马马部落，杀人犯比一般人的子嗣要多得多。所以，还存在对反社会人士和施虐狂的遗传选择压力问题。即使在农业社会，最富有的人也是拥有土地最多的人，这些土地或许就是他们自己或者祖先通过暴力战争获得的。这些人的子孙更有竞争力，他们以这种方式将侵略性的基因遗传下去。然而，随着贸易不断发展，并带来更多的财富，商人们的子嗣变得更有竞争力，具有合作能力的基因成为主流。

这些因素都可以解释过去的暴力行为，但是为什么这种趋势随着西方文明的出现和发展江河日下呢？显而易见的原因包括，人们变得更具吸引力、个人生活悲剧的减少、不再无聊、不再迷信、宗教中有更多关于和平的教义、子嗣最多的不再是杀人犯。

其他因素也很重要：从狩猎到农耕的转变，意味着人们的生活固定下来，而不用再去游牧。2000 年，美国经济学家曼瑟尔 · 奥尔森（Mancur Lloyd Olson）提出了政府管理的理论框架，将其分为无政府状态、暴政状态和民主状态。无政府状态是最坏的情况，因为这种状态下会出现类似于成吉思汗或早期维京人那样的流寇，他们会偷窃、强奸，会毫无顾忌地实施暴力。暴君也会偷，可能更肆无忌惮，不过既然他是一个“固匪”，他就会鼓励某种程度上的经济收益，就像一个农民把他大部分的玉米都吃掉，只留下小部分明年播种。一个“固匪”不喜欢他的臣民互相争斗，因为这可能会阻碍经济的发展，情况恶化的话，还会让自己处于危险之中。因此，固定社会的暴力比游牧民族少，因为对于牧民来说，如果一个人犯了罪，很容易逃到其他地方开始新的生活，但是对于稳定社会的农民来说，犯罪后不易逃离，一旦逃跑，他就会失去他的土地。害怕失去让人们变得更加热爱和平，拥有的更多，就越热爱和平。

幸运的是，固匪的情况果真与托马斯 · 霍布斯的预测一样，各国的预防犯罪系统也因此更加完善。斯蒂芬 · 平克围绕这条线索做了大量资料调查：当部落社会团结起来组成原始国家的雏形时，暴力犯罪率降至原来的 1/5，当这些国家发展到现代国家水平时，犯罪率降至原来的1/30。因此，现代社会的犯罪率大约是原始社会的1/150。所以，公民为了国家放弃一些个人自由，使得国家犯罪率下跌超过99%。那么在这种情况下，免受暴力可能就是最大的自由了。

然而，虽然独裁者努力保持内心的平和，但是他们对于发动外部战争从来没有太在意。拥有一个外部敌人，从而形成对内威胁，有助于内部的团结。

当社会踏入民主进程时，情况变得更加乐观。在一个民主国家，即便是普通公民，也有权利做出最终决策，为了保护个人利益，他们基本不会同意参与战争的请求，而不是鼓励战争。

其他的解释可能包括：随着社会经济的繁荣，人们的孩子数量减少，而孩子越少，父母越不想送儿子参加战争；人们的寿命增长，年纪大的人更加热爱和平；妇女获得了更多的权利，这也就带来了更多的和平。

此外，我们不能忽略这样一个事实，从某种程度上讲，战争在维护和平方面发挥着重要的作用。因为战争的胜利方通常会在征服的地区内实行和平统治，就像罗马和平统治时期那样。换句话说，虽然某些帝国的边境地区战争不断，偶有流寇，但是帝国内部一般是和平的。

人们更加热爱和平的最后一个原因是理性和科学的出现。正如前面所提到的，通过简单的科学测试，我们就可以解决纠纷。

人们变得更加和平，这种现象是《文明的进程》的一部分，德国社会学家诺贝特·埃利亚斯（Norbert Elias）在这本1939年出版的书中有详细介绍。但这本书的出版时间确实非常不巧，该书出版后不久，就爆发了世界大战。但无论如何，这本书传递的信息依然非常重要。

正如埃利亚斯在书中所说，在不同文明的发展进程中，充满暴力、妄自尊大、自我防卫的民族往往处处碰壁，而具有合作精神的民族就能取得较好的发展。所以，野性不羁的维京人和条顿人的祖先可能是骑士（就像兰斯洛特一样）；如果他们的祖先是绅士（像《007》系列的主角詹姆士·邦德一样），就可能被现代办公室职员所代替。若忽略其他情况，这一过程与野狼通过与人类的合作演变成家犬有异曲同工之妙。

我们之前已经讨论过如何创建一种能够包容各种不同元素的文明。现在，我们来看另一个例子：埃利亚斯言辞凿凿地指出，1000~1500年，欧洲主流的骑士精神主要集中在个人形象方面，注重个人的荣誉和尊严。如果有人敢于反驳你，那么这就不是对你观点的抨击，而是对你这个人本身的抨击。换句话说，它是一种侮辱，因此它不得不与暴力报复相关联。这有时候会引起家庭、部落、民族和宗教之间一代又一代无休止的仇杀。

在中世纪，有些世仇转化为正式的决斗。这实际上是向更高程度的文明迈进，因为决斗可以打破无休止的报复。但决斗依然代表的是个人情感，除了带来暴力之外，仍然阻碍了对话和创新力的产生。

然而，随着文化的发展变化，辩论最终与个人情感剥离开。这就意味着以前的荣誉/羞耻/复仇情结逐渐地被和平对话和幽默代替。在早期的剥离过程中，雅典公民就已形成了“政治”的概念，因此公民可以自由讨论社会状况及其管理情况，但不涉及领导人本身，而且这些想法能否落实完全取决于其自身价值。

这种元理念是极其有用的，它有助于辩论，进而激发更多创新力。随着中世纪荣誉文化的分崩离析，幽默越来越受到人们的追捧。如今在西方，因为宗教、性别或种族而歧视他人的行为是被明令禁止的，但是如果你是以幽默的方式谈论这些事情，法律当然允许。

幽默是一种比较平和释放压力的方法，可以用来应对因失败和自身弱点引发的负面情绪，不但如此，这种平和的方法也让狂热分子难以在社会上立足。由于幽默有巨大的文化价值，并且能够带来欢乐（大笑也有助于健康），随后逐步发展成为更高层的艺术形式，例如讽刺、反语、滑稽剧、伤感的幽默等。反语是一种很有效地避免狂热的方法，自我嘲讽能够有效地避免尴尬。同时，幽默通常还可以防止出现仇恨和焦虑情绪，提升创新力。

还有许多其他社会现象被分离开。如今在西方，你可以不假思索地讨论任何事，不用考虑它是否会被国家、教会、你的老板或家庭的长者所接受，因为意见与政权是完全分离的。

就连许多西方人自己也没有完全理解这种文化特质。很多其他文化中，在涉及政府或禁忌话题时，西式幽默总是被视为难以理解并且包含进攻性的。在没有自嘲这种反讽传统文化的国家，没有人会公开承认自己犯了错或不知道某个问题的答案，因为这样的行为不但会使自己蒙羞，甚至会使家庭、部落、宗教或国家蒙羞。例如，伊朗宗教领袖霍梅尼（Ayatollah Khomeini）就强烈反对笑声，他解释原因：“真主并不是为了个人乐趣才创造了人类。他的目的是为了使人类通过苦难和祷告的考验。伊斯兰政权在任何领域都必须是严肃的。在伊斯兰教中没有玩笑，没有幽默，没有乐趣。在任何严肃的事情中是不能有乐趣存在的。”因此，如果人们出声大笑，尤其是女人这样做时，某些穆斯林就会皱起眉头，表达不满。

值得一提的是，基督教早期的教义中也有类似的观点。在翁贝托·埃科（Umberto Eco）的《玫瑰的名字》一书中写道，修道士正在秘密地寻找据说已经失踪的亚里士多德喜剧专著。基督教的某些观点认为，你不应该嘲笑任何东西，因为万物皆为神的创造，并不可笑。

很明显，西方人一般不会执着于剥离个人感情，特别是在辩论过程中如果论点不够有说服力时，你可能会看到他们“个性化”的一面。但一般人认可的正确处理方法是秉承“对事不对人”的态度。这也就是为什么我们在批判时，总喜欢以“恕我直言……”来开头。隐含的意思就是：“我尊重你这个人，而不是你的观点。”此外，我们还可以添加一些“消除敌意”的幽默。

所以，我们已经形成了一套高效的模因，为了在和平友好、相互尊重的前提下交换意见，刺激创新，绝不涉及决斗或杀戮。事实上，这与贸易出现之后产生的个人感情剥离非常相似。一旦将个人问题分离出来，双赢交易就会蓬勃发展，创新力就会突飞猛进。

21世纪初期可能是人类历史迄今为止最和平的一段时期。尽管出现了两次世界大战，20世纪还是要比中世纪和平得多，也比19世纪和平，当时出现了拿破仑战争、无数的殖民战争、美国内战和太平天国运动等。仅在拿破仑战争中死去的人数，就足够比得上“一战”。

平克指出：现在，战争和袭击都不再是唯一的暴力形式。还包括许多方式，例如：海上抢劫、荣誉谋杀、活人祭祀、种族屠杀、谋杀、斗殴、强奸、奴役和故意残杀，此外因种族、性别或性取向而引起的歧视，也是一种情感暴力。

但是，所有的这一切都随着文化进程的发展有所下降。“二战”后，西班牙、希腊、葡萄牙和东欧等欧洲国家早期的独裁政权都被民主政体所取代，拉丁美洲、非洲和亚洲的许多国家也如此。此外，种族仇恨已经变得越来越罕见，比如拒绝与黑人做邻居的美国白人越来越少，甚至黑人能够两次当选美国国家总统（奥巴马）。

这里有两个重要关系：我们越热爱和平，贸易就会越繁荣，我们也会越富有。如前文所述，在旧时代致富的主要途径是榨取和“非赢即输”的交易模式，以武力夺取其他人的土地、房屋或女人。这种行为通常涉及雇佣兵，而且在征服之后经常会伴随着抢劫。因为你的雇佣兵根本就闲不住。

在现代社会，成功主要来自于能够为人们提供他们愿意为之支付的东西，或者其他人愿意赞助的东西。我们都听说过和平音乐会，但全球投资和贸易肯定才是最大的“和事佬”。因为贸易需要合作，如果你攻击别人，你就会失去某些东西。事实上，研究表明，拥有大量外贸交易的国家与奉行孤立主义的国家相比，参与战争的次数更少。世界和平很难实现，但促成自由贸易协定还是很有可能的。

贸易繁荣的国家渐渐地变得富有。基于对美国、英国、法国和德国的研究，哈佛大学的本杰明·弗里德曼（Benjamin M. Friedman）认为，这些国家的经济增长越快，它们就会变得越开放、宽容、公平、理性、道德和民主，越能容忍社会和地理的流动性。例如，正是在这种经济繁荣时期，德国完成了统一，美国出现了民权运动，英国开放了大学教育，并迎来了妇女参政的时代。也正是在经济繁荣时期，一些打破禁忌的自由主义运动兴起，例如“嬉皮士”“雅皮士”和“极客”运动等。当我们越来越富裕的时候，我们就会变得更有趣、更富有经验、更宽容，也更加和平。

对应的趋势也出现在发展中国家。牛津大学经济学教授暨发展专家保罗·科利尔（Paul Collier）表示，在经济发展的同时，贫穷国家卷入战争与内战的频率也在下降。当经济处于停滞期或者下降期时，人们会变得越发缺乏包容心和同情心。在贫穷国家，如果居民的收入持续下降，就会很容易出现独裁政权、腐败、犯罪和迷信。而正是在经济糟糕的时期，较富裕的国家中出现了三K党、贸易保护主义、有组织的反犹太主义、纳粹主义和法西斯主义。

科利尔试图找到一些数据上的关联，用以解释贫穷国家发生内战的概率。他研究了在政治辩论中经常用以解释内战的原因，比如政治压迫、殖民史、内部收入差距和其他许多因素。但他找不到任何与之相关的联系，民族多样性也不是导致内战的原因。例如，索马里拥有世界上最单一的民族，却一直处于内战的状态。

然而，他发现了内战与经济增长之间明显的联系：一个国家越富裕，财富增长越快，内战发生的概率就越低。数据很简单：收入水平翻一番会减少一半内战的风险。比如，伊斯兰国家经济衰退，直接导致了暴力和恐怖的上升，像在伊拉克、阿富汗、巴勒斯坦、苏丹、巴基斯坦、黎巴嫩、叙利亚、利比亚、埃及和索马里爆发的内战。科利尔统计发现：在贫穷国家，在给定的5年内有平均14%的概率爆发内战，如果经济增长速度在3%，这种风险是12%；如果增长速度是10%，这种风险降至3%。但是，如果经济下降3%，风险会上升到17%，这令人震惊。由于大多数发展中国家在20世纪80年代已经采用市场经济体系，他们的收入水平和经济增长率显著增加，因此内战越来越少。

还有一种统计方法来预测战争或内战爆发的风险：如果失业青年男子的人口比例达到全国人口的30%以上，就会出现“青年膨胀”现象，从而以某种形式爆发的战争概率历来都在90%以上。

然而，伴随经济增长的文明进程，也是一种降低内战爆发率的方法。经济增长最直接的影响就是出生率下降，这可以抵消“青年膨胀”带来的失业率。

我们可以得出结论：有许多人反对西方文明，他们声称西方文明给世界带来更多的暴力和危险。为此，他们认同德国狂飙突进运动是浪漫主义思想，向往科技落后、财富缺乏、不曾全球化的史前原始社会。但是他们错了，正如霍布斯所说的文明出现前的社会，生命才是真正“孤独、贫穷、肮脏、野蛮和短暂”的。没有当今文明的生活将是非常可悲的。西方的创新力让生活变得更加安全、更加和平。如果不是如此，简直难以想象。西方文明还教会了我们如何合作，其原因是：

- 刺激遗传性自我驯化。
- 使人们更健康，外表更有吸引力，对陌生人的生命更尊重。
- 给人们的生活带来更多的满足感，减少无聊感。
- 减少人们生活中的恐怖经历，减少冷酷的暴力行为。
- 从以流寇统治社会向较平和的固匪统治社会过渡，并最终过渡到和平的民主社会。
- 减少教条式的宗教，防止迷信盛行。
- 降低出生率，人们就会更不愿将孩子送上战场。
- 增加天性拒绝暴力的老年人的数量。
- 给那些拒绝暴力的妇女更多的权利。
- 介绍更科学的方法来解决纠纷，寻求真理。
- 推动国际贸易和全球投资，使人们更加和平。
- 选择与热爱和平和合作的人繁衍后代。
- 用礼貌的辩论和无害的幽默取代荣誉和复仇的概念。
- 促进经济更快、更繁荣的增长，让人们对自己的生活更加满意，从而更加热爱和平。
- 总体来说，降低人口增长率，从而降低青年男性的侵略性，降低失业率。

西方文明所产生的上述一切进步都源于罗伯特·赖特提出的合作带来竞争优势、托马斯·霍布斯提出的做和平维护者、诺贝特·埃利亚斯提出的文明进程和亚当·斯密提出的追求和平双赢的交易相融合。合作让我们变得更有创新力，创新力让我们开展合作。

第11章　创新力与文化

在各类经济模式中，人通常都被主观地认为是毫无差别的。用术语来说就是，他们都是“理性主体”，能够像亚当·斯密所谈到的理性的屠宰商、酿酒师和面包师一样，做出符合逻辑的选择。你将数据输入计算机，就会得到关于价格、产量和其他信息的客观预测。当然，你也可以加上对于资本投入、储蓄和其他变量的设想，如果在模型中输入这些数据，它应该会告诉你将要发生什么。

问题是人类文化异彩纷呈，在一种文化（如韩国）中起作用的不一定对其他文化（如玻利维亚）有效。我们现在应该考虑的是，是什么导致了这些不同。我们会发现，创新力以许多令人惊讶的方式改变了人类文化，不只是像前文所说的使世界更加和平。

世界价值观调查就可以作为研究文化差异的良好起点。这项调查是根据社会学家吉尔特·霍夫斯泰德（Gert Hofstede）的文化维度理论开展的全球范围的循环研究，总共包含大约250个问题，定期发给来自全球60~70个国家的约10万名受访者，这就意味着每次会问2 500万个问题。科学家们经过对答案的研究，发现了清晰明确的统计聚类，显示人们拥有不同的思维模式。由此，他们也已确定能够区分不同文化的两个重要维度：

- 传统价值观与理性价值观
- 生存价值观与自我实现价值观

怎么会这样划分呢？拥有“传统价值观”的人往往是民族主义者，热衷于宗教。他们往往对于“善”（我们自己）和“恶”（其他人）有清晰的判断，往往不信任其他人，因此他们支持强有力的政权，借此推行自己的价值观，即便政权带有欺骗性也在所不惜。他们缺乏包容性，禁止且不能容忍同性恋和离婚现象的存在，反对不同宗教思想的存在，将其视为违法行为。他们认为女性不应承担过多责任，但她们必须生育子女。基于上述原因，加之与他人缺乏相互信任，他们的社交网络非常有限，也不善于在更大的社会空间中与其他人交往、合作。这种在社交网络和自愿双赢交易方面存在的障碍限制了其创新设计空间进一步扩大，甚至根本无法扩大。

相反，根据世界价值观调查，拥有“理性价值观”的人更多地受到数据、逻辑、客观和科学的引导，他们更容易信任和宽容他人。这种思维模式在欧洲的新教国家、部分东欧国家、中国、日本和韩国最普遍。

前文提到的另一个重要的维度是“生存价值观”与“自我实现价值观”。这里的生存是指物质基础，如食品、住房和安全。在物质基础不健全的国家，人们很容易互相欺骗。高度的自我实现则与其相反，它意味着人们不那么注重生存条件，而是将民主、自由、冒险、丰富的情感生活放在更重要的位置上。这些在西方国家比较常见，尤其是在欧洲奉行新教的国家，在这些国家，腐败很少出现，有高度的文化信任和牢固的民主制度。

这其中也有明确的经济联系，在富裕的社会中，人们更加理性，更加注重自我实现。他们更加信任其他人，对其他文化有更积极的兴趣，更加尊重妇女，对于同性恋等少数群体更加包容。他们善于利用社交网络拓展他们的创新设计空间。

高度的自我实现也意味着更加注重环境保护，注重在工作场所和社会中的个人影响。同时，这也意味着人们不再过分重视正统的观念，能够自由地选择自己的生活方式，例如朋克、银行家、书呆子和雅皮士等。

欧洲的新教国家理性程度和自我实现度最高，非洲一些国家和伊斯兰国家，比率最低。深受儒家思想影响的人群也同样理性，但他们将自我实现放在了次要位置。

我们该如何解释这种现象呢？古代盎格鲁–撒克逊人的价值观，以及新教自成立后倾向于接受科学并提倡科学的事实，都可以解释出现在北欧国家的这种现象。值得注意的是，理性和自我实现排名最高的国家，与查尔斯·默里在前文中提出的欧洲创新地图有密切的关联。

对于更为理性的亚洲人来说，这些通常不是宗教意义，他们相信造物主和一整套严格的教义。佛教勉强称得上是一种哲学和伦理规范，而且儒家思想绝对是一种哲学。

说到自我实现，欧洲天主教地区的自我实现度比北欧新教国家要低，这在很大程度上是因为其中许多国家现在经济发展艰难。此外，因为它们都有长期受专制政府统治的经历，而未曾经历过分散自治，因此国民之间缺乏信任、腐败频发，民主体制不健全。

哈佛大学经济学教授本杰明·弗里德曼曾经就人均国内生产总值、人权和自由之间的相关性进行了分析，结果发现：社会越富裕，其居民就拥有越多的自由和人权。接下来他研究了在经济增长速度方面是否有类似的关系，结果是肯定的。同样，1966 年，一批科学家发现收入和民主之间存在明显关联：在人均年收入 1 000 美元以下的国家，民主可以坚持 8.5 年；人均年收入 1 000~2 000 美元，民主可以坚持 16 年；人均年收入 2 000~4 000 美元，民主可以坚持 33 年；人均年收入 4 000~6 000 美元，民主可以坚持 100 年。基于这些联系，我们不难发现，国家越富裕，世界价值观调查中显示的理性值越会有大幅度的增加，进而对自我实现有更大的影响。

因此，生活在富有创新力的国家的国民越富裕，他们的头脑就越理性，越重视自由、人权、民主、环境和其他非物质目标。但是，这些能使人更加快乐吗？当然，事实上，它的确带给人们很多快乐。世界上最著名的幸福研究数据，无疑是 1984 年荷兰鹿特丹大学鲁特·韦恩霍芬（Ruut Veenhoven）教授建立的世界幸福数据库。该数据库总结了数以万计的幸福研究的结果，逐渐成为研究该主题的元数据库。该数据库将幸福程度划分为 0~10 级，10 级意味着幸福感最强。在此，它显示出如下信息：世界上最幸福的国家几乎都是在西方国家和富裕国家。如果我们研究世界上幸福感程度最低的国家，就会发现它们主要集中在非洲国家和一些极其贫困的地区。在幸福感程度很低的国家中没有一个富裕国家，在幸福感程度很高的国家中也没有一个贫穷国家。

世界幸福数据库还显示，随着时间的推移，国家的幸福程度也随之改变。在有足够数据跟进幸福调查的 14 个国家里：1973~2008 年，9 个国家的幸福感增长了，3 个国家的数据几乎没变，只有 2 个国家的幸福感下降了。由此可见，西方的幸福感程度是最高的，并且在慢速增长着。

经济合作与发展组织（OECD）计算了美好生活指数（Better Life Index）与其他一些变量之间的关系，证实了收入与幸福之间的关联。这份调查表明，收入与幸福生活之间有明显关联，这里对收入不设上限。也许我们喜欢说，金钱买不到幸福，但是，总体来看，它可以。2003 年，韦恩霍芬与迈克尔 · 哈格蒂（Michael Hagerty）共同发表了一篇名为“再谈‘财富和幸福’”的文章，文章指出：年收入在 15 000 美元左右时，幸福感显著增加；收入水平超过这一等级时，边际效益就会下降。然而，一旦你的收入超过 15 000 美元（由于通货膨胀，如今的数字应该更高）时，最影响你的幸福感的因素是自由。越自由的人越快乐，没有任何明显的上限。如果你感觉能够很自由地选择工作、性取向、生活方式、配偶、信仰和居住地，你将比其他人更幸福。

与自由有关的最重要的幸福驱动力，是一个被称为经济自由的范畴，其中包括许多变量，如社会生活中的保障财产权；你可以自由支配自己的大部分钱；商业和劳工自由、贸易自由、投资自由。西方国家得分高一般也是由于这些变量表现出色，而财产权和腐败是许多拉丁语国家的主要问题，过度征税则是新教国家的问题。

前一章介绍了西方人是为什么以及怎样变得更加和平的。在这一章，我们将进一步看到西方文明的发展使得人们更理性、更信任、更宽容，更加重视追求自由、个人主义、民主和幸福。

还不错！然而，我们尚未完成关于创新力的发展对人类影响的研究，因此我们要研究文化更广泛的领域——我们模因的总和及其对人类合作的影响。文化之间有很大的不同，这一点很重要。因此，让我们从中国文化开始，通过具体的例子来了解这句话的意思。1960年，有400名华裔青年在马来西亚拿到了工程学学位，而马来西亚原住民中只有4人获得了该学位。可见，马来西亚的华人做事非常高效，与新加坡、美国和其他地方的海外华人一样。

高效人士的另一个例子是基督教的黎巴嫩移民及其子女和孙辈，其中包括了前“世界首富”卡洛斯·斯利姆（Carlos Slim）、斯沃琪的创始人尼古拉斯·海耶克（Nicolas Hayek）、音乐家夏奇拉（Shakira）、女星萨尔玛·海耶克（Salma Hayek）、众多拉美国家总统和副总统，以及兼任雷诺和日产汽车首席执行官的卡洛斯·戈恩（Carlos Ghosn）。

日本人可以成为高效移民的第三个例子。20世纪初，日本农村地区普遍贫穷，为了帮助民众脱贫，日本政府于1907年与巴西达成了一项移民协议。自那时起，有25万身无分文的日本农民移民巴西。起初，当地人认为这些身材瘦小的日本人反应迟钝、性格懦弱，因此他们相当受歧视。但如今，这些曾经一贫如洗的日本移民的后代虽仅占巴西总人口的1%，却占据了大量管理职位，此外在巴西名校圣保罗大学，有17%的学生是日本人。总体来看，这些日本人现在在巴西拥有的土地面积与日本的国土面积相等。

美国也以自己独特的方式展现了由文化差异而产生的诸多趣事，其中最有特色的莫过于凯尔特人与盎格鲁-撒克逊人之间的对抗。美国最初主要是英国殖民地，期间的过程也非常有趣。如今在英国我们很难察觉到凯尔特人和盎格鲁-撒克逊人之间的差别（除了投票不同），但在1607年英国人开始在美国定居时，差别还是非常明显的。

我们知道，在英国，盎格鲁-撒克逊人几百年来一直处于对凯尔特人的统治地位。而这种现象当时也影响到了美国，在大规模移民过程中，通常来自某个地区的英国人到了美国后也都会聚集在一起，这样一来，他们聚集地的文化就变成了英国的复制版，他们甚至还经常以原居住地的名字给自己在美国的聚集地命名，只是会在名字前面加上“新”字，例如“新汉普郡”（今新罕布什尔州）。汉普郡是英国盎格鲁–撒克逊人聚居地的一个郡，而新汉普郡是位于美国东北部的一个州。这就出现了英国盎格鲁–撒克逊人蜂拥前往美国北部各州，而来自爱尔兰、苏格兰和威尔士的凯尔特人则去了南方各州（邦联）。美国从此产生了泾渭分明的文化鸿沟，南方人通常称北方各州的人为“北佬”或“洋基人”，而北方人又称南方人为“红脖子乡巴佬”（rednecks）和“山里土包子”（hillbillies）。“红脖子乡巴佬”是英国俗语，用来形容17世纪40年代不愿接受主教控制的苏格兰人。他们常用自己的鲜血写出抗议书，在抗议活动中系上红色围巾，由此被称为红脖子。“山里土包子”原指英国南方人，他们每年7月12日都会从山上下来，为苏格兰国王威廉三世庆祝，并昵称其为“比利王”，而他深受爱戴的原因就在于曾经征服了盎格鲁–撒克逊人的英格兰，可见双方已经反目。

许多曾经到访过美国的人都表示，南方“红脖子乡巴佬”和“山里土包子”与北方“洋基人”在文化上迥然不同。例如，法国人阿历克西·德·托克维尔（Alexis de Tocqueville）于19世纪初游历美国各地，随后在他的《论美国的民主》一书中写道，即使最贫穷的南方白人也拥有自己的奴隶，由此产生了如下影响：

> 他人生中明白的第一个概念就是自己命中注定是要发号施令的，养成的第一个习惯就是驱使别人对自己绝对服从。他所接受的教育让他的性格变得傲慢又草率，性情暴躁、充满暴力，欲望极强的同时，又容易气馁，一次不成功就会垂头丧气。

托克维尔这样描述“红脖子乡巴佬”：无知、激怒、暴力，缺乏主动性和进取心。其他学者也做过类似描述，综合来说，美国南方人给人留下的印象是：比较懒惰、暴力、醉酒、缺乏主动、不负责任、自负并且粗俗，他们往往个人自豪感爆棚，很容易被冒犯，经常事后寻求暴力复仇。美国南方人后来成为私刑处死的罪犯和黑人的代名词。

此外，美国南方人出了名的鲁莽和不负责任。密西西比河上一些船员有时为了好玩，会与其他蒸汽明轮船竞速，他们为了提高速度，擅自将释压安全阀堵住，因此常常引起锅炉爆炸，导致乘客死亡。由于此类事件频繁发生，甚至有人说，在密西西比河上乘坐蒸汽明轮船比横渡大西洋还危险。

美国南方人和北方人的另一个区别在于他们的工作纪律。如果北方人需要伐林造田，他们通常会将树根一起清除，以便犁地的时候更加容易。然而，南方人往往会让树根留在地里，只在树根周围犁地。

邦联制国家普遍缺乏主动性，这一点还体现在极其有限的创新和创新力上。一项针对19世纪上半叶为国家的科学和文化发展做出杰出贡献的美国公民的研究表明，除了弗吉尼亚州，面积广阔的邦联领土上几乎没有出现过创新人士或艺术家。几乎所有的创新、创意和灵感都来自北方，尽管有1/3的人口生活在南部联邦，他们得到的专利数却仅占总数的8%。

所有的这一切，再加上对于奴隶制的不同看法，导致了美国内战的爆发，几乎就是此前1 200多年间不列颠群岛上凯尔特人与盎格鲁–撒克逊人之间无数战斗的翻版。这就是在延续几个世纪的文明进程当中的战斗。试回想：约1 600年前盎格鲁–撒克逊人来到英伦三岛，仔细研究英国选举结果就不难发现：盎格鲁–撒克逊人与凯尔特人的投票截然不同。在近期举行的选举当中，原盎格鲁–撒克逊地区的选票大多投给了保守党（右翼），而凯尔特地区则大多投给了工党（“左”翼）或自由民主党（中间派）。

斯坦福大学教授托马斯·索维尔（Thomas Sowell）在他的两部著作《知识分子与社会》[①]和《乡下黑人与白人自由民》中分别描述了联邦乡下文化对美国黑人的影响。首先，他指出，由于南部的奴隶制，90%的黑人都被迫生活在南方。虽然内战结束后，他们都恢复了自由，但是很多人已经接受了乡下文化。在学校里，黑人孩子之间经常出现学习差的孩子嘲笑优秀孩子的情况，理由就是后者的行为像一个白人。研究发现，黑人学生的学习成绩与受欢迎度之间存在反向联系，学习成绩最好的学生往往是最不受欢迎的，而白人和亚洲学生则正好相反。索维尔认为，南方的乡下文化让众多来自南方的黑人处于不利的位置。

实际上，文化差异对同一人种的影响也会在智力上显现。比如，“一战”期间，

① 《知识分子与社会》中文版已由中信出版社于2013年9月出版。——编者注

军队在对新兵进行例行智力测验时发现，美国北部各州黑人的平均智商普遍高于南部的白人（和黑人）。

这让我们将讨论的重点转向智力。新西兰奥塔哥大学的詹姆斯·弗林（James Flynn）曾分别于20世纪50年代初和20世纪80年代对荷兰18岁的年轻人进行过智力测验。1984年，弗林在对上述测验的结果进行研究后，得到的结果令他大为震惊：20世纪80年代人的智商要比20世纪50年代人高。

为了确定这一结果的正确性，他又从全球30个文明国家搜集了新旧智力测试的结果进行比较，结果显示了同样的趋势：人们的确变得更加聪明，几十年来智力水平一直呈线性增长。具体来说，人类平均智商以每年0.3%的速度提高，相当于每10年提高3%，实际上已经大为提高。若单纯以数字计算，10年提高3%就意味着100年会提高30个百分点，这将是一个天文数字。如表11–1所示，这种提高能将一个“智力缺陷”者轻松升级为“正常智力”，甚至更高的智力级别：

表11–1 人类智力分级表

人类智力分级	
140以上	“接近”天才
120~140	非常优秀
110~120	智力优秀
90~110	正常智力
80~90	略有迟钝
70~80	低能临界
70以下	智力缺陷

人类智商提高的这一发现，如今被称为“弗林效应”。但在当时，随之而来的是一场极具情绪化，甚至攻击性的讨论，因为智商的话题永远都是一个烫手山芋（贾里德·戴蒙德甚至声称除新几内亚人更聪明之外，其他所有人的智力水平都大致相同）。

1995年，美国心理学会成立了由心理学家乌尔里克·奈塞尔（Ulric Neisser）为首的工作组，开展智力研究的元研究。元研究是指科学家针对某一课题，分析此前所有相关研究，将每项研究结论都转化为单个数据点，由此根据先前所有研究得出一个全面的结论，我们在本书当中就看到了大量元研究数据。这项智力研究的元研究共有11名从不同机构选派的科学家参与，他们的结论直白明确。例如，如果采取符合现代标准的智力测试检测1932年出生的美国孩子，他们的平均智商可能只会在80左右（略有迟钝或接近低能；以经过不断校正后的标准为基准，全球平均智商为100）。这就是1932年美国人的平均智力水平。

对于之后人类智力水平的快速提高，有很多可能的解释。其中一种解释是：诺贝特所说的文明的进程让人们更加包容，不同人群通过跨越边界和迁移增加了互动，从而刺激产生了更多族外婚姻，减少了近亲婚姻，由此多代之后提高了智力水平。相反，如表亲婚姻等系统性近亲婚姻会降低后代智商。

另外可能造成头胎孩子的平均智商会比其兄弟姐妹们要高一些的原因在于以下两方面：一方面是初为人父（人母）的家长较为兴奋，与孩子在一起的时间也更长，另一方面是头胎孩子要照顾更为幼小的兄弟姐妹。这一现象也解释了独生子女的智商会比其他家庭兄弟姐妹中最年长的孩子低的现象。

然而，更重要的原因可能在于，在文明社会中生活的人得到了更好的营养，且不易感染严重疾病，这对于孩子出生第一年的大脑发育尤为重要。例如，疟疾会在儿童生长发育的关键时期导致大脑贫血症，从而延缓生长发育。到访过贫穷国家的人都会发现当地人看起来有些无精打采、表情麻木，甚至反应迟钝。很少有人想到这些人可能是因为感染疟疾等疾病或营养不良才导致身体虚弱。这与欧洲近代的智力水平发展也密切相关，直到“二战”之前，包括“二战”期间，欧洲、美国和远在北方的西伯利亚地区都饱受疟疾肆虐的困扰。就在“二战”即将爆发前的几年间，美国每年还有大约100万~600万人感染疟疾。于是，他们开始喷洒DDT（滴滴涕）杀虫剂杀灭蚊虫，到了1952年，仅发现2例，不是200万例，而是2例。

严重传染性疾病在西方国家的大幅减少促进了智力的提高，这一点在弗林首次发现智商有所提高的荷兰尤为明显。荷兰曾经饱受疟疾摧残，就在1947年，也就是弗林首次进行智力测试前三年，还爆发了一次。

弗林本人也曾说过文化差异可能非常重要。因此，智力测验要与具体知识区分开，单独设计。然而，一旦涉及人们对于诸如逻辑、抽象和假设思维、理性猜想、独立思考和统计客观事实等基本概念的掌握情况时，就很难做到让这些问题完全中立。因为有的人在成长过程中获得了某些模因，而其他人没有，因此即使大脑的生理结构相同，测得的智商也会存在巨大差异。

让我们以阿什肯纳兹犹太人为最后一个例子来结束创新力与文化（智商）相互作用的讨论。大约 3 000 年前，犹太教从中东地区的阿拉伯人当中演变而来，起初这些犹太人只是被看作拥有独特信仰的阿拉伯人。但是随着冲突愈演愈烈（过程非常复杂），这些由阿拉伯人转化而来的犹太人被迫开始移民，有些与盎格鲁–撒克逊人一道在西欧定居（后来，这里成为世界的创新中心）。而另外一些移民则被称为阿什肯纳兹犹太人，他们生活在今天的奥地利、瑞士、德国、法国东部和荷兰，正好处在欧洲的创新中心。他们将日耳曼语、希伯来语和斯拉夫语结合在一起，创造了一门全新的语言——意第绪语。与其他犹太人不同，阿什肯纳兹犹太人后裔的平均智商在 112~115（美国和欧洲加在一起的平均水平仅约为 100）。

他们为什么能如此高效？最近的研究显示，由于遭受迫害，他们无法拥有自己的土地，也可能是由于害怕被束缚在某个特定地区。因此，他们的生存主要依赖贸易和金融，重视智力和创新力，而非蛮力和权位。此外，有记录显示，那些最富有的犹太人的孩子，生存能力也最强，我们对此可以这样解释：他们智商提高是因为他们必须要具有创新力。显而易见，他们对欧洲创新中心取得的成功做出了巨大贡献，但这并不意味着欧洲创新中心的创新力仅仅依靠他们。我们还应该知道，阿什肯纳兹犹太人的智商比其他犹太人高是因为他们生活在具有创新力的地方。

故事还在继续，为了避免遭到进一步迫害，许多人移居到美国。虽然现在他们的后裔只占美国人口的 3%，但是他们占 20 世纪美国诺贝尔奖得主的 27%、ACM 图灵奖得主的 25%、国际象棋冠军的 32%、西屋科学天才奖的 25%。此外，犹太人在欧洲，特别是在美国大公司的首席执行官任职比例与其人口数量很不相称。

尽管犹太人只有 1 400 万，占全球人口的 0.2%。但是根据《福布斯》杂志数据：2013 年，全球亿万富翁中有 11.6%是犹太人，美国有超过 48%的亿万富翁是犹太人，其中包括数据库软件甲骨文创始人拉里 · 埃里森（Larry Ellison）、彭博创始人迈克尔 · 布隆伯格（Michael Bloomberg）、量子基金创始人乔治 · 索罗斯（George Soros）、谷歌的创始人谢尔盖 · 布林（Sergey Brin）和拉里 · 佩奇（Larry Page）、脸谱网创始人马克 · 扎克伯格和戴尔创始人迈克尔 · 戴尔（Michael Dell）。

这一切意味着什么呢？第一点：西方人并未因为自己更加聪明而获得更多的财富，但是一段时间以来，他们的确因为拥有更多财富而变得更加聪明。

第二点：文化起了很大的作用。具有创新文化背景的人可以毫不费力地只身走遍天下，他们一般通过几代人甚至更短时间的努力就能获得成功。培养努力工作、认真负责、勇于创新这样的品质，就一定能够得到回报。

许多科学家在谈及改变世界的因素时，总是淡化文化和思想的作用。相反，他们更加强调以资源为基础的方式，比如马克思主义思想家弗雷德里希 · 恩格斯（Friedrich Engels）。听听恩格斯在 1884 年是怎么说的："现在的欧亚大陆东部，即所谓的旧世界，拥有几乎所有适合驯养的动物和所有适合耕作的谷物，只缺少一种。而美洲仅有一种适宜驯化的哺乳动物——美洲驼，而且这种动物只生活在美洲南部的个别地区。美洲也只有玉米这一种谷物适合耕作，不过这是最好的谷物。"这句话的基本思想就是，石器时代欧洲能够超越美洲是由于其拥有丰富的动植物资源。

科学家贾里德 · 戴蒙德在自己的著作《枪炮、病菌与钢铁》中对这一观点大力提倡，并加以推广。他在这本出版于 1997 年的书中讲道，由于欧洲人抢占了先机，所以他们才能先于他人制造出坚船利炮。欧洲人在通过农耕生活的磨炼、习惯与动物共处之后，研发出了远超印第安人的遗传免疫系统。因此当欧洲人抵达美洲时，才有大批印第安人死于欧洲疾病。戴蒙德理论的出发点就是基于自然资源的可得性。在这本英文版长达 500 多页的著作当中，他只提到了 31 次"思想"，而且并非不指代任何模因。

他认为由于农耕生活，欧洲人拥有比印第安人更有效的免疫系统。这个观点是正确的，但除此以外，这个故事毫无意义。例如，新石器时代和青铜时代的人类能够在斯堪的那维亚半岛、德国北部或英伦三岛找到极具诱惑的自然资源就说不过去，因为这些地方温度极低、寒风凛冽，冬季黑暗漫长、寸草不生。而且倘若如此，又如何解释阿尔巴尼亚和瑞士、朝鲜与韩国、津巴布韦和博茨瓦纳等国家存在的巨大经济差异呢？为什么澳大利亚在原住民统治下是全球最贫穷的国家，却在盎格鲁-撒克逊人到来之后成为最富有的国家之一？如果自然资源比思想更重要，为什么中国最初领先于欧洲，却又在后来远远落后了呢？为什么委内瑞拉虽然与阿根廷一样曾在1900~1950年与德国不相上下，但在2013年人均国内生产总值下降至全球第93位，该国不是世界能源储备最为丰富的国家之一吗？

恩格斯、戴蒙德以及其他众多学者都是在错误的方向上寻求答案。虽然资源确实能够帮助或者阻碍某些地方的发展（比如，资源帮助了阿联酋，也阻碍了北极的发展）。对于出现的差异，最主要的原因在于人们之间如何进行有效交易，而这也转化为文化特征，既可能对充满活力的社会产生巨大的推动，也可能成为发展的巨大障碍。比如，位置优越的港口、权力下放的模式、自由市场和开放的思想要比天气、本土作物、肥沃的土壤或丰富的矿物资源更具影响力。因此，必须考虑一个较为严酷的重要差别：如果你的祖父母，甚至更老的祖先曾是开放社会中的活跃分子，理论上（对，是理论上）你也很有可能成为诚实可信、认真细致、性格宽容并具有创意的人。不过，如果你来自横行专制的封闭社会，那么根据统计数据，你不但很难赢得他人的信任，也不太容易相信他人，同时也会缺乏宽容和创新力。

祖先的经历也有助于我们文化视角的转变。对于盎格鲁-撒克逊人，及其之前的罗马人、希腊人和腓尼基人等传统海洋民族来说，与外国人交往普遍为他们提供了机会。而与这种充满活力的心态相对的，则是龟缩在堡垒后面，信奉自给自足和孤立主义。这样的民族迟早会意识到自己的错误，明白这种做法是在自毁前程。

中世纪以来，西方社会关于这两种思维方式的论战就从未停息。尤其是从1450年开始，支持改变和开放一方就在论战中占得上风。然而，反对的一方也从未放弃，比如英文畅销书《增长的极限》，我们后面将会提到。由此可见，现在总有一些人，将来也会有不少人不希望看到机会，并推广创新力，而更希望看到限制，并对此大力推崇。

向往静态社会的人可能不知道，或者不想知道，西方文明令人变得更为优秀、更为快乐，它将人们和文化塑造得比以往任何时候都更具创新力和合作精神，也许他们无法想象创新力是如何解决我们的问题的，也许他们只是简单地在心理上害怕改变。

下一部分将主要针对并围绕这些人展开，解决他们提出的 4 个主要异议：第一，我们正处在可能性和渴望性阶段的末期，所以我们必须做好准备，迎接一个较为静态的社会；第二，在拥有自由和创新力的社会中，权力和财富会自动地集中在少部分人的手里，所以我们应该控制这一现象；第三，经济增长将耗尽世界上所有的资源，所以经济发展应当暂停；第四，现代科技和财富的增加会破坏我们的环境，所以我们应该暂停发展。

THE
CREATIVE
SOCIETY

第四部分

否定论的兴起

当前的创新力大爆发虽然存在弊病，但总体来说为人类带来了福音，这一观点已得到大多数人的认同。然而，还有不少人认为我们应该见好就收，应该停止进一步发展，着手建立一个可持续的社会。

他们自然有自己的理由。有人表示，举个例子，诸多科技领域似乎已经接近理论上的发展极限，这不会反过来抑制发展吗？换句话说，人类业已创造的发明是否已经超越了自己的想象力？

另外一个问题：当前的市场经济是否会带来财富和权利的进一步集中，若不及时制止，最终将扼杀整个人类文明？

还有一个问题：发展是否具有积极意义？毕竟我们正在消耗地球资源，破坏自然环境。各类人造产物是否在毒害我们自身？第四部分，我们将对这些问题进行深入探讨，努力为其寻找答案，而这些答案通常异于常识、超乎想象、令人惊讶。

第12章　即将枯竭的想法

1953年，美国国家航空航天局（NASA）召开了一系列会议，以确定未来若干年的发展规划。他们找到空军科研办公室，请他们将史上各类交通工具的最高速度制成图表，希望在制定规划的过程中为与会者提供较为直观的概念。

该图表的纵轴以指数为单位，代表光速的倍数。横轴则是1750~2050年的时间，该图表还标明了卫星完全脱离地球引力进入轨道需要达到的速度：每小时40 320千米。图表从1750年出现的驿马邮递开始，包含了随后出现的火车、汽车、飞机和火箭，随着交通工具的速度越来越快，图表中就能连成一条呈成指数增长的速度曲线，一直延伸至未来。

与会的规划人员在看到这条速度曲线及其发展趋势后，惊喜万分，原因是该图显示，人类仅需再用4年就能将火箭送入轨道。4年！但是，美国国家航空航天局对此并无任何实质性安排。结果，4年后的1957年10月4日，苏联将一枚火箭送入太空轨道。

大事不妙！美国国家航空航天局已经落后一步！

美国随即开始奋起直追。同年12月6日，他们也开始尝试将卫星送入轨道，但在点火2秒后就发生了爆炸。次年，苏联5次尝试将卫星送入预定轨道，仅有一次成功；美国人进行了23次尝试，成功将5颗卫星送入轨道。美国终于重新掌握了太空竞赛的主动权，并于1969年首次将人类送上月球。两年后，我们的朋友艾伦·谢泼德（Alan Sheppard）也登上了月球，并做出了震惊世人的举动。他拿出了一根高尔夫球杆和三个高尔夫球，他的第一杆并没有打中，将球埋好之后又打了第二杆，球仅向前移动了1米左右，休斯敦控制中心回应道："我看你刚打了一个右曲球啊，艾伦。"不过他最后一杆打得干净利落，由于失重的原因，小球飞行了1分多钟。美国人重回世界巅峰，自然欢欣鼓舞。

这场太空竞赛对人类意义非凡，有效地带动了通信卫星的高速发展，因此我们现在能够享受卫星电视、天气预报、电话通信、卫星导航、侦察监控等领域给我们的工作和生活带来的便利。

1959年，震惊科技领域的大事不是风驰电掣的飞行速度，也不是动力强劲的火箭引擎，而是微观领域的重大突破。1959年12月29日，即将获得诺贝尔奖的理查德·费曼（Richard Feynman）在加州理工学院发表了震惊四座的演讲，他大胆地提出，人类在理论上可以将海量信息压缩存贮在单个计算设备上。

他说，鉴于物理学的局限，从技术上讲，在未来的某一天，人类将会研发出一种全新的物理单位来表示数据（一个"字节"），这个单位最多不过需要100个原子。如果这个想法得以实现，他继续说道，人类目前出版的所有图书的全部内容（据他估计至少2 400万本）就都能存储在一个直径为10万纳米的电脑芯片上。要知道一根头发的宽度约为5万纳米，由此可见，他的真正意思是，我们在理论上可以将世间所有书籍的内容存储在一粒尘埃当中，而这粒尘埃的大小不过头发丝的2倍！

演讲结束后，他设立了单项奖金为1 000美元的两个奖项，一个奖项用于研发大小不超过0.4毫米的微型电动发动机，另一个奖项用于研发将英文字母缩小25 000倍，这样就能将《不列颠百科全书》的全部内容都存储在一个针尖上。

这两项艰巨的任务看似让人无从下手，但仅过了一年（1960年），第一个奖项就被一位电气工程师领取了。不过第二个奖项直到26年后才等到赢家，他是一位来自斯坦福大学的学生，他使用一台独具创新性的激光仪，将查尔斯·狄更斯（Charles Dickens）的《双城记》第一页刻在了针尖上。

确实让人叹为观止，但随后的问题是，这书怎么读取呢？汤姆·纽曼（Tom Newman）自己也正在冥思苦想。即使用显微镜，他也得费很大力气才能找到要找的文本，与针尖的大小相比，这些字母更是微乎其微。这样不行，由此可见，使用晶体三极管将数据压缩存储才更有实际意义。

那么，晶体三极管又是什么呢？晶体三极管的作用可以被理解成钟表上的齿轮。复杂的机械表里，大小齿轮相互啮合，每个齿轮代表一种数学运算法则，如一分钟有60秒，一天有24个小时。在编写软件基础代码（“机器代码”）时，你使用的就是简单运算法则，像最基本的方程式，表示“如果……然后……否则……”，可以这样理解，你开着车，前面是红绿灯：如果绿灯亮，我们继续行驶，否则我们就停下。

使用晶体三极管的理念于1925年首先在加拿大获取专利，但直到1947年才实现技术突破，当时是由美国贝尔实验室的工程师率先掌握使用锗传送电流的技术，这一点意义非凡，因为如果没有电场的存在，很难将锗称为导体，但是一旦打开电场，它就立即成为优良导体，换而言之，它是个“半导体”。

现在，用在计算机芯片上的晶体三极管每秒可以完成几十亿次开关动作，而其内部信号传输速度相当于每秒沿赤道绕地球7.5圈。由此可见，这些超微型机器的运行速度之快超乎常人想象，如果无数此类晶体三极管相互连接，成为一体，就能产生无穷无尽的创新可能。自从晶体三极管被发明之后，整个行业就屡破纪录，2010年全球晶体管产量接近人均14亿。

上面的故事介绍了人类在交通工具的速度和信息技术两方面都能达到指数式增加。1965年，英特尔联合创始人戈登·摩尔（Gordon Moore）介绍说，1958~1965年用于计算机芯片的晶体管数每18个月就翻一番，他大胆预测，这种指数增长趋势至少能够维持10年。从那以后，这一规则就被称为“摩尔定律”。

那么，如何能够做到？依靠先进可靠的技术。例如，进一步缩小电子元器件的体积，进而缩短电子运行距离，就能在芯片处理器上留出更大空间，放置更多的晶体管。另外，优化电气元件结构，实现三维化，提高电源打开和关闭的频次速度，从而增加所谓的“时钟频率”。此外，还可以通过多核处理器解决散热问题。

摩尔定律自问世以来，长期得到广泛认可，着实令人惊叹。20世纪50年代至今，芯片的性能已经提升了10万亿倍。1996年，美国军方使用的ASCI Red超级计算机运行速度世界第一，这台机器耗资5 500万美元，功率80万瓦特，占地面积约150平方米。但在10年后的2006年，这台机器就被淘汰，因为一台索尼Playstation就具备了同样的性能，而且仅需500美元，200瓦特，体积却比一台台式电脑还小。

摩尔对相关数据的观察和记录始于1958年，而且他的原始预测也只到1975年。不过，根据美国作家、连续创业家兼计算机科学家雷·库兹韦尔（Ray Kurzweil）估算，在今后的近200年内，该定律都具有实际意义。这就意味着芯片性能在未来18~24个月后的提升幅度都会与此前的200年相当。但是我们知道，如果芯片上晶体管的栅极长度低于与50个氢原子相当的宽度，电子就会自发将其跳过，无论是否在曝光位置。专家预测，2020~2025年，我们将会达到这个极限，但是还可以通过将芯片和电脑与虚拟超级计算机连接，进一步提高效率，或尝试使用其他材料或概念，如量子和光计算（使用电子自旋表示位，光使之移动）。

类似摩尔定律的规则适用于信息技术的多个层面，例如库兹韦尔就曾根据该定律对芯片的价格、年销售量及超级计算机的性能等数据进行记录。当然，该规则的适用范围还包括DNA测序速度、DNA测序价格的下降、解码遗传物质的总量、三维脑部扫描仪的分辨率等诸多方面。此外，在一些软件的效能方面也有明显作用，例如，科学家马丁·格罗斯彻（Martin Grötschel）发现，电脑对特定问题的运算速度在1988~2003年提高了4 300万倍，而在同一时期，计算机硬件的速度仅提升了1 000倍。

2009年，《连线》杂志创始人兼执行总编凯文·凯利（Kevin Kelly）列出了22种摩尔定律的不同衍生，并发现了不同元件性能提升的时间规律，其中光纤网络性能和降价周期为9个月，相机像素和降价周期为12个月，而电脑时钟为36个月。凯利指出，正是从这些细枝末节中才能发现一些极端的例子。这个过程需要进行大量思考，但是要比使用实物容易得多，而且具有可复制性。

综上所述，摩尔定律可以推而广之——应用于整个信息技术领域。在信息技术领域，性能经常出现指数式提升，一般只需1~2年，性能就会翻番。

这自然是利好现象，但现在时过境迁，问题显而易见：这种超强的创新力还能够持续多久？我们是否已经到达了物理定律里的极限？毕竟，当晶体管的门数已经小到不能再小，当驱动时钟频率的晶体已经无法振动得更快，当火箭的速度接近光速，然后呢？还有另外的顾虑：人类的理念是否已到强弩之末？

物理定律里的极限当然真实存在，但资源决定创新的观点大错特错。首先，我们从历史上看，创新不仅呈现指数式发展，我们掌握知识数量翻倍的时间也在逐渐缩短，换句话说，从1450年开始一直呈现超指数式增长。据估计，到了22世纪初，每隔大约8~9年我们的知识就会翻番，这个速度远远高于100年、1万年或50万年前。

我们再看看创新如何开始的：

- 公元前1500000~公元前400000年：控制火源
- 公元前700000年：石斧
- 公元前500000年：毛皮帐篷
- 公元前400000年：木扦
- 公元前250000年：细石切割
- 公元前230000年：殡葬活动
- 公元前200000年：刀子和绳子
- 公元前100000年：锯齿刀刃并驯养野狼
- 公元前90000年：骨头制针
- 公元前70000年：艺术和服饰
- 公元前60000年：草药
- 公元前50000年：舟、长笛、骨矛

这已大致呈现指数式增长的迹象，但是上涨的时间显然不是8~9年，由此可见是超指数式增长。

但这究竟是什么原因造成的？根据拓展创新设计空间的逻辑，我们能够找到诸多答案，如前文所述，随着创新设计空间的不断扩大，全新的排列组合就能创造更多的机会。根据前面的例子，如果我们将创新设计空间中的现有物品数量从 2 翻倍至 4，产生的重新组合就会从 3 个升至 14 个。创新设计空间扩大的本质就是超指数式增长。

然而，还有其他一些重要原因能够解释加速度的出现，其中之一简而言之就是：人口增加。在充满活力的社会当中，居住的人口越多，理念就会越多。当今世界的人口数量比冰河世纪结束时增长了大约 3 万倍。而对于创新理念显然更具意义，其增速也会远大于 3 万倍，因为现代人之间比石器时代人与人之间的联系更为紧密，现代人拥有的创新设计空间自然也就无限扩大了。

可能还会有人认为，新的理念需要更长时间才能传播四方，但事实并非如此。奇思妙想也会像病毒一样呈指数式扩张，如果人口增加了 1 000 倍，那么奇思妙想至多只需两倍时间就能普遍传播。随着人们收入的增加，出国旅行，交流学习日渐频繁，这个过程只会越来越快。

第三个原因是新兴市场向市场经济转变。直到 1980 年，华沙条约组织以及其他众多新兴市场经济如死水一潭，除军事/太空领域之外鲜有创新。而现在，这些国家几乎都在依靠市场驱动发展，创新力大幅提升；随着中国和印度的创新力水平不断加速，全球创新力仅依靠中印两国就能获得大幅提升。

此外，受教育人口越来越多，尤其是越来越多的女性接受了高等教育。相比以往，我们现在得以开展更多双赢交易，进行更多思想交流，并且不断创造全新的元理念、元技术，进一步促进双赢交易。

城市化也发挥着重要作用。放眼世界，城市人口所占比重不断增长，根据 2007 年的分析显示，创新强度会随着城市规模呈现超线性增长趋势。更确切地说，如果城市规模增长 100%，城市生产力就会平均增加 115%，而资源利用率也会随之提升。城市人口集中的效果类似于在半导体芯片中开发更紧凑的架构，而且城市的时钟频率要高于乡镇或农村：研究显示，城市居民在街上行走的速度更快，其原因可能是他们生活当中行走的机会更多。此外，城市越密集，专利申请的比例也越高。

由此可见，人类整体创新力拥有获得超指数式增长的潜在空间，当我们在特定技术中遇到物理极限时（比如微型处理器和火箭速度），其他领域的全新事物还会不断涌现，较为典型的模式就是：首先，新的核心技术是由以前的组合发明而成；而后，随着应用程序弹出，开始建立自己的创新设计空间；再而后，时尚元素开始涌入；最后，某项技术或派生应用与其他技术相结合后，创造出新的核心技术，其后整个过程周而复始。

总而言之，以下就是对于人类未来创新力的一些基本设想：

- 如果出现需求，且不违背物理定律，就会出现发明，并进行商业运作。虽然我们不知道如何满足这种需求，但是我们知道在自由市场经济当中，人们会不断尝试，百折不挠，直至成功。
- 虽然听起来像是天方夜谭，但确实能够实现。很多全新技术在我们第一次接触时，都会觉得是“天方夜谭”，例如玻璃、镜子、麻醉术、飞机、电脑和电视等，当它们首次出现在人们的生活中时，大家都会感到有些不可思议。
- 创新可能会在不知不觉中起步。如果有人认为某项技术无法应用，肯定就会有其他人绞尽脑汁，寻找突破。
- 创新的出现常常晚于预期，但其发展速度大都超乎想象。核心技术设计人员常会高估技术应用的速度，并且低估最终市场的规模，原因就在于他们未能正视环绕于创新周围的创新设计空间。

理论上讲，我们应该一方面不断开拓创新，另一方面还要尊重科学，大胆想象。让我们来尝试一下。

先从人类迄今发现的最诡异的材料——石墨烯开始。2010年，安德烈·海姆（Andre Geim）和康斯坦丁·诺沃肖洛夫（Konstantin Novoselov）凭借发现石墨烯获得诺贝尔物理学奖。这是一种网格状碳原子材料，厚度仅相当于一个普通原子，而且是目前世界上导电性最好的材料，可以大规模地应用于半导体。此外，这种材料硬度极强，即使大象站在一支铅笔上（在铅笔不断的前提下），笔尖也无法穿透一层超薄石墨烯。

材料研究领域还有众多其他发现。首先，让我们来了解一下电脑，2020~2030

年，最庞大的电脑将可能达到人脑的数据存储能力（前提是它们会在一起工作），我们的软件也会不断进步，变得拥有直觉和创新力。2011 年的一档游戏竞赛节目《危险边缘》就给了我们一些启示。通常，这档电视节目由三名参赛选手参与竞争，他们都拥有极高的智商，对于提出的问题能够迅速做出准确地回答。在其中一次比赛上，IBM（国际商业机器）的电脑沃森（Watson）成为参赛选手，这台电脑大小相当于一间卧室，不但能够听懂人类语言，而且还会自己表达。最终，沃森赢得了比赛，还获得了百万美元的奖金。沃森虽然不能连接任何外部网络，但已存储了 2 亿页各类信息，包括维基百科的全部内容，而且这台电脑的阅读理解速度惊人，能够每秒读懂百万本书。两年后，IBM 开发了全新版本的电脑，能力相当于沃森的 3 倍，而大小和普通台式电脑一样。这款全新电脑的阅读理解速度可以达到每秒 300 万本书，投入实际应用后，该电脑主要用于提供在线癌症诊断服务。如果将来能够拥有自动搜索能力，为科学假说提供验证，此类电脑的应用就将更具价值。在另一项实验当中，IBM 使用电脑沃森分析了截至 2003 年的 186 879 篇科研论文，旨在找到可能激发 P53 人体抑癌基因的刺激蛋白，用以抑制癌症。沃森列出了候选蛋白清单，后经研究发现，沃森清单前 9 名当中的 7 种蛋白都实际有效。这项实验有力印证了沃森在预测未来研发方向上的能力，并由此作为一项元技术，被人称为“假说自动生成机”。

人工智能已经让人失望了几十年，但是许多科学家认为，人类研发出拥有直觉和创新力的电脑指日可待。例如，2014 年 6 月一款计算机程序成功说服了雷丁大学专家小组 1/3 的成员，让他们认为自己是一个 13 岁的乌克兰男孩。

能够取得上述进步源于拥有速度更快的芯片，更好的程序和对人类直觉和创新力更深刻的认识。后者则是由众多公立或半公立人脑研究和模拟项目完成的，其中包括瑞士的蓝脑计划、欧盟的人类大脑工程、保罗·艾伦（Paul Allen）的大脑图谱，以及 2013 年以来的美国大脑工程。

IBM 沃森电脑使用的所谓“深度学习”技术就是人工智能的一种形式，现在该技术已经成为一个开放平台。其中一款被称为“沃森医生”的应用程序能协助医生对患者进行诊断。由此可见，IBM 也很擅长命名。这种程序出现后，人类专家的判断会得到人工智能电脑助手的复评。这样一来，如果人工智能电脑能够破案，或许下次就轮到福尔摩斯接受复评了（福尔摩斯的搭档英文名也为Watson）。

如果电脑开始独立思考，并在工作中展现出创新力，那么它们就不仅是回答人类的问题了，它们之间可能都会相互进行智力问答。

未来的创新电脑会独立撰写报纸、新闻报道和书籍，制作音乐和电脑动画，设计房屋，甚至能自己编写软件，用于帮助别人，或者自我升级。各类网站也能够完成自我设计。如果你要求电脑解释某个科学难题，它们会立即查阅与该问题相关的所有科研分析材料，并在几秒钟内提供一份报告，归纳总结出最有价值的信息。也许以后还能代替服务行业的众多控制功能，如检查车辆牌照，确认与相关汽车是否匹配。

我们可能还会用到更先进的电脑，帮助我们分析纷繁复杂的法律文献和数据。尤其是在美国的大型律师事务所当中，电脑已经被广泛用于从以前浩如烟海的卷宗当中筛选判例，否则完成此类任务需要雇用众多律师助理。未来我们应该创造更多机会，用于检测诸如电脑之间相互对话等敏感问题的合法性。未来的“信任”在法律上就意味着相信先进的法律分析程序。

未来电脑也能帮助完成各级学校的教学任务。例如，如果学生在数学或化学方面落后，计算机程序可以通过对话的形式提供交互式辅导，计算机能够真正理解学生的问题并帮助他们解决问题。同理，知名大学通过交互式计算机教学与视频授课相结合也能有效提升高等教育水平。

拥有这样的电脑，我们就将进入机器人时代。首当其冲同时也是最为重要的突破就是无人驾驶汽车。如今这些技术得以应用并形成规模，你只需点击一下智能手机就能叫来一辆出租车。手机会告诉出租车你的位置，也会告诉你出租车的当前位置。伦敦等许多城市已经可以通过优步（Uber）实现此类服务，你无须致电某家出租车公司，而是直接联系到出租车。这款软件还能发现距你最近的出租车，并让你了解以前用户的体验评价。通过使用过滤功能，你就可以选择只呼叫评价在四星以上的出租车。此外，你还可以使用智能手机支付行程费用，优步已经实现这一功能。鉴于出租车未来将不再需要司机，车费相比现在也会大幅下降，同样，我们还会拥有无人驾驶的轮船、飞机、拖拉机等交通工具。

除了无人驾驶汽车，我们还会拥有掌握所谓“网真技术”的机器人，意味着操作人员可以通过远程控制，使其按指令操作，同时人们可以通过其携带传感装置查看和监听到机器人周围的情况。早期的例子是所谓的“双机器人”，实际上就是在赛格威两轮代步车上安装远程控制苹果平板电脑。这种机器人能够代替医生到医院为患者会诊，在我们不在家时监控家中情况，代替我们到商店购物，或者在工厂从事清洗和烹饪工作。网真机器人不仅可用于宇宙飞船，也可用于清洗下水管道，参与战场作战，以及其他危险性强、不易操作或者实际距离较远的任务。

其他机器人通过网真技术接受指令后，能够在某些情况下拥有自主决定权，自行选择解决方案。实际上，由于社会已经高度自动化，即使所有人类全都消失，机器人也能继续“生活”。（我们何不以此为主题拍摄一部灾难片？）

某些机器人还会针对特定任务，预先装好程序；另外一些具有适应能力，能够从经验中学习。同时，未来还会出现机器人应用程序商店，提供成千上万种应用程序软件下载，如监控停车场，防止盗窃或蓄意破坏，或者对园中杂草、厨房洗盘、酒类供应等实施监控。

也会出现数不胜数的智能工具，如为某种用途量身定制的器件等。还可以通过网上购买或者在线搜索，获得设计图纸，在街角小店，甚至不出家门，使用3D（三维）打印机将其打印出来。随着人类出生率的下降，劳动力短缺问题即将出现，机器人将会承担更多任务。

在不久的将来，我们将会拥有透明手机和智能眼镜，走在世界任何一个角落，看到任何事物都会立即附上注释。例如看到红酒，就会立即获得制造商的简介，以及其他顾客的评价。如果吃东西，就会立即获得营养成分信息和热量指数；如果看到建筑，就会了解其历史。戴上智能眼镜，穿过一栋建筑，你眼前就会呈现出对各种可能变化的模拟造型，你会看到刷上不同颜色的墙纸、不同类型的镜面，以及其他装修特色的效果。走在大城市的街道上，眼前就会呈现各种小箭头，告诉你哪家公司在招聘、到哪里去购物。听到别人讲外语时，自己的母语就会以字幕形式呈现在眼前。

所谓的M2M沟通（机器与机器对话）会出现爆炸式增长，所有事物都与网络相连，所有问题都可以在网上解决——“物联网”。与此同时，“数据废气”会通过统计数据收集和分析得到有效利用。例如，研究发现，手机与高速路上安装的信号发射器连接后，就能告诉电脑交通拥堵的位置，若对网上搜索频率较高的词汇进行研究，则可以预测当地房价走势，及汽车销售量的波动情况。如R语言和亚马逊网络服务系统等此类软件已经出现，反响良好。

此外，语义网出现之后，就像IBM电脑沃森那样直接给出问题的答案，人们不再需要通过点击相关链接找到问题的答案。试着在谷歌上输入“埃菲尔铁塔有多高？”看看会发生什么。我们正在朝着白雪公主和七个小矮人故事里那块“魔镜”的方向发展。

在信息技术革命发展的同时，我们也在经历一场生物技术革命，虽然目前还处于早期阶段，但也将产生巨大影响。

1990~2003 年，脱氧核糖核酸全基因组测序的成本约为 30 亿美元。而 10 年后的 2013 年，这一项目的成本下降到约 1 000 美元，所需时间从 12 年降到 1 天，科学家们正在研究如何实现 2 个小时，甚至 20 分钟（离子激流测序公司和桑格测序就是其中的佼佼者）。

当然，基因工程和微生物学可以用于医学用途。其中一个主要议题是研究胰岛素：你把一个基因嵌入一个微型生物体——植物或动物，它能分泌一种理想的化合物，如飞机燃料或药物。

几乎任何药物都会在某一小部分人群中身上产生副作用。但随着低成本的基因检测，选择何种药物能更好地服务人类将变得更容易。药物也可以以纳米粒子的形式出现，这是唯一能够通过孵化的特异性蛋白依附于特定类型细胞的形式。因此它们将作为所有药物都模仿的“智能炸弹”，而不是“地毯炸弹”。目标之一是用不提供损害的智能炸弹取代标准化疗。

另一个重要的发展领域是疫苗。随着新传染病的出现，如每年流感病毒株的爆发，我们致力于尽快研制一种有效的疫苗，但它目前仍然需要 2~3 个月。通过计算机分析与综合生产过程，这可能会缩减到24个小时，一种可以保护我们免受一场毁灭性传染病暴发的技术，比如袭击了20世纪的西班牙流感和埃博拉病毒。

除了流感，科学家们希望今后有能力对疟疾、哮喘、食物过敏、多发性硬化、白血病、关节炎、高血压升高、酗酒和吸毒免疫。此外，人们可以产生含有病毒的质粒，即小型DNA的注射剂。这些将在某种程度上补偿任何个体的DNA缺陷，类似于你的软件从网上下载一个“补丁”。

其中最令人感兴趣的事情是这样的：你对某个人做了基因分析来确定他一生中患病概率最高的癌症。然后，开发针对这些形式的疫苗来对抗癌症，之后如果癌症出现，自己的身体会立刻攻击癌细胞。你能知道你患癌症的唯一方法，就是血液测试显示你体内特定癌症的抗体有所激增。

干细胞技术也将是革命性的。这些不具有任何特定功能的细胞，可作为屏障存在于几乎任何地方。通过这些细胞，你可以在实验室复制人的皮肤、血液、血管、心脏瓣膜、骨骼、鼻子和血脉。首先，你可以对相关身体部位做B超检查，然后使用一台由电脑控制的3D打印机来建立一个多孔模具，干细胞将从其中人工部分被培养出来。顺便说一句，扩大创新设计空间的效果是这样展示出来的：我们结合遗传分析、超声扫描、计算和3D打印以创建一种新的技术。

其他有趣的领域包括，改造生物制造酵母、藻类和细菌来制作新的食品、药品、纤维原料及化学剂，提取原料以减少石油溢出污染。

一旦达到并超越我们前面提到的象棋的楚河汉界（上文提到的皇帝和艺术家的故事），我们可能已经达到了开发出准确的生物计算软件的水平，我们可以相当容易地用电脑设计具有所需性能的简单生命形式。这需要计算机模拟全细胞的行为，包括DNA、蛋白质、细胞器和它的整体。蛋白质可以说是一个很长的、往往极其复杂的、将自己折叠成三维意大利面条的链，它们的分子结构和三维折叠模式决定其功能。这种程序将模仿数以百万计的生化物组合来寻找契机并解释问题，其中之一是智能蠕虫项目Openworm——2014年通过互联网筹集资金模拟所有959个蠕虫的细胞。2012年，基因工程师克雷格·文特尔（Craig Venter）在一次采访中表达了他对于生物计算的预期：

我们需要的是一种自动的方法，用以发现它们做什么。然后，我们就可以真正制造替代品，从数码世界开始，将其转化成类似的DNA分子，然后自动移植将细胞催出。它是基于对于输入信息的了解给细胞物质评分，发现基因的功能和它的影响。你有没有一个活细胞？我想我们可以做一个机器人，它比科学家的工作效率高上万倍。那么所有关于新发现频率的赌注就都不存在了。

机器人可以将研究效率提高上万倍？这听起来也许有些荒谬，但考虑到DNA测序速度已经在25年内大幅度提高，提高研究效率也没什么不可能？但是，如果我们真的像这样改善生化和基因发现的速度，我们的创新设计空间将会经历发展中的又一次移相，超指数发展将变得更快。

基于这样的前景，一些人已经谈论起未来的“奇点”——在快节奏发展的今天，我们再也不能对未来做出预测。然而，或许看待问题的更好的方式是，我们已经经历许多这样的奇点，包括发明贸易、农业、电子计算机和互联网。

这些都是疯狂的技术，但它甚至可以更疯狂。让我们大胆想象一下更疯狂的事若真的发生了。我们可以先深吸一口气，然后问自己：“如果我们开始改变自己的基因呢？”正如我们已经看到的，这实际上并不像听起来这样奇怪，因为从我们的文明伊始，我们已经在不经意间完成了。

如果我们开始有意识地发展，这个过程会急剧加速。遗传操纵的第一步可以克隆心爱的狗和猫。事实上，这早就已经开始。2004年，遗传储存与克隆公司为得克萨斯州的一个女人克隆了一只猫。2007年，克隆项目Missyplicity从一条死狗克隆出三只狗。下一步可能是基因工程的宠物，可以使它们活得更长。科学家已经延长了一些动物的生命长度，这可以通过延长染色体端粒实现。这些不活动的代码存在于DNA染色体的末端。每次细胞分裂，端粒也会分裂，直到不能再分。之后，每次分裂这些细胞将失去活性DNA，问题就是在这时产生的。延长端粒将推迟这个问题的发生，你可以通过修改单个受精卵中的DNA序列（有机体的第一个细胞)。实验小白鼠因此延长24%的寿命，还有其他延长寿命的成功尝试，例如将蓝莓嵌入昆虫的遗传物质DNA，会形成源源不断的延长生命的抗氧化剂，延缓老化过程。

遗传的自我修正可能涉及人们对于4 000个不同的遗传疾病的卵子和精子数量进行筛查前的体外受精(IVF)，这样他们就可以选择质量最高的胚胎。人们在后期能够通过筛选胚胎选择那些最具吸引力的特性。例如，确定或重新创建一个给定的没有参考基调的音符，这是罕见的完美音高的能力。事实证明，一个人DNA单个原子的位置决定你是否有该能力。到目前为止，通过智商测试测得智商最高的是一个韩国男孩金雄鎔，两岁的时候就能读德语、日语、韩语和英语。他三岁时开始学习大学物理。12年后，他在美国获得了物理学研究生学历，此前在美国航空航天局工作。他的智商为210。

如果人们决定改变他们未出生孩子的基因，让他们像金雄鎔一样聪明，或许更健康、更快乐、更漂亮，或者使他们比正常人活得时间更长呢？这种研究已经开始在实验室开展，但存在这样一个潜在的市场吗？“不！”很多人高喊，“我们永远不会做这样的事情。我们不会人为地改变人类。”

然而，我们已经这样做了。人们已经在牙齿、隐形眼镜、人工膝盖、臀部和心脏瓣膜、心脏移植手术、整形手术、肉毒杆菌毒素面部治疗、心脏起搏器、助听器、人工眼角膜和吸脂等过程中填充物体。2007年人类第一次培养出人造膀胱，2009年培养出人工气管，从那时起，我们的身体部位已经有了指数生长的能力。我们为有缺陷的基因进行羊膜穿刺术，到目前为止，我们已经创建了超过100万试管婴儿——就像避孕药片，这两种技术也曾经激起了愤怒。克服最初的困难之后，我们可以治疗基因疾病。

基因操控胚胎细胞最早出现在亚洲。1993年日本伦理研究所的达里尔·梅斯尔(Darryl Macer)发现，大多数亚洲人赞同使用基因操作和遗传筛查的方式提升孩子的体力和智力。

表 12–1　赞同出于某种目的对未出生胎儿利用基因工程的民众在不同国家所占的比例

	澳大利亚	日本	印度	泰国	俄罗斯	美国
你愿意利用基因工程减少日后出现危及生命的遗传疾病的风险吗？	81%	75%	83%	82%	79%	77%
你愿意利用基因工程防止你的孩子患有尚不会威胁生命健康的疾病，如糖尿病吗？	79%	62%	73%	91%	71%	77%
你愿意利用基因工程提升你孩子的先天智力吗？	27%	26%	70%	72%	35%	44%

方法其实非常简单，即每次在 10 例胚胎细胞当中筛选最具潜力的一个，在对其进行评估后发现能够将每一代人的智商提高 5 个点。那么在 100 年里，就能将智商为 145 的人提升 40 个点。科学家通过提供额外的NR2B基因的方式，已经成功提高了小白鼠的记忆力。

人类在下次大规模权力斗争中可能不再使用传统的战争方式，而是通过大脑战争解决问题。2013 年年初，一家拥有约 4 000 名员工的中国基因研究所开始解码并分析 1 000 个拥有极高智慧的个体的完整基因组，希望找到他们如此聪明的原因。他们发现的基因物质之一被称为KL-VS。在随机抽样的 220 人中，大约 20% 拥有该基因的变体副本。

现在我们可以想象，如果未来的富人没有继承人，就会把自己的克隆人当作遗产受益人。或者我们可能听说过失去心爱孩子的父母，让孩子以克隆的形式“复活”。抑或让历史上的著名人物，甚至尼安德特人死而复生。哈佛大学医学院遗传学教授乔治·丘奇（George Church）表示，现在只要花上 3 000 万美元就能做到后者。这里还顺便说一下，使某个已经灭绝的物种复活被称为反灭绝，这种技术正在发展之中，稍后我们将会看到。这虽然不是侏罗纪公园，但的确可以看到原本灭绝的物种回归。

什么是蓄意灭绝呢？ 到目前为止，我们已经成功地根除天花和牛瘟，很快也会消灭小儿麻痹症、麦地那龙线虫和雅司病，这是通过隔离手段、疫苗干预和环境改善共同作用的结果。下一个根除的可能是风疹、钩虫、麻疹、盘尾丝虫病，克雅二氏症（俗称疯牛病）。虽然其中一些靠传统方法可以实现，但科学家也提出了利用基因工程来消除一些更棘手的疾病，如疟疾。例如，生物学家奥利维娅·贾德森（Olivia Judson）提议引入淘汰基因来消除30个蚊子种群，具体如下：

> ……先将其注入某个关键基因，随后再让其一无是处，形成被遗传学家称为“淘汰”的状态。如果淘汰的是隐性性状（单数方能存活，双数必死无疑），这样下去，一个物种不到20代的就会灭绝。

她说的这30个物种约占全球2 500种蚊子的1%，如被消灭将会消除登革热、黄热病和疟疾。该地区需要10年的时间来消除这些蚊子释放的基因。2014年，伦敦帝国理工学院的科学家宣布，他们已经开发出一种改良的基因，使携带疟疾病毒的蚊子产生的后代95%都是雄性，这意味着蚊子数量将会在大约6代时灭绝。还有另一种方法，盖茨基金会建议可以通过沃尔巴克氏细菌感染蚊子，使蚊子产生抵抗登革热的免疫能力。

我们每个人都有权对上述可能性发表意见，但关键是这些都会成为现实，而且有些已经在实验室里展开。

总体来看，我们可以说有两种互不相同，但各具特色的方式来概括我们取得的技术进步。第一种是将其看作一个人类创新力的故事，妙趣横生，至少可以被称为大繁荣。

另一种是把它看作一个自组织创新设计空间，这意味着它大致遵循一个预先确定的路径。为什么这样说呢？因为根据创新设计空间组合的简单逻辑，每个技术或技术组合都将不可避免地引发下一个连锁反应。比如：欧内斯特·卢瑟福（Ernest Rutherford）提出了原子结构的概念，马克斯·普朗克（Max Planck）提出了量子理论，随后就有人［即尼尔斯·玻尔（Niels Bohr）］将这两人的思想合而为一，形成了原子理论。另一个例子：有人发明了蒸汽机，有人发明了公共马车，那么肯定就会有人将两个组合成汽车或火车，因为它正处于创新设计空间边缘，最有可能实现。

仔细想想，确实如此。科学技术的发展就像一个自组织创新设计空间，不可避免地以某种预先确定的顺序扩大，因此同样的产品大约在同一时间会被不同的人发现，这就是专利机构为什么经常在同一时期，甚至同一天收到几乎相同的专利申请。例如，亚历山大·贝尔（Alexander Bell）于1876年2月14日提出电话的专利申请，这与伊莱沙·格雷（Elisha Grey）为电话申请专利正好是同一天。伊恩·莫里斯（Ian Morris）在他的著作《西方将主宰多久》[①]中提到，在人类文明最早出现的20项重要发明当中，有15项都在东西方的不同文明中独立出现过，而且出现的顺序完全一致，只是时间相差了2 000多年。

人们会认为创新和增长已经接近饱和，这种现象可能是由于心理上有某些基本观念暗示我们此时此刻发展已经达到终点。当然，我们通过历史可以了解到之前曾经出现过无数发明，而且新事物涌现的速度还在不断增加，但是我们依然无法想象这种规律如何持续，因为我们没有意识到发明的基本特征就是无法事先预测。DNA的化学成分在1919年被阴差阳错地提出，人类在1900年能想象得到遗传操作吗？当尼尔斯·玻尔于1922年首次提出原子理论时，人们能想到原子能的威力吗？ 10年之后爱因斯坦还说："没有任何迹象表明人类能够利用核能，因为利用核能意味着将原子随意碾碎。"

我们不仅不愿意接受新技术，还会经常怀疑自己的学习能力和探索能力。在基督诞生前不久的罗马时代，杰出的工程师弗朗提努斯（Sextus Julius Frontinus）曾说："创造发明很久以前就已达到极限，我对进一步发展不抱任何希望。"

什么？就凭在船甲板下点上篝火，你就能逆风而上，逆流而行？请原谅，我可没有时间听这些废话。

1803年，面对罗伯特·富尔顿（Robert Fulton）提出关于汽船的想法，拿破仑·波拿巴（Napoleon Bonaparte）如是说。（那一年他的决策屡出偏差，在此之前他以6 800万法郎将占目前美国面积1/3的土地出售给了当时的美国政府，而这些钱在

---

① 《西方将主宰多久》中文版已由中信出版社于2014年4月出版。——编者注

今天还不足 3 亿美元。由于看好海地的发展，他当时打算用这笔资金来治理海地。）

再看这个例子："依靠轨道高速行驶绝对无法实现，因为乘客会因无法呼吸窒息而死。"戴奥尼修斯·拉德纳（Dionysius Lardner）教授曾于 1830 年发表此番言论。

美国铁路协会在 1913 年的声明里说："汽车取代铁路进行长途旅行，简直就是白日做梦。"1837 年，医学教授艾尔弗雷德·维尔波氏（Alfred Velpeau）说："消除手术过程中的疼痛就是凭空想象，现在应用这种技术简直是荒谬。"他所指的就是麻醉医学。

类似的论调数不胜数。1859 年，埃德温·德雷克（Edwin L. Drake）开始招募石油钻井工人，但他雇每一个人都要费九牛二虎之力。"石油钻井？"有人问他，"你是说钻到地下去取油？你是疯了吧。"

在飞机的研发过程中也不可避免地遇到过类似情况。今天，每时每刻都有超过 50 万架飞机在空中飞行，但在 1903 年，《泰晤士报》曾经写道：尝试开发飞行器就是在浪费时间。不巧的是，仅仅几个星期后，莱特兄弟就成功地制造出一台飞行器。当波音公司后来推出了波音 247 型客机时，该公司一名工程师曾说："再不会有比这更大的飞机了。"它可以搭乘 10 名乘客。后来，法国的费迪南·福煦（Ferdinand Foch）元帅曾说："飞机是一个有趣的玩具，但没有军事价值。"此番言论发表于 1940 年不列颠战役之前。

1920 年《纽约时报》报道称，制造火箭是一个不可能完成的任务，因为火箭喷出的气体无法产生推力。49 年后，在美国人即将登上月球之时，他们发布了幽默的更正语："现在毫无疑问，火箭不但能在真空中运行，而且能在大气中发挥作用，《纽约时报》为自己的错误深表遗憾。"

我们缺乏想象力不仅体现在技术上，还体现于商业潜力，这是因为我们不能预见每一个新的核心创新——本身看似都是没有用的，但会激发自己的创新设计空间的应用，以后将会带来时尚的转变。当戴维·萨尔诺夫（David Sarnoff）试图鼓励他的同事们投资新发明的收音机时，同事们回答说："无线音乐盒没有能想象到的商业价值。谁会为一个没有指定收信人的消息付钱？"是的，的确，如果没有申请的话。

同样的怀疑言论在早期技术发展史上也曾出现。1878年，牛津大学的伊拉斯谟·威尔逊（Erasmus Wilson）发出了以下关于电力的言论："当巴黎展览结束，电灯关闭之后，就永远不会再度开启。"

人们在谈论自己从事的领域时尤其缺乏想象力。1995年，英国电信公司的未来学家伊恩·皮尔森（Ian Pearson）在一次演讲中预测，IBM的深蓝计算机，几年内将会击败国际象棋卫冕冠军卡斯帕罗夫（Kasparov）。讲座刚刚结束，就有听众走到他面前，说他确信深蓝的程序永远无法击败卡斯帕罗夫，因为该程序就是由他编写的，他了解其局限性。但仅仅18个月后，事情就发生了。天文学也曾遭到我们的质疑。1888年，天文学家西蒙·纽康（Simon Newcomb）说："我们可能已经接近天文学知识的极限了。"

然而，科学家和工程师逐渐从他们的经验中吸取教训。1949年，作为电子计算机的共同发明人约翰·冯·诺伊曼（John von Neumann）在评论该发明的未来时说：

> 目前看来，我们的计算机技术已经达到了极限。不过我还是得对发表这样的言论保持谨慎，因为5年后再听可能就会相当愚蠢。

是的，你可以这样说，人类的思想不同于有限的资源，而是创新设计空间的一部分，可以通过自组织不断扩张，自我革新。除非我们主动将其束缚。

第 13 章　自由市场的自我毁灭

1903 年，美国的莱特兄弟首次成功驾驶飞机飞上蓝天，4 年后的 1907 年 12 月 23 日，美国军方发布消息，开始广泛征集飞机设计方案，要求一架飞机能够搭载总重量为 160 公斤的两名乘客，同时能够携带足够飞行 200 公里的燃料，并且能够达到至少每小时 58 公里的飞行速度。由此，拉开了大众航空时代的大幕。

100 年后，在 2007 年 3 月一个阳光明媚的星期五下午，《连线》杂志的编辑克里斯·安德森（Chris Anderson）正在盘算自己周末的安排。《连线》杂志经常收到科技产品的样品，希望能被选用并刊登在杂志上。这个周末，安德森决定将其中两个样品带回家，一个是乐高机器人制作工具包，另一个是遥控模型飞机。这样他就可以跟他的孩子们一起玩。

周末到了，孩子们首先做了一个乐高车，不过他们很快就失去了兴趣，因为这辆车没什么太大用处。接着，他们去了一个公园玩模型飞机，但是这个飞机一下子就飞到了树顶。

当天下午，克里斯在慢跑时突然灵机一动，有了一个想法，就是将这两个玩具结合在一起。他通过乐高的操作系统，更为有效地操控了模型飞机，由此将这架模型飞机变成了无人机。

无人机和遥控模型飞机的区别就是无人机可以接受预定程序的指令，然后自动驾驶。由于乐高装置包含了一个加速度计、一个指南针、一个陀螺仪和一个可以连接到蓝牙发射器的无线GPS（全球定位系统）传感器，所以它成功了（这也是创新设计领域的一个实际例子）。

几周后，他和家人进行了首次无人机试飞。当时，世界上最便宜的无人机是"渡鸦"无人机（Raven），其生产商AeroVironment公司给出的销售价格是35 000美元。通过这次实验，安德森萌生了一个想法，就是尝试大规模生产这种拥有渡鸦90%功能的无人机，但是使用成本更低的标准部件，价格低于渡鸦。

价格会低很多。

但是，这需要一个创新设计空间。因此他注册了互联网域名www.diydrones.com（diy的意思就是自己动手做），这个网站成为一个在线论坛，在这个论坛里，那些对无人机感兴趣的人写博客，创建论坛，上传图片、视频和无人机程序软件的代码。

很快，这个网站就名声大噪，很明显，这些互相帮助的业余爱好者，可以自由地实现大多数令人难以置信的发展，共享芯片、手机等的软件和超低价传感器。与此同时，安德森成立3D机器人公司，很快，他卖出的无人机操作系统（软件）比整个美国军方使用的还要多。

论坛成立三年之后已经汇集了26 000名会员，这些人每月大约制造1 000架新无人机，同时安德森的公司现在出售一种四轴飞行器—— 一款价值300美元的迷你直升机，还不到前面提到的渡鸦无人机价格的1%。安德森真的创造了一个可以创新产品的社会环境，他使创新成为一种习惯。

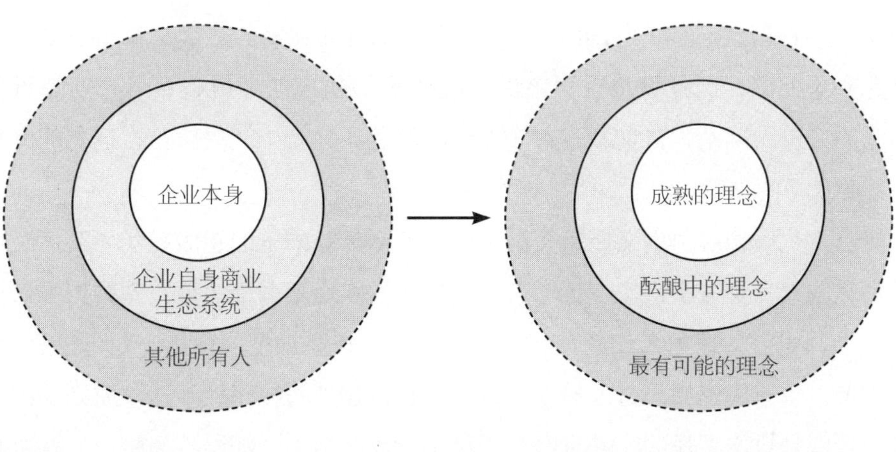

这个故事充分说明了西方创新能力是如何运转的，以及什么时候运转得最好。我们可以看出，这往往涉及创新力的五大基本条件：个体单位、变革驱动者、网络、共同记忆和竞争。

安德森所使用的具体过程就是我们知晓的“众包”。这是一种特殊的个性化—— 一种网络现象：许多彼此不认识的人或在相同的组织中工作（其中许多组织缺乏正式的资格证书），自发地一起工作来完成任务。网络百科全书维基百科是这样写的，陌生人之间的合作存在吗？现在众包项目涉及众多应用程序——从编写Linux软件到解决与一个给定的品牌相机的问题。

维基百科本身就是一个引人入胜的故事。它的创新来自经济学家和前大学教授吉米·威尔士（Jimmy Wales）。最初，他的愿望是创建一个被称为新百科的网络百科全书，不同的是：专家会编写每个部分，然后由其他专家检查并纠正。但它的进展速度像蜗牛的速度一样，沮丧之余，他开发了一个小的项目叫作维基百科，在这里任何人可以写任何话题，而且没有任何限制。这个网站在2001年1月推出，仅仅一个月之后，就拥有了大约1 000篇文章。当年8月就超过了40 000个条目，并在2012年春拥有达到令人难以置信的2 200万篇文章。

维基百科的集体精神和工作士气令人惊讶。如果有人在某个话题里写了不准确或有纰漏的文章，通常只需要几个小时就有人弥补这些缺陷，直到这篇文章好到无法再增删任何内容。为了验证这一点，《时尚先生》杂志的记者雅各布斯（AJ Jacobs）在维基百科上写了一篇关于维基百科本身的文章。这篇文章不仅刻意地用词贫乏和不完整，而且满是拼写错误。在接下来的24个小时，雅各布斯惊讶地看着不同的人进入网站，对文章进行了224次润色，另有149次修正，把它的文章变成一篇高质量的文章。

威尔士是极端自由主义作家艾茵·兰德（Ayn Rand）的超级粉丝。艾茵·兰德是俄裔美国人，身兼小说家、哲学家、制作人和编剧等多个角色，她极力推崇自身利益至上的观点，认为人们应该将自己的利益放在最重要的位置。对于这种观点，有人震惊，也有人感到兴奋。最初，维基百科看起来明显违反了这一原则，因为它的编写者都是自愿工作的，并且经常是付出巨大的努力，却得不到相应的认可和鼓励。然而，实际上这就是自愿双赢交易，因为他们自己愿意这样做，很明显，大多数人可以通过这种方式获得极大的满足。在这种情况下，没有人强迫他们，结果却是双赢的局面。

今天，在更专业的话题上，还有无数种“维基百科”。很多公司在员工和外部众包系统间使用这个模型的内部版本共享信息，从而提高他们的创新产出。InnoCentive网站已经创建了一个拥有来自200个国家的30万名网络注册的问题处理员，截至2014年已经收到了超过1 500个价值5 000~100万不等的奖项。最近，两位科学家对166个在该网站发布的科学问题进行研究，发现49个被解决，但是大多数解决问题的人的专业知识跟那些提出问题的人有明显不同。

例如，美国国家航空航天局跟踪太阳耀斑（一种突然在太阳表面被观察到的高亮闪光），但无法得出一个精确的预测太阳耀斑出现的公式。所以2010年美国国家航空航天局在InnoCentive网站录入数据概述问题，一位退休的射频工程师布鲁斯·克拉金（Bruce Cragin）回应道：我虽然对太阳耀斑一无所知，但我非常了解磁重联。使用这些知识，他很快就创造了一个模型，该模型可以很好地预测太阳耀斑。

这就是众包的力量—— 一个没有职务或资格证明的陌生人，假定他跟一个特定的问题有关，比如这个例子中的克拉金虽然对太阳耀斑一无所知，但不管怎样他找到方法解决了问题。这是因为他知道你所不知道的。这是“社会空间”概念的一种变体，核心团队通常由在你的组织中工作的人组成，下一层是由一些拥有相关凭证的人组成，最外层就是通过众包技术访问的其他所有人。

还有许多其他的众包类型，其中一些有关互联网上的信息交换或聚合技术，如网站www.diydrones.com的例子。

众包的另一个变体是为解决重要的社会或科技问题提供公共刺激奖。刺激奖励的优势与诺贝尔奖（奖励结果）相比，前者鼓励未来的成就，只要规定的目标能被完成就可获奖，而不是根据过去的成就评奖，那样效果不是特别好。当你可以清晰地说明你想要解决的问题或需要承担的任务时，刺激奖励就显得非常有效，但目前尚不清楚它如何才能实现。

在两个极度不平衡的“熊彼特利润”和“炼金术士谬误”（较早的定义）之间，

它也非常适用。换句话说，与革新者在商业市场中获得的利润相比，社会可能很大程度得益于一个解决方案。

刺激奖励的典型例子是创新奖项。一个具体的例子就是著名的经度竞赛，由英国政府于1714年组织发起。目的是解决这样一个问题：随着地球向东自转，水手们无法可靠地确定东西方的位置（经度位置）。他们可以通过夜空中星星的位置来计算他们的位置向南或向北。为了确定他们的经度，他们必须确切地知道当前的时间，然后通过星图来观察、比较肉眼可见的星星。这个问题非常重要，因为一艘船不知道它在海上的位置可能会遇到严重事故。如果竞争者能想出的方法确定范围在60英里①的经度位置，将有机会获得10 000英镑；如果精度是40英里，将会获得15 000英镑；如果精度是30英里，将会获得20 000英镑。当时的20 000英镑相当于今天的200万~300万英镑（或者300万~500万美元），那会是一大笔钱。

尽管有这些奖励刺激，还是59年后才获得解决方案。这是一位名叫约翰·哈里森（John Harrison）的工匠，为赢得奖励，他将自己整个职业生涯奉献给了远海高精度手表的研发事业。具体来说，他的目标是即便在颠簸不断的远海，手表每天的误差也不能超过150秒。最后，哈里森获得了15 000英镑的奖励，以分期付款的方式支付，直至去世。

后来，英国和法国政府发起的一些创新竞赛产生了许多发明，例如蒸汽机和各种化学变化过程。当拿破仑需要找到合适的方法保存士兵的口粮时，一位糕点师于1810年发明了密闭锡罐，并赢得了12 000法郎的创新奖金。

后来，一些个人也推出了类似的奖项基金来鼓励创新。例如，1919年，法国的纽约酒店老板雷蒙德·奥泰格（Raymond Orteig）许诺25 000美元奖励给第一个能从纽约直接飞到巴黎的人，1927年飞行员查尔斯·林德伯格（Charles Lindbergh）赢取了该奖项。

从那以后，许多美国公司开始通过众包解决具体问题或者寻求灵感：2001年以来，IBM已推出了若干国际众包项目，其中广为人知的就是2006年的“即兴创新

---

① 1英里≈1.609千米。——编者注

大讨论”项目，该项目吸引到来自104个国家的15万名参与者。在短短72个小时内，众多IBM员工和他们的家庭成员、公司客户、业务伙伴以及大专院校都参与其中。参与者可以通过网站观看IBM核心技术演示，随后被邀请针对这些技术的实际应用提出建议。这次活动征集到了46 000条建议，通过IBM管理团队的梳理整合，最后凝练成了312条更为通用的建议和想法。此后，IBM还帮助其他客户开发类似思维竞赛，提高知识利用率。

美国国防部先进项目计划局（DARPA）也开展了许多涉及无人机、多功能机器人、无人驾驶车辆等的众包竞赛项目。在2004年举办的首次无人驾驶车辆竞赛中，来自私营企业、个人和大专院校的学生团队同场竞技，旨在驱动车辆穿越240千米的沙漠。

但是，比赛进行得并不顺利，两辆参赛汽车甚至没能驶出起跑线，其中一辆直接翻倒在起跑线上，剩余的12辆汽车也仅仅前进了12千米（预期距离的5%）。然而，第二年的比赛有23辆汽车参加，这次所有车辆都成功行驶了12公里，还有5辆汽车跑完了全程。2007年，美国国防部先进项目计划局又举办了更苛刻的城市挑战赛，11个参赛车队的汽车来到一个由军事基地模拟的城市环境当中，他们必须在遵守所有公共交通规则的前提下，行驶96千米。最终参赛的11辆车当中有6辆完成了任务。到了2011年，曾在2005年比赛中获胜的车队队长、德国计算机科学家塞巴斯蒂安·特龙（Sebastian Thrun）推出了谷歌无人驾驶汽车，当年6月内华达州通过法律，批准这些车辆合法上路，现在它们已经行驶在了内华达州的城市中。

无人驾驶汽车从刚开始无法行驶沙漠12千米，到如今让他们能够在城市环境下使用，仅仅用了7年，难道不令人惊讶？这就是众包的效果，同时我们应该注意它是如何产生的：没有实施的中心计划，但完成目标有一个明确的激励法，而且有一个众包平台来组织比赛过程。

创新奖项是有效激发创新力和识别人才的一种方式。奖励可以帮助创造新的、创造性的社会网络，提升对社会或技术问题的认识，同时确定一系列可能的解决方案。最后，他们可以激励学生，为他们提供真实的、需要被解决的任务。多么有趣的学习方法！

这些都是产生创新力的典范。一个人能完全摆脱中央计划，仅仅关注激励人们努力地把事情做完。根据麦肯锡咨询公司的统计，这样的奖项在1970~2007年增长了两倍，相比于过去10年的平均水平，每年增长18%。许多企业如Idea Crossing、Nine Sigma、Spigiot、BigCarrot和InnoCentive网站为举办这样的比赛提供现成的平台和系统解决方案。公司用创新奖项完成一系列任务：从识别并在金矿中开采更多黄金的方法，到改进一个软件应用程序帮助人们在网飞查找电影的方法，再到研发新方法使老鼠活得更久。谷歌推出了年度编程挑战赛（Code Jams），任何人都可以帮助解决困难的数学问题，2008~2009年第一个机器人技术竞赛在美国举行，175 000名学生、16 000机器人、58 000名教师和33 000名志愿者参赛。这种竞赛每年都会有，成千上万的团队制作最好的机器人来完成特定任务。众包的另一个例子是国际遗传工程机器竞赛（iGEM），一系列全球竞赛在学术团队中开展，使用标准组件创建被称为"生物砖"的生物系统。在其中一个比赛项目中，参与者挑战创造一株明亮的绿色大肠杆菌。有些团队实现了这个奇怪的效果，但只能保持很短的时间。另一个任务是创造一个幽门螺杆菌疫苗。来自斯洛文尼亚的一个业余团队赢得了这个奖项。另一个叫作DIYbio的项目，自2005年以来，各种机构开放给"生物黑客"访问他们的资源，以此创造自己的DNA和非致病性微生物的生物实验。

一个类似的例子是机器人PR2，它基于被称为ROS、OpenCV和PCL的开放软件系统。人们充满热情地写了一些应用程序，而且任何人都能在视频网站YouTube上跟进，机器人已经通过众包学会折叠衣服、打台球和其他许多事。

还有诸如the X-Prizes等知名赛事也是依靠私营企业和个人捐助得以举办的。例如，资助方会为能够驾驶私人飞船在两周内出入大气层的单位或个人提供奖品，还为在月球上投放机器人；开发外形小巧、成本低廉、方向精准的火箭；为家庭诊断研发物美价廉的微型检验装置；清理海上泄漏石油的技术；寻找脱贫的方法；发展更为环保的汽车等提供了奖品。

众包模式还可以为目标明确的任务搭建虚拟平台。其中一个例子就是众包计算项目SETI（寻找外星智慧），人们在电脑闲置时，将其与大规模密集数据型项目相连，用于拦截宇宙无线电波，搜寻外星文明的踪迹。同样，还有常见的例子，人们将大量出版审校任务分享在互联网上，旨在找到对相关领域感兴趣的人，获得他们的帮助。

通过发现，众包的一个最吸引人的创新现象就是群体成员往往擅长一起估值，或者在不同方法中择其一解决问题，尤其基于一个个人意见而不知道他人的观点时。解释部分统计现象称为孔多塞陪审团定理（源自上文提到的“启蒙”作家马奎斯·孔多塞），这是关于既定人群做出一个正确决定的相对概率。以其最简单的形式，表明更多的人思考一个问题的正确答案有两个以上，更有可能的是，他们猜测的平均水平都在正确的方向上。例如，在解决一个问题的猜测中，如果每个人有55%的概率猜测正确，那么如果只有一个人，猜错的概率当然就是45%。但是当你增加独立猜测的人数，然后计算他们猜测的平均值，猜错的概率就会下降很多。

这种现象与所谓的市场预测很有关联。通常就像股市一样，人们在未来事件的结果上押注。在这一领域中，世界领先的专家和引领者是牛津大学教授罗宾·D·汉森（Robin D. Hanson），他已经表明，平均而言，赌博契约比民意调查能更准确地预测谁将赢得大选，其他人也持相同的观点。这样的市场带来的好处之一是，参与者容易了解项目。例如好莱坞证交所，一个人可以打赌一部电影收入多少，或谁将获得奥斯卡提名。总的来说，人们做得非常好。

证券交易所显然也是预测市场，在这里，经济学家们发现，尽管股市有时或经常出错，但是股市几乎比其他任何指标更善于预测大型经济转折点。即使参与者可以看到对方通过对股票价格的预测，产生集体思维（这是股市遭遇的问题），但是股市还是有效的。

许多跨国公司如礼来、惠普、德意志银行、谷歌、高盛和微软，一直在使用预测市场作为工具预测重要的事件。例如，2004年8月，微软推出了一个内部市场，评估在2004年美国国防部先进项目计划局的挑战赛中能够成功的汽车数量，参与者正确预测了结果将是“没有”。同年，它预测一个特定的内部软件项目将在什么时候完成。项目负责人说“11月”，但赌博合同生效仅仅三分钟后，交易价格水平表明只有1.2%的机会达成这一目标。虽然众包评估后增加到3%，但赌博合同的行为说服管理层推迟发布日期。这个项目终于在2005年2月发布。

顺便说一下，众包还被用于创建一个被称为合作实验室过滤的现象中。人们使用亚马逊或者iTunes（或许多类似的网上购物服务）都将经历这一现象。注册这些网站的每个用户都会点击和购买，他们以此创建个人喜好数据库，从类似的用户喜好推导出每个用户可能喜欢什么。因此很多彼此不认识的人通过创建的虚拟合作相互学习。同样机制的变体还能让谷歌有效地预测搜索。

说到互联网，我们也必须说说博客。这里汇聚了众多业余爱好者充当网络写手，他们技术熟练，热情高涨，甚至让专业记者、作家或科学家都望尘莫及。有些博客可以依靠广告业务获得收入，不过更多的只是纯粹出于兴趣爱好，或展示才华。

的确行之有效，而且现在不少网友还通过博客指出传统媒体或专家学者犯的错误，为人津津乐道。一个引人注目的例子是在2004年，哥伦比亚广播公司记者丹·拉瑟（Dan Rather）发表了一篇关于乔治·布什在军队服役期间内幕的爆料文章。然而，这篇报道在电视上播放后不久，就有网友指出，报道中引用的文档使用的是按比例间隔字体，因此一些字母会占据更大空间。但报道所指的内容写于1972年，当时只能通过打字机，使用等宽字体来书写文档，由此可见报道中引用的文档涉嫌造假。哥伦比亚广播公司随即解雇了一批负责制作该电视节目的工作人员，并且公开向观众道歉。

最近出现的一种众包模式是“社会影响债券”。包括美国、英国和澳大利亚在内的不少国家都已经开始采用，通过与私人签署“若无效全免费”的合同，为社会活动募集资金。在这种合同下，只有达到预期效果才能获得报酬。奖励制度的原则是根据他们的解决方案对社会实用的程度。例如，你通过私人或慈善组织资助一笔钱为出狱囚犯提供社会服务，但最终付款将完全取决于囚犯进一步犯罪的频率。如果囚犯永远不会再发生犯罪，你将会得到全部付款。这一原则有两个主要优势。首先，如果分配任务的数量大小不相称，没有人会报名工作。社会会自动避免花钱做无望的项目，但往往与之相反。其次，事实上会有很勤奋又有创新力的机构志愿承办此类活动。

我们还应该提到众包的另一个例子，这可能改变许多行业：在线共享服务，那些给我们带来了能自愿分享的社区，如优步、空中食宿（Airbnb）等。我们已经看到，你可以使用优步叫出租车，但有趣的是，你叫到的并不是一辆真正的出租车，而可能是任何一个有车人的车。所以，任何想让别人搭乘自己的车的司机都可以注册优步，这样他们就会被叫车。在车程结束后，客户被要求做出评价，司机也是如此。那些不能提供干净汽车和良好服务的司机其评分会很低，并因此被撤销业务，不守规矩的客户也不能再使用这个客户端。当接班司机接到一辆车，也要做类似评价。空中食宿也把它用在了短期住宿上——你可以用它来过夜或租度假屋，但同样，有不良行为的一方将会被剔除。

众包的最后一个例子是群体集资，刚起步的企业和项目在网上成为潜在投资者无须经历一个冗长的、复杂的过程。作为例子，集资平台Kickstarter在2009~2014年，资助超过5万个项目，共9亿美元。

显然，众包可以调动巨大的创新力。例如，创新奖励经常刺激参与者之间的合作努力，这比承诺的奖项更有价值。自从X大奖承诺在太空中飞行将会获得大奖，26个团队总共投资约1亿美元试图赢得承诺为获胜者奖励的1 000万美元。同样，9个团队一共投资了约40万美元参与比赛从纽约飞往巴黎，试图赢得25 000美元的奖金。在20世纪20年代，人们如此渴望赢得比赛而导致许多飞行员和领航员最终残废，甚至失去生命。仅在1927年春天和夏天，就有40名飞行员试图飞越大洋，结果21人死于这种尝试。这显然是悲剧，但它再一次体现出社会巨大可用却尚未被挖掘的创新资源，通过邀请人们参与合作项目做出贡献就能使其为创新社会做出贡献。

在创新力方面，所有让我们感兴趣的现象，比如我们讨论过的把狼驯养后变成狗，品种达到160种：这种自愿合作可以创造出多样性。试想：在20世纪70年代，使用计算机工作的人被很多人认为是整合和集中的表现。当时，大多数使用计算机工作的人使用大型主机工作，或有时被称为“主从计算”，这是一个给终端提供信息的中央计算机。接着出现了“客户机/服务器处理结构”，当地计算机终端也有自己的处理能力，这意味着权力的下放。紧接着是“个人电脑”，每个人都有自己的电脑。然后是互联网，即人与人之间都关联起来。这有时被称为“网络化计算”。与此同时出现了“无处不在的计算”，指电脑被内置在各种其他设备里，且相互关联。而后就出现了智能手机、平板电脑和其他移动设备，作为“移动计算机”的一部分。计算机已经自发地成为人们多样而友好的朋友，类似于把狼驯服后变成了 160 种狗的故事。今天我们有非常好用的大型和小型台式电脑，电脑在我们的口袋中，也隐藏在我们使用的许多设备中，我们可以称之为“我的移动设备”。媒体的发展是自发分散的另一个例子。在 20 世纪 70 年代，大多数国家有 1~2 个国家电视台，或者 2~3 个国家电台频道。但随后出现了私人频道，其次是有线电视和卫星广播和电视。此后，出现了 YouTube 视频网站和数以百万计的个人网站、博客、论坛和社交媒体网络，如脸谱网和领英。媒体变得多样化、分散化，就像计算机。这种分散趋势是一个自发的、创新性的逻辑结果。它仅仅是我们的创新设计空间和社会空间的扩大。随处可见，例如新兴的所谓“创客运动”是一种新的社会现象，人们在本地或小范围内生产。是怎么回事呢？人们在家里或在共享“黑客空间”、“工厂实验室”和其他“创客空间”里制造工具，比如 3D 打印，可编程制造桌面工具和众包生产实体产品。这些现象也出现在教育机构中。

权力下放和多样性实际上也体现在国家数量上。1945~2015 年，联合国认可的国家数量由 50 个上升到 193 个，大多数伴随着专制体制转向民主体制。例如，苏联和南斯拉夫成为民主国家，他们各自分成若干个小国家。有趣的是，最近的瑞士信贷研究表明，小国家（居民不到 1 000 万）在人类发展指数和国家实力指标上的分数比大国都要高，此外，瑞士信贷发现那些从大国脱离的国家，如克罗地亚、立陶宛和哈萨克斯坦，在全球发展指数排名中有排名提升的倾向。

通过吸收众包模式、社会多元化、产品分散化、共享社会和创客运动等理念，我们更加接近所谓真正的“公众参与型社会”。这样的社会为人们打开了更多大门，提供了更多参与机会，让他们最大限度地发挥个人能力。另外，在许多国家，接受高等教育的妇女越来越多，甚至超过了男性。

这同时也得益于一种被称为“大众开放在线课程”（MOOC）的新生事物。一个例子是 2011 年 7 月 29 日斯坦福大学教授彼得 · 诺维格（Peter Norvig）在一堂人工智能课上介绍在线传输技术。两个星期后，他惊讶地发现已有 5 万名学生报名参加这门免费课程，课程开始之前，报名人数已增至16万人。而一般讲座通常只有几十人参加，最多不过150人。因此，对于私立大学来说，这是以上百倍的速度快速提升生产力的机会，同时也是一个开放的新机会，全球范围内的任何人，只要能够连上电脑都可以参与其中。

免费在线培训已经像野火一样蔓延。哈佛大学和麻省理工学院提出了一个更高水平的教育方式，在那里他们提供单一的免费在线课程，到2013年4月，YouTube视频网站上参与在线教育视频的大学超过100所。大型公开在线课程Coursera于2012年5月上线，4个月后就达到了100万学生，当年年底达到200万人。同类项目出现爆炸性增长。巴西Kroton教育公司成为世界上最大的私人教育公司，一部分是强调计算机化学习和在线课程，甚至可以跟随学生在偏远的丛林村庄中生活。2014年，巴西有大约600万名远程教育计划学生。

廉价的在线教育的增长提供了无数机会，开放在线课堂平台edX的首席执行官兼教授阿南塔·阿加瓦尔（Anant Agarwal）提出了一种新的高等教育方式，将在线与校园学习相结合：第一年是纯在线教育，接下来的两年集中完成学习，第四年提供工作，但同时需完成最后的线上课程。

这种分散的、没有排他性参与的教育趋势不仅适用于大学课程。前基金分析师萨曼·可汗（Salman Khan）从2005年开始用网络上的涂鸦记事本软件帮助他的表妹纳迪娅做功课。从那时起，他在YouTube视频网站上制作了成千上万的学习视频，达到10万下载量。2009年，他创办了自己的电子学习公司。2012年年底，有超过50万订阅者。通过分析利用他的视频，他和他的团队可以很清楚地看到学生哪里有问题。

此外，在信息社会，创新节奏已如此之快，就连一些中等规模的企业都很难紧跟步伐，分权管理随之得以体现。经济合作与发展组织国家企业的平均规模多年来一直稳步下降，而一些美国公司在25年内员工人数从25人减少到10人。同时，一些工作人员极少的企业，甚至只有一个员工的微型跨国公司的数量却在上升，一个人就掌管着公司全球范围内的管理、采购、生产和销售。

而这与工业产品类别发生的悄然变化遥相呼应。当前的趋势是从批量生产的廉价工业产品朝着高端豪华（质类）产品平稳转变，而高端产品需要更为分散的产业分工，更为精细的制作工艺和更多手工劳动。想想看，汽车、咖啡、体育用品、服装、手袋、面包等产品似乎都在变得多样化。生产领域也如此。例如，我们看到在不少国家，小型啤酒厂的数量都与日俱增。实际上，当前的市场营销策略更加注重批量定制的目标市场，即营销人员所说的“细分市场”，这样一来，每位客户都能得到自己私人定制的产品。

与此同时，公司的管理方式变得更为多元化。在很多小国，最具代表性的公司现在大都由外国人管理（公共部门自然不会这样）。大公司的所有权也变得更加多样化。最初，所有私营企业都属于某个人、某个家庭或某个由少数人组成的封闭团体。如今，各个大公司的所有人都多达百万，其中包括个人投资者、养老基金（本身就有数百万成员）、大学捐款和主权财富基金（归全体民众所有）。此外，20 世纪 90 年代末以来，股票期权推动了所有权的进一步扩展。

分权管理也反映在实体产品的发展趋势上。最初，市民通常会从公共水井打水，后来水可以自动到家（自来水），再后来水可以进入厨房和浴室的水槽、淋浴和浴缸。这些被变成各具特色的物品，被生产成越来越多的种类。所以我们再次认识到权力下放的多样性，类似情况也发生在飞机上，我们看到克里斯·安德森和他的DIY网站。重要的是所有这些新兴社会参与都是基于自愿分享产品、服务和机会，而不是强迫或集中。

自然界也不例外，几十亿年来物种数量一直在不断增加，那么多样性和分权同时在市场经济当中出现也就不必大惊小怪了。前面提到的角色位移和共同进化现象这两种情况，仅仅是创新设计空间内在逻辑的一种表现。

在产品市场，扩大产品多样性和加大商业分权力度，与更低廉的价格和更紧凑的设计相得益彰，这意味着随着时间的推移，最初笨重昂贵的商品会变得小巧便宜，可以轻松放在家里。例如，今天我们已经拥有款式多样的普通打印机，甚至越来越多的 3D 打印机。同时，我们也有了每天早上叫醒我们的私人教堂大钟（闹钟）、机车（汽车）、电影制片厂（视频录制和编辑软件）、音乐厅（立体声）、电影院和剧院（电视）等。

一般来说，如果某种事物在理论上可以合理地缩小比例，那么在实际操作中对其进行分权和个性化处理就只是时间问题。这种现象与日益为人接受的众包模式相结合，进一步体现了市场经济本质上的包容性特征，而非一味地攫取资源。这种模式不会像人们担心的那样，将权力集中在极少数人手中，而是将更多权力分散下放给个人，逐渐形成公众参与型社会。

不过，还有另外一个问题：分权化的市场经济会将越来越多的财富集中在少数人手中吗？

正如经济学家大卫·李嘉图（David Ricardo）于1817年所言，你虽然可以开办更多工厂，却无法增加农田面积，因此整个世界的财富将会越来越多地集中在地主手中。但是他未能预见到的是，农业生产力大幅提高带来的经济效应与增加农田面积如出一辙。

在《资本论》（著于1867~1894年）中，卡尔·马克思（Karl Marx）预测自由民主国家将无法避免地走向崩溃的厄运，因为它们将创造“富人”和“穷人”之间日益扩大的差距。根据他的理论，工人应该夺取政权，于是工人夺取了政权。根据“因为他们富有，所以我们贫穷”的信念，他们继续剥夺富人及其支持者的财产。

对富人精英的迫害在西方民主国家时有发生。举例来说，1966年，保罗·巴兰（Paul Baran）和保罗·斯威齐（Paul Sweezy）共同发表了一部颇具影响力的著作《垄断资本主义》，他们在书中声称，资本主义制度下，大型企业将不断出现兼并集中，最终形成所谓“军工联合体”主宰世界的局面，由他们出钱，扶植政治代理人为他们服务。因此，现在应该打倒的不是富农和犹太人，而是各大跨国公司和全球投资贸易。

然而，这仅仅是在欧洲。在印度尼西亚，当地人对于仅占总人口3%~5%的上流社会华裔富人嫉妒万分，由此导致在1998年成千上万的当地华裔遭到强奸或谋杀。在其他地方，富有的日本人、黎巴嫩人、印度人、犹太人或韩国人也遭到追杀。

乌干达人也担心资本集中在精英手中。在乌干达，大约 1% 人口来自印度亚裔人口，他们控制了乌干达约 20% 的经济。1972 年，这些人的财产包括 5 655 家公司，商业房地产和农业、汽车、房子和家具被没收和重新分配，并要求他们 90 天后离开。不幸的是，这产生了灾难性的经济后果，这就是为什么当乌干达在 20 年后重新邀请他们回来，并给予部分补偿（大多数被拒绝）。一朝被蛇咬，十年怕井绳。

在津巴布韦，全国 1% 的精英都是白人，这就是为什么政府开始没收和重新分配他们的土地和其他财产。此举在该国引发了上文提到的经济衰退，失业率高达 80% 和通货膨胀上升至 489 000 000%，生活水平和平均寿命几乎下降了 1/2。

当然，也有比较温和地对富人财富再分配的方法。例如，1974 年，英国将边际收入税率提高到 83%，资本利得税提高到 98%。然而两年后，英国不得不向国际货币基金组织寻求紧急贷款，以避免破产。

上述试验进行得都不顺利，在有些人眼里，富人永远都是生活的绊脚石。2013 年法国经济学家托马斯·皮凯蒂（Thomas Piketty）在自己的畅销书《21 世纪资本论》① 中对迫害富人做出了另外一种解释。这里针对的不是富农、犹太人、印度人、白人，也不是跨国公司，而是他认为仅占 1% 的那些富人。

该书对 1810~2010 年的收入和财富的不平等状况进行了完整地调查。皮凯蒂并不认为全球财富不平等正在扩大，恰恰相反，这种不平等正在逐渐缩小，尤其在考虑到最贫穷国家儿童更多的事实后，这种缩小的幅度更明显（收入和财富在人到中年时达到顶峰，因此国家的人均年龄越小，平均收入就会显得越低）。并不是这样的，皮凯蒂仅调查了四个国家的收入不平等状况：美国、英国、法国和瑞典，实际上他表示近 200 多年来这些国家的不平等状况或者保持不变，或者是在下降。具体来说，在 20 世纪的前 70 年当中，收入差距是在缩小，之后却开始扩大。他强调，最初差距缩小是由于战争等临时因素导致的，而随后差距不断扩大是由于资本回报超过了经济增长。

---

① 《21 世纪资本论》中文版已由中信出版社于 2014 年 9 月出版。——编者注

让我们思考一下。富人在多种因素共同作用下收益，导致收入差距进一步扩大。第一个因素是技术创新发展，今天许多创新者，特别是IT行业，可以依靠一点儿资本就在短短几年时间发展为跨国巨头，这比工业和农业所需的资本少很多。比起资本，现代IT企业家的生意越来越多地依靠思想，他们不太让资本分散，所以他们仍然拥有一间大公司的绝大部分资本。当这些公司的创始人获得巨大成功时，他们通常都还年轻单身没有孩子，这是很新奇的现象。在过去，一般需要两三代或更长的时间来建立一个国际工业集团，其价值达到顶峰时，创始人早已和他的无数孙子和配偶，以及离婚的孩子及其配偶，还有其他可能的人组成的大家庭共享资产。

第二个可能导致更大的资本集中的因素是现在越来越多的女性拥有高等学历，这意味着年轻男性和女性在大学见面和结婚。这导致两极化，所以那些可能致富的人会更容易走在一起。

第三个因素是人口的增长，随着可用土地逐渐减少，房价上升导致压力增大。皮凯蒂开展研究的这个时期，世界人口几乎翻了一番，而房地产占据了全球财富的一半左右，因此促进了资本的回报。

皮凯蒂认为贫富差距扩大的那段时期（从1970年开始），全球老龄化、信息技术革命和全球化浪潮共同给通货膨胀和金融利率施加了下行压力。随着金融利率下降，投资资产未来收益的折现系数上升，导致价格提高。例如，如果金融利率下降一半，同样的房子价格就会增值两倍，这样房产拥有者的财富会变成之前的两倍，即使他拥有的房子和之前一模一样。

导致贫富不均的另一因素毫无疑问是强加于低收入者身上的下行压力。其中，首当其冲的是在测算每户平均收入时频繁出现的统计失误，原因在于，单人单户的情况不断增多，导致“家庭平均收入”出现下降，即使“个人平均收入”实际获得增长也难以扭转这种趋势。因此从统计数据上看，穷人变得越发贫困。获得高等教育的人数增加对于统计数据也产生了直接影响，因为在许多发达国家注册的“穷人”当中，有大约1/3是大学生（另外1/3是正处于低谷的小型企业私营业主）。

全球化也发挥着非常重要的作用，它刺激中国和印度等国的穷人大量增加财富，降低全球收入不平等状况，同时也给发达国家的低收入人群带来了压力。

最后必须提到的一点是，美国政治学者查尔斯·默里曾指出：福利制度会带来潜在贫困人口数量的快速增长，而且这种增长会在实际贫困人口数量增长后，再经过一段时间才开始显现。皮凯蒂对这4个福利制度国家开展调查时，正值收入差距扩大、福利水平提高的阶段。因此这可能也是一个促进因素。

总体而言，20世纪70年代以来的发展可以说对不平等的扩大有所贡献。然而，我们深入了解这个故事的背后，会有一些令人惊讶的发现。

值得钦佩的是，皮凯蒂将所有的数据和计算方法都发布于互联网上，供人参考。随后不久，英国的商业报纸《金融时报》发现了其中的一些莫名其妙的错误。"在皮凯蒂教授的原始材料当中，几乎找不到任何证据能够反驳越来越多的财富正在流入极少数富人手中这一观点。"该文章补充说，"没有发现证据显示，在1%的首富群体当中出现财富分配不均加剧的趋势。"《金融时报》还指出，皮凯蒂的调查当中，关于英国的数据并不准确，他却将此数据用于分析整个欧洲，还将其与经济总量较小的法国和瑞典的相关数据做相同处理。《金融时报》最后总结说，如果你改正上述错误，"就没有任何迹象显示欧洲财富不均再次加剧"。

不管它是否已经加剧，事实是，市场经济中的财富不会无限增加，而是不可避免地集中在一个均衡点周围上下波动。偶尔会出现过度投资造成生产设备数量过剩的情况（即所谓竞争导致的过度投资），随之而来的是这些企业里工人的谈判筹码相对增加，而利润由于供过于求开始下降。这虽能减轻财富不均，但无法持久，因为企业随后会停止投资，这么做虽然伤害工人，却能暂时提高利润。最能够体现这种新奇现象的例子是在1346~1353年，当黑死病夺去了欧洲一半人口时，资本与人口的比率翻倍，结果是普通百姓的收入迅速增加，并能享受更多权利。

生产性投资的波动属于商业周期内的自然现象，具有自我纠正的作用，这种波动也会受到同样具有自我修正作用的房价波动等因素的影响。此外，资产价格与利率、信用以及其他无数周期性因素共同波动，使富人更富。

上述其他因素，如人口增长、老龄化、全球化、女性接受高等教育的比例、福利制度的发展等也会出现上下波动。而这时，利率上升和反全球化就会横空出现，产生影响。

简单说下基尼系数，这是用来衡量国家内部收入不平等的指标。在长期实行自由市场经济的国家（换句话说就是西方国家），基尼系数通常很低。

现在“富人”（即通常说的那1%的人）的概念也出现一些问题，过去是同一家族通过几个世纪长期占有土地或工厂，积累大量财富，而今天这个群体相对而言更不稳定。

来看一些数字：一份来自美国财政部收入的报告显示，1996年，20%最贫穷的人的收入在连续9年里上升了91%，而在同一时期，最富有的20%人群收入只增长了10%。1996年最富有的5%实际上遭到了同期平均跌幅。最富有的0.1%的收入也有所下降，之后一个令人难以置信的情况是，收入平均下降50%。换句话说：如果你遵循个体的轨迹，而不是比较数据，你会发现穷人倾向于变得富裕了，富人却往往变得贫穷。

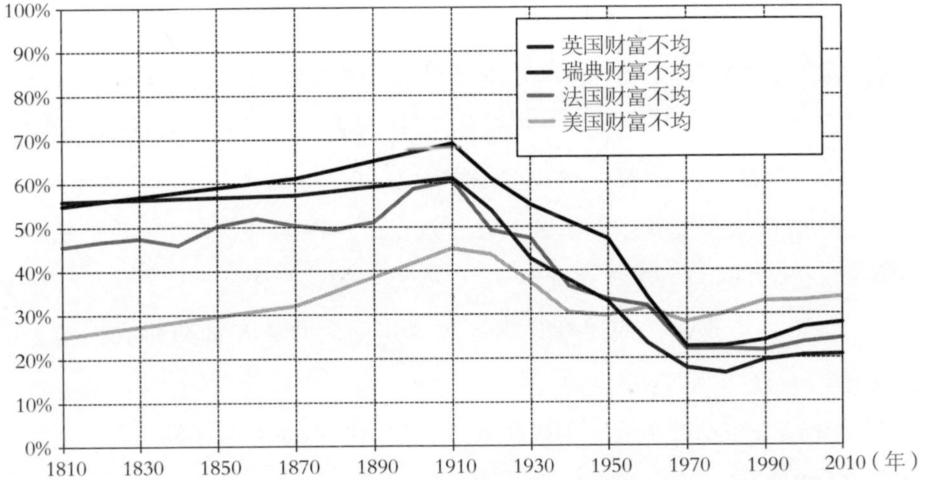

图13–1　英、瑞、法、美四国在1810~2010年财富不均百分比分布图

托马斯·皮凯蒂发布的数据显示，1810~2010年美、英、法、瑞四国当中，占总人口1%的富豪拥有的财富与社会财富的比例。正如数据显示，四个国家当中，三个国家的整体趋势都是差距正在逐渐缩小。唯一例外的是美国，出现了小幅增长。

产生公众参与型社会的十大动力

1. 减少集中，加强分权，大量创客生产个性产品；包括创客运动、DIY社区在内的“细分市场”生产技术，再加上手工制作、突出个性、“从大众到小众”的奢侈品。

2. 企业规模逐渐缩小，出现微型跨国公司。

3. 人生当中收入的波动性更强。穷人会变富，富人会变穷。

4. 自媒体增加，如博客、YouTube视频网站等取代了传统的电视、报纸等大众媒体。

5. 大公司的股东群体更为广泛。投资以公募基金为基础，再加上股票期权。

6. 自我提升运动：最早仅服务于公司的设备有了家庭版本。例如家庭视频编辑、3D打印、家庭影院，还有集中的单主机计算转变为个人和移动计算。

7. 共享社会，如优步、空中食宿和云计算。

8. 创意众包模式越发活跃，如大众点评、预测市场、众筹、批量编辑、社会影响债券、开放式创新竞赛、公众投票、合作过滤。

9. 通过开放式在线课程让高等教育走向大众，和让更多女性接受教育。

10. 民众流动性更强，不同种族或文化之间出现更多通婚，人们通过在网上投票解决问题。

为什么最富有的人的收入和财富如此不稳定？通常是因为你只有在做那些高要求、高风险和波动大的事情才会变得非常富有。如今的公司给他们的高管的薪资比以往任何时候都要多，但宽容度也要低得多。如精英体育，如果你有绝对的顶级表现奖励是巨大的，但当你业绩下降的时候，解雇通知来得要比过去快得多。此外，股票价格波动、技术变化、潮流转变和其他因素都会影响顶级人物。

这就解释了一些不寻常的现象。看看《财富》杂志评出的美国前 400 位富人的名单，1992~2008 年有 3 672 上榜，但只有 4 人（对，是 4 个人）一直榜上有名。实际上，根据一项对 1992~2000 年上榜的前 400 位富人的调查显示，留在榜上超过一年的人不到 25%，超过两年的人不到 13%。同样，1975 年美国最穷的 20% 人口当中，有超过 75% 的人在 1991 年成为了最富的 40%。两位科学家在一项规模庞大的纵向研究（对目标人群长期跟踪观察）中发现：

- 12% 的美国人在一生当中至少一次成为全美收入最高的 1%
- 39% 曾经排名最富的前 5%
- 56% 曾经排名最富的前 10%
- 73% 曾经排名最富的前 20%
- 54% 曾被官方宣布为贫困或接近贫困

这再次印证了在现代社会，富人与穷人之间的角色互换非常明显，而且很多穷人日后会变得富有，反之亦然。这意味着，一小部分精英（总人口的 10%）的财富会不断增加的说法是误导视听。原因之一是全球财富分配不均的情况近年来一直在改善，最近 200 年，富裕国家的贫富差距已经下降；其二是出现了自上而下、分布广泛并不断扩大的创新性破坏，这意味着占总人口 1% 的最富有人群名单会转换得更快。

过去两个世纪以来，市场经济一直受到重复“阴谋论”式理论的影响，认为信息、金钱和权力将会趋向集中。富农、银行家、犹太人、中国人、日本人、韩国人、印度人、跨国公司或最富的 1% 将引领一场压迫其他穷人的阴谋。卡尔·马克思和皮凯蒂相信这会导致自由市场的崩溃，巴兰与斯威齐认为它通过大公司创造了暴政，众多好莱坞电影人和作家脑海中的未来场景是计算机辅助的独裁统治，皮凯蒂认为最富的 1% 会是永久的主宰。

其实，早在自由民主和卡尔·马克思出现之前，人们对权力和财富集中于少数人手中就普遍充满畏惧。这一点我们可以从1086年版的《末日审判书》（英格兰和威尔士部分地区的重大调查记录手稿）中找到记录，也可以从法国富丽堂皇的凡尔赛宫中觅得线索。根据《末日审判书》的记载，英格兰和威尔士的绝大部分资产都是由屈指可数的权贵家族和教会所掌握，而法国国王可以在自己的国家随心所欲地强取豪夺。2014年，名人网络（Celebrity Network）在校正了通货膨胀的因素后，公布了史上财富总额位居前25位的富豪名单，虽然“二战”以后世界人口和平均收入都获得了前所未有的发展，但是名单中只有三个人生活在这一时期。

我们深入思考一下，如果自由市场推动各类事物趋向集中，那么就让人有些无法理解了，因为创新体系的发展趋势是实现多样性和多元化。因此，我们现在不是被邪恶的单主机电脑（想想电影《2001太空漫游》里的哈尔）控制，而是使用我们自己为数众多的小型计算设备，包括智能手机、个人电脑和平板电脑。我们不会接受某家媒体或中央机构的一味灌输［想想阿道司·赫胥黎（Aldous Huxley）的小说《勇敢新世界》和乔治·奥威尔（George Orwell）的《1984》，或者最近的例子，苏珊·柯林（Suzaune Collin）的《饥饿游戏》］。相比之下，我们通过使用博客和社交媒体平台，已经成为个人出版商。此外，我们现在可以在网上蹭世界顶级大学的课程，几乎全部免费，使用家庭3D打印机很快就能打印出自己的成品。我们还没有看到像卡尔·马克思和其他人预期的垄断资本主义，却看到了公司规模缩小，股东群体扩大。社会流动性非但没有下降，反而大幅上升，即使超级富豪现在也失去了“铁饭碗”。正如皮凯蒂的数据所显示的，财富集中并非呈长期上升趋势。

正如我们所知，由于世界各地“精英阶层”反复遭到迫害，出现了一次又一次谋杀等恶性事件，并带来反复不断的经济衰退。但是，文明进步的一个明显标志就是，施暴者现在更愿意通过高额税收，而非暴力流血来达到目的。皮凯蒂曾提议收取每年10%的财富税和80%的边际税。这太过激进，因为如果每年资本收益利润4%、税收占10%，那么税收将等于250%的利润。如果再加上80%的所得税，有效边际税将会轻而易举地超过300%，这里还没包括增值税和其他税赋。因此，如果要实现皮凯蒂的设想，你就需要一个掌控全球的中央集权政府，否则富人会想尽办法避税。此外，对承担风险或延迟获利的人也不会得到任何经济刺激。他们会将赚来的钱立即花光，或者以珠宝、金条、家庭装修等形式将其隐藏起来（目的实为避税），摆脱政府监管。这样带来的结果就是没有任何资本可以投入商业，整个社会立即停滞下来，并迅速崩溃。

总结一下：几个世纪以来，很多人都表达了对于自由市场经济自我挫败的担忧，因为这将会埋没个性，将信息、财富和权力进一步集中到少数人的手中。但是，当我们直面现实时，我们发现情况恰恰相反，自由市场经济正在创造全新的模式，通过权力下放，市场变得更多样、更多元、流动性强、公众参与广泛，充满变化。

如果你要看社会上权力和财富集中的部门，不如先看看国家。

表 13–1　发达国家政府支出占国内生产总值的比重

发达国家政府支出占国内生产总值的比重							
1870 年	1920 年	1960 年	1970 年	1980 年	1990 年	2000 年	2010 年
10%	18%	27%	33%	43%	46%	43%	49%

第 14 章　我们正在耗尽世界上最后的资源吗？

1908 年 5 月 13 日清晨，数百位美国各届领袖和各路媒体齐聚华盛顿特区中心的白宫东厅。房间里人头攒动，阵容相当豪华，包括美国 44 个州的州长、部分国会议员、最高法院大法官、内阁成员，以及自然资源领域的专家学者。大家齐聚一堂，只为一个共同的目的，此次会议的主题事关国家兴亡的危机：美国的自然资源即将消耗殆尽。

现场的气氛充满希望，与会者即将听到久负盛名的罗斯福总统亲自发表演说。众所周知，保护自然资源是总统极为关心的议题，他之前也曾经屡次强调。但是，截至目前并未得到广泛关注。此次，他决定想尽办法，吸引民众的关注，因此提前许久就发送简报，通知各路主流媒体，让他们提前为此次会议造势。因此，会议开始时大批记者蜂拥而至也就不足为奇了。

临近上午 11 点，在参议院牧师爱德华·黑尔（Edward Hale）博士发表了简短的祝词之后，大家一起进行祷告。随后是一阵短暂的沉默，小号曲在 11 点准时响彻房间，总统大步走上讲台。州长们先起身鼓掌，夹杂着一些支持者的呼喊声。而后，所有的与会人员都站了起来，现场一片热烈的氛围，直到总统挥手示意请大家安静落座，他随即开始演讲。

美国仍是一个相对年轻的国家，他解释道，许多年来整个国家固有的一种心态就是：人们认为向西漫步就可以轻而易举地找到新的土地和资源。他警告说，美国很快将会不堪重负，资源可能迅速耗尽。“一开始，我们拥有无可媲美的森林资源，然而现在超过一半的木材已经消失了。”他说，“一开始，我们的煤炭资源比其他任何国家都更丰富，铁矿石也被认为是取之不尽，用之不竭，但是现在许多专家宣布铁和煤炭资源的枯竭就在眼前。”他补充说，“仅仅是美国1907年比1906年多消耗的煤炭量就超过了1876年（百年纪念年）整年的总消耗量。”因此，煤炭消耗完全是不可持续的，然而煤气和天然气的情况更糟。正如罗斯福所说：“原本储量丰富的矿物石油和天然气已经消耗殆尽。”

土地质量问题同样令他忧心忡忡：“一开始，我们拥有无可比拟的富饶土壤，但是我们的不当使用和未检查土地侵蚀情况导致土地越发贫瘠，使得土地的作物生产力在不断地降低。”

他的讲话切中问题要害，引起广泛共鸣。在整个演讲过程中，他被掌声打断了18次之多。虽然话题极其严肃，但他的讲话不失幽默，引起观众阵阵笑声和掌声。“这就像让农户吃奢侈的奶牛肉。”他这段话刚刚说完就被笑声打断。“如果来年不想继续生活下去，任何农民都可以这样奢侈地过上一年。”这句话引起更多的笑声和更长时间的掌声。

总之，罗斯福的谈话持续了大约50分钟。如果他们之前还不知道谈话的内容，那么讲话之后大家应该很清楚：美国的水、木材、金属、煤炭、石油、天然气以及良田等资源即将消耗殆尽—— 一场灾难就在眼前。

每个人都认同这个结论，参与报道的记者们纷纷表示，这是罗斯福政治生涯中最重要的举措之一。产业界也同样认可这个结论，例如工业巨头安德鲁·卡内基（Andrew Carnegie）在会议后评论说：“截至1938年，约有一半的铁原料将会被消耗殆尽，而剩下的只是一些较为低级的矿石，目前认为可以使用的矿石仅够用到20世纪末。”

对于罗斯福的上述担忧、提出的举措以及可能的成效，你肯定会感同身受。但是无论是他本人、他的技术团队，还是卡内基，对于这个问题的预测都谬之千里。结果恰恰相反，在此次演讲之后，美国的能源、铁、木材和食品的产量继续加速增长，势头强劲，从未放缓。实际上，此次会议以来，各个领域的增长依旧强劲，直到100多年后的今天。这种情况当时有几个人会料到呢？

寥寥无几，因为我们似乎总是认为资源将要耗尽。先看看迦太基的西普利亚努斯主教写于3世纪的一段话："贫瘠山峦已被挖得千沟万壑，面目全非，层层大理石被人一点儿一点儿运出；金银数量逐渐下降，说明矿石资源趋于匮乏，矿脉也日趋贫瘠。"这是罗斯福举行此次会议1 700年前，主教在沮丧中写下的一段文字。

在中世纪晚期的欧洲，饥荒反复出现，部分原因是大约在1250~1830年出现了一个持续性的"小冰期"，其间不断增加的冰川吞噬了整个村庄，伦敦的居民只能在冰冻的泰晤士河水面上做生意。在这个极度寒冷的时期，收成也往往不尽如人意，带来遍地饿殍。因此那段时间，正如西普利亚努斯主教在绝望中所描述的，人们经常面临食物匮乏，资源短缺的局面。

1798年，"小冰期"尚未结束，由于庄稼歉收，粮食价格飞速上涨，牧师托马斯·马尔萨斯（Thomas Malthus）写下了那句名言：人口增长最终不可避免地会导致全球饥荒。他指出，人口增长是指数增长，而粮食生产的最佳状态，也不过只是线性增长。为了解决这一问题，他提出用最实际的方法消除贫穷。这种方法他描述如下：

> 我们不应该劝说穷人养成爱干净的习惯，而应该鼓励相反的习惯。在城镇中，我们应该把街道变窄，让更多的人挤进屋子，同时招回瘟疫。在农村，我们应当把村庄建在死水塘旁边，并且特别鼓励在沼泽和对人体有害的地区建设定居点。但是最重要的是，我们应该摈弃对于肆虐的疾病的具体治疗措施。那些做慈善的，自以为他们的计划服务于全人类，能够完全根除特定的疾病，实际上却搞错了方向。

这些冷酷无情的言辞就出自牧师之口，那时候一些牧师还会撺掇杀死穷人。然而，随着1830年左右"小冰期"开始撤退，庄稼的收成得到了改善，人们的注意力转向了煤炭。1865年，经济学家威廉·斯坦利·杰文斯（William Stanley Jevons）预测，英国濒临煤炭耗尽的边缘，这将会使整个国家的产业陷入停滞。第二年，这一想法正式演变成为煤炭恐慌，致使当时的财政部部长威廉·格莱斯顿（William Gladstone）答应立刻偿还英国的外债，虽然该国仍然存有一些煤炭。

1926年，罗斯福演讲后第18年，美国联邦石油资源保护协会宣布，该国的石油资源仅够使用7年，此言一出，舆论哗然。

然而，7年过去后，美国还有石油。到了石油本该早已耗尽的1935年，美国国务院发出另一份报告预测：美国的石油资源将在13年后，也就是1948年用尽。显然，他们没有吸取上次的教训。

1948年，美国仍然还有石油。在这一年，美国自然资源保护论者费尔菲尔德·奥斯本（Fairfield Osborn）出版了《我们被掠夺的星球》，他在书中预言：美国即将出现严重的资源匮乏和饥荒。同年，生态学家兼鸟类学家威廉·福格特（William Vogt）在其出版的《生存之路》中警告，农田和矿产资源短缺将会迫使美国通过战争手段获得锌元素。幸运的是，美国没有发动战争。但是，同年9月15日，《纽约时报》的一篇文章中描述了由于“人口过剩和资源减少，人类即将面对的黑暗前景”。

三年之后，在美国理应再次耗尽石油的1951年，美国国务院又预测：13年后石油将会耗尽。但是到了1964年，美国仍然还有石油。这个时候，新的预测又出现了，声称石油将在13年内耗尽，也就是到1977年美国应该不再会有石油了。

而且不仅石油即将耗尽，天然气也成问题。1974年美国地质调查局发布分析报告指出：“根据1974年的技术判断”，如果没有奇迹出现，美国的天然气资源只能再用10年，即美国的天然气资源到1984年就会耗尽。次年，全球环境基金理事会在多家杂志上发布了整版广告，上面写道：“我们的世界将于2000年毁灭。”

虽然已经证实之前所有关于资源短缺的预测都是以讹传讹，但是这种杞人忧天却在20世纪60年代中期到20世纪70年代初期演变成了名副其实的恐慌，就连时任美国总统吉米·卡特都加入这场论战，并表达了对于石油在10年内即将耗尽的担忧。

这种没完没了的资源恐慌论背后有一批驱动者，生物学家保罗·埃尔利希（Paul Ehrlich）就是其中之一，他可以称得上是有史以来最差的社会预测专家。他在1968年出版的《人口爆炸》一书中写道：人口激增可能会由于疾病、战争和饥荒戛然而止。他的众多预测都令人匪夷所思，他曾经说过：“我无法想象，印度到了1980年还能养活2亿人口”。但是他又错了，现在印度的人口已经超过12亿。环保主义者戴维·布劳尔（David Brower）写在该书前言中的第一句话是：“养活人类的斗争已经结束了，尽管人类在这场斗争中存活至今，但是到了20世纪七八十年代，数以亿计的人会饿死。”而在该书第三页，保罗·埃尔利希描述了“至少有1 000万人，会在20世纪70年代早期由于饥饿而死亡，其中大部分为儿童。但是这个数目相对于在本世纪末将会饿死的人数来说，只是少数。而且现在采取行动拯救这些人已经晚了”。

关于美国，他在一篇文章中描述的2000年的景象是这样的：1980~2000年会有6 500万美国人饿死。由于资源短缺和水污染，人口会降至2 260万。然而实际上，这段时期内人口增长到了2 730万，并没有出现饥荒，反而出现了肥胖等重大问题。后来，在同一篇文章中他预测，20年内全球会有40亿人死于饥荒。

埃尔利希还做过很多对于世界末日的预言。关于英格兰，他写道：“我敢拿全部身家财产打赌，英格兰到2000年就不复存在了。”幸好他没这么做，因为2000年英格兰的人口和国内生产总值均创新高。

但是的确很多人对他和其他世界末日论者的言论深信不疑，资源恐慌一波又一波地袭来。1968年，威廉·帕多克（William Paddock）和保罗·帕多克（Paul Paddock）出版他们的畅销书《饥荒1975！》，他们在书中颇为自信地预测说：1975年会出现全球性饥荒，基本只有美国还有额外食物。而且美国只会把额外食物分给那些严格执行计划生育的国家，其他国家的人只能饿死。第一个环境保护活动——地球日活动的领导人丹尼斯·海斯（Denis Hayes）也对上述观点表示认同。他在1970年表示：“现在才想避免大规模饥荒为时已晚。”世界注定要毁灭。数十亿人类将会灭亡！

但是恰恰相反，自从埃尔利希和其他末日论者发表末日预测之后，世界上人们的平均寿命增加了大约10年，营养不良者的比例已经从1970年的30%降到如今的10%。这一切还不包括世界人口几乎翻了一倍。事实上，发展中国家每日人均卡路里摄入量已经从1964~1966年的2 054，增加到了2015年的2 850。这意味着大约39%的穷人平均（每人）食品消费增长，而且就在此期间，世界人口翻了一倍。

就在埃尔利希和其他人预料会发生饥荒的美国，你会惊讶地发现，越来越多的农田不再用来生产粮食，而是用来生产生物燃料。在世界人口最为稠密的地区之一欧盟，政府正为由于产能过剩而出现的酒池肉林纠结万分。政府甚至给农民发放奖金，鼓励他们停止耕作。地方政府也推出了一系列举措以应对越发严重的肥胖问题。

保罗·埃尔利希曾预测说，到20世纪70年代会有超过1亿人饿死，但实际的数字是大约350万~400万，而且多半是由于1975~1979年红色高棉在柬埔寨实施的种族灭绝政策造成的。

最糟糕的事情可能还不是末日论者在公众心中引发的杞人忧天的恐惧和悲观情绪，而是埃尔利希等人展现的世界观。这是一种反人道主义世界观，虽然尚未广泛扩散，但是依然非常活跃，不但与马尔萨斯的观点不谋而合，而且与近代某些大独裁者的言论相得益彰。比如，保罗·埃尔利希曾说，地球上人口的增长就像是一种“癌症”（这与希特勒对犹太人用的词语完全相同），他还解释了针对这种情况我们需要做一些什么：

> 我们必须把我们的努力方向从症状的治疗转移到癌症的切除上去。这当然需要做出一些残酷无情的决定，疼痛可能会加剧。但由于已经病入膏肓，只有实施根治手术，才能给予患者生存的机会。

他的建议之一就是强制绝育和强制堕胎。此言一出，欢呼一片，同时《人口爆炸》的销量超过300万册，埃尔利希可能也是为唯一一位被美国电视节目《今夜秀》采访了整整一个小时的作者。

该书出版6年后，他又与妻子合作完成了另外一本书《富裕的终结》，他在书中预言：“1985年之前，人类会陷入真正的短缺时代”，“许多现有的重要矿物资源将会耗尽”。

这种观点已被学术界和大众普遍认可。1969年5月4日，诺贝尔经济学奖得主乔治·沃尔德（George Wald）在麻省理工学院发表讲话：

> 种种迹象表明，世界人口在2000年之前将增加一倍；在世界许多地区，

前所未有的范围内，仍有对于饥荒的普遍预期。专家们只是在预测饥荒何时开始时出现分歧。有些认为是1980年，其他人则认为他们能延缓到1990年，只有极个别专家认为能够拖延到2000年。

这段演讲后来被多家报纸广泛转载，加拿大《环球》报也为此发行了87 000份。1970年，美国国家科学院院士哈里森·布朗（Harrison Brown）在《科学美国人》杂志上发表的一篇文章预测，世界将在1990年耗尽铅、锌、锡、黄金和白银。同年（1970年），上文提到过的地球日创始人丹尼斯·海斯对《荒野生存》杂志的记者说："人类文明将在15年或30年内终结，除非人类立即采取行动来应对现在面临的问题。"

这样的例子数不胜数，世界观察研究所环境研究组的莱斯特·布朗（Lester Brown）也是其中一员。统计学家比约恩·隆伯格（Bjørn Lomborg）在自己的著作《多疑的环保主义者》中解释，布朗如何在整个职业生涯中不断做出几乎完全相同的"末日布道"，这些都关于我们很快就会面临严重短缺的言论。不计其数的例子中的一个是，布朗曾预言，在1981年，世界上可用石油储备很快会耗尽："地球经过数亿年形成的可开发石油储备，将会被1960~1995年这一代人消耗殆尽。"

信息非常明确：西方文明以及它持续的技术发展和经济增长是一个末日审判机，应立即停止。1971年，记者戈登·泰勒（Gordon Taylor）出版了《末日审判书》。在这本书中，他推断，美国使用了世界上一半的资源。到了2000年，除非世界阻止了美国的发展，否则它将用掉全球所有的资源！

第二年，前文提到的《增长的极限》一书出版。根据麻省理工学院所做的一份广泛覆盖的分析报告，到1983年，世界上所有的黄金将会耗尽；1987年，白银和水银将会耗尽；1989年，锡将会耗尽；1992年，锌将会耗尽；1995年，铅和铜将会耗尽；2005年，铝将会耗尽。令人稍感宽慰的是，书中还列出了较为乐观的另一种预测，认为这些资源的储量比先前预想的情况要多出5倍。如果真是这样，我们在未来几十年内还会有足够的金属可用。这本书随后成为全球畅销书，被翻译成30种语言，卖出了1 200万本。

整个问题实际上可以简单地归结起来，其中保罗·埃尔利希的简化方式最为简易。他运用了所谓的“IPAT公式”来解释它。它如下所示：

$$I = P \times A \times T$$

“I”代表影响力，“P”代表人口，“A”代表财富，“T”代表技术。它意味着：人口越多，人们创造的技术和财富越多，对环境和资源的影响就越严重。因此，为了保护环境和资源，我们应该控制世界人口，降低生活标准，限制新技术的使用。建设创新力社会的想法应被搁置，因为风险太大。

当然，所有这些世界末日的言论并不是无人反对的。例如，1974年，美国地质调查局戏剧性地分析预测：美国的天然气仅够使用10年，而美国天然气协会立即反驳，声称美国的天然气资源足够使用1 000~2 500年。

朱利安·西蒙（Julian Simon）是一位经济学家，早年毕业于芝加哥大学，获得博士学位，专门研究人口增长、经济发展和资源方面的问题。他在年轻时和大多数同行一样，一直对人口过剩的问题深感忧虑。不过后来，他在研究中发现了两个问题：第一，千百年来，商品价格绝对或受通货膨胀因素的调整而大幅下跌；第二，人口最稠密的国家，经济发展势头往往也最好。

这一发现让他陷入思考，进而开始广泛查阅关于人口和资源的统计资料，这个过程不断印证着同一个令人震惊的结论：资源正在不断地增加。怎么会这么奇怪呢？

确实非常奇怪，但数字就是数字。随着时间的推移，他得出结论：地球上的最终资源并不是任何特定的原料，仅仅是人类的创新力罢了。这也就解释了为什么人口稠密的地区往往变得最富有：生活在同一片区域上的人越多，他们能够结合自身想法的创新就越多。

大多数人至少会部分相信这个理论。但西蒙的观点跟大多数人不同，他声称我们的创新力如此伟大，既然上天给予人类一个充满活力的经济体系，我们就永远不会缺乏资源。

永远不会吗？很多人不同意这一观点，埃尔利希显然就是其中之一。不久前，西蒙和埃尔利希之间还有一场持续的争论，最终引起了广泛的关注。毕竟，这是一个有趣的故事，因为这里有两位教授，他们是同龄人，有趣的是他们都在新泽西州纽瓦克郊区长大，他们都准备要为自己的想法大声辩护。尽管埃尔利希总是拒绝与西蒙见面，而喜欢在公众面前直接讨论这个话题，但是他们的争论还是主要通过文章来进行的。这两位对手主要通过在社会科学季刊发表尖锐的文章来交换意见。1980 年 9 月，西蒙将这次争论提升到了一个新的高度。他向众人发出挑战：

> 我会言而有信。这是公开发售的 1 万美元的股份，将会以每股 100 或者 1 000 美元发售。我相信，由非政府控制的原材料（包括粮食和石油）的价格长期不会上涨。如果你能在一年后的任意日子里，为我提供价值当前市场价格 1 000 美元或者 100 美元的任何等级的矿物或者其他你能叫得出名字的提炼物，而它在长时间内价格上涨，我会遵守合同按照当时的市场价格付给你钱。灾难预言者们，怎么样？先到先得。

紧接着，埃尔利希宣布："在其他贪婪的人参与西蒙的惊人之举前，他将首先接受这个挑战。"他与两位来自加利福尼亚大学伯克利分校的资源专家成立了一个新的财团，他们一起选择了价格可能会大幅上涨的 5 种商品：铬、铜、镍、锡和钨。

然而，在接下来的 10 年里，这 5 种金属的价格并没有上升。事实上，尽管世界人口的增长比以往任何时候都快，但这 5 种金属的价格都下跌了。同一时间，商品累积的通货膨胀率达到了 50%。年底，埃尔利希不得不把 576.07 美元的支票送到了西蒙手中。

主攻预测的科学家的重要任务之一，就是把这些数字与实际的统计结果进行比较。一般来说，你需要做"逆向测试"，即检查你的模型是否准确地预测了过去。当然，随着时间的推移，你还要注意你的预测是否为真。如果你的假设模型与现实不符，你必须更改你的模型。然而，年复一年，这一切与末日预言者无关，他们关于资源短缺的预言一个接一个地破灭。很显然，他们发现他们模型的逻辑非常明显，没有必要检查事实。

但正如我们所看到的，这种模式显然会制造系统性误差，那么究竟是怎么回事呢？举一个例子来说，西蒙和埃尔利希用来打赌的5种金属的价格是如何在通货膨胀、经济增长和人口增长的高峰期跌落的？事实上，在1900~2000年的100年间，5种金属在通货膨胀调整后的价格真的下降了吗？

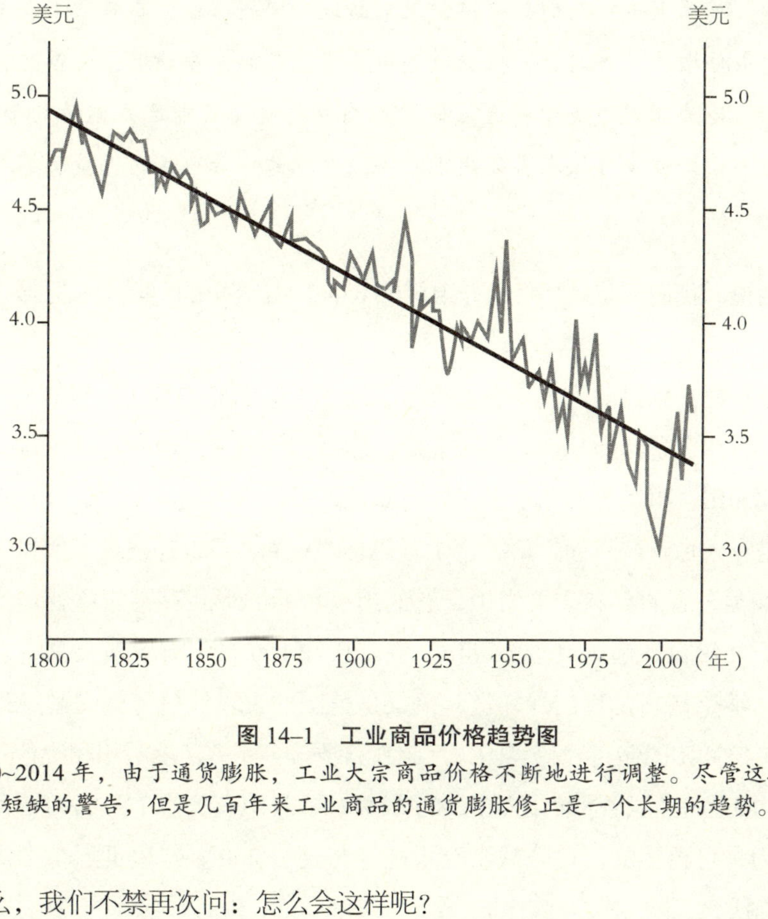

图14–1　工业商品价格趋势图

1800~2014年，由于通货膨胀，工业大宗商品价格不断地进行调整。尽管这段时间内一再有资源短缺的警告，但是几百年来工业商品的通货膨胀修正是一个长期的趋势。

那么，我们不禁再次问：怎么会这样呢？

让我们先从"储备"这个概念开始。人们可能简单地认为储备意味着可使用的材料数量，但这种理解是不对的。"储备"是指按照当前价格计算，能够依靠当前的科技水平从中提取出的有用的材料数量。所以，技术的提高或价格的上涨都可以增加储备量。

如果人们误读了储备的概念，他们也完全可能误判了当前矿产资源的实际拥有量。来自剑桥大学和伦敦大学著名的商品经济学专家威尔弗雷德·贝克尔曼（Wilfred Beckerman）做了如下解读：

> 完全不必为达到永恒而纠结，也不必为1亿年或1 000年之类的折中时间而烦恼。总体来说，人们会根据需求不断地发现新储备，而且需求也不会像过去一样成倍增长。事实上，根据地壳中主要金属的分布状况，大量随机采样结果显示：地壳上层1英里的金属元素的自然存量是目前已知储量的100万倍。由于目前已知储量可供人类使用100年，也就意味着地壳的存量足够人类使用1亿年。

换句话说，我们目前只是将地壳上层约0.000 1%公里的实际金属区域定义为储备区。

化石燃料呢？到目前为止，我们提取了大约1万亿桶的石油。据估计，在传统的油田中，石油含量与此相当。传统油田，即所谓的简单地将管道插入地下，然后泵出油来的油田。事实上，基于上述所有石油即将枯竭的预测来说，我们还剩这么多石油真是令人惊讶。然而，除了这1万亿桶的石油，我们还发现了大量以其他形式存在的油类，有的存储在页岩中，有的则以焦油的形式存在。这就是为什么目前已知的石油储量，远远高于20世纪70年代和100多年前罗斯福总统召开会议时的储量。举个例子，我们都知道，仅仅是美国的页岩油储量就超过了世界范围内所有的传统油田的储量。仅美国绿河组在科罗拉多州、怀俄明州和犹他州地区就被认为有约3万亿桶（4 800亿立方米）页岩油，其中有价值1万亿~1.5万亿桶量的油被认为是可再生的。这个数量至少能够与过去200多年里世界范围内消耗的页岩油量相抵。

资源发掘并未结束。2000年以后，在许多地方的页岩油储区发现了巨型气田。并且，多亏了目前所谓的水力压裂技术，大部分气田成为商业储区。但即使在出现这种技术之前，世界上天然气储备也在不断增加。全球储备在2014年达到了大约足够消耗250年的水平，依然不断增加。为长久使用而继续开发的同时，科学家也已经开始研究提取甲烷水合物的方法。甲烷水合物是一种易燃碳氢化合物，它的燃烧热值是天然气的2~10倍。所以，甲烷水合物可以一直消费上百年甚至上千年后。

当然，现在还面临全球变暖的问题，我们后面会讨论这个问题。鉴于此，不久之后我们应当停止燃烧化石燃料。然而，许多其他产能和技术正在快速发展。

生物燃料就是这些领域之一。第一代所谓的生物燃料的使用是有限制的，比如仅在巴西的部分地区。第二代生物燃料的燃烧率是上一代的2~3倍，因为它不只利用了植物糖，还利用了它们的纤维素、半纤维素和木质素组成了相当大的生物量。然而，这一阶段的研究重点可能很大程度上从第三代生物燃料转移到水箱中转基因藻类的培养上。这些藻类会吸收空气中的二氧化碳，并将其转化为油。这需要很高的投资，但是每单位面积上的收益率将是第一代生物燃料的15~300倍。

其他有趣的能源技术包括所谓的光电太阳能电池板，用阳光发电。由于新的技术和价格战，太阳能发电在许多阳光资源丰富的地区已经达到了市电平价（太阳能发电成本与当地传统发电成本相当）。

地热能源也有了显著地增长和发展。它是通过将流体泵送到地面然后流经封闭管道返回地下的方法，来达到取暖的效果。这项技术在地温高的地区非常有竞争力，它也可以进一步发展为更大型的地下装置。在瑞士和瑞典，大约75%的新房屋都在使用地热能源。

其他的技术则集中在节约能源上。例如，由于汽缸钝化、巡航控制、涡轮增压、混合动力技术和使用铝、钛、陶瓷及碳纤维等轻量化材料的组合，汽车变得更加高效。同样，新型灯泡（二极管）往往比之前的材料节能8~10倍。飞机也已经变得更有效率。

根据空中客车公司的资料显示，航空运输总量在2000~2010年增长了45%，但是由于燃油使用效率的提高，燃油消耗总量仅增长了3%。

然后，核能有可能（并且很可能）成为最终的能量来源。2012年，全球共有约440座核反应堆，总共提供世界总能源的7%和电力的17%。有很大一部分燃料来

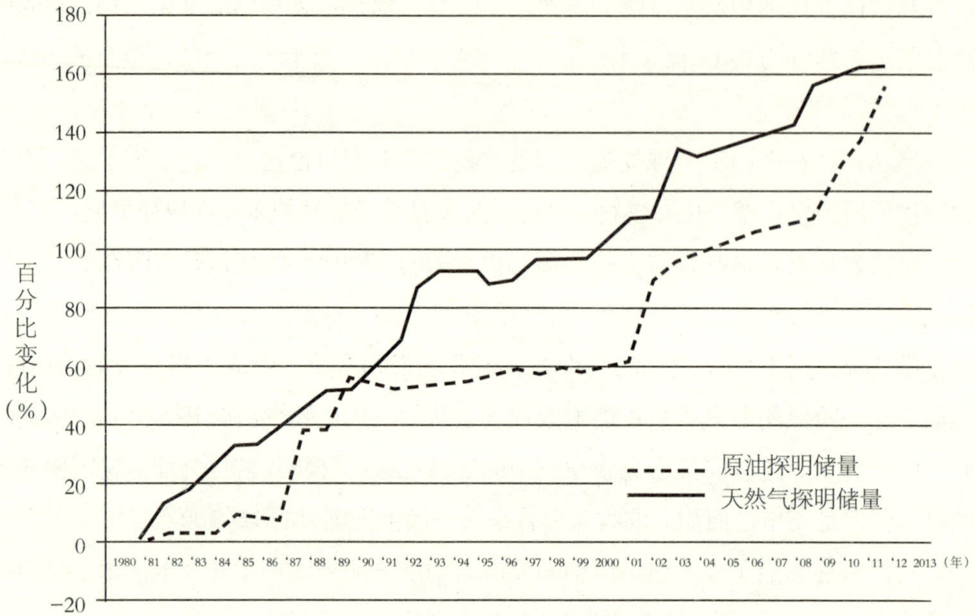

图 14–2　1980~2013 年已探明的石油和天然气储量变化

自依照裁军协定中回收的俄罗斯核弹的燃料。

核电是一项压缩技术，从1千克铀中能提取出相当于300万吨煤提供的能量。

如今使用的大部分核能系统属于第二代反应堆，由于通常都是单独设计，因此造价非常昂贵，不过科研人员已研发出包括球床核反应堆技术在内的诸多先进设计。球床核反应堆与糖果机的工作原理相同，通过将热发电铀球放入大型储罐的底部，能量经高温加热后得以释放，而不具备放射性的氦气则在燃料球之间循环游走（我们将在后面的章节讨论废料的问题）。有了这种技术，就可以循环往复，获得能量。而且，该系统运行成本低廉，且不会发生爆裂，安全性强。

根据当前掌握的技术和资源，我们拥有的铀可供使用280年，但如果能够做到资源回收，重复利用，就可以供我们使用几千年。如果我们能够进一步从海水中提取铀，我们就可以使用几十万年，远远超过目前人类存在的时间。

由此可见，铀作为人类未来的能量源泉，还可以做得更加安全。此外，一系列使用铀的新技术也都已在研发或测试阶段。比如，微软联合创始人比尔·盖茨和前首席技术官内森·梅尔沃德（Nathan Myhrvold）投入大量资金支持泰拉能源公司，该公司致力于研发“前进波”技术，也许能够通过嬗变利用核废料中的剩余能量。（目前大约有99%的剩余能源都被浪费了。）产生嬗变是指将一种元素转换成另一种，就像中世纪的炼金术士一直渴望做到的事情一样。

简单地解释一下“前进波”，它就是将核废料放入可能插入地下的管道里，然后它逐渐从本身退化成另一种物质。这个过程至少需要40年，这段时间内它会释放其能源潜力的98%~99%。如果这种技术可行，那么它能为整个世界提供1.6万年的能源供应。目前全球能源消耗仅与当前的废料量相当。

当然，还是获取核电更好一些。因为1千克的钍与200千克的铀（无须使用前进波或增值技术）有相同的实际能源潜力，与4亿~6亿千克的煤具有相同的能源潜力。一个现代人一生用于各处的能源供应量集中到一个钍球中也就高尔夫球般大小，这在大规模生产中成本不会超过几块钱——也许2美元。

钍是一种常见的金属合金，本身不具有放射性。我们会通过以中子撞击它的方法，为获取核能做准备。钍非常干净：从目前类似的组件发电中发现钍只会产生1%甚至低于0.1%的核废料成分，而且这种废料可以被嬗变。即使不能被嬗变，大约300年后它很大程度上也将会无害。

不同于传统的铀反应堆，钍反应堆不是在高压下工作的。如果你使用熔盐堆，从技术上讲它是无法爆炸或冷却的。如果切断钍反应堆的供电，它的反应过程就可以自行停止。因为这个过程相对安全且简单，钍反应堆可以制作的非常小型，安装在船舶、火车甚至火箭上。大体上，它能为核热火箭加速到大约光速的20%，这个速度相当于在不到一秒的时间内环绕地球一圈。然而，很显然，它首先还是用于在以煤炭为基础的热力站，用钍反应堆取代燃煤分庭。挪威、中国、美国、以色列、俄罗斯，特别是印度，正在使用钍反应堆。

潜在的能量有多大？依靠熔盐堆的钍反应堆技术，我们可能有足够的能源满足世界几十万年的需求。

铀或钍反应产生的核电都依靠核分裂，也就是分裂原子。然而，我们最终的选择是核聚变。潜在的核聚变最有效的燃料形式是氘和氚。如果你可以使原子聚在一起，让它们的核心相互融合，这就会发生核聚变。核聚变需要极高的温度，或者大规模压缩或同时满足二者，就像模拟太阳中心发生聚变的条件一样。核聚变会释放出大量的能量。

多年来，科学家一直在努力创造和维持核聚变，但这方面的进展一直相当缓慢。然而，近几年，许多方面实现重大突破。其中位于加利福尼亚州的美国国家实验室正要在法国创建国际投资支持的核聚变反应堆，该反应堆高达 30 米。与此同时，包括微软联合创始人保罗 · 艾伦 、亚马逊创始人杰夫 · 贝佐斯以及高盛集团在内众多嗅觉敏锐的风险投资人和投资机构都将目光投向替代项目，寻求更为简单、更为小巧的设备以实现核聚变。

一些大公司也跃跃欲试。航空航天巨头洛克希德 · 马丁公司推出一项小型核聚变反应堆项目的最新举措，该项目旨在大批量生产反应堆，反应堆的大小在 2 米长、2 米宽、4 米高左右，几乎可以在任何地方完成安装。

如果（这里必须强调是“如果”）上述任何项目的研发取得突破，那么我们会拥有多少能源储备？ 2001 年进行的一项研究指出，截至目前探明的锂矿山储量就可以为地球提供约 3 000 年的核能，从海水中提取的锂竟然可以提供 6 000 多万年的核能，约是人类存在时间的 300 多倍。如果更进一步，使用从海水提取的氘，那么我们就足以向世界供应能源 1 500 亿年，而这是宇宙存在时间的 10 倍。因此，如果能够成功，我们就没有任何后顾之忧了。迟早能够成功，因为这并不违背物理定律。

核能比包括风力涡轮机和太阳能电池板在内的任何能源技术都更清洁、更安全，其产生的废料只是一小部分没有放射性的氦气。这部分氦气可以经过销售环节，供工业使用，甚至可以用作为孩子们聚会时的气球充气。就连反应堆铁皮芯也是由碳纤维组成的，即使反应堆废弃停用，它也是无害的。另外，若你切断核聚变反应堆的供电系统，它就会自动停止。这就类似于你停止了汽车发动机的动力供应：不会爆炸，只是停机而已，不会泄漏任何废料。既然能够获得这种无限的、廉价的、清洁的电力，我们就可以轻松地制成人工液体燃料，在铜和锌的催化下将大气中的二氧化碳与氢气结合，或者以某种其他方式合成。这个过程的结果是产生甲醇，而甲醇是一种清洁能源，它的燃烧不会增加大气中的二氧化碳含量。当然，我们不要求每个人都能开上电动汽车，但在跑车内部增加燃烧机的想法听起来真的不错。生活就是应该乐趣无穷。

正如上文所说，在遥远的过去，人们经常遭遇资源的严重短缺。众所周知，罗马的许多殖民地不断地徘徊在饥饿的边缘。在西方，资源稀缺的状况已经完全过去了。2015 年，农民大约占英国人口的 1%、美国人口的 2%、法国人口的 3%。事实上，美国和法国都是粮食出口国。举个例子，如果不是要给山区的农民农业补贴来维持生活，那么西方文明人口的 2% 很容易就可以养活其所有公民。造成这种情况的根本原因就是西方快节奏的创新力。

所以这是一项灾变论者和恐慌贩子们看不懂的基本机制：在一个动态的社会里，通常我们开发或者寻找新资源的速度，远远高于使用它们的速度。而最终，我们求得的解决方案将不受实际的控制。我们使用的方法将是效率、回收、压缩、替代、数字化、虚拟化、生物培养、合成和共享等的组合，如下所示。

为什么我们不会耗尽资源

资源矛盾发生主要是因为以下 9 个进程：

- 效率：随着技术的成熟，资源在各个层面都更有效率，如同汽车、飞机和房子。同样，我们在寻找资源方面也变得更强。
- 回收：社会越来越富裕，许多资源的回收率接近 100%。例如，2012 年年初，电子商务网站（和回收服务）易贝的 C2C（客户对客户）项目销量超过 1.7 亿件，这代表着自成立以来，每 2 秒就能成交一件物品。
- 压缩：我们学会投入越来越少的关键原材料来制成同样的产品，无论是产品的结构还是产品的运作。手机重量的变化就是一个很好的例子，最初重 25 千克，但今天的重量已降至接近 100 克。相应地，工厂、机械和农业的结合变得越来越紧密。例如，要生产同样数量的食品，现代高效农业只需使用以前20%的土地面积就能实现。我们现在发射的一些现代卫星重量可以低至1千克甚至更少，有些卫星（“精灵”系列）甚至只有邮票般大小，完全是由总价值25美元的标准部件组成。

- 替代：我们总是用一种更好、更便宜的商品替换另一种，或者是可以无尽地合成。碳纤维取代金属的多用途使用，就是一个很好的例子。不得不提的是，地壳的1/4是由硅组成的。硅是一种半金属，就像碳纤维，用途广泛，具有目前我们正在使用的传统金属的诸多特质。我们不用的，那一定是没有必要。
- 数字化：或早或晚，许多产品和制造方法会成为信息技术。由信息技术提高生产力往往明显快于模拟技术。例如，用于植物遗传进化的基因嫁接技术，比通过基于随机突变的选育快得多。
- 虚拟化：技术使我们能够减少或消除对物质产品的需求。例如，云计算服务器在无数家庭和企业中的应用，消除了对本地服务器的需求；互联网商务消除了我们对实体商店的需求；智能手机可以取代闹钟、计算器、指南针、照相机、收音机和远程控制；其他一些技术消除的对象如硬币、信用卡、光盘、印刷的目录和电话簿；电子邮件取代了实体信封，视频会议减少了许多需要面对面召开的会议。
- 生物培养：我们开始培养生物，而不是直接从自然中提取，就像当年我们从狩猎农业过渡到畜牧农业，或从牛的胃中提取胰岛素，将人工胰岛素基因拼接到微生物一样。同样，自2013年起，供人类食用的鱼超过一半来自养鱼场。
- 合成：我们学习创建完全由人工合成的材质，例如通过压缩气体和人工大脑（计算机）制作人工钻石。
- 共享：我们使用在线服务共享房屋（空中食宿）、汽车（优步）、电脑（云服务）、工具、自行车、家用电器及其他。

我们消耗的资源越多，获得的资源就会越多，这种论点可以被称为资源悖论。显而易见，这种现象正好与人类直觉相反，因此虽然统计数据清楚无误，但是几个世纪以来遭到无数学者和外行的忽视或否认。这是西方创新力给我们带来的最根本的启示之一，美国经济学家兼政治家亨利·乔治（Henry George）用下面的方式解释了美国的粮食产量为何越来越高：

> 人口越多，食物就会越多。动物和人之间的区别就在这里：老鹰和人类都吃鸡，但是老鹰越多，鸡就会越少；然而人类越多，鸡却会更多。

上述言论的关键点在于其出自1879年，恰巧是罗斯福召开会议讨论资源匮乏问题前29年，也是20世纪70年代资源大恐慌前100年。但是他的言论并未引起人们的关注。

但这段话又把我们带回到保罗·埃尔利希和他关注的粮食问题上来。1970~2010年农产品总量增长80%，源于生产力的提高，只有20%来自新土地的耕种。如果我们从长远的角度来看，1900~2000年，世界人口大约增加了400%，农业生产增加了600%，而农业土地利用仅增加了约30%。这就意味着，农场生产力增加了大约5倍，同时解释了为什么食品价格因通货膨胀调整下跌了90%。农业生产力增长源于各式各样的创新，包括由美国生物学家、人道主义者、诺贝尔和平奖得主诺曼 博洛格（Norman Borlaug）推行的所谓的绿色革命，其中包括更高效地浇水、施肥、喷药。

然而，其中最主要的影响，还是农作物新品种的开发。例如：1901年以来，日本以一种叫作苏云金芽孢杆菌细菌喷洒植物，它可以驱赶昆虫及其幼虫。这取得了很大的成功，因为当这些细菌进入昆虫的胃时，它们会产生结晶体，从而刺穿昆虫的肠道并且杀死它们。但它们只能在含有碱性胃液的昆虫体内起作用，所以它们对其他物种和有酸性胃液（非昆虫）的物种是完全无害的。这项技术现已在全球广泛应用于有机农业，但是它也有缺点，喷洒的一些农药会被风吹到农场外面，无意之中杀害了许多蝴蝶和其他昆虫。

为了解决这一问题并提高效率，科学家将负责细菌基因的一小部分纳入植物的

DNA中，这样就能够保护植物不被喷洒的农药伤害。这是很有吸引力的，因为全球约40%的农业生产被杂草和害虫摧毁，这种环境和经济利益双减少的损失是巨大的。

后来，另一个想法产生了。在20世纪70年代，美国孟山都公司开发了一种除草剂叫作农达，它可以消灭所有植物，并且快速分解。目前，他们改良了一些作物，使它们能够免疫这种除草剂，这些“抗草甘膦”的植物可以大大减轻以往农民犁地或者喷药的负担。例如，在密西西比州和亚拉巴马州的试验显示，种植这种庄稼的农民只需每季度喷药1.5次，远低于原来每季度喷药8次的平均水平。

这使得能源使用量减少、农业土地需求减少、土壤侵蚀情况减轻，以及喷洒除草剂需求降低。

农业科技继续阔步发展。1996年，仅有170万公顷的农业土地种植转基因作物，然而到2010年，这个数量已增加到1.47亿公顷。出于同样的原因，超过2万亿份转基因饭菜送上餐桌，人们食用后在健康方面并没有表现出任何不良的征兆。即使有征兆，情况也与不良反应正好相反，转基因食品可能会更健康，因为它可能被有富含更多维生素或矿物质，或者含有更少的天然毒素。

美国的玉米生产就是提高产量的典范。自“二战”以来，美国玉米的每公顷平均产量增加了400%。这一趋势预计将持续，新的技术贡献之一就是所谓的种子碎片机。这项技术能够让种子生产者采集每个种子的DNA样本，并且不破坏它的生长能力。这些机器每一个都可以在1秒内完成一次甚至多次DNA测试。基于这种技术，生产者可以建立一个种子数据库，里面有种子的各种遗传性状，每个客户都能够订购最符合当地条件要求的种子。

转基因植物需要的水、肥料和农药都大幅减少，而且更能抵抗风、雨、霜或土壤中盐水的侵袭，生长速度更快、个头更大、更为健康。下面这个例子是我们正在进行的尝试：制作木薯水果的一个变体，使其含有更多的蛋白质、铁和锌，以及维生素A和维生素E。此外，尽力减少它自身产生的氰化物毒物。最后，我们的目的是使这些植物能抵御某些感染，保证它们在收割后可以保鲜两个星期，而不是仅仅一天。一天的时间不足以将它们带到市场卖掉。这一项目有可能对大约2.5亿处于

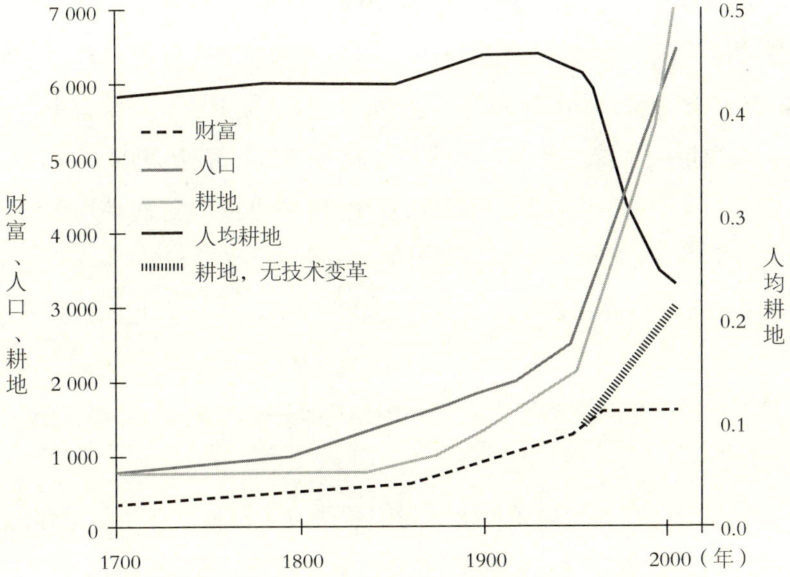

图 14–3　1700~2500 年全球耕地面积和人均耕地面积

如图所示，自绿色革命和引进转基因作物以来，尽管人口迅速增长，但我们保持耕地总量大致不变。与此相应的是，人均耕地面积大约减半。

贫困中的人，产生巨大的经济效益影响，提供足够的营养补充。

另一个关于健康作物的例子是一种最初由两个瑞士科学家开发的水稻品种，被称为“黄金大米”。与常规稻不同，由于“黄金大米”加入了从玉米提取的可以产生 β–胡萝卜素的基因，所以它会提供大量的 β–胡萝卜素（消化后变成维生素A）。据估计，在发展中国家，种植“黄金大米”大约每年可以拯救 200 万人的生命，而且可以预防 25 万~50 万新增慢性失明和数百万的干眼症。总而言之，它可能意味着发展中国家 2 亿人民生活水平的显著改善，也帮助他们找到了脱贫之路。

为了帮助这些人，科学家正在研究能够使儿童免疫疱疹、肝炎、严重腹泻，甚至囊性纤维化的植物。发展中国家每年大约有 400 万人死于上述疾病（尤其是痢疾），其中主要是儿童。

考虑到这一切的同时，我们还要关心一下世界人口的问题。全球人口增长率在 1963 年达到顶峰，从那以后开始下降。从 1970 年开始到 1980 年，世界人口增长了20%，到1990年增长到19%。1990~2000年增长了15%，2000~2010年增长了14%。联合国预测，全球人口在未来几个十年的增长率分别是：11%、8%、6%和4%。2020~2025年或者2020~2030年，我们的人口可能低于更替生育率水平，这也就意味着人口数量的下降。然而，如果发生这种情况，基于2000年来在基因工程中的重大突破，我们就有方法加速提升农业生产力。例如，通过使用孟山都种子碎片技术，该公司预计能够每年加速玉米田生产力增长大约3.5%，相当于每十年增产40%。这意味着我们有办法极大地减少对土地数量的需求。因此，我们可以利用一些土地创建自然公园。

总而言之，我们生活在创新力社会当中，这是一个经常会用极其优雅的方案来解决问题的社会。

虽然我们无法很准确地描述关于未来的解决方案是如何在实际运作的。但是，我们目前的经验明确地告诉我们，只要我们相信创新力和实验，新技术会层出不穷，许多技术可能会给我们带来完全的惊喜。

这些都很好，但是水资源呢？我们并不能通过基因工程产生水，不是吗？

也许我们可以，但这是不明智的，不是因为我们缺乏水资源，或者严格意义上说我们已经面临水资源枯竭的问题，而是因为水不是一种按应用程序细分的化学物质。许多国家正在面临这样的问题，例如水位下降、地下水污染、污染导致的河流干涸，或者仅仅是可利用水资源太少。举一个农业方面的例子来说，生产1千克的食物通常需要大约1 000升的水。

因此，几十年来，一直有未来会出现灾难性的水资源短缺甚至“水资源战争”的预测。令人惊讶的是，我们不断富裕的同时，获取清洁饮水的方法也在不断地得到改善。1970年，在发展中国家只有约30%的人口能够获得清洁饮水，尽管期间人口大幅增长，但是到2010年，这一数字已增至近80%。显然，这并不意味着现在的一切都是理想化的，因为近9亿人仍然缺乏清洁的饮用水，所以这个问题是存在的。这是一个大问题，尤其是在中国，相当严重。尽管很多人预测水问题会变得更为严重，但它的严重程度实际上变得越来越小。

让我们看一些统计数字。世界的平均日降雨量大约人均 4 万升。通常来说，你觉得人类每天大约需要 100 升洁净水，用于饮用、洗涤或者保持个人卫生。然而世界耗水量仅有 8% 是个人使用，工业用途大约占了 22%，几乎是前者的 3 倍之多；农业用途则占了 70%。如果我们把所有的一切加在一起，我们每人每天大约需要 2 000 升水。

在实践中，这将地下水抽取、湖泊水与河流水过滤、屋顶雨水收集等技术集合在一起。人们还将越来越多地使用海水淡化技术。这项技术每 1 000 升会花费 0.045~1 美元，或者从另一个角度来说，填满一个 10 米长、5 米宽、2 米深的池塘将花费 4.5~100 美元。

其他解决方案的重点是减少用水，例如用电脑控制的滴灌和更善于利用和保持水分的转基因植物。解决方案中的一个重点，是将农业活动放置在水资源丰富的地方。这正是中国和其他国家正在做的事情：在非洲购买和租用农田。运输食物远比运送种植所需要的水源容易得多。

然而，缓解缺水的终极技术之一就是早期在太空飞船中应用的所谓的厕所水技术。新加坡、纳米比亚、圣迭戈、费尔法克斯和弗吉尼亚州都使用过上述技术。由于该技术包含过滤和再利用所有废水（包括厕所水在内），因此它可以无限期地重复使用。尽管听起来不太令人垂涎，但这种水是最纯净的，实际上比瓶装矿泉水更清洁。

新加坡总结得很好：解决水资源短缺的办法总是归结到钱，任何人都可以到迪拜去检验一下这条真理。这座城市已几乎没有天然的新鲜水，但是目前它不仅有数以千计的游泳池，更有室内滑雪场。这一切都无法解释：必需的资源是来自于自然的。如果那样的话，假设滑雪场是由天然气驱动（核聚变将是另一回事），那么即使想要在沙漠中建造它，也只是一个无害的想法而已。但这意味着我们确实可以通过创新，满足我们的需求。

在 1908 年的罗斯福会议中，一些热心的与会者认为：我们必须保护我们的资源，这种观点是完全正确的。例如，在 20 世纪 30 年代早期，美国面临“沙尘暴”，强沙尘暴侵袭了美国中西部和加拿大的部分地区，致使当地出现了异常干旱的情况。这些沙尘暴强烈得使能见度降到了1米甚至1米以内。随后，富兰克林·罗斯福（不是西奥多·罗斯福）总统下令植树，2亿多棵树种在了加拿大到得克萨斯州之间，用于阻断大风侵袭，保护水和土壤。罗斯福总统还下令教会农民抗腐蚀技术，比如等高耕种、作物轮作、梯田的使用和各种其他技术，这才最终解决了问题。

但他们认为美国会面临木材短缺的问题。这种假设是不正确的。会议召开以来，美国每年的木材生产量增加了约15%。而且，由于现在人们很少烧柴火取暖，这已足以把美国变成一个木材净出口国。同样，美国也没有耗尽铁或任何金属。相反，目前美国每年的钢产量是原来的7倍。

当然，国家的煤也没有用完，因为煤矿的年产量大约是那时的5倍多。即使煤炭用光，天然气和核能也能够充分满足人们对电力的需求。从整体上看，美国的能源生产量正在飙升。由于资源日益丰富，天然气价格已大幅下降。此外，美国已知的能源储备正处于历史最高水平，而且仍在上升。

让我们再一次用埃尔利希和他的朋友与朱利安·西蒙打赌时选择的5种商品为例：铬、铜、镍、锡和钨。很显然，他们相信这些商品会出现极其严重的短缺，但如果我们看看他们在地壳中的总量，其实分别足够大约5 500万年、1 500万年、16 500万年和414万年的消耗。

没错，是万年。

但是他们之所以打赌输了，还有许多其他原因。例如，人们开始使用基于硅制玻璃的光纤发送信号，而不是通过铜导线。大约1/4的地壳是由硅组成的。此外，人们开始通过卫星传送电子信号，再也不需要铜导线。此外，他们也开始以钨和陶瓷代替切削金属。因为人们开始制造铝罐而不是锡罐，锡的价格下跌。铝在地壳中的含量是8.3%，可以说，如果我们能够提取这一切，将有上千千米厚的纯铝覆盖整个大陆。（虽然不是什么好主意，但事实的确如此。）

所以，保罗·埃尔利希等人真正在赌的概念是，虽然人类拥有创新力，但仍然无法提取地壳所含金属储量的百万分之一，更无法找到这些金属的替代品。

这再次说明了一点：只要拥有创新力，即使还不知道该如何前行，仍可确信自己必会前进。在西奥多·罗斯福的会议上，没人会想到在世纪末之前，人类将发明碳纤维、基因工程、核电、高滤技术、发光二极管等。即使是在2006年，也没人听说过智能手机和水力压裂技术。但是仅仅4年之后的2010年，这些技术就彻底改变了经济预测和很多人的日常生活。我们不指望人类将会在5年、10年、50年或100年后拥有所有惊人的技术，但我们可以期待其中一些技术棒极了，因为我们的创新设计空间呈超指数式扩张。

如果参照人类发展的历史规律，100年后的世界应该是一个资源储备及其利用效能远超当代人想象的全新世界，一个资源实际成本继续下降的世界。另外，在这个全新的世界里，能源丰富充裕，价格低廉，清洁环保。

资源悖论是非常真实的，只要我们选择保持一个充满活力和创新力的文明，我们就永远不会耗尽资源。自从《增长的极限》这本书于1972年出版后，世界人口翻了一番，世界经济已增长5倍，而我们已探明石油储量和关于大多数商品生产的能力增速更快了。然而，我们并没有耗尽任何资源。

所以，正如朱利安·西蒙所言，我们的终极资源是创新力。事实也的确颇为神奇：长期来看，劳动力价格的上涨快于通货膨胀，而商品的价格低于通货膨胀率的上升（如果有的话）。对经济学家来说，可以得出的结论就是：我们的原料日益丰富，而人口日益减少。这并不意味着我们应当希望有更多的人，但它意味着我们不应该因为资源很快就会耗尽就停下西方文明发展的脚步。相反，如果我们扼杀了创新力，创建了一个静态的社会，我们的资源很快就会枯竭。

第 15 章　发展是否破坏了环境?

1722 年 3 月 17 日，三艘荷兰船舰从智利西海岸的胡安 · 费尔南德斯群岛驶出。它们的任务是寻找一片被称为戴维斯的大陆，这片土地早在 1687 年就被英国海盗爱德华 · 戴维斯（Edward Davis）发现了。在接下来的 19 天中，三艘荷兰船舰离岸几乎向正西方驶向未知之地。

4 月 5 日，船员看到了远处的一座小岛，当他们驶近后，看到了一个奇怪的景象：成百上千个栩栩如生的雕塑遍布小岛，大多 4 米高。这些船就在这里抛锚，探险队首领雅各布 · 罗格文上将（Jacob Roggeveen）将此次发现的小岛命名为"复活节岛"。出于安全考虑，无人登岸。

第二天早晨，他们发现有烟雾从岛上的不同地方升起，他们选择留在船上继续观察岛上情况。

第三天，天气变化不定，夹杂着零星的雷阵雨和闪电，水手们在等待时机时突然发现一个人正划着小皮艇向他们驶来。此人到达后，水手们将他接上船，给了他一些食物和一杯酒，让他们意想不到的是，此人居然将那杯酒从自己的头顶倒了下去。然后，他好奇地在整条船上参观一圈之后，就离开了。

第四天，这个人又划着他的小皮艇回来了。当天晚些时候，134 名全副武装的荷兰人分乘 5 艘小船登岸。上岸后不久，当地人就出现并很快将荷兰水手围在中间，一些当地人想触摸他们的武器，但是由于惊慌，水手们射杀了 13 名当地人。随后不久，荷兰人离开了这个小岛，继续航行。

这对当地人而言必定是一次神奇的经历，显然在荷兰人到达以前，他们认为自己是世界上仅存的人类，而更令他们奇怪的是，在那之后48年里都再没有人去过那里。但随后，西班牙人费利佩·冈萨雷斯·德·阿埃多（Felipe González de Haedo）率领两艘船舰来到该岛，随即起草声明，称此岛属于西班牙国王。4年后，另一支由著名英国探险家詹姆斯·库克（James Cook）带领的探险队来到了这里，他们上岛寻找淡水和食物，并惊讶地发现两者都很少，便很快离开了。

随着时间的推移，越来越多的探险队经过小岛，他们都有一个共同点：除了注意到这片岛屿很贫瘠以外，没有什么深入的发现。1786年，法国探险家德·拉·彼鲁兹（JF G de la Perouse）率探险队来到这里，因为他事先听说过这里的贫穷状况，所以他带来了绵羊、山羊、猪和蔬菜、柑橘等作物，这样岛上的居民就可以耕种，并由此提高生活质量。然而，之后到来的探险队没有发现这些东西的任何一点儿踪迹，很显然当地居民已将带给他们的食物吃完了。

不，这是一个令人痛苦的地方。正如詹姆斯·库克在航海日志中所记："没有任何一个国家会因为发现这个岛屿而兴奋，因为这个岛屿能为过往行船提供的便利和补给太少了。"

直到很多年后，科学家们才发现复活节岛上演过的悲剧。在定居者初次到达这个岛屿的时候，岛上植被丰富，至少有三种植物可以长到15米以上，但至少有21种生物在那以后灭绝，所以当欧洲人第一次发现岛屿时看到的几棵3米高的树是那时候仅存的植物。

大量树木的绝迹导致了水土流失，通过发掘，人们发现了当地人的应对之法。他们把种子种在顶部有开口的岩洞中，并在种好后把石头放在土上防止种子或植物被吹走。

大树消失后，造船就更加困难，人们的食物的主要成分也由之前的鱼类变成了鸟类，而这一改变为环境带来了另一场灾难，因为这造成了岛上所有陆地鸟类的灭绝，而海鸟的数量也大幅下降。事实上，该地居民破坏了当地普通的原始物种。更糟糕的是，他们砍伐森林造成了饮水资源不足。

这一切带来的后果相当可怕，居民食不果腹，他们的肋骨凸出，胃部凹陷。这也许推动了他们部族之间激烈的战争，很多雕塑都在战争中倒塌。岛上甚至留下了嗜食同类的痕迹。种种原因导致岛上居民人口由欧洲人最早发现的前100年的1.5万~3万人变成了18世纪发现岛屿时的2 000~3 000人，而这一人数从欧洲人在当地传播新的疾病并带走一部分人充当奴隶后变得更少。

这是一个可怕的故事，而复活节岛现在可能是人类文明破坏自然，并为此付出代价最有力的标志也不足为奇。想想如果我们对全世界做出同样的事，又会怎样？

前文提到的贾里德·戴蒙德在《崩溃》一书当中就列出了复活节岛和其他早期文明破坏生态环境并遭到毁灭的例子，为现代文明敲响警钟。戴蒙德是这样描述复活节岛的悲剧的：

> 我常常自问："复活节岛上那个砍掉最后一棵棕榈树的人在砍树时在想些什么呢？"就像现代伐木工人一样喊着"要工作、不要树！"，还是"科技会解决这些问题的，不用担心，我们会为这些树找到替代品的"？

人们砍伐树木，用它运送雕塑，戴蒙德解释说，由此引发的连锁反应导致了当地土著民最后在绝望中自相残杀。他对世界其他地方进行了以下类比：

> 复活节岛和整个现代化世界的相似之处明显得令人毛骨悚然，由于全球化、国际贸易、喷气式飞机和网络，如今世界上所有的国家都享有同样的资源并相互影响，就像复活节岛上的十几个部落一样。

因此，他总结道，复活节岛的衰落为更广阔的世界发出警告：

> 人们将复活节岛的衰落作为类比，旨在向我们展示我们未来可能要面对的最坏的情况。

这些故事引起了世界范围内的恐慌，人们害怕如果世界继续发展科技，会对地球造成不可修复的破坏。然而，在接下来的部分，我们会看到，这个叙述有一点儿——古怪。

诸如戴蒙德等表达的对于环境的担忧并非新鲜事，海洋生物学家蕾切尔·卡逊（Rachel Carson）在1962年出版的《寂静的春天》一书中预言，使用DDT杀虫剂将会导致癌症患者数量剧增：

1961年春，一种流行性肝癌出现在许多联邦、州及个人养殖场的虹鳟鱼上，美国东部和西部的鳟鱼都被感染，在一些地区所有超过3岁的鳟鱼都得了这种肝癌……休珀教授将这种流行病视为严重的警告，提示人们必须增加对控制这种致癌物质种类和数量的注意力。"如果不加以控制，"他说，"将来人们会更快地面临类似的灾难。"

显而易见，这种灾难是所有人类均被感染这种癌症。

然而，人类并不是唯一有危险的物种。1970年，美国前参议员、州长盖洛德·尼尔森（Gaylord Nelson）发起了地球环境日活动，在此之后，他又接受了《形象》杂志的采访，在采访中他提到鸟类学家狄龙·里普利（Dillon Ripley）曾预言1995年地球上75%~85%的物种将会彻底灭绝。

1979年，生态学家诺曼·迈尔斯（Norman Myers）发表了《下沉的方舟》一书，他在书中指出，如果如他所预计和担心的，我们每年失去地球2%的土地，那我们每年将会失去约4万种生物，那将意味着，到2000年，世界上的生物将会减少一半。

1980年，乔治梅森大学的生物学家托马斯·洛夫乔伊（Thomas Lovejoy）向当时的美国总统吉米·卡特提交了一份报告，其中包含了一份科学评估：

接下来是一个对2000年全球物种灭绝的合理估计，在森林砍伐率低的情况下，大约15%的物种会灭绝，如果砍伐率高，大约20%的物种会灭绝。这意味着在接下来的20年里，如今地球上300万~1 000万的物种中，至少50万~60万会灭绝。

这份估算的材料来自迈尔斯一年前的一份报告，在该报告中你可以看到一个关于他所使用的科学方法的完全的概述：

> 1974 年一些关注环境问题的科学家聚集在一起，大胆地猜测了所有物种的灭绝率，无论科学与否，现在每年物种灭绝达到了 100 种。我们不妨这样假设，作为这种人为控制自然环境的后果，20 世纪最后 25 年的人们将会目睹 100 万物种的灭绝，这不是不可能发生的。如果是这样，在 25 年内，每年生物的灭绝数量会达到 4 万种，或者每天 100 多种。

这项每年灭绝 4 万种生物的数据是环境学家一直以来最强调的问题之一，但是我们看到的只是一个没有依据的大胆猜测。

洛夫乔伊估计每年会有 2.5 万~3 万种生物灭绝，这个数字比迈尔斯提出的要小一些。几年后，植物学家彼得·雷文（Peter Raven）于 1988 年提出了第三种估算，他指出全球物种的 25% 在 1980~2015 年走向灭绝。4 年以后，生物学家爱德华·威尔逊（Edward Wilson）出版了他的畅销书《缤纷的生命》，他在书中预计全球每年将失去约 2.7 万~10 万物种。那之后的一年，保罗·埃尔利希做出自己的估算并由此加入了这场辩论，而且他并没有辜负那些热情的追随者们，他认为，如果那时候地球每年有 25 万种物种灭绝的话，到 2000 年我们仅有 1/2 的物种依然可以存活。

而且他还预言，所有的物种将在 2015 年全部消失，即便这对他而言也很荒谬。

我们在环境组织网上看到的典型估计是每年大约 4 万~6 万种生物灭绝，由于这一数字巨大，因此无数新闻媒体争相引用这一数字，预测人们正在经历“第六次大灭绝”，这听起来骇人听闻。在之前的 5 次大规模灭绝中，最著名的一次发生在大约 650 万年前，那次事件中，所有的恐龙和大约一半的海洋生物都灭绝了。

现在，随着时间的推移，距当时预测的时间已经过去了很多年，那就让我们看看事实是怎样的吧。我们可以从蕾切尔·卡逊的作品《寂静的春天》开始。她写这本书的动机是她认为 DDT 杀虫剂会消灭鸟类，或造成癌症肆虐，灭绝人类。

这两种结局都只是她的推测，并无确凿的证据支撑。之前人们长期使用 DDT 来消灭美国的疟疾，很多城市街道上都有卡车定期喷洒 DDT，曾有人这样描述：“每年夏天，装有 DDT 的卡车会开过我住的街区，一路上喷洒农药，形成一片浅雾，而那时候，我们小孩子则会跟在车后面跑上几个街区。在那样的喷雾中，你连你身边 1

米以外的孩子都看不到，这些农药杀死了苍蝇，但我们活得好好的。”另一个写道：“母亲会早早让我们吃过晚饭，这样我们就可以及时跟着每周来喷洒几次农药的车满街道跑了。有一阵，每天晚上，我们都兴奋地跟在卡车喷出的白白的雾中。比起卖冰激凌的车，我们听到DDT卡车在拐角的发动机声更激动，孩子们跟在后面，有的孩子骑着自行车，有的孩子玩着滑板，有的孩子奔跑。”

即便如此，除了疟疾的彻底消失，没有人发现DDT产生了什么别的后果。美国公共卫生服务组织进行了一项临床试验，在试验中，志愿者需要每天吃35毫克的DDT长达18个月，这个量大约是人们通常摄入量的1 000倍。试验显示，无论是在试验期内还是在随后跟踪调查的10年中，DDT并没有带来任何不良反应。在生产DDT的蒙特罗斯化工厂中工作的工人，没有穿任何防护服，他们多年来吸入DDT的粉尘量甚至达到了正常人持续吸入1 300年的量，但是美国医学联合会对他们进行研究得到的结论是：“在这些长期工作的工人中（从事该工作20~30年），这些吸入正常人1 300年才能吸到DDT粉尘的研究中，居然没有一个人得癌症，这在统计学上几乎是不可能的。”他们患癌症的概率反而比正常人更小（无一例记录）。事实上，其他一些研究也表明，DDT似乎有一种很强的抗癌作用，甚至有一组科学家总结说它应该作为一种抗癌药物被积极利用：“DDT在老鼠身上的抗癌机制对人也许同样适用。”圣何塞州立大学教授戈登·爱德华兹（J Gordon Edwards）是世界上最有名的DDT毒性专家之一，曾在上课之前当着全班同学的面吃下一勺DDT，并且在媒体面前也做出过同样的事。他于2004年在爬山时死于心脏病发作，享年84岁。

那么鸟类呢？之后有研究表明DDT会导致某些鸟类的蛋壳变薄。但是，引人注目的事实是，美国鸟类的数量在卡逊的书出版之前的几年中明显增加了。美国鸟类数量最主要的数据来自奥杜邦学会，该组织由鸟类观察员组成，在每年圣诞节会举行“圣诞数鸟”的活动。这项活动中，该组织会派出成千上万的成员去郊外数鸟。在DDT产生的前一年，即1941年，这些观察员平均每人数出1 480只鸟，而在1960年，这个数量达到了5 860，所以在DDT出现以后，鸟类的数量几乎翻了4番。

1967年，弗吉尼亚州农业部经过分析得出结论，DDT的使用增加了鸟类的数量，一部分是因为蚊子也可以在鸟类中传播疾病，DDT的使用使它们吃的食物不易被昆虫破坏，而且它们体内对毒素的自然防御功能也被DDT刺激得更强。有人指出，DDT似乎有助于黄曲霉毒素的分解，该毒素是一种很强的致癌物，这也许可以解释为什么它可以抑制癌症。

然而，所有这一切都被环保主义者忽视了，他们现在已经把DDT产生潜在影响的注意力由原来的空气转移到海洋。这种注意力的转变主要在1968年变得广泛，那时环境保护基金组织创始人之一查尔斯·沃斯特（Charles Wurster）证明，DDT在海水中的溶解度达到500百万分比浓度（500毫克/升）时会减少浮游植生物的光合作用。听上去的确令人担心，但后来有人指出，海水实际上不能溶解那么多的DDT，它的饱和度仅为1.2百万分比浓度。另外，他们还指出DDT在海洋中的浓度要低于他测试的0.1%，而且事实证明海水中低于1.2百万分比浓度的DDT有助于浮游生物的光合作用。但是，他是怎么得到大于饱和度400倍的溶液呢？他在海水中溶解了大量的酒精，由此使DDT的溶解度大大超过了它在自然条件下饱和度的400多倍。如果想在大自然中实现这一数据量，人们必须把世界的海洋都变成含酒精的饮料，并且要在里面投入大约600立方千米的DDT，而且你还必须不停地混合更多的DDT，因为路易斯安那州的海湾微风实验室进行的测试表明，92%的DDT会在38天内从海水中自然消失。

1970年，美国科学院在发表的一份报告中说，DDT用于对抗疟疾可能已经拯救了约500万人的生命。他们还指出，禁止使用这些物质会导致数百万人的死亡或伤残，况且如果不使用DDT，人们必然会用一些毒性更强的物质来对抗疟疾。

随后的一年中，美国国家环境保护局组织了一场为期7个月的咨询活动，期间有125位专家参与其中，并向法官提交了365篇与DDT相关的论文。在对参与者的调查和检查后，法官判定DDT有益无害，依旧可以合法使用。

然而，环保主义者对此仍然置之不理，继续进行政治施压，之后通过法律和国际政治与压力的策略，DDT的使用被禁止。因为这场“战役”，到2001年，全世界仅有一家生产DDT的工厂了，它位于印度柯钦县。环保运动组织“绿色和平”现在正打算通过一场激烈的运动迫使这家工厂关闭，并且在2003年12月15日发布了一份新闻稿，声称："绿色和平组织呼吁印度当局立刻取缔和替代DDT。根据有机污染物公约，显然印度政府应该立刻取缔DDT。"

禁止使用DDT带来的后果是，世界上有成百上千原本可以健康生活的人感染疾病而死。虽然具体数目很难说清楚，但如果之前估计的在DDT被禁前它救治的人达到5亿是真实的话，那么这项禁令带来的死亡人数是至今人类历史上最大的人为灾难。

2006年9月15日，噩梦终于结束，联合国发布新闻稿声明："在出于安全考虑而禁止通过室内喷洒DDT和其他杀虫剂来控制疟疾近30年后，联合国卫生机构在今天表示，将再次推广使用这个方法来对抗全球性的灾难，每天至少有包括3 000名儿童在内的上百万人死于这场灾难。"绿色和平组织和世界野生动物基金会作为禁令颁布的主要幕后支持者，此后不再对DDT横加指责，但也从未表示歉意。

让我们回到物种灭绝的问题上来。我们真的如迈尔斯所预计的那样每年失去4万种生物吗？或者如洛夫乔伊所猜测的2.5万~3万种？或者离我们更近的埃尔利希所预想的25万种？换言之，我们真的就像复活节岛上的居民一样吗？

总而言之，科学家们给出的地球动植物的种类总数大致介于200万~8 000万之间。这之中已经有160万种被分类编目。2011年的一项著名的研究指出，有870万减去或加上130万种生物（即740万~1 000万种），而之前的种种估计都在350万左右徘徊。这其中还不包括细菌这种我们完全不知道种类数量的生物，但预估值大概在1万~1 000万之间。一些专家说，实际上细菌的种类达到几十亿，并指出这一数量会不断增加。

据不完全估计，这些物种基本都已存活了100万~1 000万年之久（这其中可能会发生一些无法辨识的突变）。《不列颠百科全书》指出，众多参考资料和详细说明显示，自然界的生物灭绝率大约为每年或每十年一种。举例来说，如果我们研究1980~2000年这一时期，即洛夫乔伊写给美国总统吉米·卡特的报告中涵盖的这段时间，根据《不列颠百科全书》估计，按照洛夫乔伊的推测，生物的灭绝速率为每年2~20种。

所有关于濒危和濒临灭绝物种的科学报告都由两个国际组织详细记录，它们分别是包括很多政府机构和国际组织在内的世界自然保护联盟，而所谓的“红名单”就出自他们；另一个是美国自然历史博物馆下属的新近灭绝生物委员会，它会发布新灭绝生物清单。这两大机构发表的声明都非常相似，并且它们也会相互提供依据。

世界自然保护联盟在2012年发表的声明称，1600~2012年，全球约800种已知物种彻底消失。大多数科研数据都将这400多年间已知灭绝生物的种类数量说的有些高，大约1 000种，相当于已知生物总数的0.066%。举例来说，研究基因的标准教科书《保护遗传学》和《保护遗传学导论》的2007~2010年列表都列出了自1600年以来灭绝的917种生物。下面是基于关键分类对它们分布情况的判断，该估计建立在它们的关键分类上，并由此推断灭绝生物数量为1 059种。

表 15–1　分类生物灭绝数量的比例

类别	已知物种数量	1600 年至今已知灭绝的种类	1600 年至今灭绝的已知物种所占比例（%）
哺乳动物	4 500	110	2.444
鸟类	9 500	103	1.084
爬行动物	6 300	21	0.333
两栖动物	4 200	5	0.119
鱼类	24 000	82	0.342
软体动物	100 000	235	0.235
甲壳纲动物	4 000	9	0.225
维管植物	250 000	396	0.158
昆虫和其他	1 200 000	98	0.008
总计	1 602 500	1 059	0.066

如表中所述，对过去400年中已灭绝动物比例的估算数据，稍大物种灭绝的比例要比相对较小的物种大很多。

对于灭绝物种的估算之所以有一些不同，是因为当一个物种不能确定是否灭绝时，人们会故意等几年或几十年后再宣布该物种灭绝，而在这之后，还有不少物种重新出现（比如，一项研究发现，1/3的哺乳动物在被官方宣称灭绝后又重新出现）。

无论如何，上表指出，在我们已知的160万种生物中，每年大约有0.000 162 5%会灭绝。

这些数据和我们之前提到的预言的数目完全不同，在之前的推测中，地球上至少一半的生物会在1980~2000年灭绝，然而我们看到的事实是，只有0.1%的生物灭绝了，而且那还不是20年间而是400年间的数据。当那些著名的环保主义者在各种媒体上一次次地重复着每年有4万多种生物灭绝时，科学家发现的数字却只有2.6。这意味着环保主义者的数据是真实值的1.5万倍还多，而他们正是借助这一数据做出关于人类“第六次大灭绝”的预言。

那么如果生物在我们发现之前就灭绝了呢？例如，如果我们得到的数据是870万减去或加上130万，我们如何确定那个波动值呢？这里我们必须首先说明，大物种要比小物种容易灭绝得多。如上表所示，过去的400年中有2.4%的哺乳动物灭绝，而爬行动物、两栖动物、鱼类、软体动物和甲壳纲动物则远低于0.4%。昆虫一般都较小或非常小，我们发现在过去400年中，仅有0.008%昆虫灭绝。

很明显，像哺乳动物这类体型较大的动物是最容易被发现的，所以如果有生物没有被编目，那么这些生物一定大部分都是体型较小的生物。

如果我们采纳较普遍的数据即总数为350万，那么这其中有190万没有被分类编目，并且很明显，这些基本都是昆虫、浮游生物、角苔类和藓类植物、绿藻、轮藻类植物。如果我们从这些物种中推断我们已知的物种灭绝数，并且如果我们用之后提到的数据即870万减去或加上130万，那么未知物种的数量就会增至580万~840万种，已知灭绝物种的数量也会增至1 500~1 750种，大约为400年内生物的0.02%或每年灭绝总数的0.000 05%，这样一来每年减少的物种大约为3.8~4.4种，这比环保主义者夸张宣称的1.5万种要少上3 400~3 900倍。

尽管这并不影响大局，但我们应该提到，在物种灭绝的同时，它们也在进化。而进化发展的速度之快可以通过一些科学家的设想阐明，它们推测，在东非维多利亚湖的慈鲷在过去的1.4万年中可能有300~500种新进化的物种，实际上，这些物种的进化只需要两代就可以完成。应该被提及的是，如果一个物种不再能繁殖自己原本的物种，就是产生了新物种。果蝇实验证明，如果给予两组果蝇不同的生长环境，产生新物种仅需25代（大约半年）。目前，生物学家已经观察到了物种似乎会在自然状态下进化，其中包括雀、蛆、孔雀鱼、拟南芥、山羊胡子、豚草、卷心菜和鸟类。另外，新物种也会因为人类的行为而出现。欧洲人到达马德拉后，他们带过去的老鼠进化成了6个品种。

更加荒诞的例子是英国伦敦地下的蚊子。他们生存在伦敦地铁路线中，现在已经从基因上彻底与其生活在陆地上靠鸟类存活的祖先分化出来，它们靠吸食人血为生。这种分化发生在150年内。

然而，仍有人怀疑近几个世纪新物种出现的数目远低于生物种类减少的数目，而且1600年迄今净减少数量可能超过1 000种。

在《保护生物多样性的科学基础》一文中，沃尔特·里德（Walter Reid）和肯顿·米勒（Kenton Miller）估算出1600~1950年间每50年哺乳动物和鸟类灭绝的数量。在1600~1850年，每50年大约有10~20种生物灭绝，这一数量以每50年增加50~70个物种的速率增长，并在1850年左右达到峰值。书中还估算了到2000年的物种灭绝数据，该数据显示，在1950~2000年这一阶段，哺乳动物和鸟类灭绝的数量相比1900~1950年下降了75%。

数据很多，但像以前一样，在我们讨论环境问题之前，在我们从静止的数据转向动态世界之前，应该先对这些数据进行分析。物种灭绝量的变化对于环境的影响是否更加严重？我们是否会重复复活节岛上的故事？这一切是否在一开始很糟糕，但后来逐渐好转了？或者还有别的什么？

最普遍而不切实际的观点是古人比当今西方社会的人更尊重自然。例如，美国前副总统阿尔·戈尔（Al Gore）在其著作《濒危的地球》中写道："例如，美国本土宗教，为我们与地球的关系提供了丰富的观点。其中最动人、最常用的解释之一是1855年由两位西雅图酋长提出的……"之后他在1855年的演讲中引用了北美印第安西雅图酋长的话，内容如下：

你们怎可交易湛蓝的天空和温暖的大地？这样的想法对我们而言太过奇

怪。如果我们没有清新的空气和清澈的海水，你们又如何可以从我们手中买到这些……地球上的每一部分对我的族人都是神圣的，每一根闪闪松针，每一片沙滩，树林深处的每一团雾气，每一种忙碌的昆虫在我的族人经历和记忆中都是神圣的。

这次感人的演讲也被很多环保活动网站引用，因为它像一个鲜明的证词，讲述着在西方文明中的我们是如何失去原始人类对自然尊重的态度的。这个演讲也被各家杂志、报纸追捧，如西北航空的《乘客》杂志和加拿大政府的“绿色计划”，以及美国航空航天局的《地球使命》等都刊登了演讲内容。1991 年，一本关于西雅图酋长和他们的一些名言的儿童读物出版并受到了极大的欢迎，书名为“鹰哥哥，天姐姐：西雅图酋长的宣言”，该书在 1992 年被《纽约时报》评为畅销书第五名。它的宣言感人又饱含诗意，难怪人们会竞相崇拜它，书中这样写道：

但是如果我们出售了我们的土地，记住，空气是宝贵的，它与每一个它支撑着的生命分享着灵魂。带给我们祖父第一次呼吸的风，也带走了他最后的叹息，而且风也会给我们的孩子生命的魂……这我们知道。地球不属于人类，人们属于地球，我们也知道。所有事物紧密相连，如同血液连接着我们的家庭。

然而，这方面仍有一些问题。第一，原始居民普遍具有的对自然深切的尊敬，如果回想我们早期观察到的大多数部落居民之间极高的暴力事件发生率，就会产生怀疑。我们对早期自然环境破坏的了解会增加对这些事的关注，所以我们需要先大概了解一下。

这并不是什么好事，因为历史上，古代人类迁到一个地方后会更快地消灭当地物种。例如，澳大利亚的第一批移民在 4.8 万~5 万年前登陆澳洲，而当地的大型动物群（体重均在 44 千克以上的物种）在 4.6 万年前灭绝。那时候，生活在澳洲南部塔斯马尼亚岛的同种生物仍然存活，彼时那里还没有人类生活。但 4.3 万年前海平面下降，人们可以到达该岛后，那里的大型动物群也随之消失。

这个故事可能向我们传达了一些信息，同样的故事几乎随处发生。大约 11 500 年前第一批移民抵达北美，很快当地 3/4 的大型哺乳动物就消失殆尽。大约 7 000 年后，人们开始在南美生活，很快，南美最大的哺乳动物也灭绝了。这就是上文提到的恩格斯和戴蒙德在用自然动物群的差异解释人类发展的区别并未太引人注目的原因，但这也告诉我们石器时代的人们是怎样对待大自然的。如果将移民后的南北美洲放在一起比较，就会发现这两大洲已经失去了很多野生动物，如野马（被欧洲人带来的物种取代）、乳齿象（类似大象的有长鼻的动物）、猛犸象、狮子、剑齿虎等诸多野生动物，此外，如麝香鹿、无峰驼、野牛、熊、狼、巨型秃鹰、野猪、巨型犰狳、骆驼、巨型海狸、2.7 米长的剑齿鲑鱼和与马一样大的巨型食蚁兽也已灭绝。据我们所知，早期印第安人在他们到达后不久就杀光了这些生物。

在人们移民美洲后不久，夏威夷迎来了第一批移民，根据化石研究我们得知了这之后发生的事：岛上 98 种原始物种中，有 50 种被当地部落彻底清除，这一切远远早于 1778 年欧洲人的出现。实际上，查尔斯·达尔文发现了一种典型的模式，新物种在岛上很容易通过同系繁殖而大量出现，但根据考古记录和很多最新发现，与大陆上的生物相比，岛屿上的生物也更容易被彻底灭绝。

第一批人类在约 2 500 年前到达非洲海岸的马达加斯加岛之后不久，狐猴就灭绝了。600 年以后，人类到达新西兰，很快就使所有不能飞行的 29 种鸟类彻底灭绝。而这一切，都发生在欧洲移民抵达之前很久。

在奥塔格附近的一次考古挖掘中，科学家们发现了将近 3 万只恐鸟的遗骸，看得出，它们是在一段相对较短的时间内被屠杀殆尽的。平均有 1/3 的鸟肉未经食用就被剩下，甚至还有烤好鸟肉的炉子都无人触碰，这曾经是多么大型的晚会啊，难怪恐鸟会灭绝。

结合南北美洲和澳洲的情况，我们会发现从石器时代人们到达这些地方后，当地动物群总数的 74%~86% 都灭绝了（再次声明，这是在欧洲人地理大发现之前）。史密森尼学会生物学家兼鸟类学家斯托尔斯·奥尔森（Storrs Olson）估计，海岛上 1/4 的鸟类都在西方文明建立以前灭绝了。换言之，极少数部落人民对物种造成的破坏要远大于后来的文明国家。所以可能那才是我们的“第六次大灭绝”。

这些尚未进化的部落行事方式基本都相同，通过对巴西的几个与世隔绝的部落的研究，我们发现，尽管环境已经不堪重负，但他们依然在该地狩猎捕食，甚至通过向池塘中投放毒药来捕杀某种鱼类，结果其他生物也都惨遭杀害。他们还喜欢搜寻怀孕或携带幼崽的猿猴，因为他们更易被捕杀。更有甚者，有些部落仅为得到树顶少量水果而砍伐整棵大树。此外，他们对受伤动物的态度很冷漠，甚至相当残忍。

过去，燃烧森林也许对此有很大的益处。人们到达澳洲后，植物似乎发生过变化，抵抗燃烧的植物分布得更加广泛了。

烧毁林地也起到了推波助澜的作用。人类抵达澳大利亚之后，当地植物种群似乎就发生了变化，更能抵抗燃烧的植物变得更加广泛。在美洲，印第安人也会定期燃烧森林，后来欧洲人到达后看到的大面积草原很可能就是被印第安人烧过的森林。在非洲，马赛人为给自己的牲畜提供牧场，并消灭采采蝇，曾经系统性地焚烧了大片森林。当他们被迫迁出克鲁格国家公园后，灌木很快又繁茂起来。另外一个能够反映人类烧毁森林的例子是，在西班牙人杀害了无数巴拿马印第安人之后，热带雨林开始在先前的热带草原生长起来。

由此可见，基本模式是这样的：当石器时代的人类刚到达一个地方后，他们会根除那里的大多数甚至所有大型动物和没有翅膀的鸟类。如果是在岛上，他们还会杀死很大比例的飞行鸟类。他们还会有规律地燃烧森林，使之变成热带草原。

所以，普遍认为的原始部落热爱和平、尊重环境是很值得怀疑的，因此说西雅图酋长在从未做出过阿尔·戈尔等人经常引用的那个感人的演讲也就不足为奇了。相反，1971~1972 年冬，媒体工作者特德·佩里（Ted Perry）受邀为一个环保电影《家》撰写剧本，他当时曾被要求编入一个致力于环保的印第安人的故事。

让佩里惊讶的是，电影公司没有把这篇文章归功于他，而这也是这么多人相信文章真实性的原因。然而无论如何这都不是真实的，因为在文章中这样写道："我在大草原上见过 1 000 只野牛，被过往火车上的白人射杀。"这些事件发生在据酋长居住地 1 500 多千米远的地方，而且是在他死后 20 年才开始发生。我不知道酋长是否做过特德·佩里提到的主题发言，因为第一次提起这件事的一位为报纸写专栏文章的业余诗人，而且距离事发已经 33 年。

那听起来不太可能，一部分原因是因为他们不懂彼此的语言，另外也因为印第安人从来不会用一种与佩里的叙述口吻相似的诗体。最后，我们应该记得之前（在第 8 章）提到过的事实，同一位西雅图酋长在 1847 年对近邻部落发起过臭名昭著的伏击，当时大约 150 名男子中弹身亡，之后他还将幸存下来的妇女和儿童收作奴隶。总的来说，原始部落的人类对自然或者陌生人几乎没有任何尊重，当然，他们破坏自然的能力在一定程度上是受到他们较小的人数限制的。当世界人口开始增长后，这一限制逐渐消失，西方开始工业化后，对自然产生了严重破坏，正如中国今天正在经历的过程。

我们可以拿英国举例来还原西方原来的模样。第一批开拓者通过燃烧树木开始发展农业，但是当社会进入工业化和大规模城镇化之后，发展变得相当粗放。

人们定期将厨余和厕所粪便从天窗抛出（因此走路时最好抬头看看），人类粪便与马粪一层层地堆积在城市的街道、小巷和各家后院中，发出阵阵难以忍受的恶臭，引来老鼠和苍蝇。除此之外，随着人们开始燃烧煤和焦炭，黑色烟雾从成千上万根烟囱中排出，形成了臭名昭著的浓雾。

当时的情况真的很可怕。例如，1257 年，埃莉诺女王访问英国北部城市诺丁汉市时，就被当地众多炉子中冒出的烟雾吓到，为了保证自己的健康，她立刻离开了那里。大约正是在这个时候，伦敦开始以“雾都”闻名世界（这一昵称沿用至今），因为问题太过严重，英王爱德华一世于 1272 年专门颁布法律，控制空气污染，但是这项法律并未奏效。

在随后的 18 世纪，情况也未改善，我们现在还可以读到当时关于伦敦空气质量的抱怨:“由于类似烟雾这样的原因，城市的空气，尤其在冬天，会变得特别不健康：没有风的时候尤其是在大雾天，城市就完全笼罩在厚厚的浓雾之下，挡住了阳光的照射，当地居民不得不忍受着刺骨的寒冷……”空气污染太过严重导致太阳都无法照射，人们在持续的阴暗中受冻。

水也不再清澈了。废水不经处理直接流入泰晤士河，在 19 世纪早期这条河有了绰号“大臭”。不久，鱼类也不见了，河水持续散发的恶臭越来越糟，就连议会都必须用浸泡过氯化钙的窗帘来抵御这股恶臭味。1855 年 7 月 7 日，著名物理学家迈克尔·法拉第（Michael Faraday）给《泰晤士报》编辑写信，表达自己的愤怒之情，他在信中还描述了自己在泰晤士河航行的所见所闻：

> 河水的样子和气味不禁第一时间就吸引了我的注意，整条河中都是一种不透明的浅棕色液体。为了测试它的透明度，我撕了一些白色的卡片，船每到一处码头，我都在水里丢几张卡片，尽管阳光明媚，那些卡片还没如水1英寸[①]深就已经看不清楚了；从河边放卡片时，上一半卡片还在水面上，浸入水中的那一部分就已经看不见了。

除了臭气、苍蝇和老鼠，污水还引起了霍乱，造成成千上万人死亡。1878年一艘汽艇在泰晤士河翻船后，600多人遇难，大多数人是因河水中发酵的急性感染物质死亡。

汽车和火车出现之后，新的污染源也随之产生。20世纪的空气污染太过严重，伦敦街道居民甚至看不到路边，行人有时必须要用手电筒才能看清楚路的尽头。1952年一次特别引人注目的事件，能见度只有10厘米，几天内，由于空气污染，尤其是煤和焦炭的燃烧是空气中的硫黄浓度达到很高值，约3 900人死亡。

但是，这种趋势得以扭转。我们不能确定伦敦空气河水污染最严重的具体时间，但应该在50~200年之前，不过自20世纪60年代以来，情况有了很明显的改善。现在，伦敦的汽车排出的污染物还不及那时候的5%，而20世纪60年代的污染状况要较20世纪40年代好一些，20世纪40年代又比20世纪20年代好一些。

通过清洁措施，现在英国空气中的颗粒污染物与原来相比已经微不足道了，并且这一状况还会进一步改善。根据欧盟的“欧6排放标准”，2014年汽车排放氧化氮和二氧化氮的标准应该比2000年低84%，油烟的排放量比2000年低96%。同时，每千米二氧化碳的排放量也大幅下降，预计在2013~2025年会下降一半。

空气质量已大幅改善，伦敦水的质量也有了很大的提高。再回到泰晤士河，《伦敦标准晚报》在2009年发布了如下报告：

> 泰晤士河现在是过去200多年中最清澈的时候，水中的鱼群游来游去。

① 1英寸≈2.54厘米。——编者注

> 河里的鱼超过125种，包括野生鲑鱼、鲑鳟鱼、比目鱼、鲽鱼、鳕鱼和鲈鱼，它们生活在曾在1957年被宣称无生物存活的215英里的航道中。这些鱼群吸引了包括鼠海豚、海豹和海豚这样的大型捕食者，在河的上游伦敦桥附近可以看到。

所以，海洋和水污染在伦敦最初也是很严重的，但之后慢慢好转，再之后变得更好了。

随着文明不断深入，整个西方都出现了类似的趋势。例如莱茵河沉积物中的物种数量从1971年的27种上升到了1997年的97种。1997~2010年，美国的汽车和卡车的数量增加了一倍多，但是它们的一氧化碳和二氧化硫的总排放量下降了一半还多，颗粒物的排放量下降了80%，铅的排放量下降了98%，同时每辆车的上述物质排放量都分别下降了75%、90%和99%。

然而，人们除了担心空气中可吸入颗粒物对人体健康造成的影响外，还有其他担心。1970年1月，美国《新闻周刊》报道，新冰河世纪的到来是因为空气污染。同年4月19日，生态学家肯尼思·瓦特（Kenneth Watt）在宾夕法尼亚州斯沃斯摩尔学院的演讲中预测，到2000年世界的平均气温将下降11摄氏度，是引发冰河世纪所需的两倍。对于凯斯西储大学的阿诺德·瑞斯（Arnold Reize）教授而言，这种人造冰河世纪的威胁相当可怕，他在接受一家报社的采访中说："我们将不得不牺牲民主，利用强权法律来保护我们免受进一步污染。"

第二年（1971年），气候学家斯蒂芬·施奈德（Stephen Schneider）开展了一项得到广泛认可的研究，并得出如下结论："我们的计算结果显示，地球的温度将会下降3.5摄氏度。如果地球平均气温持续几年这样大幅下降，就足以引发冰河世纪。"

1972年，一批气候学专家就气温下降问题召开了一场气候大会，会后他们在12月3日给尼克松总统写了一封信，在信中他们警告说未来的气候变冷会导致"极端异常天气的频率和程度增加，带来如洪水、暴风雪、严寒、霜冻等"。政府随后成立了“间冰期专题工作小组”，预测每年的温度都会下降0.15摄氏度，直到2015年，相当于一共下降约4摄氏度。

很多科学家警告的（人为）降温的后果之一是作物产量的灾难性下降。1974年12月29日，《纽约时报》评论说：

> 许多主要关注长期气候变化的气候学家，最近在预测人们习以为常的良性气候将会恶化……很多气候学家发表声明，对目前气候变化的判断，最乐观的估计，在10年内也会出现作物大量减产，如果决策者对此不予重视会出现大规模饥荒、无政府状态和暴力事件。

极端天气的增加是另一个值得关注的问题，1975年《新闻周刊》的一篇文章举了这样的例子：“1974年4月爆发了最具毁灭性的龙卷风，148次龙卷风导致300多人死亡，在13个州造成了5亿美元的损失。”同年1月5日，《纽约时报》报道了如下内容：“一个国际专家小组已经从8项气候指标中总结出，在过去30年中，至少在北半球，气候变冷的趋势并没有停止的迹象。”

降温的趋势的确是致命的，一年之后，记者洛厄尔·庞特（Lowell Ponte）在其骇人听闻的著作《全球变冷》中这样解释：

> 全球变冷已经导致成百上千人死亡。如果不采取有力措施而任由这种情况继续，会导致世界饥荒、混乱和战争，并且这一切都会在2000年前到来。

施奈德是制造恐慌的人之一，他格外担心全球变冷会引发极端天气的增加。他在1976年出版的《创世纪战略》一书中专门用一章来解释为什么气候会随着变冷而变得更不稳定。这里他举了一个例子：“现在，我们似乎进入了一个高纬度的寒冷时期，可能会遇到更多干旱、洪水、极端温度或其他气候变化的现象。”他解释说，如果你引爆“清洁的”北冰洋热核能装置或用飞机撒黑煤灰来减少太阳光的照射，这和人为造成的冰河世纪可能会相互抵消。

来势汹汹的冰河世纪的预兆在20世纪80年代开始消失，人们开始关注所谓的“酸雨”，在1982年，加拿大环保局局长约翰·罗伯茨（John Roberts）这样描述了这个问题:“酸雨是人能想象到的破坏性最强的污染形式之一，是一种生物圈中危险的疟疾。”

1984年，德国著名的《明星周刊》报道说，1/3的德国森林的树木都因为酸雨而死亡或濒临死亡。同时，德国内政部表示，德国所有的森林可能在2002年全部消失。来自哥廷根大学的生物学家贝恩德·乌尔里希（Bernd Ulrich）于1981年宣称，大量的森林将“在5年内全部消失，人们无力挽救”。并由此引发了公众骚动。1981年11月，著名的《明镜》周刊发表标题为“德国酸雨、森林消失”的文章。其他媒体也发表了关于这种灾难的类似耸人听闻的文章。

然而，美国一项约有700名科学家参加、预算超过5亿美元的大型研究在1990年得出的结论却是，事实上，美国各地区只有1%~4%的湖泊有过低的pH值（酸碱度），而且这并不会早成重大的问题。同一组织（NAPAP）经过跟踪调查后，在2011年发表结论，指出二氧化硫的排放量在1990~2009年已经下降了64%，而氮氧化物的排放量则下降了67%。

在欧洲，通过更进一步的检测发现，只有0.5%的森林曾经遇到过这个问题，而且森林也没有如预料那样消失。事实上，之后的情况证明，尽管酸雨问题备受关注，欧洲森林的植物量却在快速增长。如生态学教授汉·凡·多本（Han van Dobben）所写:“在过去的几十年中，欧洲大部分地区的森林都在强劲地增长。”他还补充道:“对树木年轮的分析表明，1950年至今，森林的数量增加了20%~50%。”另外，通过实验证明，如果用略高于日常浓度的酸溶液灌溉树木，它们实际的生长速度更快。

酸雨过后是臭氧危机，这倒是一个真正的威胁。事实证明，冰箱和喷雾器中的一些物质降解后进入高空中的臭氧层，因此很快就出台了国际政策禁止这些东西的使用。同时，人们对于冰河世纪的恐惧被对全球变暖的担心取代。

在我们深入探讨这些问题之前，让我们先来了解一下科学家认为影响环境的因素。最长久的影响因素是地壳板块，它形成山脉，影响风、水流的。另外一个长久影响因素是由太阳系通过银河旋臂产生的将近14 300万年的周期，该周期会导致恒星不同程度的暴露在“宇宙射线”之下。这些射线实际上是由恒星本身的原子和亚原子颗粒组成的“风暴”，当它们以不可思议的高速度进入大气层时，会产生大量微小的核反应。这些反应会产生带电粒子，这些粒子将刺激水滴的形成（水分子像小的磁铁被带电粒子吸引一样）。这会刺激云层的形成和冷却（1 分钟内不只能完成这些）。

再来说说相对短期的因素，气候被所谓的地磁倒转所影响，即地球的磁极会无规律的倒转，目前还无法预测，但时间间隔平均约为 45 万年。事实上，它在 41 000 年前发生过一次，并且仅在 440 年内就倒转回来了。地磁倒转发生时，磁力会在一段时间内降为零，这意味着这段时间地球在宇宙射线下的暴露程度增加了，还有可能产生多云和低温。

另一个相对短期的影响因素是气候周期，这涉及三个方面：第一，地球相对于太阳自转轴的改变；第二，这个自转轴也会摆动的事实；第三，地球绕太阳公转的运行轨道会在略圆或略扁的椭圆范围内波动。这些周期有一个复杂的相互作用模式，但是简单来看，这一周期的时长大约 2.1 万~4.1 万年。总的来说，它们在冰河世纪的产生中起到关键的作用，在过去的 250 万年中每隔 4 万~10 万年会开始一次。

现阶段，我们并没有进入冰河世纪，我们说我们处于“间冰期”。这之前的 4 次间冰期分别持续了 23 000 年、12 000 年、4 000 年和 16 000 年，目前的这个间冰期已经持续了大约 12 300 年。

如果我们将最近 12 300 年这段间冰期内发生的事情放大，就会发现，米兰科维奇循环对全球变暖的影响在公元前 700~公元前 500 年达到顶峰，而温度最高的时候其实是在公元前 7000~公元前 5000 年。我们称为全新世气候适宜期。这段时期内，阿尔卑斯山几乎所有的冰都融化了，北非地区变得更加多雨，草木繁盛（由于水蒸发，平均气温升高时雨会变多）。事实上，这些雨水都聚集在地下水池中，现在人们用来灌溉和饮用。

至于米兰科维奇循环，我们现在似乎在朝着更冷的方向发展。然而，科学家在短期假设中还提到了其他的自然因素，分别叫作施瓦贝周期、黑尔周期、葛氏周期、修斯周期、涡流周期和哈尔斯塔特周期。

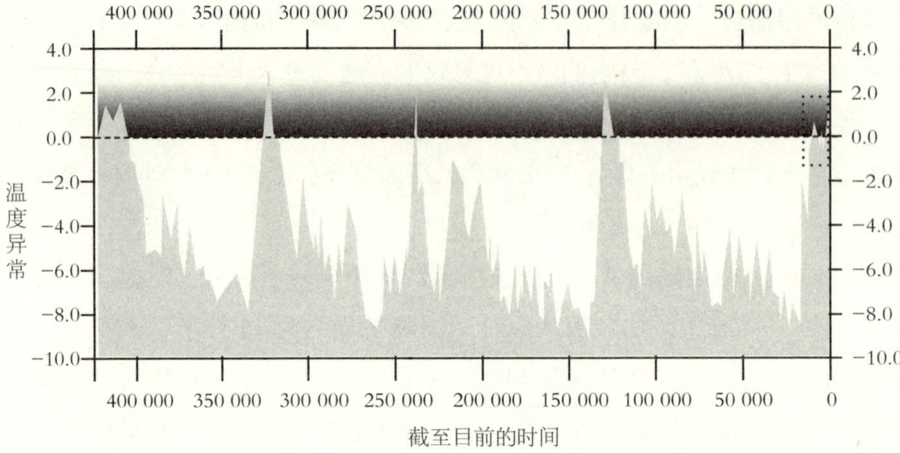

图 15–1　全球气温状况

根据在南极东方站（VOSTOC）钻取的冰芯，重现了过去 42 万年全球气温状况（以东方站命名是基于俄语中的发音）。

假设这一切是真的，那么是什么驱使着它们呢？各种解释中包括太阳磁场的旋转（施瓦贝周期）和行星在太阳的引力下运动的周期性波动（其他周期）。例如，哈尔斯塔特周期在四大行星对齐期间表现出增加的太阳引力，使其偏移平均位置。除此之外，据推测，该引力还会改变太阳内部的动态结构。

显而易见，太阳对我们的气候非常重要，太阳对地球的总辐射波动大约为上下 0.1%，但对于一些紫外线光谱，波动可以高达上下 70%。然而，影响更大的是，太阳活动的波动包括太阳黑子和耀斑，它们会影响太阳的磁场。由此带来的宇宙辐射对地球的影响可能出现 10%~15% 的波动。

宇宙射线是否重要？可能非常重要。多年来，丹麦气候科学家亨宁 · 斯文斯马克（Henning Svensmark）等科学家一直根据一项理论开展工作，即由于太阳黑子周期产生的宇宙射线波动中含有导致包括最近的小冰期在内的小型气候波动的主要驱动力。他和欧洲其他太阳黑子研究中心的人员在瑞士成功模拟出大气中增加的宇宙射线刺激水滴形成的过程。这是一项有趣的理论，因为太阳黑子的活动在小冰期几乎是停止的，但是在 1975~2000 年的温暖期，其活动却达到了它在过去 11 000 年中的最强值。

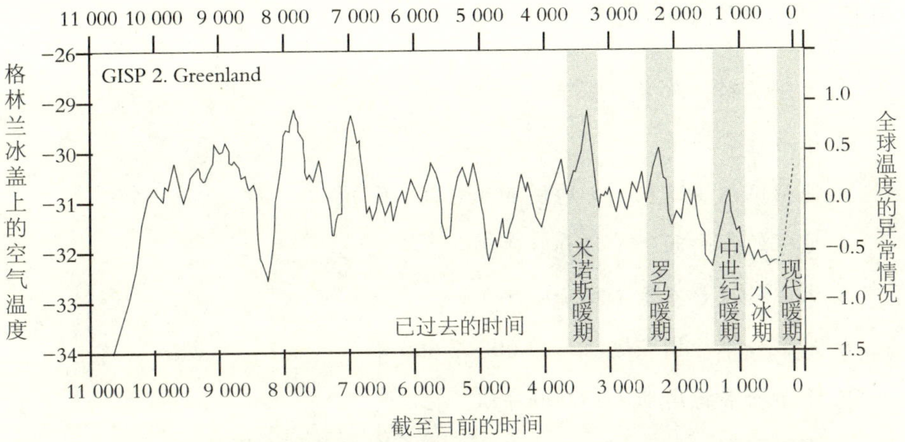

图 15–2　自上一个冰河世纪后开始对过去约 11 000 年的气候的重现

上述数据是 1865 年左右通过钻取格林兰冰盖所得。图中增加的虚线显示气温随后上升了约 0.8 摄氏度。

目前为止已经这么复杂，但我们还没有完全介绍完。我们还有一个 18.6 年的月运周期，还有被称为太平洋年代际振荡的洋流周期变化，每个周期大约 20~30 年。除此之外还有被称为厄尔尼诺现象的洋流和它的反相拉尼娜现象。厄尔尼诺现象是升温阶段，每 2~9 年发生一次，每次持续 9 个月到两年。像其他洋流震动一样，这些周期洋流会为海洋表面带来或热或冷的海水。

不止如此，因为气候还会被不确定的灾难影响，比如流星撞击、陆上和水下的火山爆发，以及甲烷在水下的自然释放，大约 550 万年前有一次 1 兆吨的甲烷突然释放导致一段时间内全球气温升高了 8 摄氏度。

然后还有二氧化碳等温室气体，他们允许紫外线射入，却限制了地球向大气层射出的红外光。从西方工业化开始，大气中的二氧化碳浓度从 0.028% 增加到了 0.04%，如果我们不尽快开发核能利用或其他非化石燃料的使用技术，到 2100 年浓度将会达到 0.05%~0.1%。二氧化碳浓度增加的其他直接影响是，它本身会呈指数级递减，而间接影响则如水蒸气增加会产生大面积云层一样，难以精确计算，并且有增加或抑制温室效应的可能。

所以想一想吧，这是一个对影响我们气候变化的因素的相当简化的概括，包括下面 20 种变量：

1. 大陆漂移，改变山脉等
2. 银河旋臂通道
3. 地磁倒转（随机，平均周期 450 000 年）
4. 地球的轴向倾斜（41 000 年）
5. 米兰科维奇岁差（26 000 年）
6. 米兰科维奇拱点运动（22 000~2 600 年）
7. 哈尔斯塔特周期（23 000 年）
8. 涡流周期（1 000 年）
9. 修斯周期（210 年）
10. 葛氏周期（87 年）
11. 太阳周期（22 年）
12. 太平洋年代际振荡周期（20~30 年）
13. 太平洋年代际振荡周期（20~30 年）
14. 月亮周期（18.6 年）
15. 厄尔尼诺/拉尼娜现象（2~7 年）
16. 水上火山喷发
17. 水下火山喷发
18. 流星撞击
19. 天然甲烷释放
20. 温室气体

如之前所述，我们现在可能还处于由米兰科维奇温度驱使的自然间冰期的衰退阶段。还有太阳运动和洋流带来的种种自然周期。

最突出的是上面提到的近 1 000 年（更准确地说，是 800~1100 年）的涡流周期，那么我们处于这个周期的什么位置呢？回顾历史，我们会发现它上一次达到峰值是在距今 3 300~3 500 年的克里特温暖时期。

这之后是一次明显的降温，然后会有一次新的升温，创造了约2 100~2 250年的罗马温暖时期。这是相当温暖的，因为那时候橄榄树生长的地方要比现在往北很多，而且现在的阿尔卑斯冰川有很多在那个时候都是没有的。新的考古发现，在罗马时期，人们经常在瑞士横渡施奈德焦克，而那里如今被冰川覆盖。

接着的漩涡温暖期是距今约100~1 200年的中世纪温暖时期，我们从之前提到的1086年出版的《末日审判书》可知，那时候英国还有葡萄酒农庄。这一周期的两个峰值间隔大约1 000年，每一次温暖期都可以持续150~200年。

如果我们认为这个这周期并没有任何巧合而言的话，我们应该会再次进入这一周期的峰值期，并且会持续到这世纪中期。同时，20世纪的最后几十年间，葛氏周期和修斯周期对变暖的影响逐渐减小，但可能会在接下来的几个世纪产生相反的效果，就像太平洋年代际振荡一样。

小冰期在1830年结束，1860年左右天气开始变热。若我们期望漩涡周期可以让我们的气候平稳50~200年，那么气温将在中世纪左右开始降低。

这一切都充满了各种假设和可能的不确定性，但事实就是如此。然而，我们清楚一件事：在1830至今的温暖期中，我们已经经历了三段较长的温暖期：1860~1880年、1910~1940年和1975~2000年，而且后两段时期的情况几乎是相同的。1910~1940年的这一段中，二氧化碳排放量非常小。为什么这看上去那么自然。第三段升温期可能是因为温室气体的排放造成的，在这段时期太样的活动异常活跃，还有洋流、漩涡周期、葛氏周期和修斯周期的变化。

在这段温暖期中，我们已经看到南极冰减少了20%左右，尽管它每年都会有变化。

相比之下，格陵兰岛的冰层强度和面积则相对保持稳定，甚至面积略有增加。尤其在南极，升高的海水温度导致冰的边缘融化，但同时通过降雪增加了陆上的冰量，两者相对维持平衡。

而且，大约1880年至今，海平面呈每年大约3毫米的线性上升（即每世纪30厘米），据估计其中有13%~25%来自抽出或排出的地下水，剩下的则来自岛上冰层的融化，其融化的体积则取决于升温的强度。政府间气候变化专门委员会在2013

年公布的报告中说，未来 100 年，海平面大约会上升 26~97 厘米。

显然，我们的文明经过燃烧化石燃料促成了全球变暖。但是对政府间气候变化专门委员会的评估报告最常见的批评之一就是他们过低地对待我们在之前讨论过的自然气候变量的因素。在一定程度上说，他们通过所谓的“曲棍球棒”图几乎完全抹杀了小冰期和中世纪暖期，我们会在第五部分再讨论这些。

总之，像太阳活动、漩涡周期和其他周期之类的自然现象很有可能对 1970~2000 年实际观测的气候影响很大，同样的，在这段时期之前和之后的气候事件都与当时的气候模式不一致也与这些因素有关。美国航空航天局的气候学家罗伊·斯宾塞（Roy Spencer）在 2013 年指出，在 1983 年预计的 90 种有科学意义的气候模式中，87 个预测会升温，然而事实并非如此。科学家可能低估了自然现象和气候周期，但是大部分媒体则倾向于发布一些没有科学依据的恐怖景象。举几个例子：

- 格陵兰岛的夏季冰的确在近几十年慢慢减少，但是 20 世纪 30 年代也出现过相似的情况，并且那时候夏季冰减少的速率更快。
- 因为珊瑚礁一年可以长 1 厘米，所以如果海平面继续上升，珊瑚礁就不会消失。实际上，珊瑚礁可以长到 1 000 米以上。如果情况不是如此，那么现在所有的珊瑚礁都还深深地长在水下，因为自上一个冰河期以来海平面已经上升了 130 米。
- 近几年，船只可以偶尔通过加拿大的西北通道或西伯利亚东北部的通道，因为那里的冰已经散开了。前一个通道由塞巴斯蒂安·卡波特（Sebastian Cabot）在 1508 年打通了一部分，1903~1906 年由阿门森的“佳阿号”船完全打开。这样的情况在“二战”期间也发生过，西伯利亚东北部的通道也在 1733~1743 年间被维图斯·白令（Vitus Bering）所用。
- 并没有统计学的证据表明我们在温暖气候内更容易遭到更多风暴。在历史上，状况恰恰相反。
- 疟疾蔓延到北半球不是因为全球变暖。在小冰期，疟疾大面积散播到北欧、俄国和美国，而且它如今消失不是因为气候波动，而是因为如今这些国家有能力预防它。平均而言，当一个国家的国内生产总值超过 3 100 美元时，疟疾就会消失。

- 北极熊并不是由于全球变暖而走向灭绝的。第一，北极熊是灰熊的变种，因此它可以繁殖；第二，2013 年北极熊的总数在 20 000~25 000 只左右，这一数量已经比 1970 年的数量大幅减少，而且加拿大每年还会售出大约 700 个北极熊狩猎许可证；第三，北极熊在上一次间冰期存活下来了，而那时的温度要比现在高很多。
- 当世界媒体都在报道温度已经达到了“记录中的”最高时，事实并非如此，很多读者大概会假设，可能是过去最高或自上一个冰河世纪以来的最高温。这一温度的定义是，用卫星或温度计测量的温度，而之前的温暖期则绝对不是“记录中的”。

不是我们听说的每一个环境问题都是真实的，无论是关于DDT、灭绝、全球降温、酸雨、海水/空气/河流污染、全球变暖，还是其他问题，上述的一些威胁实际没有任何基础。尽管如此，质疑西方文明与其发展和科技发明的安全性还是完全可以的。真相如何？

真相是，强烈的创新力、先进的科技和日渐增加的繁荣是环境改善的最有效的元素。相反，理想化过去、拒绝新科技、拥护零增长、追求无证据的潮流、拒绝权衡不同情况的利弊将会无法成功解决挑战。

为了明白谁才能最好地保护环境，可以查看所谓的环境绩效指数（EPI），该指数基于 25 种不同的指标在每一个国家中测量得出。

这项指数研究最初是由美国两所世界领先大学耶鲁大学和康奈尔大学，与世界经济论坛、欧洲委员会共同成立。结果显示，环境质量与国家收入水平呈明晰的正相关。环境绩效指数在 2008 年宣称：“人均生产总值与环境绩效指数的测评结果正相关，并不是多么令人惊讶的结果。尤其在人均国内生产总值达到或超过 10 000 美元的国家，环境绩效指数的综合指数都很高。”

所以，最富有的国家的环境最好，在西方国家尤其明显。在 2014 年环境测评中得分最高的国家依次是瑞士、卢森堡、澳大利亚和新加坡，而污染最严重的则是贫穷的索马里、马里、海地和莱索托。伊斯帕尼奥拉岛有贫困的海地，也有富足的多米尼加共和国（比海地富有近 10 倍）。海地已经破坏了几乎所有的森林，而多米尼加共和国则有效地保持了他们的森林面积。如果我们也记得我们之前关于包括英国的环境史的研究，事情就会相当明确：经济增长开始会导致环境恶化，但持续发展环境，比一直保持贫穷会好很多。长远来看，顺序大概如此：

- 第一阶段：大规模灭绝。最早的部落居民都是猎人，造成大规模灭绝，主要是大型动物和岛上的鸟类，还伴有定期为制造草原、平地和石南科植物而燃烧森林。
- 第二阶段：进一步砍伐森林。早期的农民为制造耕地而彻底破坏了森林。
- 第三阶段：大量烟雾和难闻的气味。工业化早期，空气和水都被大规模污染。
- 第四阶段：清洁。随着社会变的富足，它们引进先进的环保技术与自然公园等结合。环境状况逐步改善。

关键观察发现，很长一段时期以来，西方都处于第四阶段。是的，环境在过去变差，但在很久很久之前就开始好转了。经济学家有时把这种现象描述为“环境保护库兹涅茨曲线”。转折点一般都在人均国内生产总值增长到每年 2 000~8 000 美元时，一些研究表明为人均 4 000 美元时，而对于森林损失的转折点则在人均国内生产总值达到 4 600 美元左右。当一个国家的人均国内生产总值超过 10 000 美元时，环境会有大幅改善。比如丹麦，19 世纪早期的森林覆盖率只有 2%~3%，但是现在已经接近 11% 了，即便该国已经发展成为农产品出口大国。

森林覆盖率的进步对环境的变化更具象征意义。2000~2010 年的全球覆盖森林率清单表明有 1 300 万公顷的森林已经被重新分类或完全消失，而在之前的一个世纪内，这个数字高达 1 600 万（重新分类意味着森林还在，但已经转换为集约林业或其他人类控制的产业）。与此同时，9 500 万公顷的森林转化成了国家公园。

森林覆盖率的主要问题是丛林（因为其巨大的生物多样性），根据联合国 2007

年的一项分析，每年都有近154 000平方千米的丛林被破坏。然而，同时至少有850万平方千米的丛林在退耕还林中重新生长。当然，目前每年被破坏和重新生长的数量并不能直接比较，但有趣的是，后者比前者大55倍，重新生长出的丛林面积和美国的国土面积相等。这种情况的原因是城市化和科技密集型农业——这需要的土地面积要小得多。

在这里，我们还得到了意外的帮助，即所谓的空中施肥效应，或通过增加大气中二氧化碳的浓度施肥。植物的干燥部分的主要含量是从二氧化碳中吸收的碳。因为自然中的二氧化碳浓度很低，所以温室的所有者会人为把二氧化碳的浓度升高2~4倍，因为植物通常在1 500百万分比浓度的二氧化碳浓度中生长会快25%~26%，这个浓度对很多植物都是最佳值。相反，如果浓度低于150~200百万分比浓度，植物就会死亡。同样的，空气中的二氧化碳浓度增加500~1 000百万分比浓度会加快很多植物的生长速度，而这一现象在21世纪可能会出现。

平均而言，森林覆盖率在富裕国家相当长时间里都保持增长。事实上，富裕国家的森林生长的速度特别快，甚至已经弥补了贫穷国家损失的森林。

根据联合国粮农组织提供的数据，如今全球森林的覆盖率已经和1949年刚开始统计时基本一样。粮农组织是唯一一个长期以来一直密切关注全球森林的组织。

这并不意味着长期以来没有森林损失，损失是有的。据估计，人类存在以前，世界森林的覆盖率达37%，这一数据如今只有30%。但是大多数的破坏都发生在中世纪及之前，而且最近几年，森林覆盖率在亚洲、欧洲和美洲都在增加。

英国官方预测全球人口会由现在的70亿到2050年增加到90亿，并且在2100年会达到100亿（还有一种可能是人口在2050年后减少）。这样的预计部分是基于富国会增加而不是减少的期望之上的，还有就是许多亚洲国家还没有达到它们的人口转变点。

这些设想看上去越来越不现实。当一个国家的人均国内生产总值超过5 000美元时，出生率就会开始下降，当国内生产总值达到10 000美元时，出生率则会远远低于正常水平，这是很典型的模式。

出生率的下降常常发生得很快。如果收入增加过快，它甚至可以在15年内下降40%。相对较极端的例子是伊朗，在“二战”结束后到1990年，每个妇女都有6~7个孩子，可是仅仅在二三十年间，就降到了平均1.88个孩子，远低于更替水平。

2011年，德意志银行的桑杰夫·桑亚尔（Sanjeev Sanyal）根据联合国使用的数据，经计算后发表了一份分析报告，得到了完全不同的结论。他的主要观点在总出生率上。基于各种原因，为确保人口稳定，每个妇女至少要有两个孩子，但是在20世纪50年代，中国和印度就分别是平均6.1和5.9个孩子，但这一数据在2012年降到了1.8和2.6，而且中国新生儿出生的男女比例为119：100，而印度则为110：100。桑亚尔指出，如果加上这一点计算，那么中印妇女的平均生产量则会变成1.5和2.4，这意味着中国面临着人口的大幅下降，而印度则已经接近人口稳定的水平了。

21世纪中期，中国每代人将会有20%~30%的人口损失，还有其他一些国家会损失50%的人口。这一切将会造就一个不同于很多人所预计的世界。2009年，生态学家斯图尔特·布兰德（Stewart Brand）基于修正过的数据发表了这样的观点：

> 联合国在2008年估计人口数量将不会超过90亿，但那个数字是在假设出生率会在新兴市场中开始上升的基础上做出的。但因为这种情况并不太可能，所以我认为人口的峰值可能会在80亿左右，并会紧接着一场几乎算得上是危机的大幅减少。

不仅如此，全球的人均国内生产总值已经达到了关键的10 000美元，而这通常预示着人口高峰，但目前还没有任何一个国家的出生率高过1960年的。事实上，正如之前所述，全球人口增长率在1963年已经达到了峰值，并在那之后稳步下降。

1970~2010年，总的来说全球的出生率下降了33%，其中发展中国家下降了34%，伊斯兰国家下降了41%。每年的出生率极有可能会继续大幅下降，然后人口增长就会完全停止。如果考虑到亚洲的男女不均衡，则预示着在2020~2025年人类会到达一个神奇的转折点，全球的性别相关的出生率会降到平均水平以下。

差不多一代人之后，全球人口会开始减少，甚至可能会大幅减少。这里需要指出的是日本，中国、俄罗斯、巴西、美国、韩国和欧洲大部分国家现在的出生率都低于更替水平。

然而，还有一个问题显而易见：如果中国彻底放弃现已稍稍放宽的计划生育政策，会怎么样？答案的线索可以在中国香港和台湾地区找到，这里没有实行计划生育政策，民众相对更为富裕。根据 2013 年的估算，这两个地区的人口出生率仅为 1.11，远远低于中国大陆。新加坡的华人占 74%，民众更加富裕，但人口出生率低达 0.79%。按中国香港当前的人口出生率计算，到了第八代，100 万中国香港人口当中将只有 11 527 个孩子；而新加坡，则只会有 1 066 个孩子。

为什么中国香港、台湾地区和新加坡的出生率这么低？因为随着人们逐渐富足起来，会有更多的娱乐消遣，使他们不愿被孩子所束缚。此外，越来越多的女性接受高等教育并开始追求事业，又一次与要孩子尤其是要很多孩子发生冲突。这方面非常重要，因为在过去的几十年里，发生了一次戏剧性的转变，所以现在，全球接受高等教育的女性比男性更多。

还有一个导致出生率下降的主要因素，那就是几乎无处不在的城市化进程。随着农业走入科技驱动的精益化轨道，农田逐渐变成了国家公园，原先的农民都住进了城市。实际上，中国香港和新加坡出生率低的主要原因之一是因为它们都已城市化，而城市居民的子女要比农村居民少。在发展中国家，这种区别是相当明显的。在一些贫穷国家，农民父母认为多生孩子就是廉价劳动力，而在城市，孩子则是家长的经济负担。城市化的因素之所以重要是因为世界正在进行城市化转型。全球农村人口已经达到巅峰，根据预测（来自联合国）将在几十年内开始下降。尤其在中国，政府计划在未来的几十年内使几亿人移居城市。因此将出现一次规模空前的人口转型。

结论是这样的：为了扭转人口增长，我们必须高度重视科技创新、城市化建设，并不断增加财富，不能只推行零增长、回归自然的浪漫主义和强制堕胎。

我们必须谨记，世界人口在 1970~2010 年这 40 年间增加了一倍，但根据联合国最悲观的估计，在接下来的 40 年里，全球人口只能增长约 1/3，而且根据桑亚尔和布兰德的预测，人口增长还会更少——可能只有15%。无论哪种情况出现，我们都已经度过了人口增长最紧张的阶段。

实际上可以简单地总结出来：在人口增长和创新之间一直存在一场竞赛，而且从1450年开始，创新的发展就达到了高峰。

但现在我们如何能继续保持这种高速发展？显然我们无法预知接下来的几十年里会开发出何种环保科技，但我们可以通过对即将出现的或最近出现的环保技术的研究获得一些线索。

我们已经看到了诸如钍反应堆、旅行波技术、核聚变与核废料嬗变等全新技术。在比利时，科学家用一种叫作密耳拉的技术（混合多用途高技术应用的研究反应堆）工作，它可以把核废料转化成可以在200年内自行降解的物质。2006年，法国修改了对核废料储存的法律，规定核废料可以储存100年，人类将有机会利用新科技提取核废料中剩余潜在能量（约98%~99%）或使之嬗变。

另一个有趣的领域是传统的垃圾填埋场的处理，通过一种叫等离子体电弧废物处理的新技术将废物转为能量。该技术能将垃圾的混合物在无氧环境中加热到3 700~14 000摄氏度，致使分子裂变，产生气体和炉渣，而炉渣和火山爆发时喷出的熔岩很相似。这项技术可以将要填埋的垃圾减少99%，而且由此产生的气体非常丰富，除了为焚烧炉提供燃料，还能产生一种能量剩余。至于炉渣，将会以液体的形式排出，进而形成各种如建筑材料的人造石，人们还可以从中提取金属材料。如果提取完金属后还有剩余的炉渣，冷却后它已然是石头。目前，美国和日本已经开始用这种技术处理回收部分以前垃圾填埋场的垃圾了。

同样的，用以消除过去污染重毒素的新技术也已被开发出来。比如，科学家创造了一种转基因杨树来收集土壤中的汞。将树砍倒后，可以提取出汞，获取商业利润。另一个例子是之前提到的转基因细菌，可以分解泄漏在海洋中的石油。

然而，更麻烦的是停止物种灭绝。但我们已经能很好地解决这个问题了。大多数的物种灭绝都是在小岛上发生的（在灭绝的动物中，60%的哺乳动物、81%的鸟类和91%的两栖动物都只栖息在岛上），另外一少部分在热带雨林中。

为保护受影响地区的物种未来免遭灭绝，人们现在很重视恢复原始河流并积极种树，用氮气来提高土壤肥力，实施渔业配额和渔场相结合，并推出改良农场的诸多措施，比如保护农田间野生物种赖以生存的狭小区域。不过最重要的是大力发展自然公园。实际上，1970~2010 年，全世界自然公园的数量增加了 10 倍。

另外，全世界现在有 1 000 多个基因库（或种子库），完全保存各类植物的种子并定期更新。各国通过动物园、植物园和水族馆的国际合作项目，拯救了很多濒临灭绝的物种。

我们在讨论这一问题时，很有必要关注一些人提出的“灭绝才是永恒”的观点，但这是真的吗？其实不然，除非你相信 1993 年电影《侏罗纪公园》里的场景是真的，这部电影讲的就是再造恐龙的故事。电影中使用的方法是从古代混有蚊子的琥珀碎片中提取出这些蚊子体内的恐龙血，由此科学家则能够从中获取恐龙的 DNA，然后将其注入鸟蛋中，可能通过先排列大量的样本再重造完整的 DNA 序列，鸟蛋便可以孵化出恐龙。

这是一个很好的方案，但也存在一些问题，包括恐龙吃了科学家的情节。不可否认，这正是使电影精彩的精彩素材，但真正的科学家觉得这太过牵强。麦克马斯特大学的亨德里克 · 波伊纳（Hendrik Poinar）在 2009 年接受《国家地理》采访时说：“当史蒂文 · 斯皮尔伯格说克隆灭绝动物是不可避免的时候，我忍俊不禁。”波伊纳是远古 DNA 的专家，也是这部电影的科学顾问。然而，他自此以后改变了想法：“我不会再笑他了，至少对于猛犸象的克隆，我认为这是有可能发生的，只需要解决一些细节问题。”这部电影制作时，人类尚未完成 DNA 解码。现如今，这已司空见惯，甚至可以合成新的 DNA。科学家已经在西伯利亚冰冻的猛犸象毛发中发现了相对完整的 DNA 序列。通过解码和对多个对象的对比，他们已经成功重建了整个序列，而且他们现在相信自己可以人工制造猛犸象 DNA 并将其注入鸟蛋之中，之后鸟会变成猛犸象。

这样的过程现在被称为“去灭绝”，目前已经出现技术先例了。2003 年，先进细胞技术公司克隆了一只白臀野牛，这是一种爪哇岛上濒临灭绝的牛。克隆是用一只 23 年前死亡的白臀野牛的冷冻组织做的。科学家将死亡白臀野牛的基因与几只母牛的卵细胞结合，其中一只牛产出了健康的白臀野牛。如果可以在一只已经死亡

23年的百臀野牛身上做到，那么理论上在10 000年前灭绝的动物身上也可以做到，只要有DNA序列和合理的相对接近的物种就可以繁殖。甚至不需要获得完好无损的DNA序列，只要能够按顺序将无数损坏的DNA样品对比，确定其顺序就可以。一旦你获取了编码，你就能用标准机器合成一个新的DNA序列。

这里需要指出的是，一些物种科学家希望复活在寒冷气候中生活的物种。包括巨型动物，如塔斯马尼亚虎、猛犸象、剑齿虎和长毛犀牛，这些动物生活在最近一次冰河世纪。所以，如果我们最后能够建成一个真实的侏罗纪公园，就一定是在格陵兰岛、西伯利亚、加拿大、智利或阿根廷，因为这些地方都有合适的气候环境（并且这不会变成侏罗纪，而是中石器时代）。

一切又将我们带回到复活节岛的环境灾难。在贾里德·戴蒙德出版他最畅销的书《崩溃》后，其他人又出了几本书，与他书中所讲的人类砍伐所有树木后绝望地吞食同类的故事完全不同，例如《质疑崩溃》和《行走的雕像》。

他们坚信，真正导致复活节岛上森林消失的是随波利尼西亚登陆到岛上的老鼠，因为老鼠在岛上很常见，而且在岛上发现的坚果，99%都有老鼠的咬痕。为了证实这些事情发生的速度有多快，实验室的实验发现，一对老鼠可以在三年中繁殖出1 700万只老鼠。泰瑞·亨特（Terry Hunt）和卡尔·利皮拉（Carl Lipio）在《质疑崩溃》中总结道：

> 复活节岛的生态灾难历史原因复杂，不能简单归结为人类砍伐最后一棵树木的心理动机，事实上，“最后一棵树”可能是自然死亡的，而老鼠可能是吃掉了最后的一粒种子。那么老鼠是怎么想的呢？

对同一问题更加基本的评论来自之前提到的核物理学家戴维·多伊奇（David Deutsch）：

> 如果一个静态社会崩溃的过程与我们开放、充满活力、科技为基础的社会中需要面对的潜在威胁存在任何关联，都会非常惊人，更别提我们要如何解决了。

复活节岛的问题恰恰是因为当地居民的静态文化中缺乏创新文化，所以他们遇到问题后想不出解决方案。他们不懂得如何设计陷阱捕捉老鼠或者用老鼠喂养鸡，他们也不会做网或其他捕鱼工具来提高捕鱼效率。在1786年德·拉·彼鲁兹给他们带来绵羊、山羊、猪和谷物用以繁殖时，他们只知道全部吃掉。他们没有创新力。

但是，其他人有创新力，我们应该记得，虽然智人破坏许多东西，但他们也是地球上唯一主动保护其他物种的生物。所以，如果100年或500年之后，一个可能毁灭地球一半以上生物的巨大的彗星冲击地球，在地球数十亿年历史中可能只有一种生物可以在灾难中保护其他所有物种——人类，因为我们有创新力。

让我们通过像保罗·埃尔利希那样用简洁的方式概括环境挑战来结束本章吧。如之前所述，他推出IPAT方程，内容如下：

影响力=人口×财富×技术

所以，在他看来，我们越富裕，开发的新技术越多，情况就越糟。事实并非如此，因为我们已经看到，社会拥有的先进技术越多，对环境的污染越少。

但是，埃尔利希的等式更不正确的是他将财富看成了问题的一部分，即便从数据上来看，最富有的国家也是环境最清洁、人口数量稳定或下降的，这意味着财富应该在等式中做除数。所以这里有一个更好地版本：影响力=人口/（财富×科技）

解决我们挑战的方法不是像复活节岛上的人们那样静止或者倒退，而是向前。解决环境问题的关键不是限制科技和经济的发展，而是鼓励创新、创造财富和发展科技。

THE CREATIVE SOCIETY

第五部分

社会沉疾

从根本上说，西方通过强大的创新力和无限的活力创造出独一无二的文明。然而当今时代，众多西方国家正遭受发展停滞、债务危机、高失业率和悲观萧条之苦。这些问题中很多与西罗马帝国毁灭之前遇到的问题惊人地相似。

在这一部分，我们就要观察症状，找出病因。

第 16 章　法律陷阱

2011 年 11 月的一天，87 岁的丹麦农民尼尔斯 · 克里斯滕森正站在前端式装载机的机铲里（离地 1.15 米）清洗上面的水槽。不幸的是，一个在工作环境保护局的代表路过并向当地警方检举他，说他违反了健康和安全条例。为此，他需要缴纳 20 000 克朗的罚款，这一数目在他上诉后减为 10 000 克朗或入狱 10 天的惩罚。“我接受入狱 10 天的惩罚而不是缴纳罚款。”他在后来的采访中说：“我承认我站在装载机的机铲里，但我从未想过这么有什么危险，我根本就不可能从上面掉下来。我真想不出还有什么地方比站在机铲里清理水槽更安全。”

事发后不到三个月的 2012 年 2 月 2 日，人气颇高的丹麦餐饮连锁企业 Joe & The Juice收到了来自食品和药品管理局的通知：他们店里的果蔬汁不能再用“宿醉天堂”“无压力”“医生走开”“强健骨骼”或“免疫力”来命名了，否则就要缴纳巨额罚款。官方给出的解释是，这样的产品名称违反了第 76 条关于如何形容产品的规定。为什么？因为，假设你买了一杯“医生走开”，你根本不能确定你喝过以后还需不需要看医生，所以这样的名字是误导消费者的。其他名字也有类似的解释。这给连锁店带来了很大的麻烦，因为大品牌开发起来很贵，并且它们曾经特别受欢迎。

之后，不到一个月又通过了新的法律，要求海鲜水产商贩将销售的所有鱼类都用拉丁语命名。丹麦当地报纸《贝林时报》随后采访了水产批发商阿克塞尔 · 耶森（Axel Jessen），他叙述了这条法律对于他的影响：

我必须雇用一个秘书早晨来填这些账单，因为我没有时间做。早晨鱼送过来时，我必须卖给顾客，而他们根本不管鳕鱼的拉丁语名字叫什么。他们只管看鱼是不是新鲜。

接下来的一个月，丹麦议会开始讨论拖拉机是不是应该和卡车一样，算作“独立办公室”，因为如果是的话，它们也应该属于禁烟令执行范围之内。

欧洲很多这样的法律都来自欧盟，包括上文中提到的营销法律和要求用拉丁语命名鱼类的法律。截至 2015 年，欧盟已经签署了 35 000 条有约束力的规定，5 000 条非约束性指令和 50 000 个标准，还有 12 000 条欧洲法院的意见。这些加起来写成的立法文件超过了 80 000 页。

欧盟最初这样做是想确保资金、服务、产品和劳动的自由流通。为了达到这些目的，建立一些欧盟通用的标准，这样成员国就可以互相承认教育项目、产品标准和服务。他们的办法是摒弃官僚壁垒，让各公司和人民都轻松一点儿，并且一开始的确产生了效果。

最初的计划也是尊重附属原则的，即中央领导层只会在个别社区（这里指欧盟成员国）的行动（制定法律）不足时才会采取行动。实际上，这项原则是 1958 年欧洲经济共同体通过欧洲地方自治宪章设立的，并在 1992 年的《马斯特里赫特条约》中重申。

然而，现实里的欧盟正在朝着中央集权悄然发展，法律制定者写的有关人民生活、政府运作和公司管理的手册越来越详细。

不要误解。中央集权和国际法在很多方面的确很有帮助，例如规范外交、航空、邮政系统、国际航行和自由贸易等。然而，欧盟制定国际法律却不尊重议会大多数成员国的担心，制定关于劳动权、驱逐权、保护少数种族、市场规范等方面的法律。事实上，当地方政客们的提案没能通过国内法律时，通常他们随后会通过欧盟获得成功。

一个具体的问题是，通过欧盟做出的决定通常是争论后确定的，任何组织或成员国都要从中让步和豁免。因此，前欧盟竞争委员会专员马里奥·蒙蒂（Mario Monti）于 2005 年 3 月在摩纳哥的一次演讲中称，欧盟的决策过程“完全混乱”，每一个决定都需要欧盟（当时的）25 个成员国进行谈判，而它们每个国家都可以在同意之前单独要求提供补偿。这样一来，又会带来各种无止境的特别规定、补助、附注和特例。

在欧盟，你不能在餐厅里用碗盛橄榄油或按打出售（价格应该按照单位重量来计算）。你也不能指出水可以防止脱水（当然是可以的）或者李子可以防止便秘（的确如此）。如果你的马是宠物，你就不能吃这匹马的肉。（为什么？）如果花粉里出现超过 0.9% 的蜂蜜，你就应该标明是否有蜜蜂采了转基因植物的花粉（农民怎么会知道这些？），并且真空吸尘器的功率只能是 900 瓦（根本无法正常运行）。

从 2013 年开始，未经欧盟植物品种局许可，欧盟居民不得擅自种植任何种子。13 岁以下儿童不得送报纸，8 岁以下儿童只有在成人监护下才能给气球充气。

美国也好不到哪儿去。2010 年，这个号称“自由之地”的国家推出了所谓《海外账户纳税法案》系统，这一系统要求外国银行必须代表美国政府向旅居海外的美国人收税，否则就将被起诉罚款几十亿元。截至 2014 年上半年，已有超过 77 000 家美国境外机构同意美国的上述做法，并为此增加约 30 万~40 万名工作人员。对于旅居海外的 700 万美国人，这就意味着他们不是向所在国纳税，而是要支付近万美元，填写另一国家（美国）的税务申报表。

虽然许多金融机构选择配合美国，但是大量外国机构通过与其美国客户终止合作作为回应，显而易见，这样一来，那 700 万美国人和他们所在的美国公司的处境就变得非常困难。所以宣布放弃美国公民身份的人数上升也就没什么可大惊小怪的了。美国公民起诉丹麦银行，指控银行迫使其放弃美国公民身份这种事也就随之出现。这位美国公民能最后赢得诉讼，暗示了美国可以强迫其他国家为其征税。美国国会估计，该系统会为美国带来约 8 亿美元的额外税收收入，但那些美国以外的金融机构和旅居海外的美国人为此而支付的费用则要多得多。

2011 年 5 月 6 日，欧盟号召所有成员国禁止在学校教室覆盖无线网络。这一做法的初衷是保护孩子们免受辐射的伤害，但这一禁令也剥夺了孩子们接受现代教育的机会，而且无线网络几乎随处都是，没有证据证明它会带来潜在危险。

例子不胜枚举，就是这样，没有任何一致性。虽然不允许你站在自己认为最安全的地方清理排水槽，却可以参与延迟开伞的跳伞运动、马戏团的空中飞人表演或重量级拳击比赛。虽然不能将饮品命名为“医生走开”，却可以称其为“沙滩性爱”“与鳄共舞”或“午后之死”，即便是承诺的性爱和死亡根本不会发生。还有所谓“猩猩牛奶”，即使与猩猩毫无关系，依然获得认可。注册一种经科学验证的药物，需要耗资13亿美元，但如果未经注册，则一文不值。如果银行发布对某个公司或某种货币的分析，就必须附上若干页的免责声明，而且任何大银行都有可能因此深陷诉讼，无力自拔，但是如果某个环保组织收了好处费而将某个环境数据报错，即使相差约5 000倍，也不会有人追究责任。

官僚制法系统成为一种极不民主的政治机器，阻碍实验活动，剥夺选择权利。比如《马斯特里赫特条约》规定了一项“社会宪章”，直接违背之前提到的其本身的辅助性原则，认为各成员国应该协调他们的社会政策，这很明显是在将整个欧盟转变成一个新的阿根廷。

2011年11月，《经济学人》报道了三个西班牙年轻人，他们（勇敢地）决定在马德里开一家咖啡店式的书吧。他们花了三年才获得许可证，能够售卖书籍、咖啡和红酒。另外，多年来，正如在许多欧洲国家一样，在西班牙解雇员工是非常昂贵的。这造成的后果是很多小型企业都在时运不济时关门，那时相对自由的市场可以暂时解雇员工或者减少工作时长。这也是造成2013年失业率超过25%的原因之一。

法律变得太过复杂，人们常常不知道他们做的事情是不是合法的，这也就造成他们经常在为一些明明已经合法的事情申请许可，而这一行为违反了一些闻所未闻的法律。

人们之所以有这样的问题，是因为公共机构只告诉人们不该做什么却不告诉人们可以做什么。很少会有公共机构有勇气和权利说“够了，够了”并发表一项通用许可，允许你经商、修桥或想怎样就怎样。这意味着你永远无法确定你是否还有因为你不知道而没有申请的许可，在你投入所有资金后让你无法继续做事。

2009年，奥巴马总统启动了一项计划，旨在为607 000座房屋加装防风雨保障设施，但这项计划因为1931年通过的一项法律被直接叫停，该项法律规定：必须依照当地现行价格向接受防风雨设施安装服务的家庭支付费用。因此，安装工作被立即叫停，随后大批官僚开始对需要安装防风雨设施的上千个郡县进行大规模逐一调查。在加利福尼亚州，实际需要加装防风雨设施的住房数量应该在2009年就已达到3万户，但得到安装的仅有12户。纽约港和新泽西港的主管部门为适应新的全球集装箱货船标准，计划在桥上拓宽道路，而这一项目需要19个政府出具的49份批准文件，还包括对2 500个历史建筑进行例行调查，而这些建筑与将要实施的这一项目没有任何关系。另一项法律规定，开展环境研究必须要有当地部落代表参与，因此全美包括内布拉斯加州和俄克拉何马州在内的印第安人都受邀前来监督。尽管该项目提出的适度改变将会带来巨大的环境和经济效益，但是项目启动多年后，港区主管部门依然深陷各类书面文件和诉讼申请的烦琐流程之中，看不到尽头。

无论是在公共部门还是在私营企业，美国工人都常常被他们能做和不能做的事所束缚，由此经常无所事事。经理想开除或抽调员工会非常担心因原因不明而被起诉，就像是："你被开除了，但我不会告诉你为什么。"如果有人把家里做的食物带到学校聚会或慈善机构，他们会因为违反食品法规而被暂停工作或者开除。如果儿童为募集善款而出售柠檬水，他们就会面临警察的阻止，甚至被告上法庭。

美国联邦各法律的问题之一就是对消除过时或无效法律的关注度过低。我们不断地增加新的法律，各种法律纷争不断增加。2012年3月，美国律师兼作家菲利普·霍华德（Philip K Howard）指出了这一问题：

> 在这方面，民主基本上是由死人运行管理的。我们选举出新的代表，但是社会仍然被几十年前的政治主张和思想所左右。国会在这方面总有一个悲剧性的错误观念，它将自己视为新法律的制定者，而不是旧法律的执行者。

他指出，这种情况产生了很多问题。首先，就是由此产生的大量的法律和禁令，经常使人们和企业变得很难行动。另外，法律通常都会产生一些没有预料到的结果，而需要新的法律来解决，而这些新的法律又会维护过时的优越权。举个例子，20世纪30年代的美国农民是可以领到补贴的，因为那时候他们有重大的经济问题。这些问题在1941年完全解决，但补贴没有停止发放。巴西因美国向棉农发放补贴而起诉美国后，得到了没收美国公司8亿美元知识产权费用的权利。而美国不但没有停止发放补贴，反而签订了条约，向巴西棉农也发放补贴，这样巴西棉农也可以进行不公平竞争了。

在美国，《联邦税收条例》在1931年就达到了400页。1969年，这个数量增加到了16 500页，到2013年，参考文献里的72 513页都填满了各种条例。不止这一个方面，现在还有其他很多相关法律领域都相当复杂，没有人可以确定自己的立场，而且当政治家们想简化这些法律时，又被卷入程式化的复杂规章制度中，只好放弃，任现有制度摆在那里。他们不再负责，由官僚机构来负责。正如霍华德所写：

> 如今没有什么事是法律上可行的，完全没有。政府像是在自动驾驶机上，机翼困在一个不稳定的位置，朝着一个地点飞，然后在一次可怕的暴跌后制造出破产和政治混乱。

政治家想接触的一切都在一个由各种相互引用的法律、法规组成的网中，想要做出改变几乎是不可能的。如果你真的改变的话，你将不得不面对雪崩般的诉讼和长达几十年的级联上诉。在美国，生产和销售汉堡包会涉及相关方面200条法律和41 000条规定，并且这还与11 000条相关的法律诉讼有关。另外还有一项传统，即律师的报酬与起诉企业或个人所得的赔偿金是成正比的。这样结案是无论被告无辜与否都要由他来支付这笔钱，这一做法与黑手党的支付保护费并无区别。例如一个古怪的诉讼案例，一个人从曼哈顿火车上跳车自杀未遂，他受伤活了下来，但后来他起诉纽约市交通局，说他们火车停得不好。因为这种极端的诉讼文化，美国产品经常会贴上各种荒谬的说明和警告，比如建议人们在使用皮艇前咨询医生的意见。

每1 000个居民当中，美国拥有的律师人数是德国的2倍，法国的5倍。在30年内，美国诉讼案件的数量增加了2倍。

总体而言，西方世界建立的法律迷宫与复活节岛上居民在社会衰败时修建的雕塑一样沉闷压抑，荒唐离谱。同时也是政府向集权发展的一个征兆。其中有一个非常简单的原因：社会初期都是高度自由并进行地方自治的。而后，有人犯了什么错，媒体便把它报道出来，并给政府施加压力要求其干预。政府处理之后便规定了一些标准以便应对同类事件的发生。就这样，日复一日，所有的事情都有了标准，也渐渐变得集权化，即便远离政治中心的人们也遵循着这些标准。这抑制了新奇的想法，制造了新问题：过度依赖数据。当你高高在上制定规则时，你只能看到数量而看不到质量。这种治理是一种依靠数量的治理，而不是凭借洞察、直觉或同情。

至于到底法律迷宫和诉讼文化对经济的伤害被夸大到了何种程度，并没有一个明确的方法可以计算出来，但是美国一项研究显示，2010 年全美每天有 7 800 件诉讼案，费用相当于美国所有产品销售税的 8%或所有个人所得税的 13%。

通常，公共起诉（由纳税者支付）不考虑任何花费问题就会被受理。南斯拉夫前总统斯洛博丹 · 米洛舍维奇的审理最终未经判决便草草结案（因为他已病故），但尽管程序并未完成，其花费已经超过了 1.6 亿美元（或 2 亿美元）。

国际比较结果显示，一个国家的专业学者中工程师占的比例越小，律师占的比例越大，经济增长就越慢。之所以这样，是因为通常工程师都会投入到双赢的活动中，而律师从事的则是有输有赢，甚至两败俱伤的战斗。

这种官僚形式的守法主义形成的原因之一是制定和实施这些法律条文的官员和政客几乎没有体验过这些东西施加在普通公民身上有多麻烦。1981 年，美国民主党总统候选人乔治 · 麦戈文（George McGovern）离开参议院，转而投资斯特拉特福德酒店集团。2008 年，他讲述了自己突然华丽转身——从立法者转为守法公民时的感受：

> 回想起来，我希望我能提前知道从事这样一种行业的危险和困难，尤其在经济衰退袭击新英格兰之时，我取得酒店的 43 年租赁权是多么不易。我希望在我之前工作的那些年里，已经有了亲身体会商人每天面对的各种困难的经历。那样的经验会使我做一个更好的美国议员，更了解当下的总统候选人。

好产品和服务的分配可以遵循三种基本方法：

- 法律（命令与控制）。中央的官员制定规章制度，警察和监察员根据规章制度来监督民众，在他们违法时给予相应惩罚。
- 原则（指导与咨询）。政府官员大致描述“自由裁量引导”的用法和目的，省去事无巨细的详细要求，允许人们在工作中自主确定如何达到这些要求。如果他们做不到，可以通过与股票持有者对话的方式来解决。
- 市场（消费者评判）。供应商可以自由选择吸引和取悦顾客的方式，如果做不好，就只能倒闭。

几十年来，西方社会早已从原则步入越来越烦琐的法律条文。这种对规章制度的过分依赖可以轻易让人不负责、不受约束。如果你做的每一件事都要按照手册上写的法律进行，你会感受不到自由，无法产生创意。要想很好地完成一项工作，就需要在关键时刻凭借直觉做出决定。

甚至还会有这样的风险：那些服从于过多规则的人会在不经意间自然而然地或被迫做一些不道德的事。2012 年，佛罗里达州救生员托马斯因在自己负责的海域之外救人而被解雇。2013 年，养老院的一位老人突然晕倒，有人打了急救电话叫救护车，之后把电话给了一个护士，当电话接线员让护士做心肺复苏时，护士却因为自己没有权利做而拒绝了。接线员后来问道：“有人愿意帮帮这位老人，让她活下来吗？”没有人回答。于是通话后来变为这样：

接线员：“这位老人就要死了。”

护士：“是的。”

接线员：“好吧，如果你能找到任何人，哪怕是碰巧路过的陌生人，只要他愿意帮忙……我知道你的领导告诉你不能这样做。但如果……那是一个生命啊。我不能，你知道的……有人愿意帮帮这位老人让她活下去吗？”

护士：“现在没有。”

最后，病人还是死了。美国的老师现在由于担心招致起诉而不敢拥抱安抚哭泣的孩子。人们路过受伤或者将死之人也不为所动，因为担心他们是假装的。2011 年，消防员站在亚拉巴马州的沙滩上眼睁睁地看着一个企图自杀的人在水中挣扎了一个小时才溺死。他们没有实施援救是因为他们没有权利这样做，而且他们的领导也告诉过他们未经要求实施救援是要负法律责任的。法律条文使做正确之事的风险空前的高，而想要发明什么则更加困难。许多国家都有一个专门收“快钱”的部门，来快速获得经商许可（你不会想知道这是怎么做到的）。也许这都是好意，但后果往往不尽人意，而我们正在重塑一种令人窒息的官僚体制。

第17章　公共生产力

法律条文和诉讼文化都是关于过度体制化和集中化的，它会扼杀创新力，但是也有很多其他的例子。威廉·刘易斯（William W Lewis）是知名咨询企业麦肯锡的股东，同时也是其下属研究机构麦肯锡全球研究所的联合创始人。他于1991年2月组织了一次会议，重点讨论美国经济运行的基本状况。与会人员包括诺贝尔奖得主罗伯特·索洛（Robert Solow）、哈佛大学教授弗朗西斯·巴特（Francis Bator），以及来自《华尔街日报》和《经济学人》杂志的多位编辑。

经过多轮讨论之后，该团队总结出各经济体的不同表现主要归结于长期的生产率增长。因此，麦肯锡全球研究所和世界各地麦肯锡分公司开始分析促进和阻止每个国家和工厂生产力的因素，这些学术讨论最后形成了几千页的研究成果。

经过长达16年的不懈努力，刘易斯于2005年出版了《生产力的力量》一书，该书对于一些重要论断做出总结，其中之一就是如果政府放弃给予某些领域优先权，或公司在迎合消费者需求中遭受最大化的竞争压力，就会催生高生产力。

他总结道，消费者是关键。如果给予消费者最大化的选择，虽然会带来最大化的竞争压力，但是会通过创新和成本控制促进生产力发展。私营企业不断地承受竞争压力，并且在实际发展中为了与时俱进，经常与当下的生产力和效率相衡量。然而，公共组织通常没有竞争，这大大地削弱了创新积极性，阻碍了创新和生产力的增长。所以，公共部门的生产力增长有多慢呢？麦肯锡发现了一个令人震惊的事实：公共部门长期的生产力增长几乎为零。当然，有一些增长率轻微上涨的例外，但也有一些消极的情况。

英国政府时不时地为公共部门发表生产力研究报告，报告中指出，长期以来生产力轻微下跌。然而在1997~2007年，英国私营企业的生产力增长了28%，同期国有部门下降了3%。这产生了巨大的影响，因为英国公共部门只需要收取最多一半的税，就可以达到与私营企业相同的生产力增长。

这个问题的一个方面是把重点放在错误的激励上。下面举一个关于激励的作用最典型的例子：19世纪，英国将大量的囚犯运往澳大利亚，他们为每个搭船的囚犯向船长支付固定的费用，但只有40%的囚犯在这趟行程中存活。1862年，政治家埃德温提议修改支付方法，取而代之的是囚犯安全抵达澳大利亚，政府才会支付船费。因此，囚犯存活率由50%上升到98.5%。

激励事关重大，并且麦肯锡全球研究所发现在日本的医院按过夜的床位付费，患者平均住院时间是24个小时，而美国的医院按相关的疾病/合同付费，平均住院时间是6天。然而，就诊断而言，日本医生按每个咨询单位付费，而美国按咨询时间付费。结果呢？日本的咨询过程仅仅持续5分钟，而美国持续24分钟。

错误的针对性的激励措施会导致瓶颈问题。就很多国家的公共医疗卫生而言，人们总是抱怨治疗等候时间长并且服务差，比如髋关节置换。矛盾的是，如果你在上述相同国家的兽医站治疗猫狗或做整形手术，却能享受到优质的服务和很短的等候时间。这个矛盾的原因是这些任务不重要，所以国家留给私营企业来处理。

公共部门和私营企业服务最明显的不同是展现创新力和创新的不同趋势。从欧洲和美国的基督教堂你就能看到不同。在欧洲，参观教堂意味着回味一遍历史，过去的600年几乎没有任何改变。相反的是，美国的基督教堂极具创新性并且不断发展，其服务功能覆盖了基督教广播和电视节目、悦耳动听的福音音乐，以及“基督文化”乐队等极具人气的宗教摇滚乐队。除此之外，还有介绍青年基督徒生活的时尚杂志，以及夏令营、摇滚歌剧、热忱大会、在线社区等内容。诸如莱克伍德教堂、休斯敦第二浸会教堂和北角社区教堂等机构每周都会组织超大型教会活动，吸引成千上万的善男信女。而且这些大型活动都安排了现场直播，可以通过互联网反复播放。为什么美国的教堂如此具有创新力，而欧洲的教堂没有呢？因为美国的教堂非国有，而欧洲是国有。

另一个由于公私区别而创新力不同的典型是大学，世界顶尖级高等学府虽然数量不多，但是基本都是私立。诸如哈佛、耶鲁、普林斯顿、哥伦比亚、芝加哥、麻省理工、杜克、布朗、里士满、斯坦福、卡内基·梅隆、宾夕法尼亚等全球知名学府都是私立大学。

同样，私营企业在竞争压力下生产的产品会更好。德国在“二战”后被分裂成市场经济的西部和计划经济的东部，民主德国生产了特拉贝特轿车，而联邦德国造出了宝马、保时捷、奔驰、奥迪和大众汽车。

当政府的消费增长与国内生产总值成比例时，国家的国内生产总值增长可能会极具误导性。部分原因在于私人服务根据其在市场中的价格包含在国民经济核算当中，而公共服务则是根据其成本计算，而这远高于人们愿意支付的价格，或在竞争性市场中的成本。此外，当原先通过家庭提供的服务被社会化后，也会成为国内生产总值的一部分。比如，个人照顾孩子不会提高国内生产总值，但如果同样的工作交给一个机构来做，就会提高国内生产总值。如果在政府主导下有赢有输或两方皆输的交易出现了不合理增长，结果将会非常可怕，比如由于政府的行政管理和控制，私营领域被迫前来寻求税务咨询和法律援助等。管控体系和税收诉讼的确可以增加国内生产总值，却无益于改善民生。

国内生产总值表面增长也可以通过公共借贷进行伪装。几十年前很多西方国家的经济增长陷入停滞，从那时起，国内生产总值就只能够通过公共借贷（并且用公共财政支持无业公民）取得增长。借来的钱被用于高度可见的公共“面子”工程——通常是在首都和其他大城市。在罗马帝国时代，首都的居民满怀敬畏地看着帝王建造大理石宫殿，并在罗马竞技场举行气势恢宏的表演。但是，他们没注意到乡下的农田大多已经荒芜。同样，2010 年在巴黎或伦敦的咖啡馆里休闲的人不会意识到这两个国家近 10 年来已经欠下了大量国债，同时失去了 25%~30% 的工业。

极具迷惑性的国内生产总值增长，同时伴随过度体制化悄然出现的另一个原因是：私营领域的薪资增长与生产力发展相一致。但在公共部门，尽管生产力没有增加，公务员的薪资却也跟随私营企业的增长而增长。其结果是，即使公共服务没有出现变化，税收负担和政府借贷依然持续攀升。或者换另外一种表述方式，尽管公共部门提供的服务没有任何增加，但是占据国内生产总值的份额仍在不断提高。

思考一下这个问题有多重要，即使我们不做出任何改变，情况也将变得越来越糟，直至最后崩溃。这种现象被经济学家威廉·鲍莫尔（William Baumol）命名为“鲍莫尔效应”，这就解释了为什么公共债务和税收总是不断增加。

归根结底，问题在于：如果公共部门在国民经济中的份额增加，那么国内生产总值的主要或全部增长都将是误导性的。这时国内生产总值在数字上的增长反映的是钱花得更多了，却不知这些钱是否创造了更大价值，或是入不敷出，亦或这些钱就是借款而已。

从以上观察我们可以得知，重要的是要控制，在一定程度上还要停止公共部门的膨胀。然而实际实施起来很难。

为什么会这样呢？原因之一是，早在 1995 年，《经济学人》杂志发表了英国教授兼海洋历史学家西里尔·诺斯科特·帕金森（Cyril Northcote Parkinson）的一篇文章，里面介绍了著名的帕金森理论。文章中提到：“为了完成工作，利用一切可以利用的时间。”

除此发现，帕金森还注意到管理的趋势，尽管行政管理部门不得不完成的任务并没有增加，甚至可以说在减少，管理职能的数量却在无节制的增长。帕金森在研究大量的统计数据后总结道：不管主要任务有没有增加，公共官僚机构每年自发增长 5%~6%。比如，他针对 1414~1928 年英国海军发展历程进行了研究：

现役大型战舰数量	–67%
海军军官和士兵人数	–32%
船厂工人数量	+10%
上班族人数	+40%
官员人数	+78%

帕金森的分析颇具娱乐效果，同时让人大开眼界，但不能称为专业的科学研

究。然而，从那时起很多关于这些问题的深层次研究也相继展开。“预算最大化模型”就是研究成果之一，该项目由曾经担任过福特公司首席经济学家和美国政府顾问的威廉·尼斯坎南（William Niskanen）教授于1971年提出。

尼斯坎南指出，公共部门管理者经常尝试增加自己部门的预算，目的是获得更多的下属和更大的权力。为了给增加预算做出合理的解释，他们会让自己的部门逐渐承担更多的工作。

这种现象是“任务偏离”的典型例子，一个部门开始自发地追求与原计划不符的使命。比如，欧盟就完成了从一个自由贸易组织到一个极具家长作风的权力中心的华丽转身。

为解决这个问题，尼斯坎南提出的建议主要是引入竞争，同时降低成本，提倡创新，改善质量，也让人们意识到任何给定服务的合理价格。

造成公共部门不断增长的另一个原因是，在一段时间里，社会通常会形成一个“福利联盟”，大多数人都生活在这个国家，为什么还为增加公共支出投票。“毛瑞森斯1–3法则”给出了最终的原因。丹麦南方大学的政治科学家保罗·埃里克·毛瑞森斯（Poul Erik Mouritzen）解释道：

> 如果政府实现了一定规模的改善，将会增加1 000张选票。如果以后出于经济原因，不得不改善，根据“1–3法则”，它将会失去3 000张选票。

因此，根据这条法则，在一个民主国家，选民将主要投票给能带来更多利益的人，因为至少直到一次严重的经济危机终止并逆转了一段时间之前，政府增长都将作为国内生产总值的一部分。

问题不仅出自官僚机构和选民之间，还来源于利益接受者的行为。这个情景与在餐厅里跟20个人共餐类似。如果每个人都请客或由于彼此熟识，出于情感约束为别人埋单，那么每个人的花销比预期的都要贵。所以，每个人都会厚着脸皮放纵自己，同时希望其他人负更多的责任。当账单摆在面前时，每个人都语塞。经济学家称为“公地悲剧”。

这里要提到另外5个问题。第一个是政治领导人偶尔迷恋权力，这往往通过拥有巨额资产来获得。事实上，很多政治家都专注于通过集权成为全球权力中心（或至少闻名遐迩）的想法。然而，他们的公民对全球政治权力几乎不感兴趣，公民只想有工作、有退休金、有良好的环境和低犯罪率。

国家投入不断增加的另一个原因是福利转移制度造成社会行为失去道德准则，这意味着“福利社会”的人会变得越来越不知廉耻地挪用公款。结果是社会福利转移违背了设计者的初衷，随着成本不断增加，只有依靠高额税收、大量借贷及削减基础服务进行补偿。

缺乏财政激励也是一个因素。首先，如果公共部门的雇员获得丰厚的奖金，那么很容易引起公众的强烈抗议。其次，平均来说，公共部门比私营企业的工会密度更高，薪资谈判筹码更高，难以形成有效的绩效工资体系。

进一步来说，我们面临着所谓“内部交易”的问题，即一家机构的雇员开始主要服务自己，而不是服务委托人（这也是一种超越任务范围的情况）。内部交易在公共部门和私营企业都极其常见，但是在私营领域大都被竞争压力所遏制。

另一方面，公共部门大都允许这种行为频繁发生，造成的结果在国家职能私有化之后显而易见。只有迫使大多数人离职后才能明显改善服务水平。一个很好的例子是，欧洲电信垄断企业在私有化之前，员工冗杂，申请一个电话号码可能要花几个月甚至几年时间。

当一个机构受制于内部交易时，很有可能就会成为经济学家阿西莫格鲁和罗宾逊所说的“榨取”（见第 9 章）的情况。比较典型的例子是公共部门即使发现了节约开支的机会，也会因为担心来年预算遭到削减而对此视而不见。这种模式在公共部门和私营企业的公务用车和电脑等固定设备供应商当中无人不知，他们注意到公共部门领导通常在本财年会连续积累几个月的开支，而私营企业经理则是推到下一年年初。原因显而易见，公共部门希望寻求开支的最大化，以便下一年继续申请同样的额度，而私营企业则要寻求当年利益的最大化，以便赢得奖金。

这两种行为都很自私，但是对社会造成的后果不同。在私营企业，人们通过创新力和削减开支实现利益最大化，而在公共部门，他们会想尽办法增加预算，扩大规模。实际上，很多国家在处理没有任何结果的项目时，往往是扩大预算，而不是对其叫停或进行修改。

另一个问题被称为“粘蝇纸效应”，能够在一定程度上解释公共部门发展缓慢的原因，该效应是指各个机构通过分配公共资金来维持自身运行。

第三个问题是美国教授吴修铭（Tim Wu）命名的“克洛诺斯效应”。克洛诺斯是希腊神话中的神，他为保住自己的王位不被儿子抢走，吃掉了自己的几个儿子。吴修铭指出，服务供应商的本质是试图从可能危害他们权力地位的组织外部扼杀创新。他在通过创新获得初步成功的IT组织部门看到了这一点，但这将永远都是不遗余力地从外部发展创新，从而显得自己多余。这些尝试几乎总是失败，损失也随之而来。克洛诺斯效应在公共组织部门也很普遍，他们试图阻止私有竞争者进入他们的领域。他们总是会发表代表性的抗议，例如“所有公民一律平等”“富人才有资格享有私有服务”“如果提供相关服务的人带有利益动机将是很危险的”。如果同样的原则适用于其他部门，例如汽车行业，那么我们每个人都会开特拉贝特。

图 17–1　特拉贝特 601S 豪华轿车

民主德国在制造时根本没有考虑利润，这款生产于1988年的轿车需36秒才可达到100千米/小时的速度，高污染，报废快。

所有这些现象构成一种更为广泛的理论，叫作公共选择理论，它描述了官僚经常采取行动违背社会利益，而从他们的角度看显得非常理性。这一切都导致缺乏创新和生产力增长。原因是错误的激励，总结如下：

导致公共生产力问题的 13 种原因

1. 没有强制创新的竞争环境。

2. 员工缺乏创新和合理化的激励。

3. 没有废除法律法规的程序，法律法规的数量无止境地增长。

4.“内部交易”迫使公共雇员优先考虑自身而非顾客/用户利益。他们利用超越任务范围的行为扩大自身权力，于是这些部门开始“榨取”行为。

5. 官僚为彼此制造工作，而工作就成了分配的时间。

6. 管理者通过雇用更多的员工、寻求更多的预算来寻求权力。

7. 大多数选民都依赖国家生活，为了更多的利益形成了非正式福利联盟。

8. 选民给那些增加福利的政治家投的选票是给减少福利的政治家的 3 倍。

9.“粘蝇纸效应”允许官员拨款来为自己谋利。

10. 根据鲍莫尔的成本病学说，公共部门虽然和私营企业获得同样的工资，但生产力没有相应地增加。因此，尽管国家的服务保持不变，却自动增加了其在国内生产总值中的份额。

11. 政府试图通过“克洛诺斯效应”扼杀威胁权力垄断的创新。

12. 如果公民自己为这些服务埋单，每个人都会挪用更多的公款。这就造成“公地悲剧”。

13. 随着税收压力增加，征税占国内生产总值当中更多的份额。

第 18 章　过度税收和公共借款

1976 年 3 月 10 日，瑞典《快报》刊登了一篇题为长袜波皮的讽刺故事，作者阿斯特丽德 · 林德格伦（Astrid Lindgren）描写了关于一位儿童虚幻作家的故事，这位作家自从交付了 102%的边际税之后，不管如何努力工作，依然无法生存。据说这个故事的原型就是林德格伦本人。

保守党领导人约斯塔 · 博曼（Gösta Bohman）将这个故事在议会中讲出来之后，这个故事就立即变成"一块烫手的政治山芋"。社会民主党领袖贡纳尔 · 斯特伦（Gunnar Sträng）随即走上讲台，解释说这个故事很有意思，是极具创意的文学素养与对税收政策极度无知的结合。他补充道："的确，她很会讲故事，但是不太会算术。"

第二天，林德格伦接受电台的采访，她说："如果有人计算失误，那一定是国税局的失误，因为那是我的数据来源。"她补充了一段很受媒体追捧的言论："斯特伦很会乱说，却不识数，我应该跟他交换工作。"

事实上，林德格伦的确是对的，在一切真相大白之后，这次事件为社会民主党在后来大选中失去选票埋下了伏笔。此后，瑞典的边际税率显著下降。

显而易见，维持 102%的边际税率根本不现实。但是，很多人依旧认为较高的税率不会妨碍人们的活力和创新力，他们辩称："不管税收压力重不重，人们都必须消费，所以区别在哪里呢？"还有人会说："高税收强迫人们努力工作，从而提高国内生产总值。"这些听起来都没有什么问题，那么高税收水平低估了社会的创新力吗？

在我们寻求答案之前，一般来说，我们或许应该注意到高税收是一个新现象（尽管历史上出现过非常罕见的类似时段，比如罗马帝国最后一个阶段）。从中世纪到1900年，英国人收入的8.5%或更少用于缴税，而在美国，从起初的殖民化到1900年，税率从没有超过6.5%。从1900~1929年，这个数字增长到12%，并且从未超越。

一个需要考虑的税收问题是，什么样的税收水平能够最大限度地提高税收（如果一个人致力于最大化而不是最小化）。答案存在于众所周知的“拉弗曲线”中。这一点很重要：如果税率是零，税收收入也将为零。如果税率是100%，开始税收会稍有增长，但长期来看，因为人们移民或罢工，税收又会恢复到零。税收一定是遵循这两点间的曲线路经。

许多人已经尝试计算最佳税率并且绘制“拉弗曲线”，但是得到了非常不同的结果（例如，一个很有争议的建议是当税率高于60%或低于20%时，会达到税收的最大化）。相反，我们可以眼观世界来吸取实际经验。1921年，美国对于年收入超过10万美元民众征收73%的边际税率。当年，全美国光税收就达到约7亿美元，其中30%来自高收入人群。1929年，边际税率戏剧性地跌至24%，税收增加到10亿美元，富人贡献的比例高达65%。因此，与直观的预期相反，低边际税收率带来高税收。1929年股票市场大崩盘，政府出台了关税壁垒，提高了边际税率，这可能对1930年的“大萧条”贡献巨大。

资本所得税也出现了类似的效应，1954~2005年的美国在税率和实际税收之间存在明显的负相关。

最近，也出现了类似现象。直到1998年，俄罗斯依然施行一套昂贵而复杂的税收系统，人们设计各种方案避税——1998年实际税收收益仅占国内生产总值的8.6%。之后，该系统被简化，边际税率与税率降至13%。其结果令人惊讶：2001年税收占国内生产总值的比重增至16.1%，3年之内几乎翻倍（由于商品税和其他的税，收益超过了税率）。

在美国和英国，最近关于降低和提高最高税率的不同经验也显示了同样的效应。1980~1988 年，当美国将边际税率从 70% 降至 28% 时，从最富有的美国人那里收税的收益增长了 3 倍。这个效应与 20 世纪 20 年代出现的情况非常相似。2007 年，当美国马里兰州决定从 2008 年开始提高最高税率来增加从富人那收集来的 1.06 亿美元的收益时，税收反而下降了 22%，导致 2.57 亿美元的损失。结果是，近 1/3 的百万富翁都突然“消失”了。

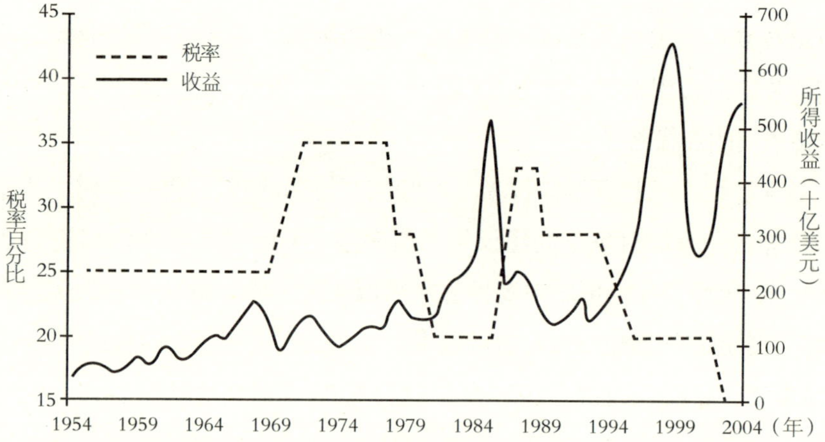

图 18–1　资本所得收益及税率

1954~2004 年美国资本所得税率及收益。虚线显示的是税率，实线显示的是政府通过资本所得税获得的实际收入。

同样的事情反复出现，2010 年英国首相戈登 · 布朗将英国最高税收水平从 40% 提高到 50%。第二年，收入超过 100 万英镑的注册纳税人数量从 16 000 下降到 6 000——比马里兰州下降的还要多。随后的保守党领导的联合政府将最高税率降到 45%，最高纳税人的数量立即增长到 10 000。在现实中，最高税率的前期增长像其他地方一样是一个有损失的决定。如果政府将它降低到最初水平或更低，长期来说这将可能带来更好的结局。

瑞典的研究也得出同样的结论，富国的税收负担和经济增长之间存在一个负相关。实际上，通过研究很多国家他们发现，在富裕国家，少于 10% 的税率将会每年带来0.5%~1%的经济增长。尤其是1994~2010年的瑞典，每年人均经济增长率为2.2%，超越了同期的美国（1.5%）和欧盟（1.4%）。这得益于瑞典20世纪90年代中期以后削减了支出和税收大约10个百分点。

然而，如果你想研究自然的税收试验，瑞士再合适不过，26个州（联邦州，平均人口30万人）和当地社区（平均人口2 800人）缴纳并花费大多数税收。瑞士宪法体现了权力下放原则（授权分权），是欧洲乃至全世界分级管理最彻底的国家。这意味着每个州和当地社区可以自己决策很多事情。

“二战”刚结束时，楚格州是瑞士最贫穷的州之一。然而，楚格州居民通过投票削减边际税率，促进了商业繁荣，不久之后，临近各州开始竞相仿效。瑞士的整个中部地区失业率低、犯罪率低，加上高社会稳定率，公共财政压力小，从那以后成为欧洲乃至全世界最富有的地区。同时，瑞士也是世界上唯一一个成功在2008~2013年经济危机期间降低公共债务的国家。

瑞士的公共开支和税收水平在经济合作与发展组织中是最低的，但实际上的福利、安全、清洁指标的得分非常高。比如在国际学生评估项目（PISA）、大学排名、人类发展、平均寿命、环境性能、创新力和竞争力指数、专利领域、每百万人获诺贝尔奖等方面得分很高。事实上，在很多这样的排名中，瑞士都处于顶峰。瑞士在犯罪水平、失业率、缺勤率、逃税率、酗酒和其他社会弊病的得分很低。那么，这是怎么实现的呢？就是凭借竞争和创新力。瑞士各州竞争非常激烈，并不断改进。每个州都有自己的学校、警察、州旗和税收系统。不仅如此，医疗卫生系统是私有的，提供者之间的竞争非常激烈。

坐落于瑞士中部的翁特瓦尔登本是一个州，但自从内部政策出现分歧后，分为两个自制州（命名为上瓦尔登州和下瓦尔登州）。几年中，上瓦尔登州为维持高水平的公共服务，选择了实施高税率政策。另一方面，下瓦尔登州像楚格州那样削减了税率。到2005年，下瓦尔登州人均国内生产总值为44%，高于上瓦尔登州，并且又一次证明低税率往往带来更高的长期效益。如今上瓦尔登州面临其政策带来的后果，表决通过一个降低边际税率的税收系统。然而，当2007年上瓦尔登州（超过90%的大多数人）决定引进10 000法郎的统一税和6%的企业所得税时，国家推翻此决议，称其“违宪”。

瑞士中部地区各州竞争激烈，占据了瑞士的领先地位，但瑞士所有地区都采取低税率，增值税率维持在 8%，这比其他欧洲国家低得多。所有这一切的结果是各地区互相竞争，批评家所谓的“达到底线的竞争”也已经真正成为一场冲顶比赛。2013 年，瑞士在全球创新指标和全球竞争力报告中获得第一。所以，瑞士不是通过向公众筹钱，而更多的是创造私人就业机会来应对社会挑战。

新加坡遵循了类似战略。和瑞士一样，没有资本利得税。除此之外，企业和个人所得税都低于 20%（2013 年）。截至 2012 年，新加坡利用此战略积累了总数大约 5 000 亿美元的剩余基金，相当于人均 10 万美元。新加坡从一个极其贫穷，远远落后于西欧和北美两到三代的国家发展成为全世界第二富有的国家（不包括那些小的石油国家）。

根据国际货币基金组织的数据，2010~2011 年新加坡人均国内生产总值约为 6 万美元，而欧盟人均 3.1 万美元。由此我们又一次看到低税率能带来高创新力、高增长、经济繁荣和高收益。

这种模式反复上演，施行低税率的国家和地区，像智利、中国香港、新加坡、瑞士、阿拉伯联合酋长国比施行高税率的邻国发展得都要好。很多人不理解，但是美国前总统约翰 · 肯尼迪很清楚，正如他曾经说的“如今的税率很高，而收益却很低，这是一个互相矛盾的事实。长远来看，提高收益最安全的方式就是降低税率”。

那么，为什么不是所有国家都选择降低边际税率，例如，降至 20% 呢？

反对降低税率的典型论点是他们设想了一个无法运作的扩散型经济体。然而，很难找到一个支持将这种扩散效应模型作为减轻税收负担的动机的低税率国家。当然，这种非官方不正式的理论不会出现在经济学课本或经济学思想史上。现实中，我们可能听到的最接近这个观点的是企业家的想法会渗透给周围的人。

当人们主张降低税率时，他们使用的不是扩散效应经济体来支持论点，而是其他因素，像简单的数据观察。为什么呢？我们可以从以下的观察开始，低税收、低逃税率。国际货币基金组织和欧盟统计局2012年的数据显示公共部门少的国家，平均而言税率低，逃税行为也少。比如2012年，低税率的瑞士和美国的逃税占率只7%，而高税率的丹麦、瑞典和挪威经济体的逃税率分别为13%、14%和14%。同年，德国伊弗研究所也得出了同样的数据。

高税收导致的逃税大幅增加，其带来的负面影响很多人都尚未考虑。正式登记为失业，或被认定为伤残的人最容易逃税。因此，刺激人们的动力从避税转变为寻求公共福利。这意味着在高税收国家，很多人虽然没有正式工作，却比拥有正式工作的人享受更多福利。这种现象不仅让劳动者沮丧，同时还从两个方面摧毁了公共财政体系。当然，职业犯罪（从不纳税）也会带来同样的结果。由此可见，税率越高，出现职业犯罪的概率越大。

高税收的另一个副作用是衍生的黑色经济为低效公司创造了一个巨大的隐性竞争优势，因为它们能够轻易逃脱未报税的惩罚，结果就是一种隐藏的财富从高效公司转移到低效公司。高税收还意味着人们的私有财产更少，这迫使他们将财富隐藏在被动的投资上，例如艺术、昂贵的手表、珠宝和稀有金属，而不是投资商业。所以高税收导致资金由主动转为被动投资。

除了这些方面，应该提到的是高税收导致工作积极性下降。美国前总统罗纳德·里根是作为民主党人开始其政治生涯的，但他后来转投共和党的原因之一就是90%的边际税率，这种税率意味着，每年他只需努力工作以达到自己的个人纳税等级，之后就可以回到自己的农场轻松度假。

还有很多例子。高税收导致人才流失，而低税收促进智慧增长，正如瑞士和新加坡所证实的那样。高税收导致公民参与政府募捐的开支更多，所以公民花更多的钱而不愿将钱捐给政府。这些社会开支估计与美国15%的税收收益持平。

另一个反对高税率的更重要的论断很少被提出，但真的很重要：直到现在，在很多社会中，人们还会期待享有以下待遇，即使你的配偶没有工作，如果你受到了良好的教育并且努力工作，你最终也会拥有房产、度假屋和一份体面的退休金。这是中产阶层的生活方式。如今，很多人为了创造这种金融安全，需要两份收入，否则他们将会受损。原因就是，在很多国家，你直接或间接交的税大约占收入的一半或者更多，而你的父母或曾祖父母可能只需要支付大约20%。所以流失的财富是流向了税收。

这些反对高税收的争论非常著名，但有一个更重要的问题：高税收防止劳动分工。高税收负担是自愿双赢交易的直接障碍，而自愿双赢交易是创新力的本质，亚当·斯密正是用它来解释为什么市场经济是高效的。

众所周知，美国公民工作努力，缺勤率比瑞典还低，但有一个独特的现象：2010年，两个瑞典科学家发现尽管明显的数据显示美国人比瑞典人工作得要多，但是当你将私人工作量算进去时，比如烹饪、装修房屋等，两个国家的人的工作量便没什么不同。原因是美国人喜欢出去吃饭或叫手工匠修理东西，而瑞典人更多的是自己动手。

个人所得税和增值税低的国家，人们更喜欢每天出去吃饭，而且水管坏了时请水暖工修理比自己动手更有效。劳动分工解决了很多社会和实际问题，使一切都能有序进行。相反，如果你生活在一个高税收国家，进行这些自愿双赢交易就没有什么意义。想象一下，艺术家史密斯为房主约翰漆墙，史密斯得到1 250美元的劳务，但其中250美元缴了增值税，500美元缴了边际税。约翰也需要支付50%的边际税率，这就需要再挣2 500美元来支付史密斯的账单，而实际上史密斯只能持有其中的500美元。这意味着史密斯工作效率比约翰至少高5倍约翰才不吃亏。5倍啊！

这是最大的问题，高税收使人们之间产生隔阂，抑制了劳动分工，阻止了双赢交易带来的创新力和增长，还阻碍了友谊和同情行为，如果你给朋友帮忙，你就得担不工作、不纳税的风险。如果西方文明进入永久性的危机状态，如果一个人从现在开始写书解释这是如何发生的，这将和“鲍莫尔效应”一同成为核心的解释。

高税收的一个主要论断是它产生的收益会帮助那些受到良好教育和医疗保健的穷人。显然，这是一个常见的情况。

高税收的十大劣势

1. 催生偷税行为。

2. 促使人们通过接受福利掩盖逃税。

3. 增加了犯罪的相应经济动机。

4. 给低效公司提供偷税的便利时机。

5. 将储蓄从促进增长的商业投资转移到偷税隐匿处，比如珠宝、艺术和珍贵金属。

6. 降低工作热情。

7. 给国家和纳税者带来高额管理和法律开支。

8. 导致人才流失、吸引外来人才困难。

9. 中等阶层公民无法储蓄足够的钱确保安全。

10. 抑制劳动分工，使人际关系边缘化，阻碍友谊和同情行为。

然而，正如我们从上文看到的，高税收也有很多负面社会效应：让人们变得越发懒惰，缺乏诚信，犯罪率增加；诱导人们追求不劳而获的福利，妨碍商业发展，抑制创业精神，阻碍就业；使人们之间产生隔阂，导致友谊和同情行为走向边缘化。

现在，我们重新看一下“拉弗曲线”，这是对一种过度捕捞原则的说明：如果你现在捕了太多鱼，将来捕的就会减少。根据“拉弗曲线”，如果征税太积极，长远来看税收效益会降低。我们的目标是将净社会收益最大化，而不是税收最大化，而且要从长远看，而非短期。因为净社会效益是政府开支带来的社会效益减去税收的社会劣势的结果，社会税收最佳点必须比拉弗最佳税收水平还要低。

我们无法决定社会税收最佳点的位置。首先，由于文化差异，不同国家之间的犯罪率、偷税漏税和人才流失等情况不尽相同。其次，高税收带来的社会劣势随着破坏诚信、企业家精神、同情和经济增长而逐渐发展。这意味着长期拉弗税率最佳点和社会税收最佳点比短期最佳点要低。人们习惯了高税率，但是一些适应需要文化和价值观延续几代人的转变。

我们可以肯定地说，尽管像瑞士这样的国家2014年的最高个人所得税率是30%（瑞士中部地区是20%）、增值税率8%，比法国（最高税率75%、增值税19.6%）和丹麦（最高税率大约52%、增值税25%）更接近最佳税率。瑞士的福利指标，比如健康、财富、失业率、安全、教育、犯罪、环境，还有财产可持续性指标，比如财政债务、中央银行储蓄和收支平衡等方面几乎都优于这两个国家。

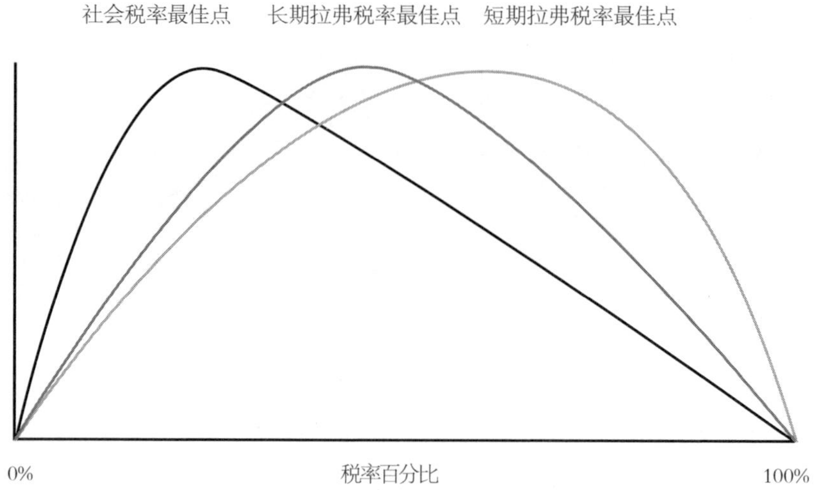

图 18–2 税率最佳点

说起法国：1981年，法国的公共债务相当于国内生产总值的22%，即使国家经济衰退，依然存在少量财政赤字。社会党总统弗朗索瓦·密特朗决定通过公共部门扩招25 000人及增加公务员薪资的方法刺激经济增长。同时，为了给更多的人分配工作，他将每周工作时间从40个小时缩减到39个小时。他还增加了转移支付、货币供应量和最低工资。除此之外，他将38家银行和7家大公司收归国有。所有这些措施导致了3倍的预算赤字、人才流失、通货膨胀率14%、失业率10%和经济完全停滞。而其他的西方国家，很快走出了经济萧条。

幸运的是，他吸取了经验，1983 年他对政策进行颠覆，公共部门工资水平低于通货膨胀，货币供应量有所控制，放开劳动力市场。这使通货膨胀率下降到 4%，也降低了财政赤字。

然而，法国的选民似乎忘了那次经历的教训。2000 年，法国政府严令民众每周工作不许超过 35 个小时。当地媒体报道，在那之后，法国税务人员晚上会出来巡视，如果发现有办公室里依然亮着灯，就会找出还在工作的人，进行罚款。2012 年，法国宣布将收入最高的人的边际税率提高到 75%，这意味着加上其他税款，如增值税和消费税，那些事业成功的领导者或企业家要缴纳的税高达 90%。除此之外，他们还推行了一种退出税，防止企业家离开，然而他们最后还是成批地离开了。

1974 年以来（即财政赤字 40 年），法国没有一次财政盈余，到了 2014 年，法国政府的债务已经超过了国内生产总值的 90%。1974 年，法国的人均国内生产总值是英国的 1.13 倍、美国的 0.81 倍，到了 2012 年，这一数字分别降低到了 0.83 和 0.61。同时，法国的公共部门占国内生产总值的份额已经成为世界最高的 5 个国家之一。事实是法国已经演变成一个基本静态发展的社会，只能通过借钱形成增长。

如果某个文明社会开始依靠税收和政府借贷来维持生存，那么它离崩溃也就不远了。过高的税收让一个具有创业精神的文明变成了欺骗和福利受益者的聚集地，而且政府的借贷完全忽视了未来后代的生活状况，这些债早晚是要还的。

2000~2001 年，来自哈佛大学、麻省理工学院和加利福尼亚大学的三位科学家发表了对原欧洲殖民地经济表现的研究，他们的结论引人注目："根据统计学，这些国家的经济表现中 3/4 的区别都源于一个简单的不同，就是个人财产被尊重的程度。如果国家或其他人没收人们的财产充公，这对经济增长的伤害是所有变量中最大的。"

过度税收和政府借贷都是静态的世界观，两者都低估了动机的力量，它们的区别是前者打击了当前的纳税人，后者则伤害了未来的几代人。虽然支持或反对高税收都有一些道德论证，但反对的论据是非常实际的。一个实行高税收的国家不是简单地造成入不敷出，它还扼杀了创新力，长远来看，它产生的负面社会效应远远大于积极作用。高税收国家容易陷入一成不变的状态，像罗马帝国，并且社会融资增长最终会以借贷为结局，就像现在的希腊、委内瑞拉或阿根廷。

第 19 章　捐赠疑云

中世纪时期，西方主要的政治斗争是在平民和贵族阶层间展开的。而“资产阶级”是属于平民阶层的，他们主张人人机会均等，就像现在我们所期望的法律面前人人平等或每个足球运动员必须遵守相同的规则一样。

和这些资产阶级相反的是那些生来就享有特权的贵族或皇室宗亲。他们一出生就享有比其他人更好的机会。

这场权利之争渐渐被资产阶级占了上风，他们在按能力强弱奖励人们这一基础之上，建立起社会。这一“任人唯贤”的方式激起了人们的创新力和勤奋精神，成为后来创意爆发的核心。

在这之后，有一个很好的想法，就是社会主义，指出人们并非生而平等，这也是精英主义不公平的原因。公平是指人人得到的都大致相同。

然而，正如当时许多社会主义学家后来意识到的那样，人人处处相同是行不通的，它会走向高度的市场经济调控和高度的社会福利发展，其中一部分已经不完全是新方向，至少从中世纪早期在别墅和教堂周围就出现了一些早期的福利社会。他们会为鳏寡孤独人士提供救济金、举行葬礼等，但他们的重点是竭尽所能让有工作能力的人工作。然而，工业革命后，越来越多的人移居到城市，到大工厂工作，这些不集中甚至不正式的社会福利组织也就散乱破产了。在城市里，人们常常会遭遇大规模的裁员，这使得工会和福利都得到了发展，其中福利制度是由德国的奥托·冯·俾斯麦（Otto von Bismarck）作为先驱发起的。早期的福利制度是将公司与福利联系在一起，但是这种方式过度保护了冗余人员，从而限制了人才市场的灵活性。所以一些国家将福利制度转换成了所谓的“弹性保障”，大型集中福利制度由此产生。

之后，一些国家用税收系统进一步创造收入平等。这就是西方福利社会的开始。

奖励机制		
特权	功绩	福利
无关是否努力，幸运者得之。	拥有技术，奋发有为者得之。	无关是否拥有技术，是否奋发，皆得之。

人们应该很快就发现福利社会的情况并非如预期那样发展。即便20世纪70年代时福利项目已经开始发展，一些与预料相反的情况也已经发生了。第一，正如之前提到的科学家托马斯·皮凯蒂所言，事实恰恰相反，在福利社会形成之前还在稳步下降的不平等现象，不但在一些国家戛然停止，甚至还出现反弹和倒退。

产生这种情况可能的原因之一是福利机构迫使越来越多的人停止工作。例如，1960年美国注册的残疾人共有687 000人，人们可能会认为随着医疗条件的改善这一数据一定会大幅度减小，毕竟，之前很多导致残疾的病都已经消失了，如疟疾、小儿麻痹症和天花，而之前已经得过的残疾现在也可以治愈一些了。

然而，由于对残疾的医疗保障力度加大，实际情况恰恰相反：1965年，美国残疾人救济申请达到了173.9万，几乎是5年前的三倍，1975年，这一数据甚至达到了435.2万，在15年内增加了533%。之后几年，这一人口的比例保持相对稳定。之后在1994~2010年又上涨了50%。在劳动人口总量中，残疾人的比例从0.8%涨到了4.6%，几乎翻了6倍。同样的效应在其他国家也有发生，比如英国，1970~2010年登记的残疾人员数量从40万增加到260万，短短40年的时间增加了5倍多。

在其他福利国家，因为各种各样的保险制度，人们的寿命更长，享受的医疗服务也更好，与此同时，病人的数量越来越多。全球人均寿命最长、人民健康水平最高的国家之一挪威，有9%劳动力被登记为伤残，2012年因病旷工的人数占了14%~15%。

那么，福利有没有帮助到穷人呢？1960年，美国22.2%的人生活穷困，这一数据在1966年下降到了12.6%，而那段时间美国的扶贫资金非常有限。1966年后，美国开始大规模增加边际税率和社会消费方案的投资，到1970年这笔资金几乎翻倍。之后，不可思议的事情发生了：之前减少的贫困人口数量不再下降，反而开始上升，这是“二战”之后第一次出现这样的情况。

但当你发现那些“潜伏的贫困”时，你就会意识到事情其实比你想象得更糟。“潜伏的贫困”指的是如果得不到社会救助就会贫困的人们，这群人的数量在1967年之前一直在稳步下降。然而，随着社会救助力度的增强和资金的增加，他们的数量大幅增长。并且在一段时间后，真正贫困的人也会随之激增。

显然，社会福利会产生很多意想不到的后果，我们也知道为什么会变成这样。第一个问题在于这样的权利和福利会改变人们的道德判断。早些时候，人们以享受自我的劳动成果为荣，你在饭桌上吃饭会很高兴，这种高兴和这顿饭是你自己赚来的这一事实有很大关系。

在这方面，父母对孩子的教育非常重要，孩子们应该懂得努力工作和自主生活，可能家长会有这样的想法：如果孩子们不能独立自主的话，还可以依赖他们。但是，如果人们明白工作是为了有尊严地活下去，他们就会懂得工作的必要性，因为这样一来自力更生就成为一种尊严问题。然而，随着福利和津贴的发展，很多人的观念都变了。2013年的世界价值观研究表明，在不同的社会，税收分配中福利占的比例与人们工作的责任感呈明显的负相关。

在这项研究中，受访者会被问及对于父母教育孩子工作价值的重要性的看法。有86%的中国人认为这很重要。同样的，很多波兰人（86%）、新加坡人（64%）、土耳其人（74%）和越南人（75%）也认可这一观点。在未享有很大福利的西方国家，仍有一小部分人也赞同这样的看法。

然而，在一些福利较好的国家中得到的结论完全不同。在荷兰，只有14%的人认为父母教育子女工作价值是有意义的。在瑞典，只有4%的人表示赞同，而在丹麦，只有2%，丹麦是世界上这项数据最低的国家。这意味着有98%的丹麦人认为教育孩子通过工作来证明自己是没有多大价值的。这是至关重要的一点，因为如果人们都努力工作，这个国家会更具创新力。开公司也是这样。

问题在于辛勤工作。那么，如果是一般的工作呢？一项在丹麦的调查显示，“二战”前出生的人里，有45%认为工作是一种义务。然而，在1955~1963年出生的人里，这一数据只有12%，尽管之后上升到了15%~20%，但还有80%~85%的丹麦人不认为自己工作有什么必要，靠别人的钱生活也挺好的。

态度和行为变化的研究明确指出，不工作和依赖福利生活的选择已经带来了文化的改变。工作意味着你必须早早起床，穿着整齐去上班，和同事与客户合作；工作意味着你必须保持清醒，及时睡觉，自己照顾自己。这一切都意味着，如果人们不工作，他们的孩子便没有机会看到之前工作的人们的正常状态，那么他们文化中的一部分也会随之缺失。

这一切都在于激励机制的主导，而福利的根本问题给它们带来的常是激励而不是荣誉。然而，当下的福利社会不是唯一证明国家独立制度带来意外副作用的例子，企业津贴（有时被评论家称为“企业福利”）和外国援助也有相似的问题。这并不是说这些行为是错的或者是有害的，但如果进一步看，结果往往是令人惊讶的——事实的确如此。

让我们谈谈商业津贴。这背后的道理可能是，通过在一些常常失业或者人口不足的地点进行商业活动获利，或许可以刺激一些有发展前途的地区。

然而实际上，西方的大部分商业津贴都给了农民。这给发展中国家的生产者带来了广泛的欺骗、昂贵的官僚管理和不公平的竞争。作为补偿，西方国家提供了外国援助，这却导致了新的问题，如过度管理、欺骗等。我们后面再说这些问题。

新西兰是世界上最依赖食品出口的国家之一，到1984年，新西兰把将近30%的农产品营业额用来做福利。但是，那年之后新西兰遭遇了包括约15%的通货膨胀等重大的经济问题。于是，国家的劳动部门决定废除农业津贴，同时降低企业税和个人所得税，解除经济管制。

之后的10年里，新西兰的人均国内生产总值增幅超过了50%，通货膨胀率则下降到 3%~5%。直到现在，仍然没有农业补贴的新西兰却具有极强的竞争力。

可能新西兰之前的农业津贴也有其自身的特点，但很明显，这些优点与总体费用相比显得微不足道，这样的比较使我们意识到分析支出—收益的必要。例如，一所大学对西班牙创造“绿色工作”的雄心壮志做的研究表明，如果不计算支出与收益，结果会如下文中所述：

> 研究发现，2000 年起，西班牙为创造出所谓的绿色工作已经花费了 5 871 138 欧元，其中 100 多万欧元用来补贴风力发电岗位。研究还得出，这项制造工作的项目还对其他经济领域将近 110 500 份工作造成了伤害，而每个绿色工作都会摧毁 2.2 个工作岗位。每一兆瓦“绿色”能源的产出平均会破坏其他经济领域的 5.28 个工作岗位，这一数据在光伏电池产出上为 8.99、风能为 4.27、水电是 5.05，这些花费并不是西班牙的这种方式独有的结果，相反，这样的花费在提高新能源利用的主要方法中均有。

在这种情况下，政府会大力促进效益，却不理解这其中所耗费的更大的成本。这种情况在美国更加严重，政府每创造出一个绿色岗位，就要花费 110 万美元。

这背后最普遍的谬误是集中的效益与分散的花费之间的对比问题。那些从公共开销中获利的人很容易辨别其中的利害，而且他们有很强的动机来维护它，与此同时，那些花钱的人会发现这样的支出并没有什么意义，而且会开始反对。在商业领域，集中利益与分散花销的对比与公共花费的情况完全相反。在私营企业，削减成本的痛苦是很集中的，集体利益反而被分散，这使得人们的痛苦更加明显；同样的进程在社会上则高效得多。商业经历的正是约瑟夫 · 熊彼特（Joseph Schumpeter）指出的“破坏性创新”，不同于公共事业部门的有所成就，当他们没能成功时，似乎就成了“破坏性创新”。

商业津贴的另一个复杂之处是，政客和官员都无法预见未来的发展情况。举个例子，2004 年 3 月 24 日，欧盟签署了《里斯本战略宣言》，里面写道：“这是一个由健全的财政政策支持的稳定发展货币的政策。”宣言还写道：“欧盟已经成功地引进并推出了之前预计的利益值。”而且，欧盟 2010 年的目标中还包括增加就业和“成为世界上最有活力和最具竞争力的知识经济体，有能力维持可持续发展，创造越来越多的高质量就业机会”。

从一个乐观的报告发表到最大的股票市场崩盘只有三天，而紧随其后的就是经济衰退和无数公司的破产。尽管如此，欧盟还在同年 6 月发布了一项要求，致使所有公民每周的工作时间超过 48 个小时，有些创业项目和小型公司甚至必须要求员工每周工作 60~80 个小时才能维持生存。据欧盟的预计，到 2010 年，欧盟就会成为世界上最具竞争力的经济体，而实际上 2010 年的欧盟面临着巨大的经济危机——10% 的失业率和巨大的经济负担。

相比国企，私营企业由于消息更灵通，更容易找到发展机会，还拥有包括天使投资人（创业项目的私人投资）、银行、投资基金、对冲基金和私募股权基金来保证投资。尤其许多股权—风险基金都是由事业有成的企业家牵头，他们在高科技公司，明白怎样选择投资方向、怎样传递信息。举例来说，他们就知道你需要每周超过 48 个小时的工作量来保证刚刚起步的事业的成功，而那些政客很少有这样的管理经验，无论他们多么聪明、高学历或者努力学习，他们处理事情的想法总会比较天真。

国家救助的影响常常会变得完全不可理喻，例如，美国政府为每辆电动汽车提供 6 000 美元的免税政策，这意味着高尔夫球车将变成免费的，之后美国电视节目主持人约翰便得到了一辆免费的高尔夫球车，他把车送给了一个小公园，而他的一个朋友则免费送出了 7 辆。

那么，外国援助呢？想必只有坏人才会对此持有异议吧？并不是这样，事实证明很多对外国援助经验丰富的人总结道，外国援助带来的问题与福利国家和商业津贴所产生的问题基本相似。

外国援助主要有三种形式：灾难捐助、慈善项目和国家援助。前两项可以很好地运行，尤其是在人们把注意力集中在帮助别人也帮助自己时（这应该和急性救灾没多大的联系）。

主要的问题是，富有的国家帮助贫困的国家，把钱转移过去，这样的救助方法的规模一般都比较大，而且已经持续了相当长的一段时间。事实上，“二战”后的很多年里，富有国家已经投入 23 000 亿美元作为国际援助来帮助贫困国家，其中将近 10 000 亿都捐到了非洲。这段时间内那些国家国内生产总值上升了 15%，是在“二战”后欧洲的马歇尔计划水平的 4 倍。

世界上研究外国援助最有名的专家之一是威廉·伊斯特利（William Easterly），他曾在世界银行对外援助项目部工作 16 年，后来又成为美国纽约大学对外援助专业教授。他曾对外国援助的影响做过多项统计研究，他的许多研究结果，毫不夸张地说，令人震惊。

下面是一个例子：他希望通过调查 138 个发展中国家，搞清人们普遍认同的增加投资与经济高速增长之间的统计关系。但他最后只找到 4 个国家（突尼斯、以色列、利比亚和留尼旺），而其中只有突尼斯将外国援助用于经济投资。因此，如果你想通过国家援助来创造经济增长，基本上就是在浪费金钱。

另一种援助模式是通过提供免费安全套来控制生育。然而，在人口出生率较高的国家里 90% 的新生儿实际上都备受关爱，这样一来，发放安全套这种方法也就变得毫无意义。

那么，通过教育的形式给予援助就一定有效吗？很多情况下，答案都是否定的。世界银行曾做过一项称为“教育都去哪儿了”的著名研究，该研究发现，平均而言，给新兴市场的人们提供教育并没有什么益处，实际上，更复杂的统计结果显示，教育在这方面的作用是消极的。

事实上，在富裕的国家里也有类似的问题。2012 年瑞士工业巨头苏尔寿公司前总监乌尔夫·贝里（Ulf Berg）通过搜集欧洲多国的相关数据，研究获得高中文凭与青年失业率的关系，结果令人咋舌：高中毕业生的人数越多，失业率就越高。之后，他调查了德国联邦州和瑞士各州的情况，结果是一样的：高中毕业生和青年失业率在同步增长。

之前提到的社会科学家查尔斯·默里，在美国发现了同样的状况并总结说，美国有太多的毕业生和学者（算上辍学的人）。他指出，学术研究的问题在于学校重点是教育那些分析能力强的人才和有专业技能的文学或理工人才。如果你不是这样的人（正如大部分人），而是更擅长直觉、实践、社会、物理或艺术领域，接受学术教育往往是错误的选择。2010 年美国的一项调查显示，在 2 300 名被调查的学生中，有 45% 的人在大学学习评估中没有明显提高，其中 36 人完全没有进步。81% 的人在两年的学习后只有一点儿微小的进步，另外一项研究总结道："一个合理的结论是，过度的教育仍然在继续，而具有特殊技能的劳动力需求市场也在增加。"

过度教育的问题带来了很多消极的后果：学生贷款无法偿还，曾经美好的幻想逐一破灭，还有失业带来的痛苦等，而职业教育却经常能够让人们的生活得到改善，甚至自己开办公司。国家在努力通过教育创造成功者，得到的结果却恰恰相反。

再回到外国援助的话题，西方国家在这上面花的钱大都打了水漂，甚至造成了伤害，2008 年的一项综合评估总结道：

> 我们的中心结论是，外国援助和经济增长没有任何联系。

另一项研究同样表明外国援助并不能帮助经济增长，科学家找不到任何一个例子来证明援助对经济增长的帮助。事实上，他们发现这样的帮助反而对受援国的经济造成了损伤：

> 我们发现援助基金流入的确对经济体系造成了负面的影响，比如在经济增长和劳动密集型部门、出口部门的就业情况。

非洲经济学家丹比萨·莫约（Dambisa Moyo）在她的著作《援助的死亡》中就指出这是一种灾难并暗示了原因。她说，问题在于这些援助项目都支持了捐助国和受援国的官员和寻租者，尤其是在受援国。在捐助国大约有 50 万人在为这些项目工作，而在受援国，这些资金大都由政府过手，用来资助他们的关系网，通过一些私底下的交易，用政府的工作或钱财来奖励他们的忠诚。之所以如此是因为他们的社会是部族式的，每个人只追求自己部族的利益，制造榨取性制度。所以，莫约说，这笔钱创造了一个相互依赖的文化，带来了腐败和权贵资本主义，它还将人才吸引到公共部门而不是私营企业，增加那些多余机构的人力。

那么，贫困国家如何发展经济呢？莫约建议直接把国家援助发放到最终的受益者那里，而不是经由政府做内部的互惠利用，例如每天送那里的孩子上学等。此外，人们也可以把注意力集中到小额信贷上，这样本地人就可以借小额贷款来做一些生意。这样的金融项目已经在很多国家取得了成功。

另一个方法来自我们之前说起的麦肯锡全球研究所的威廉·刘易斯。他说，长远来看，最显著的是通过增加产量来减轻负担，而这其中的关键因素就是创造一个明确的经商动机。这样可以激发创业精神，吸引海外商机和人才。无论何种情况，这些企业都要确保自己的员工接受相关培训。

当然，如公平的法庭、高效的警务人员和土地登记部门等机构还是非常重要的，但在多数情况下，微观层面上一个非常简单的障碍就会成为阻碍发展的绊脚石。举个例子，最常见的是开超市的实践障碍。超市对刺激经济增长起着极其重要的作用，因为超市对供货方的工作效率和供货能力都有很高的要求。如果只是夫妻开了一家杂货店，你就无法承担高效率带来的压力，而这就会在整个供应链上反映出来。

所以从长远来看，私营企业最需要的不是公共援助，而是对发展起积极作用的框架条件。这些框架条件包括降低税收，简化办事程序，加强法律建设，有效落实，增加对私有财产的保护力度，为有创新力和决策力的执行人员提供适宜的生活方式等。

从福利国家的历史来看，外国援助、商业补贴和教育过度都有一个共同特性：将大量的税收用于解决社会问题，与其这样，不如有效促进各方在相关领域内达成双赢。

麻省理工学院的达龙·阿西莫格鲁和哈佛大学的詹姆斯·罗宾逊在他们的著作《国家为什么会失败》中，经过长达450页的分析，得出了相似的结论：

> 国家失败，是因为国家创造经济的机构没能激起人们对节约、投资和创新的需求。

所以，其实这是非常简单的：如果个人或企业有很强的动机，乐于为创新和发展克服一切阻碍，就可以做到。如果需要培训和学习，那就提供培训和学习。人们大都有巨大创新潜力，只要激励方式正确，这些潜力就可以被释放出来。

有趣的是在这种情况下，哈佛大学的雅各布·施莫克勒（Sohmookler）教授做了一项涉及面广范的文献，研究、调查了1800~1957年这157年间农业、石油业、造纸业和铁路工业中934项突破性创新的起因，他总结道：

> ……在绝大多数情况下，这种刺激的效果是很明显的，发明人会以技术问题或缺少机会为由申请获得这些刺激，尤其是经济刺激。如果从历史的角度审视这些发明就会发现，大多数发明没有什么科技含量，即使有用到一些科技知识，也都至少是20年前的了。

这一发现相当重要。在934项发明中，几乎没有任何一项是直接被科学发现触发的。相反，这些发明都是被生活中解决问题赚钱的欲望所驱使而产生的。当然，施莫克勒也提到很多发明都用到了之前的科技成果，但重点不在于此，重点是这些科技用来创造发明只是因为人们想通过这个方法来解决问题从而赚到钱。这又一次说明了好的想法和明确的激励机制形成的双赢状态要比福利援助体制好得多。

这里有一些我们必须要注意到的事：通常，国家就业率的净增长都是随着新业务的产生而出现的。美国的研究显示，1980~2010年所有净增加的工作岗位都出自成立5年以内的小公司，而且2010年现有工作的1/3都是由1980年以后成立的公司提供的。与新公司不同，那些根基稳固的公司则主要通过合理化来追求利润的增长。

另一点重要的发现是之前提到的“炼金术士谬误”，即一般的企业家只能保留他们创造价值的4%，余下的部分都整体流入了社会。由此可以得出一项很明显的结论，创新型社会应该给企业家和发明者更强的动机（比如，保留大部分他们拥有的4%），并且减少他们做事遇到的障碍（如繁杂的法律纠纷）。

这样是会起作用的，但是如果恰恰相反，人们如果有不劳而获的机会，他们也会适应，并且会单独或集体以开创新机构的方式达到目的。最典型的例子就是拥有自然资源的国家会兴建新机构来开采资源，从中不劳而获。拥有自然资源就像有了源源不断的国际援助（反之亦然）。这就是为什么那些自然资源丰富的国家，最后都会比没有自然资源也得不到援助的国家更穷困的原因。举一个例子来说，阿西莫格鲁和罗宾逊指出南美的国家有最丰富的自然资源和最多的采掘机构，这里忽略了人的潜力，腐败盛行，引发了通货膨胀甚至国家内战。与之相对的北美洲拥有较少的自然资源，他们由此更加重视高效的人的潜力。

如今，富裕的西方国家也一度因贫困而挣扎，但它们变得富有并不是因为外国援助、商业支持、国家福利或全民免费上大学的政策，因为在它们变强大的过程中这些都没有发生，但他们有明确的动机来节省、投资和发明创新。没有人要求他们去读数千页的法律条文或缴纳高额的税款，否则技工史密斯就得有约翰逊5倍的效率，才能使合作有意义。

这种主要建立在竞争中自主的双赢交易体系之所以最成功，主要原因是合作产生了创新力。捐赠行为也是自愿的，但只有在捐赠者也快乐的情况下才算是双赢，一旦捐赠者是被迫捐款，这就变成了两败俱伤的行为，还会使受援者感到负面的被安抚感。

所谓捐赠错觉，指的就是一直靠花钱来解决问题。更好的选择是对社会进行有效组织，刺激人们产生强烈的创新欲，积极主动，从而帮助他们自己成功。

THE CREATIVE SOCIETY

第六部分

理性的天敌

西方的崛起主要始于启蒙运动时期，这一时期科学、理性和怀疑论取代了迷信、非理性和毫无根据的教条主义。个体理性取代了团体迷思，开放取代了偏见。人们变得乐观向上，不再相信宿命。大家的心态变为：我们可以解决问题，我们可以想出办法，我们可以让世界变得更加美好。

然而，启蒙运动也有天敌，从中世纪的牧师到狂飙突进运动，他们对理性和美学的诋毁和反对一直不断。

时至今日，天敌依然存在，在这一部分我们就将探究天敌是谁，他们有何种心路历程？会带来何种破坏？

第 20 章　砸毁机器和恐慌制造者

西方当前面临的问题之一就是日益滋长的卢德主义（或称劳工运动）和恐怖传播，尤其是在欧洲。卢德主义得名于 1811~1817 年英国出现的一次反科技运动，当时所谓的卢德派经常冲进工厂，毁坏机器。现代卢德派进一步抵制西方新型机器，而正如我们所知，此类新型机器的发明为人类面临的系列挑战提供了关键的解决方法。

1841 年，苏格兰作家兼记者查尔斯 · 麦基（Charles Mackay）发表了一部至今看来依然具有重大意义的巨著《大癫狂：非同寻常的大众幻想与群众性癫狂》，书中讲述的是人们如何在一次次缺乏理性的群众运动、自我陶醉和极度恐慌中生活。

其中一章描述了西方人在一个时期频繁地互相下毒的情况。这种现象持续了数百年并在 18 世纪达到顶峰，诀窍就是缓慢地毒害敌人，让其他人认为他们是自然死亡。杀人者经常佩戴具有藏毒暗室的戒指，轻而易举地将少量砒霜或其他毒药悄悄地倒进敌人的食物或酒中。在那段时期，很多人由于害怕被下毒而惶惶不可终日。

但是，现在的情况如何呢？西方文明的发展很大程度上源自科学技术的推广，不过最近，人们开始抵制新兴科学发明和技术，因为这被认为是违背自然的，产生的成果可能也有毒性。如今的生活比任何时候都要安全，西方人依然生活在缺乏理性的恐慌之中。

氟化物恐慌就是一个很好的例子。20 世纪 30 年代，科学家注意到出生在伊利诺伊州米诺克镇的孩子，比后来移居此地生活的居民拥有更为健康的牙齿。原因很快便被揭晓，这里的饮用水中氟化物含量较高。结果，很多地区决定在饮用水里加氟，由此减少了大约 1/2 人的牙齿问题。需要指出的是，牙齿问题不仅仅关系到牙齿，还经常由于慢性炎症导致动脉粥样硬化和其他健康问题。

然而，氟化物广布很快制造了恐慌，因为某些有毒物质中也含有氟原子。当然常见的氧、氮和碳原子都可以形成氟化物，但不具危害性。然而，有关人员根据一些研究指出，大剂量摄入氟极其危险。如果要通过喝水达到此剂量，需要短时间内喝下大约 500 盆含氟的水，这样做的确会死人（在被撑爆之前），因为任何物质过度使用都有毒副作用，可能第一缸水喝到 1/10 时就会死亡。由此看来，水的毒性应该是氟化物的 5 000 倍。

氟化物恐慌就是卢德主义在西方文明广泛传播的一个例证，但是对于疫苗的恐慌造成的损害更严重，我们就以脊髓灰质炎疫苗的故事加以说明。脊髓灰质炎症状不明显或没有任何迹象，所以人们感染了也毫不知情。只有 5% 的病患有明显的症状，该病被称作“小儿麻痹症”。因为病情严重时几个小时内就会毁坏病人的神经系统，导致患者部分残疾或全身残疾，甚至死亡。这种令人毛骨悚然的后果发生的概率为 0.5%~1%。

1916 年，一种变异菌株在纽约引发了脊髓灰质炎大流行，导致 20%~50% 感染者死亡，无数人终身残疾。严峻形势迫使警方不得不将整个地区封锁，严禁人员擅自离开。随着当地疫情逐渐消退，最终有 9 023 人死亡，其中大多数是儿童，还有众多患者因病致残。

多年之后的 1953 年，科学家乔纳斯 · 索尔克（Jonas Salk）宣布发明了一种对抗脊髓灰质炎的有效疫苗。人们受邀参加测试，仅仅 6 个月，就有 180 万儿童完成接种。同年的盖洛普民意测验显示，知道这项疫苗工程的人比知道现任总统名字的人都要多。随后，政府任命病原体学家托马斯 · 弗朗西斯（Thomas Francis）亲自检验这些试验疫苗是否有效。

几个月后，弗朗西斯在一个挤满了无数直播电视台和网络电台的演讲大厅里举办了一场关于他此次发现的新闻发布会。他的演讲持续了 90 分钟，并且证实这种疫苗确实有效。防空警报解除，教堂的钟声开始在全美敲响，交通灯设置为红色闪光。学校的学生们为感恩这个发现进行了持续 1 分钟的静默，很多地方的父母帐然流涕。发布会结束的第二天，全世界的报纸首页的1/2版面都刊登了这个故事，《纽约时报》用了头版的整版再加5页的巨大篇幅对此进行全面报道。对于很多人来说，这是“二战”结束后最轰动的事件。

脊髓灰质炎并不是唯一一种曾在西方造成恐慌的传染性疾病。另一种更可怕的疾病是天花，原始记录显示在20世纪全世界有3亿~5亿人死于天花，其中包括大约10%的欧洲儿童。在大规模接种疫苗前，家庭成员或朋友死于天花是很常见的事。80%感染的患者是儿童，其中20%~60%死亡。幸存者往往会留下重创面孔、失明或畸形的四肢等后遗症。

其他常见疾病还有白喉，这是一种严重的咽喉感染，可能导致30%的感染患者死亡。如今在众多发展中国家，超过30%的麻疹感染者会因病死亡，而发达国家死亡率仅为0.3%。除此之外，流行性腮腺炎可能导致男性不育，百日咳可能对儿童的生命造成威胁，风疹会给孕妇的胎儿造成损伤，导致流产或严重的先天性缺陷。

所有这些疾病在今天都能得到有效预防，在西方国家，儿童在出国之前通常会接种白喉、破伤风、小儿麻痹症、B型流感嗜血杆菌（一种会导致一系列危险疾病如脑膜炎的细菌）、百日咳、肺炎双球菌疫苗等。如今我们再也不需要接种天花疫苗，因为这是第一个通过全球疫苗接种计划被成功根除的疾病。

疫苗接种计划不仅保护了接种的个体，还保护了那些没有接种但是接受所谓的“群体免疫”的人。这是因为如果足够多的人接种了疫苗，流行性疾病危害的可能性就会减小。群体免疫主要保护了那些由于太小而无法接种疫苗的婴儿和过于虚弱而不能接种的人。

那么，问题就是：尽管接种疫苗有这么明显的好处，但社会上越来越多的卢德派反对疫苗接种，因为他们认为这是不自然的，还可能导致自闭症。导致自闭症的原因（关系到麻疹、腮腺炎和风疹疫苗）已被彻底调查并明确反对。正因如此，很多几乎被根除的疾病又开始传播，不仅影响了未接种的儿童和成人，还波及体弱者和新生儿。

卢德派还影响了我们与医学的关系，大多数国家对于自然药物都有很宽松的法律，尽管很少奏效。埃查德 · 恩斯特（Edzard Ernst）是世界上第一位替代医学教授，他在自己漫长的职业生涯当中，开展了160项关于替代医学和替代疗法效果的元分析，最后得出结论：大约95%的药效基本就是心理安慰。换句话说，就算有效果，也是出于患者的心理作用，而不是药物本身有效。

那又怎么样呢？人们还是可以服用任何想吃的药物。但是这里存在两个矛盾。第一，循证医学不同于替代医学，需要满足诸多条件才能获得许可，现在得到单个许可通常需要花费13亿美元，大约是60年前的100倍。第二，越来越多的人对循证医学失去信心，转而有意识地寻求其他方法。这就是卢德主义。

在欧洲，经常可以看到人们本能地对技术产生恐惧，究其原因，或许是源自19世纪德国浪漫主义运动在文化领域的发展，当时的人们渴望回归简单的田原生活。

卢德运动在西方也影响到能源领域。20世纪60年代，核能领域的工人将自己视为环保主义者，因为他们的技术净化了被燃煤污染的空气。他们当时已经制订了长远规划，包括美国到1990年完全告别化石燃料。然而，让他们意想不到的是，一系列暴力示威活动随之而来，以抵制全新的核能技术，导致这项技术长期止步不前。西方世界的能源仍旧大量依赖煤炭。

毫无疑问，煤炭是一种极具危险性，且污染严重的常规能源，其产生的放射性废物总量是核能源的数百倍，这种言论貌似不合常理，却是事实，因为虽然每吨煤中的放射性物质含量很小，但这也比抵消同等能量所消耗的煤的数量要多。但如果考虑到后续衍变、再生与填埋过程，由于煤所产生的放射性物质无法储存在容器里，因此只能释放到空气之中。

如果一个普通人一生的能源供求来自煤炭，将会产生大约68吨固体废料和77吨二氧化碳。另外，以铀为原料的能源只生成不超过一罐可乐的废物，并且它的放射性在175年中下降到原始放射性的0.001%。

20世纪70年代煤炭矿井恶性事故大约有10万起，如今这个数字逐渐下降到15 000起。在某些国家，因煤炭带来严重污染每年导致大约350 000人死亡。所有这些意味着有几百万人死于煤炭，而如果原料替代为核能，他们就可能存活。其间，落后国家燃煤导致的煤炭污染非常值得注意，这也是二氧化碳排放的主要原因。

当然，核能也会致死。1970~2014 年就发生了两起致命的民用核事故：1986 年的切尔诺贝利事件和 2011 年福岛第一核电站事件。两个核工厂建于 20 世纪 60 年代，事故发生时还在使用严重过时的技术。第一次事故导致 28 人死亡。此外，2005 年的一项调查显示后续有 15 人死于甲状腺癌。事故最终导致 4 000 例甲状腺癌患者，但治愈率为 96%。这起事故结束后第 28 年，也就是 2014 年，死亡人数为 43 人。更多事例会相继出现，但是这次事故后科学家没有记录到其他形式的癌症有所增加，尽管理论模型显示这很有可能发生。相比较而言，几乎没人注意到 2014 年 5 月发生于土耳其索玛的一起煤炭矿井爆炸事故，超过 240 名矿工死亡，无数人受伤。

至于日本核事故，2 人死于此次爆炸，没有立即引起辐射相关的死亡。但每个人都应牢记的是，这场巨大的自然灾害带来的后果是该地区 25 000 人死于溺水和建筑倒塌等。世界卫生组织随后的分析总结道：

> 国际健康风险专家对日本福岛第一核电站做的一项综合风险评估显示，对于日本境内和海外的广大民众来说，风险很低，没有迹象显示癌症发病率将会高于基准水平。

换句话说，尽管核电站真的爆炸了，辐射致死的人数也不会超过两人。老人和病人可能间接死亡，比如由于洪水或辐射迁到临时住房，或者对癌症（即使未确诊）的恐惧带来的压力。然而，任何事都是相对的，煤炭致死人数是核能致死人数的千倍。

事实是，即使是未经过改进设计使用钍技术、以铀为基础的老式的核设施都非常安全。美国劳工部总结，在核电站工作比在房地产或金融行业更安全。此外，2004 年一项关于 54 000 名核电站工人的研究显示，他们的平均寿命比其他人口要长，患癌概率更小。实际上，他们发表了以下论言：“该列表研究展示了一个非常可观的健康工人效应，患癌率和癌症死亡率比一般人群低得多。

总体而言，核能是已知各类能源当中最安全的能源，当然也是人们最恐惧的能源。下表是世界卫生组织在对不同能源技术进行比较之后制作的。

表 20–1　能源技术比效

能源形式	每太瓦时造成的死亡人数	相比核能死亡率（倍）
煤	100	2 500
石油	36	900
生物燃料	12	300
炭	12	300
天然气	4	100
水能	1.4	35
太阳能	0.44	11
风能	0.15	3.75
核能	0.04	

谁能想到太阳能电池板比以铀为基础的核能危险 11 倍。但最主要的问题是核能最终将会取代煤炭。

有一个问题：为什么我们不同样恐惧洁净的太阳能、生物燃料和风能，是因为即使它们更具危险性，也不会产生任何废物吗？

如果计算投入制造和回收的能源和原料，会发现它们确实会产生废物。（如何回收一个有着玻璃纤维叶片的大风车或 1 000 平方米的镜子或太阳能电池板？）先不要思考这个问题，因为主要问题是另一个。2009 年，多次赢得创新奖项的连续创业家索尔·格里菲斯（Saul Griffith）经过计算，提出了一个很有意义的观点：当时，全世界能源消耗总量为 16 万亿瓦，格里菲斯计算出在这 16 万亿瓦总量当中，如何能将 6 万亿瓦的来源转为太阳能、风能和生物燃料。

方法如下：如果 2 万亿瓦来自太阳能电池板，设想合乎情理的 30% 的效率，根据格里菲斯的预计，我们将需要持续 50 年每秒安装 50 平方米的电池板。这是 16 万亿瓦的 2 倍。如果我们希望通过生物燃料来实现另外 2 万亿瓦，我们不得不每秒另外安装 4 个带有转基因藻类的奥林匹克游泳池。通过每 5 秒建造 100 米高的风车，我们可以再增加 2 万亿瓦风能。加在一起，这些提供给我们 16 万亿瓦里面的 6 万亿瓦，且可再生。

即使上述这些都可以实现，由于新兴市场的扩大，我们还必须考虑人类日益增长的能源需求。设想 25 年内提高到 24 兆瓦，所有这一切都需要源于太阳能、生物燃料和风能。我们将不得不在 25 年内每天安装以前的 4 倍，相当于安装 1 700 万平方米的太阳能电池板，50 万个奥林匹克游泳池和超过 1 100 个大型风力涡轮机，基本上等同于建设一片巨大的工业园区。

一些现代卢德派的提议是，取缔安全的能源形式（铀为基础的核裂变），放弃较安全的替代方案（钍裂变和核聚变），取而代之的是按照上述计划执行。那只能寄希望于好运了。

如果还有一些技术可以给卢德派灌输更多的恐怖思想，使之拒绝科技发展的话，那可能就是基因工程。

然而，正如我们真实看到的，基因工程已经成为人类历史的中心部分，我们不仅改变了自己的基因，还通过选择性育种、杂交育种等改变了食物的基因。人们，包括环保主义者将许多改良的物种依然称作“有机”。基因工程实际上是刻意将单个原子在脱氧核糖核酸链中移动，而不是让它随机发生，从而实现更深入的了解和更高的精度。

在标准的安全规范下，进行基因工程对人类和环境都是安全的，这是科学家达成的普遍共识。2014 年 10 月，德国科学家发表了一项元分析，涵盖了英国自 1995 年以来发布的 147 项转基因作物使用效果的研究，转基因技术就起源于英国。由于所有的研究成果均用英语发表，这 147 项研究代表了 19 年来所有的科研成果。这项由德国政府和欧盟共同资助的研究得出结论：“平均看来的转基因技术使化学农药的使用量减少了 37%，农作物产量增加了 22%，农民收入增加了 68%。”

与此同时，包括 25 位诺贝尔奖获得者在内的约 3 400 位科学家，签署了《支持农业生物技术宣言》，对现代基因工程表示支持。在中国，根据强烈支持这项技术的中国科学院估计，通过基因工程的应用，可以减少 80% 的农药使用量。美国医学协会发表了强烈支持现代基因工程的声明，欧盟环境专员玛戈·沃尔斯特伦（Margot Wallström）将反对基因工程的现象视为“非法和不合理”。许多生态学家也表达了强烈支持的态度，洛克菲勒基金会、比尔和梅琳达·盖茨基金会，以及美国国际发展署将基因工程视为改善环境、提高人民生活水平的重要手段。

然而，现代卢德派认为，如果我们通过这种技术改变世界上千分之一的物种，即使能够解决重大环境问题和资源挑战，并将数百万人于疾病和死亡当中解救出来，依然是一场重大灾难。事实是，尽管他们食用的所有东西都经过基因改造，这些人依然罔顾全球生物系统无时无刻不在推进的自然突变以天文数字发生——大概每秒上千亿。例如：2009 年，癌症基因组工程发表的首个研究成果显示，在被检测的肺癌细胞当中，平均每个肺癌细胞拥有 23 000 个突变，而每个皮肤癌细胞当中有 33 000 个突变。突变无处不在，不仅造成了细胞损伤，还催生了新的想法。

2004 年，世界著名遗传学专家、人类DNA测序工程带头人克雷格·文特尔（Craig Venter）在一次演讲中对生物实验的广阔空间进行了说明。文特尔和他的团队在环球航行之后，将收集到的海水样本加以过滤，提取和分析其DNA原料。他们发现，马尾藻海中的一桶海水就包含了 5 万种不明物种和 120 万种不明基因。而且，他和他的团队每航行 200 海里，就会再次提取样本进行分析。他们发现，平均看来，每个样本中发现的基因都与上一个样本有 85%的不同。他是这样解释这种实时演变的：

> 我们在这个房间里做了一个空气基因组项目，在这个过程中所有人会吸入至少 1 万种不同的细菌或 10 万种病毒，我会仔细观察坐在旁边的人的吸气过程。我们生活在一个生物世界里，我们不知道每分钟发生着怎样的演变。

这就是关键所在：我们身边或体内每时每刻都发生着进化，规模空前庞大。基因来自父母，但也可以通过病毒导入，我们的大部分基因物质与一些病毒基因极为相似。基因可以以裸露DNA片段甚至是整个DNA链的形式从某个环境中被引出。正如之前提到的，线粒体可能是DNA复制到其他细胞的细菌，植物的叶绿体也是如此。

每个畏惧基因突变的人都应该知道：大自然每时每刻都在变化，99%的物种在人类开始第一次进化时就已经灭亡。你自己就是一个突变体，几乎你食用的所有被认为是“天然”的食物都曾被你的祖先改变过。即使你是白人，那也是因为你的黑人祖先出现基因变异，改变了肤色。如果你喝牛奶，就要注意这也是农场出现后产生的变异体。你身体的每一个细胞自从你出生就发生大规模的变异，但事实上 90% 的细胞不是人类细胞。细菌也在发生变异。你身体里充满了病毒，每时每刻都在与你的基因相融合。所以如果你惧怕任何基因哪怕最微小的改变，那么你不是见识短浅就是非理性。你是卢德派。

有些事我们需要明白：我们已无法回归自然，像阿米什人或！昆族人那样生活，现在人口太多。

如果我们的生活没有现代科技，那么只够上一个冰河世纪之后全球剩下的 1 000 万人口居住，而现在有 70 亿人。

即使我们想追寻德国浪漫主义运动的轨迹，回归有机农业，我们同样会遇到问题。以下就是原因：欧洲一项基于 109 份有机农业科学研究的元研究总结道：

> 结果表明，有机农业实践对单位面积的环境有积极的影响，但对单位面积的产量无益。有机农业单位面积土壤有机质含量更高，营养流失率更低（氮淋溶，氮氧化物排放量和氨氮排放量）。然而，有机系统单位面积内产品氨的排放量、氮的浸出和一氧化二氮排放量都比较高。

有机农业对单位土壤面积有积极作用但对单位粮食产量并无作用的原因是，有机农业占用了更多的土地。这一特殊问题在另一项元研究中被彻底调查清楚，结果发现平均有机农业单位粮食产量需要的土地面积要比普通农业多 25%。如果全世界的食物都成为有机的，我们将需要增加的农业用地将相当于法国面积的 7 倍。反之，如果像荷兰那样密集生产，我们将能养活 600 亿人口，或者将 90% 的农业用地改造为国家公园。

有机食物真的比非有机食物更健康吗？2012 年，斯坦福大学一个研究团队针对这个问题开展了迄今为止规模最大的元研究。科学家分别检测了 17 个先前关于食用有机和非有机食物的人的健康状况的科学分析结果。此外，还研究了 223 种常见的有机和非有机食物里的营养物质和不同形式的污染。然而，在这两个品种之间并没有发现任何不同。

那么，有机食物口感更好吗？我们对此也进行了一项元研究，结论是有机食物口感较好的原因是其相比其他食物更干燥，里面的滋味成分更紧凑。

为了保护大自然，我们必须放弃浪漫主义，使我们的农业走上精益化之路，这一点至关重要。科学家因杜尔·高克兰尼（Indur M Goklany）总结道：如果这个世界在1950~2002年没有利用科技推进农业生产（幸运的是，我们成功地利用了科技），我们需要的农业用地将会是2002年实际农业用地的2倍。相当于印度、巴西和南非土地面积的总和。如果我们以更长的眼光（1900~2000年的100年间）来看待农业技术，其积极效果会更加明显，因为在这段时间，我们成功将单位面积土地生产力提高了5倍。如果不是这样，我们即使开垦整片良田，仍然会忍饥挨饿。如果我们将重点放在发展高科技农业上，就能够在减少耕地的同时满足不断增长的粮食需求。

现实情况是，卢德派和对过去缺乏理性的浪漫化思潮对环境、经济和穷人产生了切实危害。生态学家斯图尔特·布兰德在著作《地球的法则》[①]中就做出过恰如其分的点评：

> 我敢说，环保运动反对基因工程的危害比人类以往犯下的任何错误带来的危害都大。我们让人类食不果腹，科学发展受阻，自然环境惨遭破坏，并剥夺了科研人员的重要工具。为了捍卫“什么是自然”这种离奇的想法，我们拒绝了蕾切尔·卡逊鼓励我们追求的东西——全新的生物控制科学。我们让自己看起来像那些信奉“智能设计”或禁止干细胞研究的人一样缺乏理性，同时我们还将非理性思维传播给公众和决策者。

卢德主义、非理性思维和制造恐慌是人类本能的自然表现，但是由于没有出现过真正的重大威胁，我们的表现多是大惊小怪。

① 《地球的法则》中文版已由中信出版社于2012年6月出版。——编者注

这里有一个我们应对“疯牛病”的例子。1996 年，英国卫生部部长宣布牛海绵状脑病和一种在人身上发现的相似的疾病之间可能有一些联系。他是正确的，这是一种可以引发可怕疾病的真实问题。当天晚上，在英国广播公司电视 2 台《晚间新闻》节目上，英国政府海绵状脑病咨询委员会主席约翰 · 帕蒂森（John Pattison）出现在荧幕上，他在电视节目主持人杰里米 · 帕克斯曼（Jeremy Paxman）面前，承认这种病会导致 50 万人致死。接下来的周末，《观察家报》周日版引用了理查德 · 莱西（Richard Lacey）教授的预测，截至 2016 年，仅英国就会有 50 万人死于这种疾病。

据统计，全球实际死于疯牛病的人数仅为 280 人——相当于英国政府估计的 0.056%。莱西预计的疯牛病将导致 50 万英国人死亡的言论也是谬之千里。接下来的 10 年里，实际死亡人数是 176 人（教授预测的 0.003 5%）。

这是我们过分夸大风险的一个典型例子，但仅仅两年之后，另一个事例出现了。这次集中在千年之交电脑可能出现的问题上，因为很多电脑系统只注册了当年的最后两位数字，不具备过渡到新千年的功能，无法注册为“00”。这场恐慌由此被称为 Y2K（千年虫），即“2000 年”和“千年漏洞”的简称。1998 年，在美国参议院举行的一场关于该问题的听证会上，参议员克里斯 · 多德（Chris Dodd）说：“我认为，我们无须再问是否会出现断电的问题，我们必须要问的是断电会带来多么严重的影响。”同年 7 月，电脑杂志《Byte》引用了科技作家埃德蒙 · 德耶萨斯（Edmund DeJesus）的说法，将其称为“一场史无前例的危机”，将其提升到与两次世界大战和中世纪瘟疫相当的高度。

至此，一场百年不遇的灾难似乎不可避免，悲观厌世者开始存储罐头食品和药物，准备迎接西方文明土崩瓦解的时刻。作为预防措施，美联储在千禧年到来前也开始增加市场的流动性，以便更好地应对即将到来的风暴。

然而，当时钟在 1999~2000 年的新年之夜敲响后，生活照常继续。随后的分析发现，全球范围内由“千年虫”引发的唯一严重技术问题出现在英国，有 154 名妇女收到了错误的羊膜穿刺检查结果。

仅仅过了三年，恐慌又不期而至，这一次是禽流感大流行，根据联合国的统计，此次疫情会导致全球 1.5 亿人丧命。然而，实际死亡人数仅约 200 人，是预测的 0.000 13%。

这些恐慌的爆发都遵循一个特定模式。自从 1980 年以来，这种恐慌平均每三年爆发一次，内容涉及死亡人数成百上千万、全球经济衰退和大范围动植物消亡等。很多说法还得到了联合国下属组织、其他权威公共机构以及知识分子出版的书籍和文章的支持，无一例外地都用浓墨重彩描述了人类即将面临的灭顶之灾。

由此我们有了恐慌文化，而且在个人层面得以发挥。瑞士商人亨利 · 杜南（Jean-Henri Dunant）于 1859 年 6 月 24 日偶然来到意大利小镇苏法利诺，他在当地发现在法国军队和撒丁军队战斗中受伤或阵亡的 4 万名士兵无人救援，由此他成立了红十字会。谁能想到这一组织会在 2013 年 4 月开通紧急电话专线，给那些未能获得贾斯汀 · 比伯（Justin Bieber）奥斯陆演唱会门票的青少年提供心理治疗。

危机疗法日益广泛地应用于日常生活不仅让人无法理解，还存在诸多问题，因为这意味着人们失去了自身面对阻力和克服困难的能力。事实上，这些做法除了对规范和文化造成侵蚀，过度危机治疗还会导致“反移情”效应，在许多情况下弊大于利。反移情是指由于治疗师与患者“感同身受”，导致患者进一步认为自己的问题相当严重。

恐惧是由于新生事物的不期而至而不断增强，这种现象与未受足够自然感染的人体非常相似。很多研究显示，人体不仅能够承受多种小剂量感染，而且需要这种感染的存在，用以刺激免疫系统。健康的免疫系统不仅能够控制细菌感染，而且还能杀死身体自然产生的成千上万的癌细胞。除此之外，在没有出现实际问题时，人体会通过自体免疫反应（攻击自身健康细胞和器官）和过敏对其进行补偿。

使用毒物也会出现类似现象，如果人体定期注入小剂量毒物，能够刺激降解酶的合成，保持身体健康，随时准备应对更大的挑战。科学家们在检测人体对毒性物质的反应时，总会首先通过试验白鼠等动物，确定此类物质会造成健康问题的最小剂量。然后再为人类确定可以接受的最大剂量，通常情况下，这个剂量是试验动物剂量的千分之一。然而，上述实验还显示，注入小剂量毒物的受试动物比未注入任何毒物的动物更为健康。因此，2000年开展的一项大型元研究显示，在668种毒物当中，有245种（37%）被注入小剂量的受试动物、植物或细胞体内是安全健康的。

是的，健康毒物，这种现象被称为毒物兴奋效应。很多危险毒物虽然大剂量服用极不健康，甚至致命，但是少量摄入会产生积极效果。这与所谓的LNT模式（线性、无临界）形成了鲜明对比，后者认为任何剂量的毒物都是有害无益的。

另外一个重要发现是，虽然毒物兴奋效应并不适用于所有毒物或感染（比如艾滋病），但在大多数情况下确实行之有效。甚至适度暴露于放射性物质下也能刺激体内细胞的基因修复和保护机制。由于DNA频繁受到损伤，因此我们需要能够校正并填补空缺原子的化学物质。它们虽然不能破解代码，但是能够分辨碱基对两个原子当中的哪个缺失，然后进行补充。当然，放射性物质首先与基因结合，启动修正程序，完成损伤修补这种现象确实让人感觉有如天方夜谭，但是已有成千上万项研究支持上述观点。因此，毒物兴奋效应专家托马斯·勒基（Thomas D Luckey）判断，人类在暴露于约6 000豪雷姆放射性物质下时最健康。通过浏览近3 000份关于辐射健康效应的科学分析，他总结道：

> 我们生活在一个电离辐射亚临床缺乏的环境之中。由于咨询机构和政府部门忽视了约3 000份报告中的科学数据，导致成百上千万人过早死于癌症。我们不是要远离电离辐射，而是需要更多电离辐射。研究证明，低剂量辐射对人体有益无害。促进健康和增加平均寿命，而非风险和死亡，应成为新修法律和条令的指南。人类除了恐惧催生的自杀和堕胎，不会死于低剂量辐射。

因此，平均而言，如果人类比平时接受多一些的辐射量，寿命会更长，患癌的概率会更小。要深入理解勒基关于6 000豪雷姆的建议，我们必须知道，自然环境下多数地区的辐射量是300豪雷姆，仅为他所描述辐射量的5%。另外一项对比是，美国核电站允许的最大辐射量仅为15豪雷姆。勒基解释说，辐射的真正危险并非来自辐射本身，而是围绕核技术产生的发自肺腑的焦虑和恐惧。费城大学教授乔尔·考夫曼（Joel Kauffmann）在另一项元研究当中总结道：

监管机构和咨询部门的普遍看法是所有的辐射对健康都不利，任何形式的辐射都应降到最低限度。高剂量辐射，无论原因和意图如何，都有害健康。有证据显示，长期暴露在高于正常环境（包括医学环境）100倍的辐射下对身体有益，能够降低患癌率，更有证据显示单次剂量达到50拉德的辐射能够促进癌症和坏疽的治疗。数据显示辐射量低于周围环境时会对健康不利，很多辐射对于生命体都起着关键作用。

毒物兴奋效应与通过活动肌肉锻炼身体，或定期慢跑释放能量来获取更多的能量类似。如果你在运动员艰苦训练过程中对其进行血液测试，就会发现其体内缺氧，并存在过量自由基，这看起来似乎并不健康。但是适度甚至较高强度的体育运动都是健康有益的，适度或较大精神压力也如此，正如表20–2所示。

表20–2　适度身心应激带来的潜在益处

适度身心应激带来的潜在益处	
冲击	可能带来益处
坚持运动	促进血液循环，锻炼肌肉，提高骨强度和免疫力
感染	增强免疫力，预防自身免疫及过敏反应
心理压力	提升幸福感，注意力以及应对未来压力的能力
抑制剂	促进毒素降解酶的产生
放射现象	触发DNA修复反应

上述所有恐慌故事说明，西方文明对自身创造的成果已产生强烈的自体免疫和过敏反应，而这将破坏原先推动西方社会崛起的精神源泉。

这种价值转变在社会面对危机时所做决策的逐渐变化过程中得到反映。传统的原则是简单权衡预期收益和风险，被称为“成本–效益分析”（或常识）。

上文提到的“线性，无临界”或LNT模式（假设负面影响与暴露程度成正比）为成本效益分析提供了支撑，若不出现毒物兴奋效应，是完全正确的。然而，当前的趋势越发倾向于，首先，忽略任何毒物兴奋效应，完全依赖LNT模式；其次，将其结果用于“预防原则”模式，而非成本效益模式。预防原则认为任何新生事物，如果不能毫无疑问地确定其无害，都不能获得认可，这种被称为“举反证”的做法理论上讲几乎不可能实现。

更有甚者提出使用所谓“滑坡”理论。该理论指出，即便根据成本-效益分析和预防原则，可以接受某种技术或做法，但是依然不能获得应用，因为一旦应用，就会出现“滑坡”，导致未来同样技术会被恶意使用。比如，不应在黑暗的街道上安装视频监控，因为一旦安装，就会出现“滑坡”，导致视频监控无处不在。也不应该克隆已经灭绝的哺乳动物，因为这可能会成为克隆食人霸王龙的前兆。

如果我们的生活真是依照LNT模式、预防原则或滑坡理论，那么就不会有人驾驶车辆或创业。我们不会吃上樱桃、苹果、西红柿、生杏仁、苹果核和土豆，因为这些都有毒。也没人会吃贝类、花生、甜乳制品、猕猴桃、芝麻、玉米、鸡蛋、豆子或小麦，因为这些可能引发高风险过敏和消化问题。即使现代人发明了啤酒、红酒、咖啡，或发现了蘑菇、红辣椒等食品，也无法获得许可，难登大雅之堂。

那么，食盐呢？不，这种毒物大量食用极其危险，极其危险！此外，你也不能踢足球、骑自行车或者做爱——更别说怀孕了。

2003年，一批科学家在伦敦举办了一次会议，主题为“恐慌发作：质问我们对风险的痴迷”。会上展示了众多根据现代预防原则根本不可能出现的创新技术，包括抗生素、避孕药、输血技术、器官移植、杂交作物、微波炉、雷达、冰箱、电话、电视，水处理技术和X射线等。

仔细思考一下，如果维京人和哥伦布遵循预防原则，那么他们可能永远不会发现美洲大陆，因为船只并不安全。莱特兄弟也不会向我们展示如何飞上天空。

如果拒绝进行成本-效益分析，结果就是放弃更好的解决方案，因为这些方案尚不完美，你别无选择，只能接受原先更差的方案。比如，很多环保主义者反对化石燃料、核能和水电站，而这些能源则占据了世界能源供应的90%，西方国家几乎全部能源都来自于此。还有人反对现代农业技术和森林砍伐，反对现代农业技术一般都会不可避免地出现对森林砍伐的反对。他们还反对海洋捕鱼和养殖渔业。尽管财富增长已被证实是控制人口增长的最佳途径，他们依然表示反对。他们只是想阻止世界进步，因为他们认为这样非常危险，所以他们竭力反对能够让这个世界更加安全的每个步骤。

上文提到的维基百科创始人吉米·威尔士在他的故事《牛排刀的寓言》中描述了新卢德派思维的荒谬之处。如果有人想要开世界第一家牛排餐馆，并建议客人在餐桌上使用刀具，根据预防原则，很可能需要将就餐者关在笼子里，以免出现误伤流血。

威尔士也可以在这里使用滑坡理论。如果我们真的允许客人在餐厅使用刀具，那么下一步会是什么呢？武士刀，还是枪支？

既然这一章以讨论毒物开始，那就让我们继续以讨论毒物结束本章——这次侧重于如何引发癌症。全球研究毒物与癌症关系的领军人物之一是加利福尼亚大学的布鲁斯·艾姆斯（Bruce Ames）。他发明了广为人知的艾姆斯试验，能够快速确定某种物质是否致癌。他和他的团队根据在该领域几十年的研究成果，总结如下：

- 现代人吃的食物大约99.9%是天然的，剩余的0.1%是人工的。
- 同理，人类食用的99.9%的杀虫剂是植物用来防御真菌、昆虫和像我们这样的动物天敌而产生的天然毒物。仅有0.1%的杀虫剂是人工的。

这就是说，天然食物和人工食物里包含毒物的比例大致相同，但因为99.9%的食物都是天然的，我们食用的毒物99.9%也是天然的。并且尽管我们使用人工毒物给植物杀虫（有机农场农民使用杀虫细菌和铜等），喷洒在植物上的人工毒药（除铜以外）在果实成熟之前或之后（但在我们食用之前）通常都会降解。另一方面，植物自身在果实成熟之前会不断产生杀虫剂。

那么，这些数字对我们有什么意义呢？艾姆斯通过一个例子向我们阐明：一杯咖啡含有的自然农药量与一个美国成人一年消费的人工农药量相当。换一种方式说，80杯咖啡所含毒物量与我们一生消耗的人工毒物量相当。尽管如此，大量研究显示，每日适度摄入咖啡对大多数人来说是健康的选择。因此，即使我们得了癌症，也很难说是由现代科技导致的。

有多难说呢？理查德·杜尔（Richard Doll）和理查德·培托（Richard Peto）曾于20世纪80年代总结道：仅有2%的癌症是由食物当中或其他地方的人工成分引起，其余来自吸烟、不均衡饮食、感染和荷尔蒙失调。实际上，吸烟和饮食不均衡占据了所有癌症成因的2/3。

适度是这里的关键词。人体喜欢均衡的饮食和生活方式，但同时也得益于勤奋工作、心理应激、感染甚至各种毒物和核辐射增加，只要都保持适度。不多，也不少（这是非常重要）。是的，只要适度摄入，牛排、咖啡和红酒都是健康有益的。

卢德主义、缺乏理性、恐慌以及拒绝权衡成本–收益构成了同一个故事的所有元素。过度的自我控制抑制了创新，而滑坡理论和预防原则会将创新彻底扼杀。正如《理性杂志》的罗伯特·贝利（Robert Bailey）于2003年所描述的，你可以将预防原则总结为："永远别有第一次。"

中国人被严禁出海后，他们的发展停滞下来；奥斯曼人被禁止在书籍中寻觅新知识后，他们丧失了活力。西方很多人现在变得对于知识产生自体免疫，对创新出现过敏，成为科学的敌人，本能地反对任何新生事物。这种对于静态社会缺乏理性的渴望会给人类社会带来百亿美元的损失，导致动物和人类不必要的死亡。正如富兰克林·罗斯福（Franklin D. Roosevelt）在1933年的就职演说中所说：

> 我们唯一需要恐惧的就是恐惧本身。

第 21 章　极端环保主义分子和伪科学家

2012 年 11 月 29 日，已被通缉 7 年的生物恐怖分子丽贝卡·鲁宾（Rebecca Rubin）在美国华盛顿州布莱恩市向联邦调查局自首。此前，她已参与策划并发动过至少 20 起蓄意纵火袭击，包括使用燃烧弹攻击行政办公机构、滑雪场、酒吧和木材公司等。

生物恐怖主义分子虽然经常组织暴力活动，但是大多仅限于蓄意破坏的范畴，比如向穿着皮毛服饰的人士泼洒颜料，或毁坏科研实验机构等。一项对千余名生物医学科研人员开展的调查显示，近 1/4 的实验机构曾遭到袭击。在“9·11”恐怖袭击事件之前，联邦调查局就将环保组织地球解放阵线列为美国国内首要恐怖组织，该组织曾在 1996~2004 年发动了大约 600 次袭击。

然而这些人当中有很多依然幻想发动更具破坏力的袭击。比如，世界野生动物基金会编辑约翰·戴维斯（John Davis）曾在一次演讲中表示“作为一个物种的价值，人类和鼻涕虫差不多”，并且他还“怀疑人类消灭天花是严重的错误，因为天花对于维护生态平衡非常重要”。

“我认为从生态的角度来看，不推翻资本主义，我们就没有机会拯救世界。”来自地球优先运动的朱迪·巴尔（Judy Barr）如此回应，并解释道，“我认为在社会主义体制下更有可能建立拥有健康生态环境的社会，在资本主义社会绝无可能。”不过，这些人实际主张的并不是推翻资本主义，他们的真正目的是人文主义。地球优先运动早期的口号是“回到更新世”（更新世存在于 260 万年前，那时猿人还未出现）。而在 1989 年 12 月的简报中，他们写道：“如果激进环保主义者能创造出一种全新疾病让世界人口数量重归理性，那么这种疾病应该就是艾滋病。”他们的代言人戴维·福尔曼（David Foreman）在1988年9月接受《背包客》杂志采访时说：“人类并不比其他物种高贵，人类灭亡能够解决很多问题。”在另一个场合，他还表示：“地球上的所有问题，无论是社会问题还是环境问题，都可以通过逐步消灭人类种群得到解决。”

美国环保协会联合创始人、资深科学家查尔斯·沃斯特（Charles Wurster）强烈反对使用DDT杀虫剂，我们之前曾经提到，有人将酒精放入海水，声称DDT杀虫剂会抑制光合作用，就是查尔斯·沃斯特这么做的。曾经有人问他，如果强令禁止使用DDT杀虫剂，人们会不会尝试毒性更强、更危险的东西呢？他的回答是“有可能”。当记者追问这种做法是否有可能伤及人命时，他答道：“会又如何？人类是所有问题的根源，人类数量太多。我们需要减少人类的数量，而疟疾就是一种很好的方法。”

同在该机构的迈克尔·奥本海默（Michael Oppenheimer）解释道：“如果在平均每500人拥有一辆汽车的中国，像美国一样平均每两人拥有一辆汽车，同样的车型，同样的人车比例，地球环境的承受能力就会达到极限，我们当然不能放任这种情况出现。”

所以，要让贫穷者一直贫穷下去。这里必须提到的是奥本海默后来从该机构离职。

消灭穷人并不是激进环保主义者的唯一目标，民主也是一个障碍，正如《盖亚假说》的提出者詹姆斯·洛夫洛克（James Lovelock）在一次采访中所言：

> 即使最优秀的民主政权也必须承认，在大战来临之际，必须暂时搁置民主。我感觉，气候变化问题的严重程度与战争来临不相上下，因此将民主暂时搁置一段时间或许很有必要。

实际上，不管是英国还是美国，即便是在“二战”期间与独裁者斗争过程中，也都没有走上独裁制度，但这无关紧要。芬兰自然遗产基金创始人彭蒂·林科拉（Pentti Linkola）是芬兰文学奖得主，同时还获得过芬兰环保协会环保奖，多年来他一直认为民主是一种“死亡宗教”，他说：

> 任何形式的独裁都优于现代的民主。世界上不会存在无能到和芸芸大众一样愚蠢的独裁者。最好的独裁统治形式是众多领导轮流上台，政府应当遏制任何形式的经济增长。

按照他的言论，像联合国这种“跨国组织”应当使用核弹或生化武器攻击各大城市。他还辩称，纳粹曾经实施的种族灭绝政策是“大规模瘦身行为”，这种行为“并未颠覆人类的道德规范”。

谈及瘦身，他还不喜欢体重太重的人，他曾说：“地球上体重超过60公斤的人多达亿万，这简直无法想象。”1994年，他在接受《华尔街日报》采访时说：

> 如果有一个按钮，按下去就能使数百万的人类死亡，即使牺牲我自己的生命，我也会毫不犹豫地按下去的。

杀、杀、杀！

当然，大多数环保主义者并不是法西斯，而且环保运动中还出现过众多伟大的朋友，这些人我们永远都不能忘记。但是，这其中也有一些非常阴险的敌人，我们则永远不能姑息放任。

2009年，美国作家亚历克斯·斯特芬（Alex Steffen）提出了一种区分不同环保主义者的方法。他将分出的第一类，也是目前规模最大的一类称为“浅绿色”，这类环保主义者旨在努力提高社会当中个人的环保意识。比如，驾驶节能环保汽车，提高住房的绝缘性能，以及大力推广植树活动等。这些做法都是正确的。

根据亚历克斯·斯特芬的分类，第二类环保主义者是“亮绿色”。这些人相信环境问题必须凭借现代科技解决，比如基因操作和新型核能。这一类中最著名的个人是斯图尔特·布兰德，他是《地球概览》杂志的创始人，也是思想组织长远思想的创始人。这类人中也有生态学家帕特里克·摩尔（Patrick Moore），物理学家和数学家弗里曼·戴森（Freeman Dyson），微软创始人比尔·盖茨，亚马逊的创始人杰夫·贝佐斯，诺贝尔奖得主詹姆斯·沃森（James Watson，他对发现DNA贡献颇多），民主政治家乔治·麦戈文和吉米·卡特，金融家沃伦·巴菲特等。这些人中有许多已经推出或支持环保活动，让世界更好地发展。

然而，还有1/3的环保主义者被称为“深绿色”，代表人物就是保罗·埃尔利希、查尔斯·沃斯特和彭蒂·林科拉，他们认为环保的主要问题来自经济发展和科技进步，并且想停止一切发展。

很多“深绿色”生态学家都偏爱高度集权、全球化的政府。他们主要反对全球化和网络贸易，他们常常语言攻击那些跨国公司、市场经济和利润动机。这类主要组织包括绿党、地球之友、地球解放阵线、绿色和平组织、美国环保协会、地球优先运动、塞拉俱乐部、忧思科学家联盟和世界野生动物基金会。

意识形态有各种复杂根源，但在某些地方需要简化。深绿色环保主义的起源可以追溯到18世纪末始于德国的狂飙突进运动，这是一场反启蒙运动，抵制的对象包括启蒙运动、理性、科学、美学和普遍主义。此后，德国又出现卢德主义和反启蒙浪漫主义运动，这都是狂飙突进运动的再现。这场浪漫主义之风从德国兴起，法国人卢梭后来成为其最著名的支持者，但影响最大的地区仍是德国。浪漫主义的主要观点是科学和文明皆是人为现象，不可全信，同时认为过去要好于当前。他们还认为特定人群、其传统文化以及发源地之间必然存在重要联系，因此浪漫主义者强烈支持民族主义，反对国际贸易和种族融合。

德国生物学家兼哲学家恩斯特·黑克尔（Ernst Haeckel）是浪漫主义运动的狂热支持者。1866年，他将“生态”的概念引入德国，这是这个概念首次引起人们的注意。黑克尔主张将大自然作为一个整体看待，并认为应该用这种全新的观点取代宗教。

紧随其后的是德国的“血与土”运动。这一运动强调精神和基因（血）的纯净、回到自然的梦想、自然药物、自我满足和德国遗传。1913年，哲学家路德维格·克拉格斯（Ludwig Klages）出版了著作《人类与地球》，他在书中从哲学和命运论的角度详细解释了新技术和先进农业技术对土地的破坏性。该书出版之后，“血与土”运动加大力度，展开对资本主义、工业化、城镇化、新技术、犹太人和基督教的谴责。城市被视为非自然现象，而用原始工具做有机农业的农民则被赞扬为最高贵的人。

这一运动还体现在诸多方面，其主要思想可以大致概括为以下几点：

1. 世界上可能没有上帝，但自然和基因是神圣的。

2. 人类是自然的一部分，我们必须保持基因纯净、使用未经科技加工的食品和药物、控制人口数量来保护自己。

3. 人的灵魂和文化都与我们出生的地方息息相关。城市生活和现代科技完全与自然背道而驰，它们在我们与土地之间制造了巨大的鸿沟。

4. 像移民和城市居民这种漂泊不定的人与自己的土地失去了联结，所以常常堕落或颓废。

这场运动充分展示了朴素守旧的观点，重点强调保护和清洁当前存在的一切，同时反对新生和外来事物。随之出现的还有顺势疗法和其他循证医学的替代方法。

“血与土”运动成为德国时代精神的关键因素，在许多戏剧和作品中都有体现，即对自给自足的浪漫乡村生活的崇拜。除此之外，很多艺术展出中含有反映德国浪漫乡村生活的画作也是从这一运动中获得的灵感。这些作品中都展现了没有任何机器或现代科技的纯手工劳动。

这次运动受到德国年轻人的广泛支持，包括一个旨在回归自然和自由的青年组织“候鸟运动社”和著名的“大户外”组织。环保主义者对此运动积极响应。

有人认为，这一切都在“二战”纳粹失败后结束了。然而，事实并非如此，因为“血与土”运动以一种新的姿态再度出现，而且本质基本没有变化：自给自足、将过去的传统农民生活浪漫化、拒绝新技术甚至在一定程度上拒绝科学、支持人口控制论。这里还要提到的是，尽管他们仍然反对种族混合，但很少会有人公开反对。而且，作为文明进程中很明显的进步，现在已经没有人主张迫害残杀犹太人了。

尽管如此，人们仍然觉得人种的卑劣是其他问题，世界野生动物基金会联合创人朱利安·赫胥黎（Julian Huxley）爵士在 1941 年支持迫使失业者和弱小者消失的想法，并建议取消他们的医保，以此降低他们的存活率和繁衍能力。1939~1962 年，他一直担任英国优生学会的主席。借着在世界野生动物基金会的工作，他还曾与赫伯特·格鲁尔（Herbert Gruhl）一同共事。格鲁尔曾设想过一个武装完备的生态专政，提供“最小的自然消耗做最佳的军事准备，因而可以尽可能小的消耗自然资源”。他还撰写了一本畅销书《濒临失衡的地球》，在书中他提出引进“一种比斯大林时期更加严格的专制制度来分配世界资源”。他还参与创办了生态民主党。除了移民和文化混杂，他关注的主要是资源短缺问题，他解释道：

> 毫无疑问，未来世界的战争都将会因为争夺生命基础物质，即基础营养物质和土壤中生长的日渐珍贵的水果。这种情况下，未来的战争将会比之前的战争残酷很多。

然而，新运动当中最强大的力量是德国的“绿党”，该党由格特·巴斯蒂安（Gert Bastian）于1979年创立，他的妻子彼得拉·凯利（Petra Kelly）和奥古斯特·豪斯莱特（August Haussleiter）成为第一批领导人。然而，豪斯莱特由于政治背景饱受谴责而被迫辞职。事后发现，他曾在1933年担任过极端反犹太主义的杂志《法兰克福信报》周刊的主编。

因此，在很多人看来，豪斯莱特就像一个纳粹，而且毫不收敛。“二战”以后，他组建了一个名为德意志共同体的激进党派，主张在“德国社会主义”制度下吞并东欧的部分地区。后来，该党因违反德国反纳粹法被禁。豪斯莱特建立德国绿党主要是因为看到了公众由于反对核能而被调集起来的巨大力量。

绿党三巨头排名第二的格特·巴斯蒂安是前纳粹陆军少将，“二战”后成为民主德国共产党支持的克雷菲尔德·阿佩尔组织创始人之一。而他的妻子彼得拉·凯利在绿党排名第三。然而，1992年10月，格特射杀了彼得拉后举枪自杀。原因迄今未知，但在枪杀案前，有人告诉他斯塔西档案[①]将被公开，因此他的这一举动很可能是害怕从档案里查到什么——但是，他的档案空空如也。

如今，“血与土”运动依然具有广泛的吸引力，同时也是构成深绿环境组织的核心元素。威斯康星州马凯特大学的彼得·施陶登迈尔（Peter Staudenmaier）教授近

① 斯塔西档案：前民主德国国家安全部秘密档案，1992年起正式向外界公开。——译者注

年来一直在深入研究其根源和世界观。

绿色和平组织如今在招募新成员时，都会要求他们做出承诺，致力于成为“生态战士”，2010年4月，该组织的印度分站主任赫内·哈什米（Gene Hashmi）曾在其官网上写出如下评论：

> 我们必须打破现行法律，根据我们的需要制定法律，我们需要的法律应能保护社会和我们自身的未来。通过正常渠道已经无法达成我们的目的，已经到了动员公众群起反抗的时候了，只有这样才能掐断对我们持否认和怀疑态度人士的经济命脉。

所以，与詹姆斯·洛夫洛克、赫伯特·格鲁尔、阿诺德·瑞茨、彭蒂·林科拉等人一样，哈什米也赞同通过废除民主以解决环境问题。他固执己见，甚至对持不同意见者进行人身威胁：

> 如果你花费毕生精力破坏气候变化的法规，或是为垃圾科学提供资金，为错误的方案提供虚假的辩论，督促政府对你们言听计从，那么听着：我们知道你是何人，身居何处，我们知道你在哪里工作，而且我们队伍庞大，你们却人数寥寥。

这是一次相当直白的演讲，不过随后不久这段言辞就从该网站上消失了。与此同时，绿色和平组织联合创始人保罗·沃森（Paul Watson）又有了新的动作，他成立了海洋守护者协会。不知为何，该协会的徽标是黑色背景加白色人头骨。

深绿色组织常用的策略之一是阻挠或恐吓科学研究、科学家和工程师，直到他们的开销太大以至于不得不放弃。他们常用的重要工具有LNT、预防原则和滑坡理论。

深绿色组织并没有正式的民主选举制度，所幸他们的积极分子很少，然而这些人掌握着巨大的权力，很少有人敢当面反对他们。我们已经见识了他们通过大规模浪费资源扰乱秩序的后果，常常是几百万生物不必要的牺牲，而且矛盾的是，他们的行为还破坏了环境。我们看到，他们反对使用核能的运动导致了煤炭的使用回潮，随之而来的，是数百万人的死亡；他们反对使用DDT的运动理论上会使几百万人因疟疾而失去生命。重要的是，我们要记住，很多深绿色组织的活动，与马尔萨斯一致，实际对这样缩减人口数量的效应持欢迎态度。正如彭蒂·林科拉所说："当救生艇坐满人时，那些仇恨生活的人就会尽可能地增加乘客的数量好让救生艇沉没。而那些热爱生活、尊重生命的人则会拿起船上的斧头砍开那些抓住船身挣扎的手。"他还说："谁会想念那些在'二战'中去世的人？谁会想念被希特勒残害的600万犹太人？以色列苦于面积狭小，太过拥挤；而在小亚细亚，人口过剩迫使人们不得不为每寸土地苦苦争斗。"

没错，把他们全部除掉！但毫无疑问，不是所有深绿色环保主义者都是恶魔，他们中的大多数是无知的理想主义者，但正如诺贝尔奖获得者艾略特曾写的：

> 世界上一般的伤害是那些想证明自己重要的人带来的。他们不是故意要带来伤害，他们对伤害并不感兴趣，或者说他们根本意识不到这些伤害的存在，还有可能是因为他们已经在无休止的思想斗争中把自己想成了好人。

与地球之友运动一道，绿色和平组织在禁止使用黄金大米的过程中起到了重要作用，黄金大米是一种转基因大米，含有丰富的β 胡萝卜素，会改善维生素A缺乏的现象。2005年的一项研究显示，世界上有1.9亿儿童和1 900万孕妇缺乏维生素A，而每年因此失去生命的人数高达100万~200万，其中儿童占大多数。这基本和疟疾具有同样的杀伤力。另外，每年因为维生素A不足而导致数百万视力受损或干眼症的人中有50万例致盲（也有人估计200万~300万例）。这的确是一个非常棘手的问题，2012年2月，国际农业研究协商小组负责人伊斯梅尔·萨拉杰丁（Ismail Serageldin）提出问题："我想问问生物技术的反对者们，你们想要反对黄金大米的产生，但你们想让世界上每年100万儿童因缺乏维生素A而丧生，另外200万~300万儿童因此失明吗？"

同年9月，亮绿色生态学家特里克·摩尔在一篇文章中总结道：

> 根据国际刑事法庭的判定，绿色和平组织毫无疑问犯有反人类罪。他们声称“黄金大米是一个失败”，同时又对数百万居民的需求视而不见。绿色和平组织肆意夸大黄金大米的危害，却对他们造成的问题不管不顾。由此看来，他们不仅犯了反人类罪，而且犯了过失致死罪，能有人将他们绳之以法吗？

这里需要指出的是，帕特里克·摩尔也是绿色和平组织的创始人之一，但他在发现该组织被具有暴力、反人类和反科学思想的人操控之后就退出了。

正如上文中所述，科学技术是西方文明进步，并走向未来的核心，而且我们已经开始重视科学最主要的几大原则，比如公正性、客观性、逻辑性、理性设想、怀疑论、来源核查、证伪原则、举一反三、试验检验和开放评论。大多数科学家都依据这些原则进行工作，也正因如此，科学家都受到很高的评价。然而，不是所有人都在做着与他们荣誉相对应的事。

前文提到的环境学教授斯蒂芬·施奈德，在1970年发布了自己对即将到来的冰河世纪的担忧，又在之后改变了观点，他后来成为政府间气候变化专门委员会气候变暖方面的资深作家并在1989年这样解释了他的观点：

> 一方面，作为科学家我们在道义上必须遵守科学方法，尊重事实，信守承诺，毫无保留，这就意味着我们必须将所有的疑问、忠告、假设和意外估计在内。另一方面，我们不只是科学家，还是人类。就像所有人一样，我们也希望世界变得更美好，这意味着我们的工作要朝着减少灾难性气候变化的方向努力。为了达到这一目标，我们需要广泛支持，充分调动公众的力量，发挥他们的想象力。毫无疑问，做到这些需要媒体的支持。因此，我们必须找到骇人的现象，用简单明了的言论吸引眼球，同时尽可能地避免提及可能存在的质疑。

所以，他认为科学家如果为了良好的目的而歪曲事实是可以接受的，他继续总结道：“我们每个人都要在诚实和高效之间寻求平衡。我希望可以做到两者兼得。”

我们都在寻求这样的平衡，但事实不遂人愿。在那些因为效率优先而受到指责的气候学家中，迈克尔·曼（Michael Mann）就是其中之一，1998年，他的名字第一次被人广泛熟知，那时候他和另外两名研究人员一起在被学界高度认可的《自然》杂志上发表了一篇文章。文章提出重建从1400~2000年北半球的气候的计划。这一计划被称为“MBH98”，不久又改名为“曲棍球棒”，因为该计划说明图的形状与曲棍球棒相似——先长时间保持直线，之后突然大幅上升。之后一年，该计划又得到进一步更新，追溯到从公元1000年开始。

这幅图反映出的信息令人惊讶：在公元1000年到20世纪之间，温度非常稳定，上下波动只有0.5摄氏度，但二氧化碳排放量在“二战”后大幅增长，尤其是20世纪70年代以后，温度突然上升，结论似乎非常明显：人为制造的二氧化碳排放史无前例地导致了的全球变暖。这幅图很快就在成千上万的网站转载，并通过加拿大政府发放到各家各户，弄得人心惶惶。不久，这幅图便成为世界上目前最常用的关于全球变暖的样图。

然而，也有人对其中的部分内容提出了质疑。例如，小冰期究竟发生了什么？在历史记录中描述的最详尽的是什么？那些详细记录在案的温暖期又是怎样的呢？

在“曲棍球棒”图出现后不久，《气候研究》杂志发表了一篇由两位哈佛大学的天体物理学家撰写的分析文章，得出的结论与曼的恰恰相反，他们指出，近年来的气候变化都在正常的范围内。

接下来发生的故事令人震惊。英国东安格利亚大学气候研究中心在13年间的几千封邮件和其他文件遭到匿名泄露后，我们对这件事的幕后情况有了完全不同的认识。曼身边的许多气候学家开始讨论如何阻止那些和他们研究结果不同的学者发表见解。2003年3月11日，气候研究中心的主任菲尔·琼斯（Phil Jones）写信给同事们说：“我会写信给杂志社告诉他们，如果不与这个到处招惹麻烦的编辑撇清关系，我就不会与他们合作。”

是的，那个编辑的确令人讨厌，菲尔·琼斯此前就曾向杂志社提出意见，抱怨他们对于全球变暖观点的文章与自己意见相悖，他要求辞退的那个编辑做得一点儿都没错：他已经将哈佛大学天体物理学家的这篇文章寄给了一位校外科学家，并请他转发给另外5名专家进行评估，目的在于判断这一结论在科学的判定中是否存在争议。那5名专家一致认为该结论毫无争议，所以编辑发表了那篇文章。

但是没关系，曼暗示他的同事们联合抵制那家杂志社，既不在那家杂志发表文章，也不引用该杂志上发表的内容。4月22日，菲尔·琼斯写信告诉他的同事们，他已经告知主编，他会抵制该杂志。

在接下来的几个月甚至几年中，类似阻挠科学争论的事件在不同场合一再发生，那些著名的气候学家讨论如何利用联合抵制、终止服务和保留数据等方式来阻止意见不同的科学家做研究，并发表自己的成果。当一位科学家指出菲尔·琼斯报告中用的中国气温数据比较粗略时，美国国家大气研究中心的凯文·特伦伯思（Kevin Trenberth）在2007年4月21日给曼的邮件中说："所以我的建议是，应对他们的动机进行诋毁中伤，并提出反对意见。将他们说成是一无是处的懒汉就对了。"

然而，压下所有的批评对他们来说还是有一定难度。在曼的"曲棍球棒"图出现的同一年，加拿大一位名叫斯蒂芬·麦金太尔（Stephen McIntyre）的数学家问曼是否可以提供建立"曲棍球棒"图的模型数据让他核对，他也想知道之前温度的波动在图上为什么没有显示出来。麦金太尔在学生时代赢得过加拿大国家数学竞赛的奖项，并在牛津大学学习过数学。后来，他创立并管理一家矿业公司，随后作为顾问，专门寻找数据模型当中的失误。当他意识到手头任务的重要性时，他还找了从事环境经济学和政策分析的加拿大经济学家罗斯·麦基特里克（Ross Mckitrick）帮他一起分析"曲棍球棒"图。

但是麦金太尔和麦基特里克两人并不受曼欢迎。他们三人之间的通信长达十年，通信记录后来还出现在网络和不同书刊上。在这些记录中可以看到，曼先发给他们一些错误数据，随后又声称一些数据已经丢失。曼还曾告诉他们，由于已与其他国家气候研究机构签署合作协议，根据协议，不能将气候数据透漏给第三方，所以无法向他们提供余下的数据。当麦金太尔和麦基特里克后来发现曼曾将这类数据交给其他气候学家时，曼的解释变成了这些数据只能交给专业气候学家，但不能交给加拿大人。后来当麦金太尔和麦基特里克安排其他气候学家向他索要相同的数据时，他的说辞又变了。这次变成了数据已经丢失。

他们对于科学讨论和公开数据的态度表达得特别明确。澳大利亚气候学家沃里

克 · 休斯（Warwick Hughes）曾与菲尔 · 琼斯进行了一个月的邮件交流，希望得到该研究所的原始气候数据和计算方程，但于2005年2月21日收到了拒绝信：

> 即使获得了世界气象组织的许可，我仍然不会将数据交给你。我们为这项工作付出了25年之久，你的目的就是为了挑出我们的错误，我为什么要让你使用这些数据？

2010年3月菲尔 · 琼斯受邀参加英国政府组织的听证会，他在会上对自己拒绝与其他气候学家分享数据的做法进行辩解，声称在气候学家之间分享数据并非普遍做法，非常罕见。

至于麦金太尔和麦基特里克想要的软件编码（统计模型），曼拒绝的理由是自己已经在文章中说明，这些都属于他的私人财产。而他的工作单位是一所由政府资助的公立大学。

因为没人能够得到软件编码，所以曼图标的真实性无从考证，2005年，英国政府也曾向他索要编码，曼是这样回答的：

> 我的计算机程序是私人财产，个人拥有知识产权，受到美国国家科学基金会及其律师的承认。同时，美国法律的基本原则之一就是，政府不能侵占“非公用”私人财产，并“不予赔偿”。

所以在进行了长达7年的努力之后，仍然没有人得到编码，在这种情况下，曼得到数据图的过程似乎成了一个谜。

麦金太尔和麦基特里克曾根据曼对编码的口述，尝试对其过程进行复制，但最终失败，他们于2003年在一篇文章中将其过程发表。然而，他们在曼发过来的几个数据系列中发现了一些重要线索，并从中找到了突破。这些运算方法通过选择任何时期末段变化最剧烈的数据系列，在与其他数据系列比较后放大。

麦金太尔和麦基特里克通过将这类数据插入运算模型，最终成功复制了“曲棍球棒”图。实际上，当他们将任何随机数据（所谓的红噪）组合超过10 000次时，产生“曲棍球棒”图的概率都会超过99%。并且，再次声明的是，这完全是依靠随机数据组合。当使用该模型对曼的实际数据进行处理时，他们发现得到的“曲棍球棒”图是在对众多时间序列中的单一数据进行放大后形成的：加利福尼亚州树木的年轮。这一数据的时间可以追溯到 1404 年。1421~1447 年所用的数据主要来源于两棵树，1404~1421 年的数据则只来自一棵树，而此之前的数据都是曼自己杜撰出来的。其他科学家分析得到的数据显示，近年来树木年轮直径变大并非由于气候变暖，而是因为空气肥料增加（之前提到过，如果空气中二氧化碳含量增加会促进树木生长）。

这个事件反映出的最大问题并不仅是小部分学者放弃科学的基本原则，心甘情愿地为政治活动家暗中操作，而是在于他们这样做不但未受惩罚，还广受褒奖。

在知名学术机构政府间气候变化专门委员会于 2001 年发布的第三次评估报告中，曼的“曲棍球棒”图出现的次数不下 5 次，包括在图画版第 29 页夺人眼球的彩色插图。尽管当时曼还是个相当普通的科学家，他依然拒绝提供数据和编码，这也就是该图一直未能得到独立验证的原因。此外，该图与众多其他气候报告、考古信息及前几次政府间气候变化专门委员会报告的结论都大相径庭。由此可见，政府间气候变化专门委员会依然对此图大力推崇的原因是欣赏其所带来的政治力量——的确非常有效。

问题并没有到此结束，凭借这项研究成果，曼获得了诸多奖励和荣誉。同样获得众多荣誉的还有我们的灾难论专家保罗 · 埃尔利希。实际上，仅他获得的荣誉和奖项就可以写满两页 A4 纸。对于他的研究成果大加赞赏（并提供高达成百上千万美元奖金）的机构有塞拉俱乐部、世界野生动物基金、瑞典皇家科学院、沃尔沃、联合国、艾伯特 · 爱因斯坦俱乐部、美国生态学会、美国生物研究所科学与伦敦皇家学会。如果这些机构发现自己是在与一个完全脱离现实的科学家打交道，他们绝对不会公之于众。

哦，我们不应忘记埃尔利希还曾获得过麦克阿瑟基金会的“天才”奖，以及一笔数量不菲的奖金。当时是 1990 年，他的预测已经明显谬之千里。

这已无法弥补，但事情的另一面也同样荒诞不经。因为在这幕滑稽剧上演的同时，数以万计致力于公正、客观追求真理的科学家正在不计回报、默默无闻地奉献自己毕生的才华。他们日复一日，坚守着枯燥的数据和科学的方法，却难有机会获得荣誉，更不用说天才奖了。

他们还发现，在与政治沾边的大型运动中发出不同声音非常困难。2006 年 4 月 12 日，麻省理工学院大气物理学教授理查德·林德森（Richard Lindzen）在《华尔街日报》上发表了一篇文章，他说："与危言耸听论意见相左的科学家会丧失科研经费，工作遭人嘲讽，他们自己也会被打成业界小丑、科学黑客等。"

朱利安·西蒙在 1980 年也有类似经历，他在《科学》杂志上指出没有任何科学数据显示人口增长造成了资源减少，事实恰恰相反。埃尔利希回应道，向朱利安·西蒙这样的人解释人口增长会造成资源短缺"就像对蔓越莓解释奇偶数天的气体分布一样"。对于赞成西蒙文章观点的审稿专家，埃尔利希写道："编辑可以找到几个真正明白事的人评论西蒙的手稿吗？"同样的，比约恩·隆伯格在其著作《多疑的环保主义者》出版后，受到丹麦政府的政治打压，他在书中通过 2 930 个问题，逐步解释个别环保主义者和环保积极分子是如何通过大量虚假数据歪曲事实的。

《经济学家》杂志于 2013 年 10 月发表了一篇关于科学错误不断增加的文章，文中指出私营企业经常发现公共研究机构的结果难以复制。例如，生物制药企业安进公司曾将试图复制全世界 53 例关于癌症的前沿研究，但发现其中 47 例都难以完成，即便是与曾经参与过初始实验的公共机构研究人员有密切的合作关系。同样的，拜耳医药也只能复制 67 篇发表的医疗研究的 1/4。

问题之一就是提出新事物、惊人发现或戏剧性分析报告的文章更容易发表，就像曼的"曲棍球棒"图一样。然而，能够满足上述条件，大多是因为这些研究本身就存在错误——无论有意还是无意，在研究过程中都有错误。

可能有人认为这样的错误会轻易地被其他科研人员发现，其实不一定。由于提出新事物或进行戏剧性的分析研究的文章更能吸引眼球（获得更多研究经费和荣誉），所以很少会有科学家愿意提出所谓"反对意见"——像麦金太尔和麦基特里克对曼的研究一样，审慎接受他人的研究成果，并找出里面的错误。一项对 1990~2007 年间 4 000 篇研究报告的调查证实了这一现象，该调查显示，在这段时期，提出反对意见的文章占的比例从原来的 30% 下降到了 14%。另外，越来越多的科学家开始发表未经充分证实的文章，希望其他学者进行纠正。在一项对科学杂志上发表的 238 篇生物医学研究报告的调查中，有 84 篇的结论省略了复制相关实验所需的一半以上必要信息。

我们对本章做一个简单的小节，尽管追求科技进步一直是我们几个世纪以来发展的核心，但对此的反对者和滥用者一直层出不穷；从神职人员和反对科学的审查者，到歪曲科学原则的政治鼓动家和反对新技术的卢德派，再到反对一切违背自己幻想的浪漫主义者。同样的问题至今依然存在。

第 22 章　胡言乱语、愤世嫉俗、江湖骗子

艺术家萨尔瓦多·达利（Salvador Dali）曾说，自己从未有过在餐厅吃饭时明明点的是龙虾，结果上的却是“油炸手机”这种经历。换句话说，人们生活当中很多事情都是可以预测的——如果点了龙虾，你得到的也就是龙虾，下个星期三过得通常和上个星期三没有太大区别。但有少部分人生活在一个完全不能接受“重复”的世界里，这些人就是艺术家，在他们这个行业中，若不创新，就一事无成。

1990 年，研究艺术市场历史长达 20 年之久的心理学教授科林·马丁戴尔（Colin Martindale）出版了一部著作，该书的标题耐人寻味：“被上发条的女神缪斯：艺术变化的可预测性”。该书基于先进的统计方法，证明了艺术的变迁也遵循着一种完全可以预测的模式，他将这种模式称为“新奇定律”。其过程如下：首先，有人开发出了一种全新的艺术表达形式。如果获得成功，他人就会为其研发变体。为了吸引注意，随后而来的每个艺术家都需要找到或多或少比原先更激进的表达形式。因此，新生艺术形式发展总是咄咄逼人、天马行空，甚至有些振聋发聩，但是最终会变得荒诞颓废，彻底失去观众，只得改弦更张，这样一来，先前同样的过程又再次往复。

马丁戴尔不但将这一现象映射于艺术世界，同时还应用在哲学等具体目标难以直接衡量的创新活动当中。

《社会文本》是由杜克大学出版社创办的一本杂志，内容涉及社会、文化和哲学等方面。1996 年，该杂志编辑部收到物理学教授艾伦·索卡尔（Alan Sokal）发

来的一篇文章，就量子物理学和所谓后现代哲学的关系，完成了一项（出版后）长达35页的哲学调查。文章引用了许多华丽辞藻，如“后现代科学解构并超越了笛卡儿对于人类与自然、观察者与被观察者、主体与客体之间的形而上学的区分”。

该杂志编辑对这篇文章十分欣赏，决定开辟专刊，旨在通过索卡尔的文章，为后现代哲学，尤其是“社会建构论”进行辩护。

但是，他们很快就后悔了，因为就在这期杂志印刷完成之后，索卡尔就向学界和社会宣称，其文章的初衷仅是想对后现代哲学进行模仿，所有内容均是他的一家之言，可以说是没有任何意义的胡言乱语。这着实让人哭笑不得，但也给了人们一个教训，正如评论家卡塔·波利特（Katha Pollit）所说：

> 索卡尔事件的喜剧性就在于，即使是后现代主义者本身也不能真正读懂彼此的作品，他们对于文章的理解仅是在熟悉的名词或概念之间来回跳跃，就像一只青蛙经由一片片荷叶跳过浑浊的池塘。

蹚入这一摊浑水的并非只有索卡尔一人。哲学界的“巨星”路德维希·维特根斯坦（Ludwig Wittgenstein）也曾用深奥的语言让“粉丝们”迷惑不已，如“我的观点是以这种方式阐释的：当理解我的人从那些深奥的语言里爬出来，并站在它们之上，超越它们的时候，最终就会认识到它们是毫无意义的”。（打个比方来说，当他通过梯子爬上去后，必须扔掉它。）

这发生在1922年，而且从那时起，迷雾就不断加重。一些现代派哲学家还提出了一种非现实主义思想，根据这一思想，试验性测试仅能告诉我们相关试验的结果，并不能反映实际情况。例如，社会建构主义的领军人物，思想家布鲁诺·拉图尔（Bruno Latour）就曾说过，大自然是人类自我思考的结果，因此将自然行为和现象作为知识的源泉是毫无意义的。事实上，他在《方法的7项规则》一书中这样说过：

> 既然争议的解决是大自然表现的原因，而不是结果，那我们永远不必使用结果——大自然——来解释争议被解决的方法和原因。

可能我们需要对这段话反复琢磨一段时间才能理解，但是琢磨完以后，我们可能就会认为：实验科学没有作用，启蒙和科学皆是幻觉。

许多初出茅庐的哲学家也会对理性主义产生抵制。举例来说，保罗·费耶阿本德（Paul Feuerabend）在他的著作《反对方法》和《告别理性》中反对使用逻辑和科学。除此之外，还有流行于后现代哲学家当中的“解构理论”，认为我们根本无法了解客观的现实世界。一切事物皆为主观，各种陈述仅仅是语言组织的结果，由此可见，语言是一种主观的社会建构。因此，任何人都不能肯定某个事物就是真实的。

也没有人能够确定某个事物的绝对好坏。例如，有人认为自由和爱是积极的普世价值观，而解构主义者则将其称为“累加”，并对其强烈抵制。因此，如果将所有事物都简单累加，就真的难以理解了。

此外，所谓的“相对论者”告诉我们，任何客观真理都取决于文化的角度，这就是为什么所有的文化原则上都具有同等价值。因此，任何特定个人都不能真正知道什么是好坏，都只是个人喜好。

所有这些反理性、反科学的理论都属于后现代哲学。后现代哲学起源于“二战”后的法国，随后在整个西方世界传播，并深深扎根于学术界及其他领域。

哲学家似乎都是为毫无意义的废话服务，短语和词汇都异常复杂，即便读者的热情再高，最后也不得不放弃，并认为作者智力超群，非凡人能理解。为了确保读者做出这一结论，哲学家还经常引用貌似高深莫测的文献和类比来修饰自己的作品，比如引用爱因斯坦、哥德尔和尼尔斯·波尔等。

对索卡尔而言，学术废话（单句范畴）的纪录保持者可能是著名的文化理论家保罗·维利里奥（Paul Virillio）。维利里奥在《空间批判》这本书中，写出一个由193个法语单词组成的句子，而它被翻译后（颇有难度），是这样说的：

当时间的深度取代可感知的空间的深度，当界面交换取代表面的界定，当有图案的玻璃重建外观后，我们开始怀疑：那些我们坚持称作为空间的是否真的不是一束光，一束得以升华的准光学的光，日光只是一种日相或反映。

略过千言万语之后，最终以下面的至理名言作为结语：

转移到永恒存在着的相对论，它的拓扑和目的论的厚度和深度都属于这个最终测量仪器，光速拥有一个方向，与其尺寸和维度相当，并以相同的速度向可测量宇宙的所有方向辐射传播。

“宇宙”这个词应该说，已经浮夸到成为后现代思想家的流行语，与其并列的还有其他一些晦涩难懂的词语，如“远离中央”“多峰性”“后殖民”“互文性”“超时代性”“空间性”“多媒体话题”“解构主义”“折算”等。

它们并没有起到任何简化作用，后现代主义论点总体的暗晦和内在矛盾让我们很难定义那是什么。实际上，当为发展“解构主义”而得到称赞的雅克·德里达（Jacques Derrida）曾经被询问他是如何定义的，他的回答是：我对这个问题没有简单的正式回答。

也许他的问题在于你所需要的用于解释某种语言的语言将会被语言本身解构，这与“吃掉自己”这个不可能实现的概念相似。在最激进的后现代要求中，有断言称我们根本不能确定现实的存在。当然，如果这种说法是真实的，那么我们并不是真正地存在，所以也许我们不必担忧。

如果“能够帮我们解决世上问题的哲学家”被看作“全世界人民点菜时点的‘龙虾’”，那么当后现代哲学家出现时，人们上的菜就会是“油炸手机”。

这并不是要否定所有哲学家。实际上我们拥有众多伟大的哲学家，如前面提及的孟德斯鸠、约翰·洛克、托马斯·霍布斯、托马斯·阿奎那、亚历克西斯·德·托克维尔、马克斯·韦伯、理查德·道金斯、罗伯特·赖特等，他们的论断各具特色，每个人都精于传道授业，推动思想进步，创造美好未来。说到精于传道授业，作家安徒生就是一个极好的例子，他独具匠心地运用如《皇帝的新装》等生动有趣的童话故事传递思想。

2007年9月，《星期日泰晤士报》的英国餐厅评论员A·A·吉尔（A A Gill）来到克利斯蒂拍卖行办公室，询问是否能为他提供拍卖服务，拍卖的物品是他花

200 英镑购得的一幅斯大林肖像画，遭到拒绝。不过，吉尔随后又问，如果这幅肖像画出自后现代艺术家安迪 · 沃霍尔（Andy Warhol）或达米安 · 赫斯特（Damien Hirst）之手，他们是否愿意拍卖，他们表示愿意。由于与赫斯特相识，吉尔就打电话给赫斯特，问他是否愿意在斯大林肖像画上再画一个红鼻子，赫斯特同意了。这幅画后来以 14 万英镑的价格售出。

毫无疑问，达米安 · 赫斯特是艺术界的重量级人物，他创立了装置艺术，比如他将动物尸体保存在 12 个装满福尔马林的药柜之中，成为一个系列，由此声名鹊起。而这源于他花了大约 8 000 英镑购得的一只虎鲨，随后用福尔马林浸泡，装在水缸之中进行展示，名叫"生者心目中无谓之死亡恐惧"。之后，他以 5 万英镑的价格将其卖给了收藏家查尔斯 · 萨奇（Charles Saatchi），后来又被转卖到一位对冲基金经理手中，售价据传为 1 200 万美元。

随后不久，鲨鱼开始腐烂。赫斯特同意将其替换，然而由此出现一个问题，即替换后的这件艺术品，价值是否还是原作的 1 200 万美元，或者仅是一个复制品，价值不到 1.2 万美元。即便赫斯特对原件进行重新复制也无法改变这种困局。

事实上，这种困境非常常见。赫斯特拥有一家艺术工厂，各种颜料在那里直接被泼在机器带动的卷轴画布之上，他就是在上面签上名字。这样又出现一个问题：带动画布的卷轴旋转之时，他是否在房间？如果不在，这件作品还能称为"赫斯特"的作品吗？因为如果不能，那么作品究竟价值多少？几千美元还是上百万美元？

正如一位后现代哲学家所说，此类作品的价值皆在于欣赏者的眼睛，瑞典哥德堡报社记者奥克 · "达什" · 阿克塞尔松（Åke "Dacke" Axelsson）于 1964 年完成的一项实验也证明了这一点。阿克塞尔松在一家画廊里展出了一些抽象绘画作品，声称全部出自先锋艺术家皮埃尔 · 布拉索（Pierre Brassau）之手，不久就引起了巨大反响，获得了广泛好评，一位评论家写道：

> 布拉索绘画时用笔苍劲有力，同时果断明确。他的笔锋严谨一丝不苟。皮埃尔简直就是在用芭蕾舞演员一般的优雅在作画。

这位评论家不会知道这些作品实际上出自布罗斯动物园里一只名为彼得的 4 岁的黑猩猩。

图 22–1　工作中的后现代艺术家彼得，也被称为皮埃尔 · 布拉索

类似事件在莫里茨堡的国家艺术基金会博物馆也发生过，一幅抽象油画被呈现在馆长面前时，他认为该画出自多次获奖的著名画家恩斯特 · 威廉 · 奈（Ernst Wilhelm Nay）之手，而实际上"画家"是黑猩猩冈比。

2011 年，波士顿大学的科学家让艺术或心理学专业的 72 名学生来评估 30 组抽象画，选择出他们更喜欢的和他们认为技巧更佳的。在每组对比中，有一幅画出自某位非常著名的抽象派画家，如罗斯科（Mark Rothko）或德 · 库宁（Willem de Kooning），另一幅画则出自一个蹒跚学步的孩子、猴子、大象、黑猩猩或者大猩猩。在艺术专业的学生中，有 37% 的学生偏好小孩子和动物的绘画，而在心理学专业的学生中，44% 更喜爱孩子和动物的画作。孩子和动物的作品被给予了最高的技巧评级，约占所有竞争作品的1/3。

人们愿意花成百上千万美元购买河原温（On Kawara）的作品，而这些作品只是在帆布上画的日期，对此河原温本人坦言，完成每幅画的时间从来不会超过两个小时。还有人愿意花45.6万美元购买菲利克斯·冈萨雷斯·托雷斯（Felix Gonzalez-Torres）画的蓝白色糖果。

艺术世界的"新皇帝"当然可以通过出售任何作品获得财富，比如吉姆·霍奇斯（Jim Hofges）价值6.9万美元的作品是一件扔在角落里的皮夹克。毫不夸张地说，这个时候真的让人想起了《皇帝的新装》。

赫斯特曾说过"你给他们什么，他们就买什么"，但这也让艺术家的声誉饱受质疑。1997年，伦敦皇家艺术学院举办了一场主题为"感观"的展览，主要展品是一个女人的巨幅画像，主人公是臭名昭著的杀人犯玛拉·欣德利（Myra Hindley），她和男友伊恩·布雷迪（Ian Brady）曾因20世纪60年代在英格兰西北部绑架并折磨儿童被判终身监禁。在展览馆外，那些惨遭杀害的孩子的父母绝望地举行示威，要求将该画像拆除，而放置这幅画的目的可能只是为增加所谓的艺术氛围而已。而在展览馆内，你能看到各种动物被制成切片，放在福尔马林溶液里展出，用直肠当嘴的人物肖像、头部弹孔特写，以及标题为"美人，亲我的屁股"和"太空人便"的绘画，后者还用大象粪便做了装饰。组织此次展览的艺术家是多次获奖的克里斯·奥菲利（Chris Ofili），他还常用所谓"大便营销"的方式出售此类粪便画作，其中颇受瞩目的是混合了色情图片和大象粪便的《圣母》画像。

根据上文提到的马丁戴尔的"新奇定律"，这种荒唐的现象将一直持续下去，直到无以复加的地步。意大利艺术家皮耶罗·曼佐尼（Piero Manzoni）曾将自己的粪便装进罐头盒，并以天价卖给私人收藏家和公共博物馆。

这是一个注重品牌远胜过内容的世界，一个真空吸尘器或带基座的小便池都会被看作具有毕加索或伦勃朗一般的表现力。谈到小便池，有一位名叫杜尚（Duchamp）的艺术家，他将此作为自己的作品参展，命名为"泉"，并赢得了诸多奖项和广泛赞誉。然而，世界著名艺术历史学家厄恩斯特·贡布里希（Ernst Gombrich）爵士在接受采访时对此评论道：

> 这个世纪受到科技进步的影响远远超过艺术。在艺术上，没有什么可以与发现染色体相提并论。如果想想基因的破译，并将其与杜尚展出小便池时的热情进行比较，差距就显而易见了。

不少哲学家认为，任何事物都不能检测，也无法认识，应该抵制理性和科学，不做任何判断和比较。另外还补充说任何事物（包括自己）是否存在都值得怀疑的。许多后现代艺术家及其追随者告诉我们，真正重要的是鲜为人知和品牌效应。

后现代主义两种形式的共性是仅为取乐而抵制西方——这是对文艺复兴、启蒙、科学、理性、逻辑、美学和伦理学的有意蔑视。如果人们购买艺术作品不是出于其带来的真情实感，而仅是为了看起来前卫时尚，那么我们就是给“皇帝的新装”里的骗子打开了大门。另外，如果我们与新兴哲学家同流合污，认为一切皆不可知，皆不存在，表达亦不重要，世间一切大同，那么我们的文明就不会有什么价值。

这样一来，人们就无法也不愿取得进步。那些夜以继日地工作，孜孜不倦地追求真理的科学家与神秘主义者和空想主义者也就没什么两样。米开朗琪罗、牛顿和尼尔斯·波尔也就不值一提。那些牺牲自己为我们带来和平和自由的人也不过凡夫俗子。一切都消失在反实在论和反理性的一摊浑水之中，夹杂着小便池基座和罐头里的粪便。我们将双眼蒙蔽在新潮时尚之中，卖力地自掘坟墓。不过这都非常现代，这才是最重要的。

古希腊也有愤世嫉俗之人，强烈抵制人类创造的伟大文明。中世纪的艺术水准就有所下降，并反映在历史的各个角落。此外，中世纪教会长期坚持只能用拉丁文书写《圣经》，导致寻常百姓都无法读懂《圣经》。可以肯定地说，不管是文化前进，还是启蒙发展都不可能一帆风顺，因此我们即使真正取得进步或依然停滞不前，都应该做好准备，应对质疑。

第23章　乌托邦社会工程师

1516年，英国国王亨利八世的大法官托马斯·莫尔爵士出版了一部著作，书中描绘了一个虚构的理想社会，那里没有私人财产，每个人都生活在相似的房子里，平等分享一切。生活在每个社区的居民数量合理（6 000人），社区食堂饭菜人人共享。为保证这种完美的秩序免受侵害，国家发行内部通行证，并对每个人的居住地进行控制。

这本书的名字叫作“乌托邦”，自其出版以来，千百万人被书中国家通过强制实现平等的梦想所吸引。卡尔·马克思的《共产党宣言》在19世纪发表以后，这一思想得到了更为广泛的传播。在1965年之前，全世界有大约32%的人口生活在纯粹的社会主义经济体当中，例如华沙条约各成员国、波尔布特领导的柬埔寨和菲德尔·卡斯特罗领导的古巴等。另外还有23%的人生活在埃及、印度和印度尼西亚等国，这些国家的领导受社会主义影响，热衷奉行自给自足和二次分配政策（除了他们自己位置以外）。也就是说，当时全球超过一半人生活的国家都在追寻莫尔和马克思的乌托邦式梦想。

社会主义和共产主义经常被称为“社会工程”，即在中央控制下集中推行大型社会工程，而其居民被迫加入追寻乌托邦目标的过程之中。

而推行此类社会工程的确要付出代价，因为你不能在对民众严格控制的同时，又允许他们做自己喜欢的事，所以希腊的自由民主思想与这些社会工程格格不入，同样与之难以相容的还有孟德斯鸠的三权分立思想、约翰·洛克的“保护私有财产”思想和亚当·斯密的自由贸易理论。此外，你要控制民众的常住地，禁止他们开设私营企业。而且这些依然不够，你还要控制民众日常获取的信息，防止出类拔萃者逃离你的政权。

各类法西斯主义的阴影笼罩在欧洲中部、南部和东部，挥之不去。例如，1925年法西斯主义者在意大利掌权执政，次年又在波兰掌权。“大萧条”开始之后，法西斯主义迅速蔓延到克罗地亚（1930）、葡萄牙（1932）、澳大利亚（1934）、德国（1934）、西班牙（1936）和希腊（1936）。这些政权分别实施了不同程度的迫害、大屠杀或种族灭绝。仅仅纳粹就杀害了约600万犹太人，近200万波兰人，22万~150万罗马尼亚人，20万~25万残疾人，2万~2.5万斯洛文尼亚人，5 000~15 000名同性恋者和2 500~5 000名耶和华见证会成员。欧洲法西斯和纳粹在20世纪一共杀害了超过1 000万平民。此外，“二战”还导致5 000万~6 000万人死亡。到了1942年，整个欧洲仅剩4个自由民主国家：英格兰、爱尔兰、瑞士和瑞典，其他地方已被黑暗笼罩。如果希特勒获得“二战”胜利，他们必会终结2 300年前雅典人带来的所有创意。

大型社会工程没有任何实际作用的主要原因有两点：

- 中央计划无法做到
- 公共生产力问题

在从未经营过企业的人看来，国家实行中央计划经济并无不妥。正如英国历史学家保罗·约翰逊（Paul Johnson）指出的，这就可以解释欧洲推崇社会工程的独裁者都有一个共同点：他们对于如何创造财富根本不感兴趣，也从未亲自参与过财富的创造过程。例如，列宁曾写道，经营企业是“极其简单的操作”，“任何上过学的人都能做”。

然而，所有中央计划经济体最后都会在后勤方面出现大问题，并常以闹剧收场。中央计划经济的主要错误之一就是相信专家的价值，即使统治精英的学识是普通居民平均学识的10倍，但将这些精英合在一起，与整个社会所拥有的知识相比，依然是沧海一粟，他们更不会对农民、渔民、教师、软件工程师或工厂厂长等的日常工作有任何认知。即便我们非常宽容地假设这些统治阶级精英拥有整个社会知识的 1%，但剩下的 99% 依然掌握在社会大众手里。这就好像掌握 1% 相关知识的人告诉掌握 99% 知识的人他们该怎么做，这显然行不通。

为了理解为何不能从顶层控制复杂社会的运行，需要进行逆向思维：在自由市场会怎么样。自由市场中，每个人都实时掌握价格和利润信息，并将其作为工具和激励因素。价格定在能够吸引顾客的水平，利润则来自市场某个领域的相对供给不足。两种因素都在不断变化，需要实时调整——整个系统由此形成了有机的大型众包模式。

如果你是列宁，可能会觉得这个系统非常简单，但是这种系统只有在成百上千万人同时自发调整自己适应彼此之间的需要时才起作用。而在苏联，中央政府为全国所有 2 400 万种产品进行定价，尽管这看起来相对简单，但社会难以运行。

缺乏以市场为基础的定价和利润意味着某些商品经常出现供应过度，而（更经常的）是其他商品的短缺。因此，苏联的大型工厂往往采取自给自足的方式。例如，汽车工厂会生产自己需要的车窗玻璃、螺丝、橡皮筋和轮胎，只有这样才能保证上述材料供应充足。因此没有专业划分、没有竞争，也没有激励，产品质量下滑令人震惊。

同时，由于缺乏市场为导向的定价机制，无法计算投资是否合理，这意味着很多需求量大的东西确实相当匮乏。此外，还经常看到在共产主义体制下的苏联人排几个小时的长队来购买基本生活用品的故事。

缺乏定价信号也影响工资，工资的制定死板僵硬，基本与个人付出努力、技术水平、创新力和需求毫无关系，所以没有什么表明一个给定的人在其他职位上是否比他在现在的职位上更有价值，或那个人是否应该更努力工作（为了变得富有）或努力得更少（为了优先考虑家庭生活、健康或爱好）。由于缺乏价格信号，那些比他人工作更加努力的人，就会经常被同事们辱骂为“勤奋过度”，因为他们这样做就提高了领导者对其他所有人的预期。

早在 1921 年，奥地利经济学家路德维希·冯·米塞斯（Ludwig von Mises）就曾在书中预言苏联政权必将瓦解，原因很简单，就是这种计划问题。1944 年，哲学家兼经济学家的弗里德里希 · 哈耶克（Friedrich Hayek）曾解释说，随着经济的发展，计划问题会变得越发复杂，从而越发与社会主义不相适应。他当时就确切表示，苏联将在 20 世纪末之前解体。

他说得没错，现代社会商品琳琅满目，已经远远超过苏联的 2 400 万种不同。仅一架波音 737 飞机就要需要 367 000 个零部件，而这些零部件依靠来自世界各地的无数供应商提供，制造每个零部件还需要材料、机器以及其他产品，而这又需要成千上万的其他零部件。这就意味着如果将所有这些加在一起，生产一架飞机，甚至一辆现代化的汽车，都需要无数专业人员的密切合作。除了石斧这类东西以外，几乎任何商品都如此。

所有商品通用的唯一办法，就是借鉴 IT 人士所说的大规模实时平行计算的方式。总的来说，这种“市场经济的无声知识”——未经计划的能力确保了成百上千万人之间的合作，而社会主义是按照顺序进行中央计算，用社会主义计划经济与市场经济进行比较就相当于用老式大型计算机与互联网众包和社交网络进行比较。

集中控制和社会工程带来的另一大问题就是我们已经说过的公共生产力。帕金森定律、曼瑟 · 奥尔森的特殊利率和特权积累理论、尼斯卡宁的公共增长病、吴修铭的克洛诺斯效应、阿西莫格鲁和罗宾逊的榨取组织等所描述的种种问题会一一出现。如果国家管理一切，就很难遏制这些问题，从而导致生产力在短时间内进一步下降。

动机是关键。历史表明，农业从集体制转化到私有制，生产力通常会有显著的提高，例如 1978~1984 年中国农业施行个人承包制时所见证的生产力快速倍增。相反地，当农业从私有化向强制集体化转变时，结果经常会是引发饥荒。

实际上过了一段时间，希特勒和墨索里尼用社团主义替代了其自身体制当中的社会主义部分。在社团主义的概念里，私营企业是可以存在的，但是所有企业不是法律框架下服务老板或客户，而是服务整体社会。社团主义体制会对工资、价格和利润进行控制，但正如阿根廷和委内瑞拉的情况，比纯粹的社会主义稍有改善，但不会有太大改观。更为温和的形式就是“企业社会责任”，包含了诸如“人口、地球和利润”以及“三重底线”等流行语。在这种体制下，政府官员、工会领袖和环保主义者实际上是在共同管理自己无法单独建立的公司。

世界上总有人梦想乌托邦式的社会工程，原因在于他们怀揣着一个更加美好的世界，并希望能够实现。但问题始终未变：如果他们的制度需要借助武力，而非进行鼓励，那么他们永远都是站在历史错误的一边。罗伯特·莱特确有先见之明，他曾指出：取得成功需要合作而非高压。成功总是垂青努力实现自愿双赢交易的人，而非大规模的社会工程师。

THE CREATIVE SOCIETY

第七部分

拯救创新力

我们是否正如弗朗西斯·福山所言，所有社会都将实现自由民主，走向历史的终结？

或许吧，但是这条道路目前荆棘遍布，以后也不会畅通无阻。

原因在哪儿？因为人们一旦将未来的财富和安定视为理所当然，就会变得极度自满，失去理性，还会将社会过度制度化。这三种现象都会摧毁原本健康的社会。即便成功实现自由民主也并非高枕无忧，必须不断地抵御各种敌人的反扑，包括盲目反对一切者、寻租者、愤世嫉俗者、危言耸听者、极端环保主义分子、胡言乱语者、江湖骗子、否定论者和社会乌托邦主义者等。

当然，我们也有办法保护创新力，保持社会活力和发展动力。只要能够做到，未来无限美好。

第 24 章　创新力的 12 种威胁

本书到此已经接近尾声，我们一起回顾一下得出的主要结论。

第一个结论是能够孕育创新力的系统必须包含以下因素：

- 个体单元
- 变革驱动者
- 有效网络
- 共同记忆
- 竞争

这样的系统能够通过“优胜劣汰”开展自发实验并取得进步，但有些出人意料的是，优胜者往往是那些更善于通过创新进行合作的群体（比如人类）。当今地球上，人类的数量比黑猩猩要多得多，这是因为我们比它们更擅长合作，这为我们开创了一种不间断的基因文化的共同演化过程，而它们并没有得到这样的发展。

在原始人类之间，引入对偶结合就是促进合作的早期范例，但是人类在这方面的最大收获莫过于后来出现的贸易活动。由于贸易这种合作理念非常先进，其他任何一个物种都难以模仿，甚至尼安德特人都从未形成这种理念，这也许就是他们最终被我们的祖先消灭的原因。

竞争条件下的自愿合作能够激发创新，让我们的创新设计空间得以自我延续，而这又刺激我们更为合理地利用社会空间。结果就是创新、社交网络和基因之间形成了稳定的正反馈循环。由于多数创新是旧有事物重新排列组合的产物，因此整个过程能够呈现指数式扩张，我们既已掌握或已获落实的理念越多，触手可及的创新产物也就越多。此外，创新并不是要我们一遍一遍地清空原有内容，而是一个没有边界的扩张过程，对这一过程进行限定的仅有物理定律。举例来说，如果我们掌握使氘气和氚气碰撞的有效方法，我们将拥有可供自己安全使用数十亿年的清洁能源；如果所有农业生产都能够像荷兰农业一样高效，我们就足以养活600亿人口；如果我们可以将火箭的速度提升到光速的20%，它就能在不到1秒的时间内绕地球一圈。

然而，创新只有在整个系统产生有助于其出现的土壤之后才会出现，同时我们还应注意个体单元广泛存在的重要性。在其他条件相同的情况下，系统变得更分散，个体单元的数量变得更加庞大，其创新过程就会加速。反之，集中化会降低或扼杀创新力。如果一家私营企业推出一款创新产品，其竞争对手通常都会在几周或几个月后或多或少地做出反应，推出相同或更相似的产品。但在政府部门，情况就大不一样了，面对同样的事情，政府可能会落后于私营企业几十年。

在本书中，这种例子不胜枚举。第一个例子，如达尔文所见，我们发现了物种在岛屿生态环境下演变幅度最大。第二个例子：人类物种在脱离黑猩猩与人类最后的共同祖先，开始向人进化过程当中，经常被分割为各个小型部落，而部落之间出于合作或竞争目的会重新联合，由此产生突变，这就为人类大脑的快速进化提供了可能。第三个显而易见的例子是古希腊，当其拥有约700~1 000个城邦时，具有极高的创新力，但当其统一成为帝国之后，创新力就趋于停滞了。中世纪，创新力在西欧也得到了爆炸式的发展，与古希腊的情况类似，西欧的这些地区被分为无数小国，而在相对集权的地方发展速度较慢。这种特殊情况能够在这个时代出现在西欧的部分地区，是因为具备了下列产生创新的基本要求：

- **个体单位，**西欧是由数以千计的独立小国组成，各国之间竞争激烈。
- **变革驱动者，**来自各个小国的凯尔特人、盎格鲁–撒克逊人、拉丁人和犹太人通过不断迁徙、贸易往来和民族融合形成变革。
- **有效网络，**罗马时代的港口、公路网络与航海文化相结合，再加上遍布西欧大陆的河流和天然港口形成网络。

- **共同记忆**，使用共同的拉丁语为书面语言，标准测量单位、日历、法律概念等。
- **竞争**，除了各国之间激烈的相互竞争，各国内部共济会与地方议会、教会、贵族、私营企业、军队和皇室之间都依靠竞争维持内部权力平衡。

由此带来了非比寻常的连锁反应，如果将这些不同发展阶段与新的核心思想进行总结对比，就能得到信息如下：

表 24–1　不同发展阶段与其对应的新核心思想

发展阶段	新的核心理念
1. 文艺复兴	1. 逻辑和理性主义
2. 启蒙运动	2. 人性解放
3. 地理大发现	3. 自由
4. 宗教改革运动	4. 容忍和个人主义
5. 科技革命	5. 精英政治
6. 工业革命	6. 民主
7. 女性解放	7. 三权分立
8. 信息革命	8. 法治
9. 众包革命	9. 私人财产/契约自由
10. 生物技术革命	10. 自由竞争

伴随着上述发展，人类形成了乐观向上的精神和不断进取的心态，在随后的几百年里，人类的创新设计空间不断膨胀，直到约 1450 年，到了几近爆炸的程度，自那以后又再次开始疯狂扩展。由此取得了令世人叹为观止的创新进步，西方创造了全球创新成果的 95%——而其人口只占全球人口的一小部分。

与西方创新力类似的创新过程，也逐渐在其他文明中显现。然而，历史发展的趋势却是某个阶段出现的创新力和乐观主义往往会从内部开始消亡。这种情况一旦出现，社会就会重归静止，双赢交易变为非赢即输的模式。自由与压迫、增长与停滞共存。在这种情况下，人们会更加相信一个人的增益必定伴随着另一个人的损失。当然，如果人们认为正在发展的社会是静态的，他们也会做出同样的假设。静态社会与动态社会的公民相比，通常更具敌意、嫉妒心和攻击性。当社会处于衰退的过程时，通常会出现暴政或内战。

然而，即使在中世纪的西欧社会中有无数试图阻止创新力的因素，如审查制度、垄断贸易、反启蒙、卢德主义、疯和尚等，但它们的目的可能永远无法达到。因为实现自由有多种途径——当一个地方出现暴政时，富有创新力和财富的人就迁移到另一个地方，在那里得到权力和财富。分权化就这么不断地拯救着创新力。

西方文明很大程度上是由两千多年前的希腊文明发展而来的，可想而知，这个过程是何等艰难。事实上，这一进程中的每个胜利都包含大量的努力和数不清的人类伤痛。数百万人在战斗中牺牲，大量的人在监狱中丧生或者因为捍卫自由、民主、科学、宗教包容、法治或理性而被处决。正是这些牺牲使得我们的今天成为可能。同样，仅仅是今天完善的基础设施与应用的科技就包含了大量的努力，正是无数的人为此奉献终生，才有了今天我们认为理所当然的一切。

但我们做到了这一切，除非有人为的阻止，否则创新的春天就在前方。那么，我们现在能够设想一切都会这么完美地发展下去吗？如果你正在维也纳、温哥华或惠灵顿浅啜着一杯拿铁咖啡，可能的确会这么想。前文提到，1992 年弗朗西斯 · 福山出版了《历史的终结与最后的人》一书。书中的主要观点包括：第一，西方式的自由民主（市场经济与民主）是最好的模式；第二，每个人最后都会认同上述观点；第三，历史最终将向自由民主的世界发展。

在该书出版的年代（1992 年），弗朗西斯 · 福山将丹麦视为自由民主模式良好运行的突出代表。因此，他用“走向丹麦”这一术语描述如何实现这一形式的民主。也许瑞士是新的丹麦，澳大利亚紧随其后。但在任何情况下，西方仍然充满活力。如表 24–2 所示，西方式的自由民主在人文、经济、环境和金融方面都得到了全球范围内的最高评分。

表 24–2　各项指数全球排名前十的国家或地区

全球排名	人类发展指数 2014	环境绩效指数 2014	最佳出生地指数 2013	全球幸福报告 2013	国力强弱指数 2014
1	挪威	瑞士	瑞士	丹麦	瑞士
2	澳大利亚	卢森堡	澳大利亚	挪威	中国香港
3	瑞士	澳大利亚	挪威	瑞士	新加坡
4	荷兰	新加坡	瑞典	荷兰	丹麦
5	美国	捷克	丹麦	瑞典	荷兰
6	德国	德国	新加坡	加拿大	澳大利亚
7	新西兰	西班牙	新西兰	芬兰	英国
8	加拿大	奥地利	荷兰	奥地利	比利时
9	新加坡	瑞典	加拿大	冰岛	爱尔兰
10	丹麦	挪威	中国香港	澳大利亚	挪威

如我们所见，生活在西方社会中的人们经历了一个强劲的文明化进程，正因如此，他们变得更加具有合作意识，更加热爱和平、理性、自信、宽容，追求自由、个人主义、民主，甚至比过去更有创新力与聪明才智。此外，无论是单纯以幸福感还是以对生活的满意度这类更加广泛的指标来评判，西方人始终是地球上最幸福的人。所以，这也难怪源源不断的外国人想进入西方社会。相反，即使脱离西方社会的过程是完全自由的，这么做的人也寥寥无几。

这些快乐的西方人为世界做出了很大的贡献，尽管其中也不乏一些伤害。从本质上来看，西方人自古以来就善于向其他国家传播其观念、资本和技术，而这些受到影响到国家和地区也从中受益良多。比如韩国、智利、日本、中国香港和中国台湾地区等众多国家和地区通过部分或全面吸收借鉴西方观念，取得了令人瞩目的成绩。

时至今日，这些国家和地区依然能够从中受益。“优秀国家指数”汇集了衡量国家如何造福世界的诸多指标，2014 年世界排名前 20 的“优秀国家”均为西方国家（以爱尔兰、芬兰、瑞士、荷兰和新西兰为首）。

很显然，福山关于自由民主模式运行良好的观点是正确的，尤其是上述图表显示的小国家和地区的运行情况。然而，他并没有详细地阐述以下情况的复杂性：一旦文明达到看似完美的境地（“走到了”丹麦），它们会有一个重新回转的固有趋势，重返阿根廷。帝国总会崩塌，国家会没落，文明有时也会衰退。根据我们的了解，总结了造成上述现象的三个原因：

- 唱反调者，不相信任何项目。
- 过度制度化，从而导致意外停滞。
- 理性的敌人，拒绝启蒙、文化和自愿合作。

让我们来总结一下，从唱反调者开始。这些人与古希腊和古罗马时期的犬儒主义者类似，仅仅是对这个项目没信心。下面列出了现代犬儒主义者存在的部分或者全误解：

- 想法枯竭的误解：想法是我们正在挖掘的资源，如果可能的话，我们必须要接近任何事情的极限。所以，我们要为静态的社会做准备。
- 排他性的误解：市场经济使得信息、权力和金钱集中在少数人手里，但这也会摧毁他们。为了避免这种破坏，国家必须重新分配和控制一切。
- 资源枯竭的误解：创新型社会的经济增长会导致资源枯竭，所以必须停止。
- 环境破坏的误解：不断增加的财富和由经济增长创造的技术将会毁灭地球，所以它应该停下来。

关于想法枯竭的误解，我们已经看到在创新设计的动态中，没有证据可以表明我们接近创新的自然边界，甚至我们都不确定是否存在这种边界。新技术不断地对旧技术进行重组，那些成熟的技术不断受到瞬息万变的时尚潮流的影响。此外，每个新核心技术都会刺激相应的迷你创新设计空间和应用程序，为自身所用。因此，我们拥有越多的想法，就会在未来拥有更多，这是一个指数型的增长过程。现实就是如此：我们看不到创新的尽头，因为它永无止境。

第二类反对者近 200 年来一直辩称：自由民主将知识、金钱和权力日益集中在少数人手中，最终导致其自身的崩溃。这就是无数小说以及《饥饿游戏》《时间规划局》等电影所反映的内容。更有甚者，这也是卡尔·马克思（《资本论》）、巴兰和斯威齐（《垄断资本主义》）、托马斯·皮凯蒂（《21世纪资本论》）的期盼。然而，资本主义并没有崩溃，因为卡尔·马克思已经预测到了资本集中的现象。我们并没有经历巴兰和斯威齐预测的军事与工业联合体的阶段。

相反，自由市场创造了多样性、多元化和流动性。例如，我们的生产模式向"市场细分""阶层性"和"DIY"的方向转变，逐渐取代了原来的大批量标准化生产方式。制造业的"制造商运动"使得可供给的商品总量超过1亿。此外，许多商品都是由客户定制的，这就如同我们从中心位置移至家中一样。例如，家用电脑或智能手机取代了中央主机，家庭影院取代了中央影院，家庭自制电影取代了中央电影制作等。

从公司到个人、从金字塔到云，随着心态发生转变，公司平均规模也有所下降，并且受到公司上市、群众集资以及股票期权新用的部分影响，公司的股东基础有所扩大。大规模开放的在线课程使得教育蓬勃发展，女性受到高等教育的数量多于男性。创新群众外包爆炸式增长，并为我们提供了协同过滤、质量评级、市场预测、批量编辑维基词条、开放式创新竞赛，等等。最终，社会流动性并没有下降，反而上升到了短暂的繁荣阶段。此外，皮凯蒂的数据表明财富集中并不是一个长期上升的趋势。

第三类反对者普遍相信的错觉基于一个看似永恒的理念。该理念认为：我们正处在资源枯竭的边缘，正如200多年前，托马斯·马尔萨斯所做的预测，或者近些年在《我们被掠夺的星球》《增长的极限》等这类世界末日畅销书中的观点。反对者认为，既然财富等同于资源枯竭，那么不必要的、浪费的、奢侈的生活方式将不复存在。

我们能够理解为何马尔萨斯的观点是错误的，因为在1798年，人们的知识水平确实有限。但时至今日，仍有这么多人追随他的观点，这就难以理解了。自马尔萨斯的时代以来，全球人口增长了7倍，人均食物消耗量也变得更大。

大多数认为存在增长极限的灾变论者大大低估了科学家、工程师和商人的创新力。即使他们中有人明白了这种力量，他们也可能认为这只会加速我们“冲向瓶子底部”。但是我们所看到的事实恰恰相反，我们的创新正无限发展。随着我们日益富裕，资源变得越发丰富。正是因为我们越来越富有，这一切都成为可能。这一切也应归功于组合效率、回收、压缩、替代、数字化、虚拟化、生物培养、人工合成和金钱的购买力等。与此同时，同样的财富增加会导致人口下降，使得资源问题变得更小。

这种“我们应该停止自我享受，因为资源即将枯竭”的想法，让我们想起威尼斯宣教士吉罗拉谟·萨伏那洛拉。他于1497年策划了一场公共焚烧奢侈品的活动，即所谓的“虚荣之火”。

第四类反对者普遍相信的错觉大致是这样的：“现代技术和经济增长破坏了世界环境，所以我们应当拥有较少的技术和财富。”在这些人的心中，大部分科学是非常危险的，应该被伦理委员以滑坡理论、LNT模式和预防原则的方式制止。这样的人也被称作黑暗环保主义者。

但是，许多方面可以表明，西方最严重的环境问题早已解决完毕，对于遗留的问题也有非常优雅的技术解决方式，更多的方式还在研究当中。权威统计数据表明：最终导致环境灾难的文化与国家都是贫穷和静态的，而不是富裕与动态的。

黑暗环保主义通常以各种形式传播，比如通过绿党、地球之友、地球解放阵线、绿色和平组织、美国环保协会、地球优先、塞拉俱乐部、忧思科学家联盟、世界野生动物基金会等组织，或通过诸如保罗·埃尔利希这类行事古怪的科学家等个人。他们的目的最典型的就是通过铁腕手段拯救地球。黑暗的环保主义的哲学根源是德国的狂飙突进运动、浪漫主义和“血与土”运动。这些运动极为相似，呼吁相同的思维模式，倾向于反对自由或全球贸易，支持中央集权。黑暗环保主义者的这种心态与苏丹塞利姆的喜好有明显的相似关系。1515年，苏丹塞利姆禁止印刷行为；1500年，中国的弘治皇帝禁止海上航行。如果黑暗环保主义者的权力真正能够匹配他们的野心，那么创新性的西方文明将会毁灭，混乱也会紧随其后。然而，他们的行为的有限影响还是造成了重大的、不必要的污染和数以百万计的死亡与残疾，这数字可能比死于纳粹的人数还要多。

即使我们不赞成反对者的观点，即认为西方的项目将会失败或者应该失败，但是我们也有可能无意当中亲手毁掉它。卡罗尔·奎格利的过度制度化的手段，是一条“从阿根廷走向丹麦”的意外之路。

- 公共生产力问题。根据帕金森定律、曼瑟·奥尔森的特殊利率和特权累积理论、福利联盟、毛瑞森斯1–3法则、公共地悲剧、尼斯卡宁的公共增长病、吴修铭的克洛诺斯效应、阿西莫格鲁和罗宾逊的榨取组织等，公共部门不断扩大，但其工作效率和创新力远不及私营企业。这就导致了鲍莫尔提出的成本疾病，即公共部门自动吸收经济体里更大的部分。
- 法律纠纷。我们的法律主义开始倾向于普通话风格，与直觉、自由、个人道德和创新力相妥协。
- 过度税收和公共借款。不断增长的公共部门需要不断增加税收。这就像在海洋中过度捕捞：我们已经偏离了社会长期最优发展的拉弗曲线。由此派生出的资金缺口马上面临着不可持续的公共借贷，借此资金可以用于投资公司，风险投资开始应用于公共过度投资。
- 捐赠错觉。我们本能地认为捐钱能够解决任何社会问题，或者解救陷入困境的企业部门，我们对此沾沾自喜，这笔钱一般是从富人或运行良好的企业手中筹集而来。但是，出人意料的是，捐赠经常会恶化我们正寻求治愈的较长远的问题。它只对上文提到的过度税收和公共借贷这类有其自身社会成本的问题有效。

这一切好像还不够。在创新力与增长方面，我们面临着更多的挑战。因为许多现代的西方人将和平、自由、文化、科学、启示、美学和繁荣视为理所当然，他们对其傲慢冷漠甚至加以嘲讽。这就是人类的阴暗面，尤其是那些受国家资助的学者，将反对科学、自由、技术、贸易、文化或创业视为他们的使命或者（公共资助的）工作：

- 新卢德派和恐慌制造者。起源于德国浪漫主义运动和英国卢德主义运动，他们不断制造恐慌，排斥诸如疫苗、转基因食品、核能等新技术。此外，他们还拒绝对新技术带来的成本和效益的提升进行理性的权衡和判断，而是盲目接受这种“不能”的文化。

- 环保法西斯分子和伪科学家。很大程度上脱离现实，一小部分颇有能力的环保主义者和环境科学家通过科学造假，或使用伪科学媒体来阻碍经济增长和技术发展。有些人甚至主张建立全球政府，暂停民主，使用暴力满足自身诉求。不仅如此，他们还与“血与土”运动交相呼应，一唱一和。
- 胡言乱语者、愤世嫉俗者和江湖骗子。后现代主义者反对启蒙运动、科学和艺术成就。他们声称人类无法验证或认识任何事物，永远不应对任何事物进行判断或比较，不应认同西方取得的成就，而应全盘拒绝理性、科学、发现、美和美学。这不仅反映在了科林·马丁戴尔的“新奇定律”当中，同时还与历史上伊斯兰的阿尔·加扎利（Al Ghazali）和艾什尔里（Ash'ari）学派极其相似，都强烈反对发现、理性、艺术和科学。
- 乌托邦主义者和社会工程师。他们认为法西斯主义和社会主义式的集中体制或这些主义的修改版（合作主义）通过大规模的社会工程，可以在自由的基础上创造更公平、更有效率的社会。

以上就是我们列出的制约创新力和自由社会的12种内在挑战，虽然看上去就像是“大力神的12道考验”，但解决这些问题不能像大力神一样一蹴而就。尤其是这里广为传播的悲观情绪，很快演变成了自我满足的思想。看看下面这段话：

> 这将会是一个你的孙辈感谢你创造的世界吗？一个工业生产已下降至零的世界，一个人口灾难性下降的世界，一个天空、海洋和陆地被污染到无可救药的世界，一个文明变成遥远的记忆的世界。这就是电脑为我们预测的世界。

这段话来自前文提到的1972年全球畅销书《增长的极限》的封底。当然，这段话写下之后，全球经济增长了约5倍；如果文明遗迹还存在的话，现在有些过时了；大多数地方的空气和水质量有所提高。所以，文中提到的所谓的孙辈，应该会生存得很好，可能会猜测计算机是否出错才导致了如此的判断。但是，他们同样会相信这本书的作者没有成功地说服世界相信他关于限制增长的观点。下面是另一段反映悲观心理的引文：

> 人类正处在历史的关键节点上。我们正面临着国家之间、国家内部的一个长期存在的分歧：贫穷、饥饿、不良健康和文盲情况的恶化和我们赖以生存的生态系统的持续恶化。

这段话出自1992年由来自178个国家的政府领导人共同签署的《21世纪议程宣言》的开场白。特别之处是在该宣言确定并签署的当年，全球平均预期寿命创历史新高，多数的贫穷国家经济收入快速增长，世界范围内营养不良和忍饥挨饿的人数在几十年内持续下降，文盲人数骤减，大多数国家的空气与水资源质量比100年前好得多。贾里德·戴蒙德于3年后的1995年写道：

> 当我的孩子到退休年龄时，世界上一半的物种将会灭绝，空气中具有放射性物质，海洋会遭受原油污染。

消极主义、危言耸听和零增长理念都不是新现象，早在亚瑟·赫尔曼（Athur Herman）的《西方历史中的没落概念》一书中我们就能看到这样的观点。事实上，这样的观点是许多宗教的核心观念，也许它们反映了人类最基本的思维模式，也许使人感到恐慌是有效的中央集权的方式。虽然经济发展放缓的期望在近些年才开始流行，也许是因为外部威胁都很遥远，也许还因为如果能够说服人们停止增长，下一个逻辑性步骤便是实现社会主义，因为这种情况下我们不再需要市场经济的动态效应。这至少能够解释为何这么多的社会主义者不相信增长，反之亦然。

幸好，由于拒绝增长具有破坏性，所以这是一个对于时尚、艺术或奢侈品的斯巴达式的拒绝。而事实上，这就是一种对于我们文化和生活享受的拒绝。正如美国记者和讽刺作家门肯（H. L. Mencken）曾这么描述清教徒，他们对于“某人在某地可以快乐感到极大的恐惧”。奢侈品、艺术和时尚物品可能会很昂贵，但它并不是我们经济体中的一大部分。例如，奢侈品可以作为我们技艺、设计和技术的典型，大约占全球经济的0.8%。然而，通过鼓励更好的产品问世，给予社会更多的色彩、魅力与野心，像运动健将激励业余运动员一般，他们能够实现更大的目标。

追求零增长可能忽视这样的事实：我们的社会做出了许多显性和隐性的承诺，除非经济持续增长，否则难以实现。如果我们达到零增长，医院将无法负担新技术，政府将无力偿还债务。并且由于大部分政府债券都涉及养老金投资，所以人们无法按照原计划退休。

最后，如果你相信增长是不可能的、不可取的或不道德的，那么它必须遵循一个人的增益是建立在其他人失利的基础上，这些努力工作和承担最大风险的人应该受到嫉妒和蔑视，而不是被当作灵感和钦佩的来源。

西方悲观主义者通常认为人本质上是有罪的，应该像斯巴达人一样生活在独裁制和中央集权的大国中，对科学和技术都持怀疑态度。同时，恐惧或恐慌导致了警惕原则、滑坡理论和对零增长的需求。如果西方思想最终屈服，那将是一个悲剧。但他们当然没有，正如奎格利指出，文明可以在“丹麦”与内部冲突（法国）之间振荡反复，无须远涉朝鲜。

若要保存西方思想，任务便是克服对于衰退的狂热、法律纠纷、卢德派的疯狂、垄断心态、疯狂的高额税收和对于“不能”文化的崇拜。我们必须面对新卢德派、食利者、新斯巴达人、恐慌者、生态法西斯、伪科学家、唠叨不休者、骗子和社会乌托邦者，坚持揭露弗里德里希·冯·哈耶克、索克尔、朱丽安·西蒙、比约恩·隆伯格和许多人在过去的所作所为。

我们也必须捍卫增长和实验过程，对每个愿意倾听的人加以解释。当具有创新力的面临挑战时，它们会寻求解决之道；它们变得富有，解决方法也会更加有效。

在下一章里，我们将针对如何使它发生列出一些想法。

近代以来 12 项极为艰巨的任务

令人信服的反对者

1. 克服我们即将思想枯竭的期望。
2. 克服自由市场集中财富与权力并会因此崩溃的期望。
3. 克服我们正在榨干世界最后资源的妄想。
4. 克服技术和财富会破坏环境的误解。

避免过度制度化

5. 抵消公共生产力的问题。
6. 减少法律纠纷。
7. 停止和扭转过度税收和公共借贷的局面。
8. 减少过分依赖福利和转让。

保卫启蒙、文化与理性

9. 挑战新卢德派和恐慌制造者。
10. 揭穿生态法西斯主义者和伪科学家。
11. 揭露胡言乱语者、愤世嫉俗者和江湖骗子。
12. 抵制乌托邦社会工程师。

第 25 章　创新国度

一个国家怎样才能更有创新力？

一个建议就是取消政府获得无担保贷款的权力，这听上去可能过于简单，但是行之有效。18 世纪爱尔兰杰出的政治家兼哲学家埃德蒙·伯克（Edmund Burke）曾这样描述人类社会："社会不仅是生者之间的伙伴关系，更是生者、死者以及未出生者之间共同的伙伴关系。"这句话听起来不错，当前这一代人应该尊重它，不借钱、不挥霍浪费，然后将这一堆问题留给下一代。尤其是过度建设国家，破坏社会的增长潜力，使得下一代人拥有的财富少于他们的父辈和祖辈。而这恰恰是我们正在大规模进行的。为了解决这个问题，我们应该修订宪法，将政府借款定为非法。除非资金是用于防御性战争或者专项资产的金融投资，只有这些资产可用于抵押。换句话说，如果政府借钱用于修建桥梁，放贷者只有这座桥梁作为抵押品，下一代不会以任何方式承担责任。

在经济衰退时期，这些现收现付的国家总是需要缓冲以实现稳定，但不可诉诸借款，它们应该拥有主权财富基金。对于政府何时可以预付资金或者追加资金，必须要有严格的规定。当政府违反这些规定时，应当触发自动选举机制，之前的任何官员不得再参加竞选。

主权财富基金约占国内生产总值的 30%，就应该足以应对最严重的危机。但是，一些国家的主权基金占比更大，如 2013 年新加坡的主权财富基金占国内生产总值的 70%。正如我们于 2008~2013 年看到的，这样的国家财政管理模式可以有效地防止公众金融危机，向私营企业家和投资者心中灌输信心。此外，政府债券将会大大减少，最终完全消失，这样就有更多的资金投入到私营企业中。资金与信心的组合模式将大力激发创新力。

国家也应该以成本–效益原则替代预防原则，用以审批科学研究和新技术。如果一项技术可以解决更大的问题，那么即使该项技术的问世可能会导致一些问题，我们也不能阻止它被采用。

集权国家还可以主动通过标准、委托授权和战略收购等方式来刺激创新。我们先从标准说起，毫无疑问，国家可以自主决定实施某种要求和开放标准，比如网络标准实际上是由美国国防部发起制定的，而GPS系统来自美国空军。

委托授权与共同标准类似，但它定义的是性能要求，而非单纯的实施方法。这种委托授权大多涉及环境领域，但与未来相关的一个例子是新能源汽车，委托授权可能会要求任何新车的内燃机的动力原料都能在汽油与甲醇之间切换。多年来，世界市场甲醇的交易额低于0.5美元/公升。甲醇可以从生物量中制取，也可以通过由核能、风能或太阳能板为动力的化学催化法获得。

战略收购可以优化刺激私人创新，国家也可以通过这种方式刺激创新。例如，英特尔和惠普等公司在刚刚起步时，来自美国政府的大额订单都起到了推动作用。

但是，法律纠纷怎么办？国家怎样才能使生活简单化，怎样才能减少官僚作风，不再有那么多的法律和禁令呢？第一项提议，国家可以从工作时间管理条例开始。不同的人在工作量和工作时长方面有很大的差异。一些人可能喜欢全职工作，而另一些人在孩子成长期间，更喜欢兼职工作。

一些人选择存钱开始经营自己的事业，为此愿意每天工作16个小时；另一些人已经拥有了自己的事业，他们只需要每周工作16个小时就可以。一些人可以工作到生命的最后一刻，一些人则喜欢慢慢减少工作量，或者到退休年龄时果断退休。为什么国家丝毫不考虑个人意愿，而要用严格的法律来限制人们呢？

第二项提议：法官应该有权利放弃任何一件民事诉讼，就像他们必须批准一道搜查令一样。一大部分诉讼都是毫无意义的，许多都是患偏执型人格障碍的人提交的毫无根据的案件。

政府可以设立一个解除管制办公室，该部门的唯一目的就是不断简化或废除法律和禁令。办公室的座右铭应该是："如果我们现在没有这项法律，那么之后我们会采用它吗？"该办事处应当发布独立审计的数据，显示在过去的一年中有多少法律已经实施或废除。这些数据应当以图表的形式长期发布。

各国政府在不同时期都曾尝试过系统性地削弱法律，并得到广泛欢迎。罗马皇帝查士丁尼曾在6世纪时对法律体系进行大规模清理，拿破仑·波拿巴也曾如法炮制。1982~1988年，丹麦政府也曾开展过整合清理法律体系的大规模运动。2011年1月，美国堪萨斯州设立了"废除议案办公室"，其唯一的任务是找到冗余的法律，予以废除。同样，在2013年，英国政府发动了坚决减少法律数量的运动，这也成为第一届现代英国政府的任务，减少了继承法的数量。

然而，这一行为大多都可以通过对新法律的成本–效益分析来实现。这个过程是这样：

- 法案在进行议会表决之前，应该先发布到标准化的众包平台咨询公众意见。在这里，人们可以像编辑维基百科的词条一样，尝试写下法律文本的草案。还应当建立一个论坛，人们可以发表与草案相关的评和建议。
- 接下来，法案会被提交到成本–效益分析办公室，该分析中包括每个参与其中的人浪费的时间和金钱。
- 法案要想实施，就要遵守"日落条款"，除非它是刑事法案。"日落条款"意味着数年后法案会自动过期。
- 在自动到期日前，一种新的成本–效益分析也已经完成，以便通过议会表决来决定续期或者废除。

这一进程类似于私营企业实施的常规的成本–效益分析和营销控制，它吸引官僚和政客们关注法律的巨大负担，以及国家、公民和公司所负担的真实成本。

这里有一些减轻法律负担的倡议：

- 使用"伤害"条款：只有在对第三方造成伤害时，人们才会受到处罚。

- 使用“退出”条款：只要公司清晰地表明，它们就可以选择退出一些规则。
- 始终遵循附属原则：始终选择能够有效解决某问题的最小、最低级或最低集权化的机构。（瑞士已将其写入宪法）
- 培养法律写作的概念，这使得分析软件能够立马识别（使法律计算机通俗易懂）。
- 在可能的情况下，用“指导与咨询”政策取代“命令与控制”政策。“指导与咨询”政策说明基本的原则和目标，而不是法律中具体的实施细则。
- 公共审批流程应设置时间限制。
- 发展“一站式”审批程序。在这种情况下，你只需要为活动提供一份申请，就能够在指定的最大时间限制内收到是否可行的审批结果。
- 发展预测市场。人们可以在该市场中预测不同法律的影响以及社会各项指标的进展情况。

此外，应使用计算机在线预先核准，使提交包括建筑申请在内的复杂申请成为可能。这一切都是为了阻止或逆转法律数量的增加。

国家为何要有反垄断法规呢？原因很明显，垄断提供的服务要么昂贵，要么低效。但是为什么国家在发展壮大的过程中还要把绝大部分服务项目交给垄断巨头？

垄断的替代方案即所谓的“开放式架构”。这是20世纪80年代IT行业的一个术语。例如，以IBM大型机为基础的系统与原始的尤尼斯（UNIX）操作系统不同，它可以由任何人编写和更改。

在IBM工作的很多人都对其不以为然，因为他们受到前文提到的克洛诺斯的影响，更喜欢自己亲手发明的东西，为未诞生的发明而奋斗。“不是在这里发明的”或“我们将亲手制造这一切”可以作为该公司非官方的座右铭。事实上，IBM正面临一场危机，这也就是为什么首席执行官路易斯·郭士纳（Louis Gerstner）决定用“顾客是上帝”来代替原有的“我们将亲手制造这一切”模式。根据这一战略，IBM会清晰地了解顾客的需求，据此制定相应的解决方案。这些方案并不完全由IBM来制定，公司会成为解决方案的提供商，而不只是一个产品推销者。

这种理念获得了巨大的成功，并迅速蔓延开来。之后，苹果公司在2007年推出苹果手机iPhone后将它推到了一个新的高度。公司没有制作全部手机软件，而是邀请其他人制作“应用程序”，并通过应用程序下载平台App Store出售。这使得创新力无限迸发，自App Store推出的第一个5年以来，大约有80万个应用程序问世，这些程序的下载量达到了大约400亿次。换句话说，就是广受欢迎。App Store中的竞争如此激烈，以至于软件的平均价格很快就下降到了1.5美元。

这样令人惊讶的创新迸发现象和价格下降情形在任何部门都未曾见过。对于其竞争对手诺基亚来说，由于固守“我们自己制造一切”的原则，在这场竞争中被苹果取得了压倒性的胜利。

事实上，如今所有西方国家（或者所有国家）的运行机制都像是路易斯·郭士纳上任之前的IBM公司，或受到苹果打击前的诺基亚公司一样。他们的运行模式是封闭的，抱着一种“我们将自己完成一切”的垄断恐龙心态。当然，政府通常无须自己制作硬件（如汽车或办公楼），但是它们常常以垄断的方式提供服务。我们也已经看到，这样的垄断服务会抑制创新，导致生产力零增长甚至负增长。

改变上述情况的方法之一就是创建所谓的“架构开放式国家”。在这里，公民会被视为商业顾客，拥有商业选择，决定权也由专家委员会转移到了大众手里。这样的国家是由以下多个方面组合而成的：

1. 垄断公共服务：较明显的领域包括法律制度、立法功能、中央银行、情报服务、外交和核心的武装力量和警察。

2. 外包服务：在指定时间段内将任务承包给单独的公司。这比较适合自然垄断，因为民主控制不那么重要。典型的领域包括公用设施、环境保护、安全服务、控制功能、刑法制度和一些社会服务。

3. 开设服务商店：这与苹果的App Store类似，但它提供的是服务而不是软件。公民可以通过免费的优惠券享用这些服务，也可以额外加钱享受附加服务。最明显的领域是教育和医疗。

4. 众包：任何人都可以通过众包参与公共问题的解决。众包大多与科学、

技术、社会和行政任务相关，可能会采取集资、社会影响债券、群众投票、市场预测和创新奖等具有优厚条件的竞赛的形式。

众包的形式多种多样，令人眼花缭乱。想象一下，社会中的任何一位公民都可以用相机随手拍下社会中出现的问题，比如报告乱写乱画现象或者反映路灯故障等，附上GPS坐标定位，发送给相关部门。相关部门可以在线发布这些照片，并为首位提出修复意见者提供适当奖励。这一概念与优步服务的概念类似。或者举行活动，征集永久解决此类问题最为有效的办法。若想建立真正具有创新力的公共部门，就必须尽可能地减少垄断。举个例子，在动态经济体当中，公共成分可以占有30%，而其中垄断占 5%、外包占 5%、服务商店占 15%、众包占 5%。

现在，让我们详细了解一下外包。如前文所述，外包适合类似于当地的垄断部门，就像空中交通管制一样，但它不需要政府工作人员的帮助。

它可以在许多功能方面实现其价值，也没有什么引起争议的内容，比如外包一个控制功能。在咨询的基础上，私营企业已经有无数公司专业从事各种控制功能，比如私人检验公司VERITAS Group、SGS 和Intertek。2014 年，这三家公司的员工数量依次约为 75 000 人、50 000 人和 35 000 人。每家公司都有 1 000 个办事处分散在世界各地，它们相互之间以及与当地公司间的竞争相当激烈。

同样的，将军事服务外包给私营企业也是毫无争议的。这样的公司通常被称为私营军事公司（PMCs）。在 20 世纪 90 年代至 2013 年间，私营军事公司的员工数量占美军人员数量的比重由 2.5% 增加到 10%，主要是因为这些人员比政府公务员更加便宜、高效。这些人的工作范围主要包括安全规划、培训、后勤、翻译、监测、保镖服务、保护关键装置、计算机安全和加密技术。这类公司的优点在于，它们能够在国与国和工作与工作之前调整员工，几乎不会出现周期性懒惰问题或相关成本。

你也可以动用私人警察力量。这种情况在美国是很普遍的，其私人警察人数多于公共警察，比例大约在 3 : 1。在美国，私人警察也有逮捕和携带武器的公共权利。该举措可以显著降低州政府的费用。例如，美国的瑞麦德维尔市，要求其警员和一些私营企业承包监视和警报服务。警员的报价是每年 18 万美元，响应时间为每次 45 分钟。然而，当局选择将该任务承包给了企业安全公司，因为它们的报价是警员的一半，而且增加了 2 倍巡逻车后，响应时间可以达到每次 6 分钟。

外包概念有 4 种不同的重要形式：

- 通过招标外包
- 没有对策，没有薪酬咨询
- 赞助式外包
- 社会影响债券

通过招标外包是最常见的形式。例如：某政府需要提供安全服务，那么它就会概述任务内容，并写入投标书中，接下来就是一些公司来竞标。在新一轮的竞标发起前，政府会选择与 5 年，甚至 10 年内对其最有利的公司合作。

没有对策、没有薪酬咨询则有点儿不同。我们假设国家正在运行某项服务，但是由其他人接手可能会效率更高。所以，国家就会与私营管理公司签订合约，将服务转交到公司手中，但是公司接收是有条件的，比如收取一半的储蓄金等。在埃森哲咨询公司成为行业的领头羊之后，越来越多的私营企业走上这一行。2014 年，埃森哲咨询公司在全球约有 28 万名员工，并在 IT 部门、应用程序开发和维护团队的运行方面取得了巨大的成功，帮助服务台服务增加了人力资源。它会与之前做过此类工作的员工合作，员工只需要“重新注册”成为公司的员工，续签合同就好。

赞助式外包：资助商外包的目的是利用该公共任务宣传自己。除了承担费用，赞助商甚至可能要为经营服务权付费——通过拍卖过程。典型的例子就是私营企业赞助体育赛事和音乐活动。

有关濒危物种的保护，令人深思。我们可以花钱雇用公司保护动植物，以此反对基于业绩的薪酬和品牌的使用权。例如，通用电气或谷歌可能拥有一个犀牛自然保护区，还有一个实时报道它们状况的网站。如果公司的声誉岌岌可危，他们可能会发布一些关于犀牛的好消息。

第四种外包形式是社会影响债券的使用。社会影响债券指付给私人投资者费用使其解决某些社会任务的约定。例如，在2014年，总部设在波士顿的非营利组织Roca称，在马萨诸塞州提供帮助减少犯罪的服务，该服务主要通过与从监狱中释放的青年男子一起工作，以防止他们犯下更多罪行。这项工作由债券资助，高盛公司是主要的投资者。如果Roca方案中的青年男子比狱中的同龄人在狱时间减少22%，高盛就能完全收回投资成本。如果他们的表现更佳，高盛公司可以赚取利润。

这就是外包。接下来让我们转向公共服务商店（与App Store类似），其明显的部门包括医疗、养老、监狱和教育。

医疗一直是一个需要巨额投入的项目，而且还难以做到让决策者和患者都满意。最有效的解决方法可能是将瑞士和新加坡的医疗体系组合后，再进行改良。具体运行模式如下：

- 每位居民都需要注册加入私人医疗保险系统。
- 若无吸烟等其他不良生活习惯，上述医疗保险系统无权拒绝任何人加入，也无权进行价格歧视。
- 不允许通过销售基本保险谋取利润，但准许他们出售营利性附加保险赚钱。
- 部分覆盖个人健身训练。
- 如果基本保险的费用超过参保人收入的一定比例，剩余部分由国家支付。
- 保险对于投保人患上危急重症后的覆盖没有上限。但是对于如普通感冒一类的“轻微”疾病，是有年度最高限额的。如果投保人在一年内都没有使用过津贴中的钱，那么就意味着节省了一半的储蓄金。
- 轻微病症无须医生出面，而是由医学院学生和护士在开设于购物商场、大型企业和火车站的紧急处理中心处理。
- 无论患者来到哪家诊所，治疗何种疾病，都需要象征性地支付费用。
- 养老院提供的养老服务也被列入医保方案。

这样的举措为人们提供健康服务的同时，还能提供直接、个人的经济利益，能够避免滥用医疗保险制度。它还能使医疗服务提供者面临竞争的压力，刺激他们不断创新。事实上，大多数人在没有问题或无聊的情况下寻求医疗照顾时总会思虑再三，寻求服务时也会选择价格较低的供应商，这将再一次刺激市场降低服务价格。

这样做的后果就是，医生不必浪费时间在手术或者陈词滥调上，他们可以专注于更加复杂的疾病，病人的花费将会减少，医疗体系也会更具创新力。养老院也可以是私营的，在服务存储平台上竞争服务。我们可以想象，为了吸引顾客，养老院可能会结合他们老年生活和度假的地点，以便这些老人能够“在阳光下”生活。

对于开放式国家来说，教育是一项更艰巨、更复杂的任务。令人惊讶的是，在过去的1个世纪里，教育的基本结构几乎没有发生什么变化。所有的教育都应当彻底反思，每个公民都可以从公共服务店收到教育券，用以15年或终身免费的教育凭证。一些所采取的步骤可能是这样：

- 小学和中学再加上职业教育的经费，将来自所有公民在出生时被给予的凭证。
- 高等教育（大学）的费用部分来自他们的毕业生和辍学生的税款，以他们开始在那里学习的10年为期。大学应当有权出售他们的创新发明。虽然许多大学已经这样实施，但很少有运行良好的。

后者将意味着，如果一个机构提供的教育并没有带来许多良好的就业机会，其资金会自动枯竭。所以，它要么提高教育水平、减少受教育人数，要么倒闭。

请注意这一切将如何改变教育机构的行为方式。如果这些机构的管理人员意识到自己的收入将取决于学生缴纳的税款，他们就会想尽一切办法培养成功人士，努力打造下一个脸谱网或微软等超级巨星。因此他们的表现就会更像风险投资基金和创业孵化器，而不是证书推手。

如何能做到呢？通过建立所谓的技术转让办公室，出售技术许可，且最好通过使用的标准许可合同或“明示许可协议”。大学还可以通过使用联合创新数据库，人们可以了解大学拥有并提供转让的技术，促进创新。

这带给我们另一个可供探索的领域：创新竞赛。我们已经看过现代的例子，例如美国国防部先进项目计划局的奖项，以及由英国政府、拿破仑基金会和其他等机构主办的比赛。

将教育与公共工作相结合的最明显的方式就是创建好结构，使得更多的任务可以通过竞争来解决。例如，国家可能会举办事实调查竞赛、成本节约竞赛、技术和科学竞赛。小学生、中学生、技校学生和大学生可能会利用学习时间参与竞争，赢取奖金。正如人们所知，大部分人买到电子设备之后都是立刻开始摆弄，而不是先查看说明书，这些竞赛的意义与其相同。独立的解决任务是我们的天性，而不是接受其他人的指令。麻省理工学院进行了一项研究，他们研究了网络上超过2.3亿次点击的在线课程材料和超过10万次评论的课程讨论板块后惊讶地发现，一半以上的学生在完成既定的任务之前已经学习了相关的培训视频。这说明，13~17岁的年轻人，与其每天给他们布置数小时的指令，还不如不断地给他们布置任务，那种真正的任务，可以激励他们寻求所需的信息的任务。

这种方式能够同时解决好几个问题。第一，人们会为了乐趣或者运动加入活动中来，不仅仅是出于纯粹的学术兴趣或者商业市场/宣传工具；第二，教育变得更加有趣；第三，激发了许多新想法；第四，许多全职受雇的官僚和科学家确实可以表现得更好，花费也更少。这就意味着以聘请全职的公共部门雇员为项目的公共赞助科学，将更加注重资本密集型的大型研究项目。

谈及教育，我们就不得不提到经济学家约瑟夫·熊彼特发现的一种现象，即大多数人会在30岁之前展现出惊人的创新力，这一发现令他本人也感到非常恐慌（因为他在发现这一现象时已经将近30岁了）。哲学家托马斯·库恩（Thomas Kuhn）也有相同发现，他在通过历史深入研究了科学进程和范式转移后，指出："在全新范式中取得重要发明的人要么非常年轻，要么就是刚刚改变范式这一领域的新手。"

如果有更多的人愿意参加与实际工作相关的短期培训课程，然后找到一份工作或者趁年轻创立一家公司，在这之后，不时参与一项有针对性的课程，这将会大大提高我们的效率。你会更加主动地学习，当这些短期培训渗入你的生活中，且与你的工作息息相关，你就能够渐渐地找到自己的天赋和机会。然而我们如今的教育大多是学术教育，与毕业生最终所做的事情毫不相干，简直就是在浪费时间、浪费创新潜能。

另一种能够激发创业精神的方式就是企业家大学，已经成立公司的学生可以在这个经济机构中生活，方便他们更好的合作；也可以通过那些在网络平台上推出的商业计划竞赛来促进创业。一些高校还为想要创业的学生配备了创业指导员。麻省理工学院的指导服务和迈阿密大学的启动平台就是两个非常成功的案例。在其实施的前两年内，大约有 1 000 多名学生参与启动平台项目，并在它的监管下成立了 50 所新公司。2009 年的一份总结分析指出，麻省理工学院的毕业生一共创办了 25 800 所公司，拥有 330 万名员工，销售额达到了 2 万亿美元。

在这里，我们必须要澄清一个误区。通过让更多人享受高等教育并不能提高社区的创新力。一个创新型社区在大与小、老与幼、高科技和工业以及服务导向型和工艺品为主的企业间要保持良好的平衡。

造成这种情况的原因之一就是这类服务通常会在工业公司找到庞大的客户群。另外，一些创新型初创公司与大型的科技公司有良好的协同合作，能够为新公司的发明找到出路。

此外，我们不应当低估手工艺品和音乐家、专业运动员等实用职业的重要性。这群人向我们展示了何为“缄默知识”（即使音乐家的演奏是有声的），这是一个很难用语言描述的概念，但是可以通过指导下的实践来学习。日本人实践得很好，他们雇用了 4 700 名被称作“日本活国宝”的手工艺者，确保最好的工艺能够代代相传。同样，德国、瑞士、荷兰、奥地利和斯堪的纳维亚半岛国家一直保留着培训手工艺人的传统，他们将工匠训练到可以自主工作和创新的水平。

训练有素的手工艺者对于高端市场，尤其是奢侈品市场至关重要，与此相关的品牌有兰蔻、湾流、皇家豪斯曼、斐帝星、法拉利、香奈儿、爱马仕、卡地亚、百达翡丽、威信音响和普拉达等。虽然奢侈品的成交额只占世界经济的 0.8%，但世界前 100 个利润最高的品牌当中，8 个是纯粹奢侈品生产商（分别是路易威登、古琦、寇驰、爱马仕、劳力士、普拉达、香奈儿和巴宝莉）。另外，4 家德国汽车制造商也从奢侈品制造中大发横财。

近几十年来，西方的趋势是越来越少的年轻人选择接受职业教育，越来越多的人参与学术课程。这可能是因为，由此他们可以推迟走上职业生涯的时间，还可能是因为“学术”被普遍视为“精英”。但是，这会导致就业市场的不平衡、经济浪费、失业、学生贷款危机和社会问题。技术学校与高等学校的结合不失为一个好的解决方案，学生们因此可以将实践与理论结合起来。

幸运的是，由于大学大规模免费开放在线课程，任何人都可以更加容易地参加个人培训。读四五年大学，然后再找一份工作的概念可能会被一些更加灵活的形式替换。

私立学校往往会有比较个性化和创新的办法。例如，在纽约，平均62%的小学生能通过三年级到五年级的考试，但是私立的哈林成功学校的通过率是99%。这所学校恰巧位于哈林的贫困地区，它以抽签的方式挑选学生。哈林区其他的私立学校中，黑人学生比那些较富裕区的白人学生的成绩要好。这些不应该只是作为为了通过标准考试的新方法而存在，我们应该给这些专业化学校更多的自由，所以才有了体育学校、品德学校、技术学校、应试学校等。孩子们的个性复杂多样，但这不应被视为一个问题，而应该视为一个机会。

私立学校充分利用了“奖惩制度”。如果学校经营得很好，它们就会扩大规模；如果不尽如人意，它们就会倒闭。在私立学校占比高的国家，学生们在全球比萨学术能力评分中的平均分数都很高。以经合组织作为整体，私立学生的得分都显著高于公立学校的学生。

然而，我们很难明确衡量私立学校的影响。2010年的一份研究指出，私立学校每增加10%，将导致所有学校平均学费成本下跌5%，同时学生的考试成绩也更加理想。

当然，私立学校的替代品可以是国家资助的、没有选择性的学校，要么拥有很大的自主权，要么归私人所有。英国已经进行了这种尝试，大多数各领域的公立学校转换成了所谓的自主的“学院”。这些学院可以控制自己的财务预算、人员编制和课程设置。这一转变令人印象深刻。同样的，美国的私营特许学校运行得不错。

总体来说，私立学校的好处颇多，既可以省钱，又可以刺激实用的创新，还可以改善教育。

现在，让我们看看众包。如果政府的各个部门按部就班地根据美国国防部先进项目计划局的计划行事，并举办公共竞赛寻求解决问题的办法，那么政府的效率一定会大大提高。公开竞争可以节约成本、减少繁文缛节、优化税收制度、制订更好的交通计划等，这些都可以看作创新带来的好处。这种模式完全可以与现实风格的电视节目相结合，在节目开始时提出问题，在节目结束时将最佳解决方案呈献给观众和评委。

众包的另一种方式是单纯地追求开放性，对公众发放原始数据和标准化格式的计算模型。这一举措能够让包括学生在内的所有人以自己的方式分析可能的计算模型，大大地提高了效率，不只是靠国家一味地压缩问题报告及其数量。经验表明，这将吸引大量的人参与到活动中来，人们解决问题的多样性和高效性令人震惊，同时他们也会在社交媒体上讨论研究问题。这项举措不仅能够激发创新力，也使得专家的错误无处可藏。

这样的方式更能够远离专家学者的控制，朝着更具创新性的方向发展，知识也不再集中在少数人手里。这样可以避免之前提到的有关“曲棍球棒”图的争论，即公众付费后能够看到分析后的结论，却无法看到底层的数据和公式。事实上，许多国家已经针对此问题采取了措施。例如，当美国总统奥巴马实施了“政府开放计划”后，与公众有关的数据（非国家机密）都将以XBRL（可扩展商业报告语言）格式刊载。该格式是一种标准，能够使个人在Excel电子表格中分析大量的数据。

众包的另一个实用领域就是告密法。通过揭露违法者，比如偷税漏税者、贪污腐败官员或者骗子企业，任何公民都可以获得起诉豁免权，同时公民的任意罚款费用都由犯罪者承担一部分。

政府还应帮助初创企业和年轻的公司集资。初创企业在3~10年内面临的主要阻碍就是资金的筹集，以便达到盈亏平衡点。因此，所谓的天使投资者或风险投资基金帮助它们筹集资金。但是，很多投资者，尤其是风险投资基金，更喜欢在企业发展的后期注入资金支持。因此，我们需要另外一个公共集资的来源，人们可以通过

Kickstarter这样的网络众筹平台筹集资金。政府可以帮忙免除集资，对于1 000万美元的所需金融筹资，企业可以申请国家帮助。换句话说，在金融监管中应当有一些例外条款。主权财富基金也可以将一部分资金用于投资这种风险基金。

对于政府来说，众包的用途可能有两个：第一，通过搜集社区或者国家内人员的签名，它能够发动一场公投；第二，它应该为人们提供一个可以通过短信或电子邮件投票的系统，人们每月都可以针对议会中商讨的问题进行投票。这两项举措意味着，人们更多地参与到政治辩论中去，体会到自身的政治发言权。此外，它能够使政客更好地了解民众的心理。

最后：你将如何为这一切埋单？

方法一：如果决定采取高等教育，那么可以直接通过削减企业补贴、政府间的对外援助转移、安抚受益人的福利以及让人们为医疗和法律贡献象征性付款的福利。方法二：私有化政府资产。这常常带来短期收入和长期利益。例如，欧洲私有化机场的比重高于美国，而这些机场的标准大大提高。除了这种倡议，在高额税收主要依赖被投资的初创企业而不是政府债券的创新力社会中，这种动态的影响可以降低税率。

但是，还有一笔所谓的负外部性债。这是一种完美的税款，如果出现消极影响他人，如污染等情况，就需要缴纳税款。第二种完美的税款与普通商品的个人使用相关，如在高速公路上驾驶。相反，最不令人期待的税款就是与你想要获得的东西相关的，如工作、储蓄、商业投资等。然而，在现实中，前两种类型的税收几乎干不了什么事情，所以我们需要更多的资金，即使可能会妨碍工作、储蓄和商业投资。一种既高效又不太妨碍创新力的税收结构可能是这样的：

- 对于工作所得收入仍低于贫困线的人群实行负所得税。例如，符合这种条件的人群可享受10%的补贴。
- 对于收入高于贫困线的人群，在减去抚养不超过两个孩子的费用之后，均采用20%的单一税率。

- 大约 10%的增值税。
- 公司营业税约为 10%。
- 年度超额财富税。例如，如果一个人的收入超过 500 万美元，与所得税相冲突，因此如果一个人缴纳了足够的所得税，就无须再缴纳财富税。
- 欧洲风格的化石燃料税。
- 公司或普通股权投资没有资本利得税，但有 10%的资本利得税针对财产收益，因为这些不是同等的社会生产力。
- 驾驶人年税。该项税收有利于资助道路系统，但是除增值税以外，没有汽车税。
- 强制性私人医疗保险。国家的支付超过了任何一部分，比如说个人收入的 5%~10%。

新加坡和瑞士等成功经济体不但拥有超强创新力，并且还保持着经济可持续发展，上文所述的税收体制（水印问题除外）与这些国家实行的制度非常相似。同时也不禁联想到 20 世纪 60 年代的丹麦，当时经济发展很快，人们常常用“走向丹麦”来形容经济取得飞速发展。这如弗朗西斯 · 福山所言，丹麦 1965 年的税收总额还不到国内生产总值的 30%，而在 20 世纪 60 年代，丹麦保持着极高的平均增长率、几乎为零的失业率和最低的犯罪率。当然，国家高度分权化的另一种表现形式是政府只负责征收增值税和化石燃料税，而将其他一切权利留给各个地方社区，瑞士距离这个方向已经不远了。

最后，当我们思考创新国度的轮廓时，需要掌握一些核心概念将人们生活在发展停滞的社会和充满活力的社会当中的不同思维方式和行事方法区分开来。

表 25–1　不同社会中的思维方式和行事方法

思维方式		
	停滞的世界观	创新的世界观
我们的命运	“一切均有外力控制，我们只能服从命运的安排。”	“我们的命运掌握在自己手中，我们能够改变世界。”
资源	“我们的资源即将耗尽。”	“最终资源是我们的创新力。”

（续表）

思维方式		
	停滞的世界观	创新的世界观
平等	“别人的财富可能是通过剥夺他人而获得。”	“别人的财富可能是通过自主创新而获得的。”
历史	“过去更美好。”	“未来更美好。”
善恶	服从他人才是好人。	有所成就才是好人。
问题	如果出现问题，我们就是牺牲品。	如果出现问题，我们下次必须做得更好。
改变	我们必须远离新事物，抵制未知事物。	未来全新的未知世界将带来无限机遇。

行事方法		
	停滞社会	创新力社会
安全标准	滑坡理论、LNT 模式和预防原则。	成本效益原则。
公共服务	国家垄断、全民统一。	外包、开设服务商店、众包、市场细分营销。
法律概念	严刑峻法、命令与控制。	广泛的原则、提供指导与咨询、退出条款、伤害条款和日落条款、辅助原则。
投资	政府发行债券用以资助政府过度消费。	通过股票和风险投资刺激金融增长，在私营领域创造就业机会。
教育	在教室里度过 13~17 年后再找工作，大学教育与职业教育差异巨大。	学生较早参加工作，随后进行专业学习。模块式教育，将教育机构作为创业孵化器，若其培养的学生学有所成，对其进行经济奖励。
税收	对工作和储蓄施以重税。	对工作和储蓄实行低税率。

第 26 章　未来的世界

弗朗西斯 · 福山所言非虚，虽然前进的道路上布满荆棘，但我们依然将顺应历史的大潮，朝着自由民主的世界阔步前行。同样，罗伯特 · 赖特预言人类社会的最终命运是走向长久双赢，这些都将一一得到印证。

然而，建立创新力社会也绝非易事，必须与上文提到的 12 种内部威胁不断斗争。正如我们所见，在人类的历史长河当中，这种斗争一直不断，而创新力实际上胜少负多。如果西方世界成为一个集权国家，那么时至今日，其创新力可能早已枯竭殆尽，其创新力得以延续的原因正是由于非集权化。

最为重要的经验莫过于要走“小而精”的路线。无论是古希腊还是中世纪的西欧，他们能够获得创新力都得益于其拥有的众多城邦。今天，小国往往能够在人文、经济和环境领域取得比大国更高的成就，国际民意调查显示，地方领导要比国家领导更受民众欢迎，而国家领导自然也就比国际领导更具人气。

难道最好的模式是最终回归城邦模式——通过开放式网络将微小的个体单元松散地联系起来？我们为什么不将嬉皮士国家、新加坡式经济型权力中心、国际大都市，甚至小型石器时代国家等不同风格组合起来？人类之间的确存在差异，对此我们应该大胆接受，而不是将其统一。如果我们的社会真的实行分权管理，同时又能保证贸易顺畅，我们将会在众多领域复制自然生态系统、古希腊、自由市场或互联网模式，对创新力形成有效报护。

在这方面，有一种关于民主的看法是我们不能忽视的。我们认为，民主应该是由“人民统治”，而非“独裁统治”。然而，仔细思考一下：当我们在市场经济环境下采购时，我们会对无数家公司的报价进行比较，而这些报价均由各公司首席执行官或所有人独断。但尽管存在这些独裁者，我们依然能够享有自由，原因在于我们可以通过自己的双脚投票。如果我们对一家面包店的商品不满意，我们无须手动投票要求他们改变，只需自主选择另外一家店。这就是我们在自愿双赢的情况下进行交易的方式。民主越是趋于集中，越是不断扩大，我们拥有的自由就越少，因为这就变成了少数服从多数，而我们往往会成为那个不得不放弃自身利益的少数。

但有一点是可以肯定的：由于个体数量巨大，特点各不相同，我们永远不可能建立一个人人满意的乌托邦。但我们可以仿照古希腊城邦或中世纪西欧小国，构建一个开放式网络，将这些相互开放、充满活力的社会联系起来，这里每个社会都各有特色、独一无二，它们通过不断试验和激烈竞争，共同为我们创造更为美好的未来。

如果我们真的选择这条道路，以下例子将帮助我们瞥见未来的模样：

- 随着财富的不断增长，世界人口将在2050年达到80亿~90亿的峰值，之后将大幅下降，大约100年后，人数只有30亿~40亿。
- 通过基因工程结合计算机控制滴灌，自动精密播种和精度除草等技术，最专业的农场的平均生产率将提高4倍。
- 农业生产率提高结合人口下降，就意味着到2100年，全球一半土地将成为自然保护区。这些保护区都是归私人或公司拥有并负责运营，将保护与适度旅游开发相结合。
- 我们通过前进波反应堆和核嬗变技术利用并降解现有核废料。同时，我们在推出钍裂变技术后，又推出了紧凑型核聚变技术。
- 混合垃圾填埋场的废物通过等离子弧技术进行回收加工处理，其中的金属得以回收。
- 大多数汽车使用电力驱动，当然你还是能看到带有内燃机的跑车（完美的声音），这些车使用转基因藻类制成的生物燃料。

• 中央集权社会就像大型中央计算机一样走向消亡，我们已经进入了小型城邦和松散联盟分散治理的时代。

• 同理，反垄断规制被广泛应用于公共服务部门，这样一来，公共服务通过外包和公共服务商店的形式，由成千上万的私营企业承担，不但能够孕育并生成伟大的创新力，同时也促使公共服务价格大幅下降。

• 我们已经进入了众包时代，而国家每年发起成千上万的创新奖项和创新比赛，大学和中学里教育活动主要目的变为重在参与。

• 大多数教学课程通过在线讲座和多人教学互动游戏完成，人们通常称其为“极客文化”。能够同时在顶尖大学学习的学生人数超过百万，最受欢迎的教授获得的声誉（和薪水）可与全球摇滚明星比肩。能够引起轰动的讲座的水平达到历史新高，各所高校通过在网络授课中插入广告获得大量利润。

• 几乎没有任何一个国家再提供无抵押贷款。出于道德考虑，绝大多数养老金不再对政府无担保债券进行投入，取而代之的则是各个国家提供主权财富基金，用于保持稳定。自从出现这种转变，再也没有任何国家发生过经济危机。

• 由于认识到赋税会打击创新力，并造成人群边缘化，大多数地区已将最高税率定为约 20%，将增值税和企业税降至 10% 或以下。税收结构和税收水平主要由地方政府决定，无须参照其他部门。

• 法律法规的数量在几个世纪以来出现首次稳步下降。此外，现存的大量法律法规均可被电脑识别并理解，能够在短时间内向任何人解读。例如，拟议中的房子建设是合法的，拟议中的金融交易会违反某些规定。

• 以核热火箭为助推力的轻型飞机可以突破大气层，并能在 3 小时内从欧洲飞至澳大利亚。使用相同技术的太空火箭可以达到光速的 20%，并能在太阳系行星间定期往返。凭借这种速度飞行，仅需 20 分钟即可从地球到达火星，考虑到加减速度因素，一架无人火箭则需要 8 小时抵达。太阳系内建设了大量机器营地，同时火星和月球上将会出现旅馆。

• 现存的几乎所有物种都通过基因或生物备份得以保存，后者则依靠世界各地的动物园、植物园和水族馆之间进行合作得以实现。此外，通过遗传重建，我们可以复原已经灭绝的动植物物种。第一个拥有猛犸象、剑齿虎和披毛犀的“中石器时代公园”已经在智利建成，并成为世界主要的旅游景点之一。俄罗斯、格陵兰和加拿大都在计划参与相关竞争。

- 地球已经建成有效的导弹防御系统，用于应对可能危及人类生存，引发物种大灭绝的彗星碰撞。人类对未来几十年可能出现的潜在威胁也已了然于心。
- 通过使用成千上万的超级智能机器人，解决了由于老龄化而造成的劳动力短缺问题。
- 无人驾驶汽车安全性提高，除在德国（限速每小时300公里）和美国得克萨斯州（限速每小时480公里）外，在大多数高速公路上速度达到每小时200公里。车祸数量显著下降。
- 人们可以通过接种疫苗来对抗大多数带有易感基因的癌症，也可以对抗酗酒、毒瘾和日益增长的各种常见疾病。
- 通过疫苗接种方案和基因敲除技术，我们已经成功消灭了黄热病、疟疾、登革热、几内亚线虫病、天花和小儿麻痹症。
- 黄金大米和其他的转基因谷物通过结合现代农业技术在世界范围内消除了营养不良，并且促使非洲在2100年达到德国2000年的富裕水平。非洲人口从此开始快速下降。
- 全球平均寿命已经上升到120岁，拥有健康生活习惯的人能够在100岁时依然保持良好的身材。
- 你可以通过网络与电脑进行富有意义的交流讨论。这种人工智能技术可用于事实认定等用途，但在提供教育辅导、提出科学假说等技术层面显然更受欢迎。

本书前言就引用了艾伦·谢泼德对自己1971年月球漫步发出的感言。和其他宇航员一样，谢泼德也具有多种品质，但他最重要的品质莫过于那无与伦比的乐观精神。他在登上月球10年以前就成为美国首位宇航员。1961年5月5日，高达10层楼、重达33吨、装满高爆燃料的火箭准备升空，此时，谢泼德的整个身体被安